Neden AKL-I KEMAL?

Bu Arapça tamlamayla kastettiğim MUSTAFA KEMAL ATATÜRK'tür. Çünkü hem O'nun aklı kemale ermiştir; yani O, olgunlaşmış, mükemmelleşmiş bir akla sahiptir hem de O'nun adı Kemal'dir. Bu nedenle O, AKL-I KEMAL'dir. Osmanlı Devleti'nin son zamanlarında dilciler, Arapça tamlamalarla yeni sözcükler türetmişlerdi. Ben de bu gelenekten yola çıkarak bugünlerin Atatürk karşıtı Arapçılarına, onların anlayacağı dille seslenmek istedim... Onlara aklıselimle hareket eden MUSTAFA KEMAL'in neler başardığını anlatmak istedim. Onlara AKL-I KEMAL'i anlatmak istedim... Türkçe anlattım anlamadılar, Arapça anlatırsam belki anlarlar diye düşündüm!...

Not: Gerçek bir Türkçe âşığı olan Atatürk, Arapça "Kemal" adını Türkçe "kale" anlamına gelen "Kamal" biçiminde yazıp söylemiştir.

"Gazi yeni Türkiye'yi çocukluğundan beri kendi benliğinin dibinde yaratmaya başlamıştı. Öyle bir zekâ gibi, öyle bir düşünüş ve duyuş kabiliyeti gibi, onun sabrı ve enerjisi olmadıkça ona benzeyemeyiz."

"Bir fıkrasından, bir hikâyesinden, bir yazı veya nutkundan hemen anladığımızı sandığımız Gazi, aradıkça yeni bir sır verir. Yaklaşan bir dağ gibi büyür. Asıl onu elimizle tuttuğumuz zamandır ki artık tamamını hiç göremeyiz."

Falih Rıfkı Atay
"Çankaya"

İçindekiler

Önsöz 13

GİRİŞ

Atatürk'ün Çılgınlığı 49
Atatürk'ün Aklı 58
Atatürk'ün Akıllı Projelerinin Sırrı: Beyaz
Zambaklar Ülkesinde 64
Atatürk'ün Akıllı Projeleri 78
İşin Sırrı: Çok Okumak 83
Yöntem, Amaç ve Strateji 87

PROJE 1
ÇAĞDAŞ TÜRKİYE PROJESİ

Bir Ömür Boyu Planlanan Devrim 99
Son Taslak 120
Batılılaşma Değil Çağdaşlaşma 124
Türk Devrimi'nin Yerli Kökleri 137
Ankara Ahi Cumhuriyeti'nden Türkiye Cumhuriyeti'ne 138
Tuğrul Bey'den Atatürk'e Uzanan Çizgi: Laiklik 146

Eski Türk Kadınından Cumhuriyet Kadınına............... 147
Harf Devrimi ve Yeni Türk Harfleri........................ 148
Yerli Anayasa... 150
Devrimini Halkın Ayağına Götüren Devrimci.............. 153
Çağdaş Türkiye Projesi'nin Kitabı: Vatandaş İçin
Medeni Bilgiler 155
Atatürk'ün Vicdanındaki Milli Sır 158

PROJE 2
TÜRK ULUS DEVLET (MİLLET) PROJESİ

Dönme-Devşirme-Hanedan-Soylu Saltanatından
Halkın Saltanatına... 167
Etnik Köken Değil Aidiyet Duygusu 173
Türk Ulus Devlet Projesini Faşizan Zannetmek 176
Türk Ulus Devlet Projesi'nden Büyük
Ortadoğu Projesi'ne.. 186

PROJE 3
RUMELİ SAVUNMA HATTI PROJESİ

PROJE 4
ORDU İLE SİYASETİ AYIRMA PROJESİ

Kurtuluş Savaşı'ndan Önce 203
Kurtuluş Savaşı Sırasında 209
Kurtuluş Savaşı'ndan Sonra................................ 213

PROJE 5
SPOR VE BEDEN EĞİTİMİ PROJESİ

Osmanlı Genç Dernekleri 221
Atatürk'ün Spor ve Beden Eğitimi Raporu 224
Atatürk'ün Spor ve Beden Eğitimi Politikası 228

PROJE 6
ANADOLU'NUN İŞGALİNİ ÖNLEME PROJESİ
(Kilis-İskenderun-Adana Savunma Planı)

Anadolu'yu Savunma Düşüncesi 241
Suriye Geri Çekilişi ve Türk Süngülerinin Çizdiği Sınır 244
Kilis'teki Hazırlıklar 247
Mondros'a Tepki 249
Adana'daki Hazırlıklar 250
İlk Direniş Yuvaları 252
Adana Mülakatı 253
Halka Silah Dağıtılması 256
Adana'daki Direniş Toplantıları 257
İlk Silahlı Direniş: İskenderun Saldırısı 260
Direniş Raporları: "İngilizlere Silahla Karşı Koymak" 264
Müsaade Edin Vatanıma Hizmet Edeyim 267
Yarım Kalan Hesap 269
ANADOLU'YA GİZLİ GEÇİŞ PLANI 270
Atatürk, İsmet İnönü Görüşmesi 270
Ali Fuat Cebesoy'un Yazdıkları 272

Gebze-Kocaeli Üzerinden Anadolu'ya Gizli Geçiş Planı 273
Atatürk'ün Yenibahçeli Şükrü Bey'e Verdiği Görev......... 274
Atatürk: "O Yol Çok İşe Yaramıştır."...................... 277
Atatürk'ün Yahya Kaptan'a Verdiği Görev................. 278
Planın Detayları 280
Planın Düşündürdükleri 281
Gizli İmza.. 282

PROJE 7
ÖRNEK ÇİFTLİKLER (YEŞİL CENNET) PROJESİ

Doğa Dostu... 290
Atatürk Orman Çiftliği 295
Dünyanın İlk Biyoyakıtı 303
Doğa ve Üretim İç İçe...................................... 305
Örnek Çiftliklerin Amacı 306
Yalova Örnek Çiftlikleri ve Termal Kaplıcaları 310
Yürüyen Köşk 314
Yalova Çiftliği Araplara Satılıyor 316
O Çınar Ağacı Kurumak Üzere 318
Atatürk'ün Son Arzusu 319
Atatürk Orman Çiftliği Yok Edilmek Üzere................ 322

Kaynakça... 327
İlk Kez Yayımlanan Fotoğraflarla Cumhuriyet 335

Önsöz

Kemalizm'den Atatürkçülüğe

20. yüzyılın en etkili asker ve devlet adamlarından biri hiç şüphesiz Atatürk'tür. Atatürk, 1911-1922 yılları arasında aralıksız 11 yıl savaşmış ve neyi var neyi yok bu savaşlarda kaybetmiş bir ulusu önce emperyalizmin, sonra da bağnazlığın ve geri kalmışlığın her türlü baskısından kurtarmıştır.

Atatürk'ün Ulusal Kurtuluş Mücadelesi ve bu mücadele sırasındaki stratejileri hiç şüphesiz derin bir aklın ürünüdür. İşte bu akılla şekillenen Türk Devrimi, Atatürk'ün adından dolayı KEMALİZM olarak adlandırılmıştır.

Kemalizm tabiri ilk olarak Kurtuluş Savaşı yıllarında İngiltere ve Fransa gibi emperyalist ülkeler tarafından kullanılmıştır. 1918'den itibaren Anadolu'yu işgal eden İngiltere ve Fransa, Anadolu'da MUSTAFA KEMAL önderliğinde gelişen Türk Kurtuluş Savaşı'ndan "Kemalist hareket", bu harekette Mustafa Kemal'in yanında yer alanlardan da "Kemalistler" olarak söz etmiştir.[1] Bu bakımdan KEMALİZM, her şeyden önce antiemperyalistleri, ulusal direnişçileri anlatan bir kavramdır. Bu nedenle "Kemalist olmak", her şeyden önce antiemperyalist ve tam bağımsızlıktan yana olmaktır.

En yaygın Cumhuriyet tarihi yalanlarından biri, Atatürk'ün sağlığında "Kemalizm" kavramının kullanılmadığı biçimindedir. Oysaki, Atatürk "Kemalizm'i", Türkçe "kale" anlamında KAMALİZM olarak bizzat kullanmıştır.

---

1 Kullanım örnekleri için bkz. Erol Mütercimler, **Fikrimizin Rehberi**, İstanbul, 2008, s. 824-832.

Atatürk, Cumhuriyeti emanet ettiği gençlere tarihlerini doğru bir şekilde öğretmek için bazı bölümlerini bizzat kaleme aldığı dört ciltlik lise tarih kitaplarında da "Kemalizm" kavramına yer vermiştir. İlk baskısı 1932, ikinci baskısı 1933'te yapılan bu kitapların 4. cildinde Atatürk'ün altı ilkesi açıklandıktan sonra şöyle bir değerlendirme yapılmıştır: *"İşte yabancı yazarların Büyük Millet Reisi'nin adıyla ilişkili olarak **Kemalizm** dedikleri Türk devrim hareketinin temel prensipleri bunlardır. Bu prensiplere dayanan devlet sistemi Türk milletinin tarihine, ihtiyacına, toplumsal bünyesine ve ülküsüne en uygun olduğu kadar, bütün dünyadaki sistemler içinde de en sağlam ve en mükemmel olandır."* [2]

Ünlü Türkçülerden Tekinalp (Moiz Kohen), 1936 yılında Atatürk'ü ve Türk Devrimi'ni anlatan *"Kemalizm"* adlı bir kitap yazmıştır. Tekinalp kitabında Türk Devrimi'nden *"**Kemalist devrim**"* diye söz etmiştir: *"**Kemalist devrimin** kesin bir gelişime kavuşmasını ve rejimin tam anlamıyla yerleşmesini beklemek gerekiyordu. Cumhuriyet Halk Partisi'nin 1935 Mayısı'nda Ankara'da toplanan dördüncü kongresi dolayısıyla bunun gerçekleştiğini görmek olanağına erdik. Partinin en yetkili yöneticileri, **Kemalist devrimin** artık en temel amacına ermiş bulunduğunu ve bundan sonra genel çizgileri artık bütünüyle ve kesin biçimde saptanan yükselişlerle dolu yolda ilerlemekten başka yapılacak bir şey kalmadığını, bu nedenle resmen açıkladılar. Gerçekten de geriye **Kemalist rejimin** şimdiye değin oluşturduğu yapıtlara bir göz atacak olursak, rejimin gerçek yüzünü, olayların, gerçekleştirilen yapıtların ve elde edilen sonuçların aydınlığı altında kolayca görür ve kavrarız."* 1936 yılında yayımlanan bu kitabı Atatürk'ün okumadığı veya en azından bu kitaptan haberdar olmadığı düşünülemez.

Atatürk'ün en çok inanıp güvendiği kişilerden biri olan Mahmut Esat Bozkurt, ilk defa 1937'de basılan *"Atatürk İhtilali"* adlı kitabının "ek:15" adlı bölümünde "Kemalizm"den söz ederek, Kemalizm'i diğer akımlarla karşılaştırmıştır: **"Kemalizm, Kema-**

---

2 **Tarih IV**, İstanbul, 2001, s. 188.

lizm ve Komünizm Arasında Ayrılık, Kemalizm ve Milli Sosyalizmin Ayrıldıkları, Birleştikleri Noktalar, Kemalizm ve Faşizmin Ayrıldıkları Noktalar, Kominizmin Aksak Tarafları..." Mahmut Esat Bozkurt, dünyadaki bütün doktrinlerin en güzel yanları alınarak Kemalizm Doktrini'nin yaratıldığını belirtmiştir.

"Kemalizm" kavramı, 9 Mayıs 1935'te toplanan CHP dördüncü genel kongresi programında da şu şekilde yer almıştır: "*Yalnız birkaç yıl içinde değil, geleceği de kapsayan tasarılarımızın ana hatları burada toplu olarak yazılmıştır. Partinin güttüğü bu esaslar Kamalizm prensipleridir.*"[3] Görüldüğü gibi yeni rejim, açıkça "Kemalizm" olarak adlandırılmıştır. Kemalizm, böylece Türk ulusunun geleceğine egemen olan bir ideoloji durumuna gelmiştir.

Atatürk'ün kendi elyazısıyla 1937'de yazdığı ve "*CHP 1939 Program Çalışmaları*" başlığıyla yayımlanan bir belgede, "*...1935 Kurultayınca saptanan fikirler de bu programa alınmıştır. Partinin güttüğü bütün bu esaslar 'Kemalizm Prensipleridir'...*"[4] ifadesi yer almaktadır.

Peki ama Kemalizm nedir?

Kemalizm, Türk Devrimi'dir. Tam bağımsızlıktır. Cumhuriyetçilik, Milliyetçilik, Laiklik, Devletçilik, Halkçılık ve Devrimcilik'tir. Akıl ve bilim ilkeleri doğrultusunda çağdaşlaşmaktır. Kendi tarihinden beslenmek, kendi diline sahip çıkmaktır. İnsan sevgisi, doğa dostluğu ve barışseverliktir. Ulusal kültürle evrensel uygarlığa katkı sunabilmektir...

Doğan Avcıoğlu, "*Kemalizmi İyi Anlamak Gerek*" başlıklı yazısında şu değerlendirmeleri yapmıştır: "*Kemalizm her şeyden önce bazılarının 'Batılılaşma' adını verdikleri Tanzimat'la birlikte başlayan uydulaşma ve sömürgeleşme sürecine karşı milliyetçi bir tepkidir. Bu tepki daha Namık Kemal günlerinde 'Avrupa neden üstün? Türkiye Avrupa gibi üstün duruma nasıl gelebilir?' sorusuna cevap arama biçiminde ortaya çıkmıştır. Namık Kemal,*

---

3 **Cumhuriyet Halk Partisi Programı**, Ankara, 1935.
4 Anıtkabir Arşivi, Dosya No: 1091'den aktaran Doğu Perinçek, **Kemalist Devrim-3, Altı Ok**, İstanbul, 1999, s. 110, 111.

Ziya Gökalp gibi vatansever düşünürler, bu soruyu cevaplandırmaya çalışmışlardır. Namık Kemal, kurtuluş yolu olarak 'İçeride şeriat düzeninden ayrılmayalım, Avrupa'nın demiryolunu, buhar makinesini alalım' görüşünü ileri sürmüştür. Ziya Gökalp, harsa (kültüre) bağlı kalma, medeniyeti ithal etme formülüyle bu düşünceyi geliştirmiştir. Fakat her iki milliyetçi düşünürün de, emperyalizmin boyunduruğu altında 'açık pazar' haline getirilmiş ülkede medeniyet ithalinin nasıl mümkün olacağı hususunda açık bir fikri yoktur. Emperyalizm, sömürgeleştirdiği bir ülkenin medeniyet ithaline, yani sanayileşmesine ve kalkınmasına elbette müsaade etmeyecektir. Medeniyeti getirebilmek için, her şeyden önce emperyalizmin boyunduruğundan kurtulmak gereklidir. Bugün için de geçerli olan bu gerçek, ilk kez Atatürk tarafından tam bağımsızlık ilkesiyle ortaya atılmıştır. Tam bağımsızlık, duygusal bir milliyetçi talep değil, kalkınmanın ve çağdaş uygarlık düzeyine ulaşmanın vazgeçilmez ön şartıdır. (...) Pekâlâ bağımsızlık elde edilince kalkınma nasıl gerçekleşecektir?"

Alt ve üstyapısıyla feodal olan bir düzen üzerine, buhar makinesi ve lokomotifiyle medeniyeti ithal edip yerleştirmek mümkün müydü? Namık Kemal ve Ziya Gökalp bunun mümkün olabileceğini düşünmüşlerdir. *"İlk kez Atatürk, feodal yapı üzerine sanayi uygarlığı aşılanamaz. Uygarlığa giden yol, içeride düzen değişikliğini gerektirir' tezini açıkça ortaya koymuştur."*[5]

"Kemalist tez kısaca şundan ibarettir: Bağımsızlık içinde, devrim yoluyla düzen değişikliğini gerçekleştirmek ve kısa sürede çağdaş uygarlığa ulaşmak..."[6]

Kemalizm bir "doktrin" midir, bir ideoloji midir? tartışması hep devam etmiştir. Nitekim, *"Partinin bir doktrini olsun,"* diyen Yakup Kadri Karaosmanoğlu'na Atatürk, ***"Donarız çocuk..."*** demiştir. Atatürk'ün bu yanıtından hareket edenler, Kemalizm'in bir doktrin olmadığını ileri sürmüşlerdir. Kadrocular, Kemalizm'i tanımlamak istemişlerdir. Ama Kemalizm'in

---

5 Doğan Avcıoğlu, *"Kemalizmi İyi Anlamak Gerek,"* **Devrim**, S. 4, 11 Kasım 1969; Doğan Avcıoğlu, **Yön ve Devrim Yazıları**, İstanbul, 2006, s. 646.
6 Avcıoğlu, **Yön ve Devrim Yazıları**, s. 646.

sosyo-kültürel boyutunu neredeyse hiç dikkate almamışlar, konuya sadece ekonomik açıdan bakmışlardır. Kemalizm, genellikle altı ilkeye hapsedilmiştir.

Kemalizm'in en doğru tanımlarından birini 1960'ta Prof. Dr. Bedia Akarsu yapmıştır: Akarsu, Kemalizm'in Türk aydınlanması olduğunu açıklamıştır. Prof. Dr. Suat Sinanoğlu, *"Türk Hümanizması"* kitabında Kemalizm'in Türk aydınlanması olduğu tezini ayrıntılandırmıştır. 1983'te, Prof. Dr. Macit Gökberk'in *"Aydınlanma Felsefesi, Devrimler ve Atatürk"* yazısı bu tezi daha da geliştirmiştir. 1994'te Özer Ozankaya, *"Cumhuriyet Çınarı"* adlı kitabında Kemalizm'in soyo-kültürel boyutuna vurgu yaparak Kemalizm'in "aydınlanma hareketi" olduğunu ileri sürmüştür. 1969'da Doğan Avcıoğlu, *"Kemalizm'i İyi Anlamak Gerek"* adlı yazılarında Kemalizm'in "antiemperyalizm ve çağdaşlaşma" hareketi olduğunu belirtmiştir. Uğur Mumcu da 1980'lerde *Cumhuriyet* gazetesindeki yazılarında Kemalizm'in "antiemperyalist ve çağdaşlaşmacı" yönüne sıkça vurgu yapmıştır. 1981'de Attilâ İlhan, *"Hangi Atatürk"* adlı kitabında Kemalizm'in "antiemperyalist" yönüne dikkat çekmiştir.

Kemalizm, emperyalizme karşı "tam bağımsızlık" ilkesiyle ulusal mücadeleyi, geri kalmışlığa karşı "akıl" ve "bilim" ile çağdaşlaşmayı amaçlayan bir ideolojidir. Kemalizm, ulusal bağımsızlığı ve ulusal kalkınmayı amaçlayan evrensel bir ideolojidir. Emperyalizmin olanca şiddetiyle geri kalmış ulusları ezdiği bugünün dünyasında tüm ezilen ulusların tek kurtuluş reçetesi Kemalizm'dir.

Kemalizm'in temel ilkeleri hiç tartışmasız Atatürk'ün altı ilkesidir. Kemalizm'in en temel ilkesi ise "sürekli değişim" olarak tanımlanabilecek olan Devrimcilik'tir. Bu nedenle Kemalizm asla "dogmatik" ve "değişime" kapalı bir anlayış değildir. Atatürk, bu gerçeği Kasım 1937'deki Meclis konuşmasında şöyle ifade etmiştir:

"Dünyaca malum olmuştur ki, bizim devlet idaresindeki ana programımız Cumhuriyet Halk Partisi programıdır. Bunun kapsadığı prensipler, idarede ve siyasette bizi aydınlatıcı ana

hatlardır. Fakat bu prensipleri gökten indiği sanılan kitapların dogmalarıyla asla bir tutmamalıdır. Biz, ilhamlarımızı, gökten ve görünmez dünyadan değil, doğrudan doğruya hayattan almış bulunuyoruz. Bizim yolumuzu çizen, içinde yaşadığımız yurt, bağrından çıktığımız Türk milleti ve bir de milletler tarihinin bin bir facia ve ıstırap kaydeden yapraklarından çıkardığımız sonuçlardır."

1954'ten beri duyduğumuz *"Kemalizm devrini tamamlamıştır!"*, *"Kemalizm öldü!"*, *"Kemalizm çağdışıdır!"* gibi "yobaz", "liboş" değerlendirmelerinin hiçbir bilimsel değeri yoktur. Çünkü Kemalizm'in iki temel özelliği "antiemperyalizm" ve "çağdaşlaşma", hiçbir dönemde etkisini yitirecek gibi görünmemektedir.

Doğan Avcıoğlu, Kemalizm'in henüz tamamlanmadığını şöyle ifade etmiştir: *"Türkiye politik bağımsızlığını, ekonomik bağımsızlık temeline oturtarak, tam bağımsızlığını gerçekleştirmiş, feodalizmin ülke çapında alt ve üst yapılardaki etkilerini kesinlikle silmiş, geniş kitleleri ekonomik özgürlüklerine kavuşturmuş ve kalkınmasını tamamlamış bulunsaydı, bu eleştiriler bir ölçüde geçerli sayılabilirdi. Oysa bağımsız, kalkınmış, uygar ve gerçekten demokratik bir Türkiye dün olduğu gibi bugün de bütün halkçı ve uluşçu güçlerin ortak özlemini teşkil etmektedir. Kemalizm bu ortak özlemin ifadesidir. O halde Kemalist devrim daha tamamlanmış değildir. Devrimcilerin baş görevi, uluşçu ve halkçı güçlerin bu ortak özlemini bir an önce hayata geçirmeye çalışmak olmalıdır."*[7]

"Kemalizm" kavramı birilerini hep rahatsız etmiştir. Kurtuluş Savaşı sırasında işgalci emperyalistleri ve işbirlikçi İstanbul hükümetlerini, Kurtuluş Savaşı sonrasında gerici, yobaz Cumhuriyet düşmanlarını, bugün ise karşı devrimci II. Cumhuriyetçileri korkutan bir kavramdır Kemalizm...

Kemalizm korkusu, zaman içinde Kemalizm'in yerine yeni bir kavram icat edilmesine yol açmıştır. İlk kez 1954 yılında gündeme gelen bu kavramın adı **Atatürkçülük**'tür.

---

[7] age., s. 645.

Irkçı bir antikomünist olan Arın Engin, 1954 seçimlerinden önce *"Atatürkçülük, Moskofluk ve Türklük Savaşları"* ve 1954 seçimlerinden sonra *"Atatürkçülük'te Dil ve Din"* adlı kitaplar yazmıştır. Her iki kitap da Atatürk'ü tipik Amerikan propagandasına oturtan kitaplardır.[8] Her iki kitapta da Atatürkçülük, antikomünizm ve Batılılaşma olarak tanımlanmıştır.

Atatürk'ün sağlığında hiçbir zaman kullanılmayan Atatürkçülük kavramı, 1954'te Demokrat Parti döneminden itibaren kullanılmaya başlanmış, bu kullanım zaman içinde Kemalistlerce de benimsenmiştir. Yine aynı dönemde Türkiye'nin her yanı Atatürk heykelleriyle doldurulmuş, bu heykellere Ticani tarikatınca yapılan saldırılar üzerine Demokrat Parti "Atatürk'ü Koruma Kanunu"nu çıkarmıştır. Böylece, Atatürk'ün bir "dogma" haline getirmemeye çalıştığı Kemalizm Atatürkçülük adıyla kendi içinde bir teori, bir metodoloji taşımaksızın bir dogma haline getirilmiştir. 12 Eylül 1980 darbesinden sonra bu dogmalaştırılmış Atatürkçülük resmi ideoloji halini almıştır. 1980'lerde "Kemalizm" yerine Atatürkçülük, Kemalizm'in en temel özelliği olan "Devrimcilik" yerine de "İnkılâpçılık" kavramları kullanılmaya başlanmıştır. Türkiye'nin küçük Amerika olma yoluna girdiği Özal döneminde Atatürkçülük, "Batılılaşma", "serbest piyasa düzeni", "komünizm düşmanlığı" olarak tanımlanmış, Kemalizm'in "antiemperyalizm", akıl ve bilim ilkeleri doğrultusunda "çağdaşlaşma" olduğu gerçeği adeta toplumdan gizlenmeye çalışılmıştır. Bu süreçte Kemalizm'den söz eden Uğur Mumcu ve Ahmet Taner Kışlalı gibi aydınlar ise öldürülmüştür. Kemalizm kavramından rahatsız olanların icat ettiği "Atatürkçülük" kavramı, asker-sivil (Kenan Evren-Turgut Özal) 12 Eylülcülerin tasarladıkları Amerikan etkisindeki yeni Türkiye'de okullarda zorunlu "Atatürk İlkeleri ve İnkılâp Tarihi" dersi olarak okutulmuştur. 1980'lerde Atatürk karşıtlarının yarattığı "Atatürk dogmasına" 1990'larda yine Atatürk karşıtları saldırmaya baş-

---

8 Cenk Yaltırak, *"Kemalizm Ne Zaman ve Kimler Tarafından Yazıldı? Atatürkçülük Kimler Tarafından İcat Edildi? Kemalizm Düşmanlığının Çeşitleri"*, **Aydınlanma 1923**, Yıl 8, S. 51, 2008 kış, s. 10.

lamıştır. Gerçek Kemalistler ise bir köşede bu kukla tiyatrosunu seyretmiştir içleri yanarak...

Artık bu kukla tiyatrosuna seyirci kalma zamanı çoktan geçmiştir! Artık eyleme geçme, gerçekleri kamuoyuyla paylaşma zamanıdır!...

Artık yıllardır unutulan ve unutturulan KEMALİZM'le yeniden yüzleşme zamanıdır!...

Kemalizm'le yüzleşmek için de önce Kemalizm'in arkasındaki aklı, Mustafa Kemal'in aklını, yani AKL-I KEMAL'i anlamak gerekir.

Türk Devrimi, AKL-I KEMAL'in bir ürünüdür. Atatürk, Türk Devrimi'ni gençlik yıllarından itibaren planlamaya başlamıştır. Türkiye Cumhuriyeti, Atatürk'ün akıllı projelerinin belli bir sistematik içinde düşünceden uygulamaya geçirilmesiyle kurulmuştur. Cumhuriyet mucizesinin sırrını çözmek için "Atatürk'ün Akıllı Projeleri"ni bilmek gerekir.

AKL-I KEMAL'in 1. cildinde yer alan "**Atatürk'ün Akıllı Projeleri**" şunlardır:

1. **ÇAĞDAŞ TÜRKİYE PROJESİ:** Atatürk'ün gençlik yıllarından itibaren çağdaş Türkiye Cumhuriyeti'ni nasıl planladığı, Türk Devrimi'nin özellikleri, Türk Devrimi'nin yerli kökleri...
2. **TÜRK ULUS DEVLET (MİLLET) PROJESİ:** Atatürk'ün millet ve milliyetçilik anlayışı, dönme-devşirme saltanatına karşı verilen mücadele, halkın iktidarının kurulması, birleştirici, bütünleştirici millet formülü, ırkçılığın reddedilmesi, Türk Ulus Devlet Projesi'nden Büyük Ortadoğu Projesi'ne nasıl geçildiği...
3. **RUMELİ SAVUNMA HATTI PROJESİ:** Atatürk'ün 1913 Balkan Savaşı sırasında hazırlayıp Osmanlı'nın askeri ve sivil yetkililerine gönderdiği planın ayrıntıları...
4. **ORDU İLE SİYASETİ AYIRMA PROJESİ:** Atatürk'ün gençliğinden beri ordu ile siyaseti birbirinden ayırmak için verdiği mücadelenin bilinmeyenleri...

5. **SPOR VE BEDEN EĞİTİMİ PROJESİ:** Bir asker ve devlet adamı olan Atatürk'ün 1916 yılında Osmanlı Genç Dernekleri Müfettişliği yaptığı sırada hazırlayıp yetkililere gönderdiği "Spor ve Beden Eğitimi Raporu"nun bilinmeyenleri, Atatürk'ün spora ve spor yönetimine verdiği önem, genç Cumhuriyet'in spor politikaları...

6. **ANADOLU'NUN İŞGALİNİ ÖNLEME PROJESİ (Kilis-İskenderun-Adana Savunma Planı):** Atatürk'ün, I. Dünya Savaşı sonunda Mondros Ateşkes Antlaşması'nın imzalandığı günlerde, Kasım 1918'de Adana ve İskenderun civarında yaptığı direniş hazırlıkları ve Anadolu'nun işgalini önlemeye yönelik planları...

7. **ANADOLU'YA GİZLİ GEÇİŞ PLANI:** Atatürk'ün 19 Mayıs 1919'da Samsun'a çıkmadan önce yaveri Cevat Abbas Bey'le birlikte hazırladığı Gebze-Kocaeli yolu üzerinden Anadolu'ya gizli geçiş planının ayrıntıları...

8. **ÖRNEK ÇİFTLİKLER (YEŞİL CENNET) PROJESİ:** Atatürk'ün orman, ağaç ve doğa sevgisi, Atatürk Orman Çiftliği'nin ve örnek çiftliklerin kuruluş amacı, Atatürk'ün Yalova'daki yürüyen köşkünün öyküsü, Atatürk'ün vasiyeti çiğnenerek Atatürk Orman Çiftliği ve Atatürk'ün örnek çiftlikler projesinin yok edilişi...

AKL-I KEMAL'in sizlere ulaşmasında büyük katkıları olan İnkılâp Kitabevi çalışanlarına ve geceler boyu uyumamakta direnen beş buçuk aylık kızım İDİL MAYA MEYDAN'ı besleyerek, oynatarak ve susturarak bana en büyük desteği veren sevgili eşim ÖZLEM AKKOÇ MEYDAN'a teşekkürü bir borç bilirim.

İyi okumalar...

Sinan MEYDAN
İstanbul, 2012

Giriş

Cehalette Boğulup Sıtmadan Ölmediysek Eğer Bunu O'na Borçluyuz!

> *"Düşünüş biçimi zayıf, çürük yanlış sefih olan bir sosyal topluluğun bütün çabası boşunadır. İtiraf etmek zorundayız ki bütün İslam dünyasının sosyal toplumlarında hep yanlış düşünce biçimleri egemen olduğu için doğudan batıya kadar İslam memleketleri düşmanların ayakları altında çiğnenmiş ve düşmanların esaret zincirine girmiştir."*
>
> **Atatürk**
> **Konya/20 Mart 1923**

Dünyaya parmak ısırtan Cumhuriyet mucizesinin altında Atatürk'ün dehasıyla şekillenip hayata geçirilmiş **akıllı projeler** vardır. Cumhuriyet Devrimi (Kurtuluş Savaşı ve sonrasındaki yenilikler) Atatürk'ün kafasında ilk gençlikten beri biçimlenen, tecrübeyle, bilgiyle harmanlanan, zaman içinde olgunlaşan ve yeri ve zamanı geldikçe aşama stratejisiyle düşünceden uygulamaya geçirilen fikirlerle beslenen **akıllı projeler**in bir sonucudur.

Atatürk, 1918'de I. Dünya Savaşı'ndan 550.000 kayıpla çıkan, Mondros Ateşkes Antlaşması'yla orduları dağıtılan, ağır silahları elinden alınan, tünelleri, demiryolları, tersaneleri, yeraltı ve yerüstü zenginlikleri, telgraf hatları ele geçirilen, bu da yetmezmiş gibi elindeki son toprakları da emperyalistlerce işgal edilen, kapitülasyonlar altında ezilen, sanayileşmemiş, aşiret ve tarikat kıskacında, aydınlanmamış, geri kalmış yıkık ve perişan bir ülkeyi önce **bağımsız** sonra **çağdaş** bir ülke haline getirmeyi başarmıştır.

Yoksul, perişan, cahil, yılgın, moralsiz ve emperyalizmle kuşatılmış ve kışkırtılmış bir topluluktan önce bir **birlik**, sonra bir **ordu** sonra da bir **millet** yaratmıştır.

İstanbul'daki Osmanlı yöneticilerinin İngiliz mandası, Mütareke basınının ise Amerikan mandası istediği, hiç kimsenin aklının ucundan **tam bağımsızlık** düşüncesinin geçmediği bir ortamda Atatürk, *"Ya istiklal ya ölüm!"* sloganıyla Anadolu'ya geçerek Milli Hareket'i başlatmıştır.

Anadolu'daki bütün etnik unsurları ve bütün farklı düşünceleri, **bağımsızlık** ortak hedefiyle TBMM çatısı altında bir araya getirmeyi başararak emperyalizme meydan okumuştur.

Atatürk, emperyalist ve kapitalist Avrupa'ya, *"Biz tüm ulus olarak bizi mahvetmek isteyen emperyalizme karşı ve bizi yutmak isteyen kapitalizme karşı savaşan insanlarız,"* diyerek başkaldırmış ve kazanmıştır.

Böylece dünyada ilk kez **bir adam** ve **o adama inanan bir millet**, eli kanlı emperyalizmi dize getirmiştir.

Bu büyük başarı Atatürk'ü ve Türk milletini, ezilen-sömürülen Doğu'nun **bağımsızlık sembolü** haline getirmiştir. İslam dünyasına göre O, Hıristiyan emperyalizmini dize getiren "ALLAH'IN KILICIDIR".

Prof. Dr. Arnold Tyonbee, bu gerçeği şöyle ifade etmiştir: *"Türk ulusu kendisi için savaşırken aynı zamanda yoksul ülkelerin de savaşını vermiştir. Kendisine karşı kabaran sel sularını Ankara kapılarında durdurarak İzmir'e, Trakya'ya, İstanbul'a doğru süren Türklerin başlattığı yeni akım belki de Irak, Suriye, Filistin, Mısır, Tunus, Cezayir ve Hindistan'a dek etkisini sürdürecek ve bu ülkeleri kaplayan Batı selini sürükleyip götürecektir."*

Atatürk, emperyalizmin ezberini bozan ilk ve tek Doğuludur: Önce yetersiz insan gücü, yetersiz silah ve cephane, yetersiz bilgi, yetersiz para ve yetersiz moral gücüyle sanayileşmiş, bilgili, zengin ve şımarık emperyalizmi yenmiş; sonra da ortaçağ kalıntısı, geri kalmış, yoksul, bağımlı, bilgisiz ve sağlıksız bir **ümmet** imparatorluğundan çağdaş bir **ulus** yaratmıştır.

Atatürk, hiç abartısız, önce bir **vatan**, sonra bir **millet** sonra da bu vatanda bağımsız yaşayacak millete **çağdaş (uygar) bir gelecek** hazırlamıştır.

Dünyanın hiçbir döneminde ve hiçbir yerinde bir millet için bu kadar çok şey yapan başka bir lider daha yoktur.

Özetlemek gerekirse, Atatürk bu milleti iki kere kurtarmıştır: İlk kurtuluş; akılla-silahla-imanla-cesaretle kazandığı **Kurtuluş Savaşı**, ikinci kurtuluş ise; akılla-kalemle-bilgiyle-azimle kazandığı **Uygarlık Savaşı**'dır.

Atatürk, cumhuriyetin ilanından bir gün sonra 30 Ekim 1923'te İsmet Paşa'yı köşke davet ederek, ona ülkenin içinde bulunduğu durumu, Osmanlı'dan devralınan mirası anlatmıştır. Atatürk sözlerine, *"Bize geri, borçlu, hastalıklı bir vatan miras kaldı. Yoksul bir köylü devletiyiz..."* diye başlamıştır.

Atatürk, 19 Ocak 1923'te İzmit'te halka yaptığı konuşmada ülkenin içinde bulunduğu yoksulluktan şöyle söz etmiştir:

"Memlekete bakınız! Baştan sona kadar harap olmuştur. Memleketin kuzeyden güneye kadar her noktasını gözlerinizle görünüz. Her taraf viranedir, baykuş yuvasıdır. Memlekette yol yok, memlekette hiçbir uygar kurum yoktur. Memleket ciddi düzeyde viranedir; memleket acı ve keder veren, gözlerden kanlı yaş akıtan feci bir görüntü arz ediyor. Milletin refah ve mutluluğundan söz etmek mümkün değil. Halk çok yoksuldur. Sefil ve çıplaktır."

Atatürk çok haklıdır....

Osmanlı'dan Cumhuriyet'e kalan miras, işgal altında bir vatan, bolca dış borç, yoksulluk, yoksunluk ve bir de bağnazlıktır.

"Yüzyıllardır süren saltanat baskıcılığı, Türk halkını ve Anadolu'yu tümden savsaklayıp boşlamıştı; geri, yıkık bir ülke; eğitimden, sanattan yoksun, nüfusunun yalnızca %7 kadarı, kadın nüfusunun ise %04'ü okuma yazma bilen bir halk; bunun bile çoğu ancak A'yı B'ye çalabilecek ölçüde okur-yazardı; herhan-

gi bir eğitim düzeyini anlatacak ölçüde değil. Daha 19. yüzyılda Ziya Paşa bu durumu ne büyük acıyla dile getirmişti:

'Diyar-ı küfrü gezdim, beldeler, kaşaneler gördüm,
Dolaştım mülk-ü İslamı, bütün viraneler gördüm.'

Türkçe söyleyecek olursak, 'Hıristiyan ülkelerini gezdim, hep gelişkin kentler, güzel konaklar gördüm; İslam ülkelerini dolaştığımda hep yıkıntılar gördüm.'

Bu ülke bir de 'yabancı ayrıcalıkları' demek olan kapitülasyonlar ve 1881'den beri de 'Genel Borçlar Yönetimi' (Osmanlıca adıyla Düyun-u Umumiye İdaresi) yoluyla dünyanın en güçlü devletlerinin ekonomik, yargısal, kültürel işgaline uğramıştı. Bu Genel Borçlar Yönetimi, vergi toplayacak silahlı güce bile sahip olup, tam anlamıyla devlet içinde devlet, daha doğrusu Osmanlı Devleti'nin üstünde bir devlet konumundaydı. Halife sultanlar bunda bir sakınca görmemişlerdi. Birinci Dünya Savaşı sonrasında bu işgal, doğrudan doğruya askeri işgal aşamasına ulaşmış, kaldığı kadarıyla Osmanlı ordusu da dağıtılmış, silahları ellerinden alınmıştı. Osmanlı halife-sultanının onayladığı Sèvres Antlaşması ile Anadolu'daki Türk varlığına son verilmek isteniyordu. İngiltere Başbakanı Lloyd George: 'Türkleri geldikleri Orta Asya bozkırlarına gerisin geriye yolluyoruz' diye bayram yapıyordu."[1]

"Yeterli sayıda öğretmen, doktor, veteriner, hukukçu, subay, mühendis, iktisatçı, tarımcı bulmak şöyle dursun, duvarcı, marangoz, terzi, şoför, nalbant bile bulmak olanaksız durumdaydı. Osmanlı Devleti'nin sömürgeleşmesine koşut olarak Müslüman Türk halkı artan bir ölçüde savaşlarla uğraşmış, çiftçilikten başka bir sanat öğrenme fırsatı bulamamıştı. Dahası, gerçek zenginlik ve güç kaynağı olan bu tarım dışı sanat ve meslekler, Türk halkına biraz da kasıtlı olarak ve geri kafalı yalancı hocaların da desteğiyle 'gavur mesleği' olarak tanıtılmıştı. Namık Kemal, Cezmi romanında İstanbul'da bile oğlu doktor olmak istediği için, 'Hemen beni diri diri gömün de bu ayıbımı kimse görmesin,' diyen mahalle imamından yakınıyordu! Kurtuluş Savaşı

---

[1] Özer Ozankaya, **Cumhuriyet Çınarı**, Ankara, 1994, s. 22, 23.

sırasında ordunun gereksinimi için nalbant yetiştirme kursları açmak gerekmiş, kursu bitirenlere belgelerini bizzat Mustafa Kemal Paşa vermişti. Büyük Taarruz öncesinde yüz Fransız yapısı kamyonun ancak 20'sini çalıştırabilecek sayıda araç sürücüsü bulunabilmişti."[2]

Bütün bu olumsuzluklara, bir de 1911-1922 yılları arasında aralıksız 11 yıl süren yıkıcı savaşlar eklenmiştir. Osmanlı, Balkan Savaşları'nda 750.000'den fazla, I. Dünya Savaşı'nda ise 550.000'den fazla kayıp vermiştir. Ölenlerin çoğu 15-35 yaş aralığındaki gençlerdir. Bu gençlerin arasında Tanzimat'tan beri devam eden kırılgan ve kararsız Osmanlı modernleşmesinin etkisiyle kısmen aydınlanmış, okuryazar, meslek sahibi gençlerin de olması, Atatürk'ü her bakımdan geri kalmış, okuma yazma bile bilmeyen, aydınlanmamış yaşlı bir nesille Cumhuriyet'i kurmak zorunda bırakmıştır.

İşte Cumhuriyet bu nedenle bir Türk mucizesidir.

Genç Türkiye Cumhuriyeti'ne 1923 yılı itibariyle Osmanlı'dan kalan miras şudur:

- Nüfusun %80'i kırsal bölgede yaşıyor. Bunun önemli bir bölümü yerleşik değil göçebe. 40.000 köyün 37.000'inde ne okul var, ne yol var ne posta ne de dükkân. 40.000 köyde yaklaşık 11 milyon insan yaşıyor. Bu insanların ancak %2'si okuryazar. 1922 istatistiklerine göre 1950 köyde sığır vebası var.
- Kurtuluş Savaşı sırasında 830 köy tümüyle, 930 köy kısmen düşman tarafından yakılmış. Yanan bina sayısı 114.408, hasar gören bina sayısı ise 11.404'tür. Ülkeyi neredeyse yeniden kurmak gerekiyor.
- Dört mevsim kullanılabilir karayolu yok denecek kadar az. Kışın batağa dönüştüğü için geçilmesi çok zor. Türkiye'deki toplam karayolu uzunluğu 2500 km kadar.
- 3756 km demiryolu var Anadolu'da. Bir metresi bile bizim değil. Üstelik yetersiz bir demiryolu ağı. Vatanın bütünlüğü-

---

2 age., s. 229.

nü sağlamak için ülkenin kuzeyini güneyine, batısını doğusuna bağlamak lazım.
- Denizciliğimiz acınacak durumda. Donanma, II. Abdülhamit döneminde Haliç'te çürütülmüş.
- Toplam nüfusun %82'si tarımla uğraşıyor. Toplam ulusal gelirin %58'i tarımdan sağlanıyor. Tarım ilkel yöntemlerle yapıldığı için ve topraklar bilinçsiz kullanıldığı için üretim çok az. Güya tarım ülkesiyiz ama çok az tarım mühendisimiz var. Ekmeklik unumuzun çoğunu dışarıdan getiriyoruz. Sığır vebası hayvancılığımızı öldürüyor. Ayrıca köylü topraksız. Sabanı ve öküzü bile yok. Doğu'da, Cumhuriyet'le de insanlıkla da bağdaşmayan aşiret, bey, ağa, şeyh düzeni var.
- Her yerde tefeciler, vurguncular, savaş zenginleri halkı eziyor.
- Tüm Türkiye'de sadece 337 doktor var. 150 kadar ilçede doktor yok. Doktor başına 30.000 kişi düşüyor. Sağlık memuru sayısı 434. Pek az şehirde eczane var. Türkiye'deki toplam eczacı sayısı 60.
- Salgın hastalıklar insanımızı kırıyor. 3 milyon insanımız trahomlu. Sıtma, tifüs, verem, frengi, tifo salgın halinde. Nüfusun %14'ü sıtmalı, %9'u frengili, %72'si tifüse yakalanabilecek durumda. Evlerin %97'sinde tuvalet yok. Bit ciddi sorun. Nüfusumuzun yarısı hasta denebilir. Bebek ölüm oranı %60'ı geçiyor. Ebe sayısı çok az. 40.000 köye karşılık diplomalı ebe sayımız 136.
- Telefon, motor ve makine yok denecek kadar az. Teknolojiden yoksun bir ülkeyiz. Radyo ve sinema yok...
- Ekonomik hayatımız da içler acısı bir halde. Kapitülasyonlar belimizi bükmüş, Düyun-u Umumiye (Genel Borçlar) İdaresi devlet içinde devlet olmuş durumda.
- Bütün sanayi ürünlerini dışarıdan alıyoruz. Şeker, un ve hatta kiremiti bile ithal etmek durumundayız. Avrupa'nın her çeşit malı için açık pazar halindeyiz.
- Toplam sanayi kuruluşumuz 282. Bunların yalnızca %9'u devlete ait. Bu kuruluşlardaki sermaye ve emeğin sadece %15'i Türklerin, %85'i yabancıların ve azınlıkların. Ma-

denler, limanlar ve demiryolları yabancıların elinde. Ağırlığı gıda, dokuma ve deri sanayi oluşturuyor.
- Osmanlı'dan bize kalan sadece dört fabrika var: Hereke İpek Dokuma, Feshane Yün İplik, Bakırköy Bez ve Beykoz Deri fabrikaları.
- Sanayi gelişmemiş, iktisatçımız da çok az. Çoğu bilip okuduğu kavramların dışına çıkamıyor. Mühendisimiz olmadığı gibi ara elemanımız da yok.
- Elektrik yalnız İstanbul ve İzmir gibi bazı büyük kentlerde var.
- Yunanistan'dan gelen göçmen sayısı 400.000'i geçmiş. Göçmenlere ordunun yiyecek stoklarından yardım ediliyor.
- Zorunlu okuma yaşındaki çocukların ancak dörtte biri okuyabiliyor. Halkın eğitimi ise hiç çözülmemiş bir sorun olarak duruyor. Erkeklerin %7'si, kadınların %04'ü okuma yazma biliyor. Kürtler arasında okuma yazma oranı %01 bile değil.
- Türkiye'de toplam 4770 ilkokul bulunuyor. Bu ilkokullarda 337.618 ilkokul öğrencisi var. Bu zorunlu öğrenim görmesi gereken çocuğun sadece dörtte biri. Tüm ülkede sadece 72 ortaokul, bu ortaokullarda 5905 öğrenci var. Tüm ülkede sadece 23 lise var. Bu liselerde 1241 öğrenci var. Ortaokullarda sadece 543, liselerde 230 kız öğrenci okuyor. Öğretmenlerin üçte biri öğretmenlik eğitimi görmemiş. Bizim okullarımızın azlığına ve niteliksizliğine karşın yabancıların çok sayıda nitelikli okulu var.[3]
- Medreseler askerden kaçma yeri ve bağnazlık yuvası durumunda. Hurafeleri din diye öğreten ve öğrencilere "salavatı tefriciye" çektiren bir anlayış egemen. Medreselerde Türkçe yasak.
- Ülkede sadece bir üniversite var. O da yüksek medrese düzeyinde eğitim veriyor. Çağın gelişmelerine kapalı. Akıl ve bilim çoktandır unutulmuş.
- Halk kitap okumuyor. 1729'dan 1830 yılına kadar 100 yıl içinde Osmanlı'da basılan toplam kitap sayısı sadece 180.

---

3 İstatistikler için bkz. **İstatistik Göstergeler 1923-1992**, Devlet İstatistik Enstitüsü (DİE), Ankara, 1994. Komisyon, **Türkiye Cumhuriyeti Tarihi**, C II, 7. bas., Ankara, 2010, s.1-11.

Aynı sürede Batı'da basılan kitap sayısı ise 90.000. Basının toplam tirajı 100.000'i geçmiyor. Gazeteler ve dergiler, sadece İstanbul ve İzmir gibi büyük kentlerde az sayıda okuyucu bulabiliyor.

- Kitap yok, kütüphane yok, müze yok, resim yok, heykel yok, spor yok, evrensel ve ulusal müzik yok, tiyatro yok, sinema yok, radyo yok; halkı aydınlatacak, bilinçlendirecek, eğitecek kurumlar yok. Halk adeta kendi kaderine ve cami imamının, tarikat şeyhinin, medrese ehlinin bilgisine ve insafına terk edilmiş durumda. Halk akla ve bilme çok uzak.
- Halkta tarih bilinci yok. Tarih denince peygamberlerin ve padişahların hayat öyküleri anlaşılıyor. Birçok tarihi eser yurtdışına kaçırılmış. Antik tarihten ve arkeolojiden anlayan insan sayısı bir elin parmakları kadar.
- Türkçe ihmal edilmiş, sözcükler unutulmuş. Türkçe Türkçeliğini yitirdiği için dilin adına Osmanlıca denilmiş. 600 yıldan fazla bir zaman içindeki özensizlik nedeniyle Arapça-Farsça ve Fransızca Türkçeyi adeta istila etmiş. Dahası eklemeli ve sesli harf sayısı çok fazla bir dil olan Türkçe, Türkçeye hiç uymayan çekimli ve sesli harf sayısı çok az bir dil olan Arapçanın alfabesiyle yazılmaya çalışılıyor.
- Kadınlar ikinci sınıf, medeni, sosyal ve siyasal haklardan yoksun. Kadın erkek eşitliği yok. Bir gün kadınların da erkeklerle eşit haklara sahip olacakları, avukatlık, hâkimlik, pilotluk, profesörlük, milletvekilliği, atletizm yapabileceklerini hayal bile etmek mümkün değil.
- Birçok tarikat hayata yön vermeye çalışıyor. Mezhep çatışmaları hat safhada. Falcılar, büyücüler, şeyhler, şıhlar ayrıcalıklı konumda. Din istismarı çok yaygın.
- 600 yıl boyunca Türkler ihmal edilmiş. Yönetim dönme devşirmelere bırakılmış. Türkler, devlet yönetiminden dışlanmış, sadece köylü, çiftçi ve asker olabilmiş. Bu nedenle de kimliğini, kişiliğini ve kendine güvenini kaybetmiş.
- Hukuk sistemi, yargı sistemi, anayasal düzen, hatta takvim, saat, ölçüler bile çağa uymayan bir durumda. Kılık kıya-

fet, Atatürk'ün deyişiyle, "ne milli ne beynelmilel, gülünç durumda". Halk her bakımdan çağdaş dünyanın çok gerisinde; ağırlık, uzunluk ölçüleriyle, giyim kuşamıyla adeta ortaçağı yaşamaya devam ediyor gibi.
- Biat kültürü hâkim, 600 yıldan fazla devam eden saltanat sistemi içinde halkın kaderi hep padişahın iki dudağı arasında olmuş. Padişah "rai" (çoban) mantığıyla "reaya"(sürü) diye gördüğü halkı gütmüş. Saray, devlet adamları, din adamları, gayrimüslim zenginler ayrıcalıklı "havas", yani üstün sınıf, Müslüman Türk halkı ise alt tabaka, yani "avam" olarak görülmüş.

İşte **Cumhuriyet mucizesi** bu korkunç tabloyu çok kısa bir sürede tamamen tersine çevirmiştir. Bu yokluk, yoksulluk ve geri kalmışlık içinde **Atatürk** ve **çevresindeki devrimci kadro**, sadece 15 yıl gibi çok kısa bir sürede dünyaya parmak ısırtacak bir başarıya imza atmıştır.

Üstelik ATATÜRK, Cumhuriyet mucizesine imza atarken, ilk on yıl içinde bir büyük isyan (**Şeyh Sait İsyanı**), irili ufaklı çatışmalar, iki kısmi seferberlik ve bir büyük dünya krizi yaşanmıştır. Kısıtlı bütçesine rağmen yabancılardan çok fazla borç almadan kalkınmayı başarmıştır. Cumhuriyet, 1923 **İzmir İktisat Kongresi**'yle başlayan kalkınma sürecinde denk bütçe, açık diplomasi, "yurtta barış dünyada barış" ilkeleriyle hareket etmiştir. **Milletler Cemiyeti**'ne ancak davet edilince girmiştir. Bu dönemde **%10 kalkınma** hızı, **%20 sanayileşme** hızı yakalamıştır. Son beş yılda ise, bir büyük isyan (**Dersim İsyanı**) ve irili ufaklı çatışmalar, Hatay ve Boğazlar sorununa rağmen **Devletçi ekonomiyle** ve kalkınma planlarıyla **fabrikalarını, demiryollarını, bankalarını** kurmuş ve büyük bir hızla sanayileşmiştir. **Halkçılık** ilkesi doğrultusunda **Halkevleri, Halkodaları, köy öğretmen okulları, köy okulları, millet mektepleri, enstitüleri, yüksek okulları** ve **üniversitelerini** kurarak halkı bilinçlendirmiştir. 15 yıl gibi kısa bir sürede, ortaçağ kalıntısı geri kalmış bağımlı bir toplumdan çağdaş bir ulus yaratılmıştır. Neresinden bakarsanız bakınız bunun adı **Atatürk** ve **Cumhuriyet mucizesidir**.

İşte Atatürk ve Cumhuriyet mucizesinin kısa bir bilançosu:

- Atatürk, Kurtuluş Savaşı boyunca, emperyalist kuşatmayla çevrilmiş ve demokrasi geleneği olmayan bir ülkede **milli egemenlik** ilkesi doğrultusunda hareket etmiş, *"İlle de meclis, önce meclis,"* diyerek milletin temsilcilerinden oluşan **TBMM**'yi açmış, bütün bir ölüm kalım savaşını bu **halk meclisiyle** birlikte yürütmüş, *"Egemenlik kayıtsız şartsız milletindir,"* diyerek 600 yıllık Osmanlı saltanatını yıkmış, siyasal kültürü artırmak için bir **siyasi parti kurmuş (CHP)**, cumhuriyeti ilan etmiş, hilafeti kaldırmış ve **kadınlara seçme seçilme hakkı vererek** iktidarı denetlemek için bir parti daha kurup (SCF) demokrasinin altyapısını hazırlamıştır. **Atatürk** böylece, 600 yıldan fazla bir zamandır sultanlar-padişahlar-halifeler tarafından **rai, reaya** mantığıyla güdülen bir **kul** kitlesinden, özgür iradesiyle kendi kaderini kendisi belirleyen **bireyler** yaratmıştır. **Cumhuriyet sayesinde "kul" bireye, "ümmet" millete dönüşmüştür.** Bu gerçek anlamda **devrimci** bir dönüşümdür. İslam dünyası bugün hâlâ Atatürk'ün yüzyılın başında yaptığı bu dönüşümü yapamamanın sıkıntılarını çekmektedir. **İki dünya savaşı arasında meclisleri açık olan ve bir şekilde demokratik işleyişe sahip olan ülke sayısı Avrupa'da 5, Amerika'da 5 olmak üzere toplam 10'dur. Türkiye de bu 10 ülkeden biridir. Dünya'da, 1920'de sadece 35 anayasal ve seçilmiş hükümet varken, bu sayı 1938'de 17'ye düşmüştür. Türkiye de bu 17 ülkeden biridir. 1944'te ise tüm dünyadaki 64 ülkenin sadece 12'si meclise ve anayasal düzene sahip, demokrat olarak adlandırılabilecek ülkelerdir. Türkiye de bu 12 ülkeden biridir. Türkiye, KADINLARA SEÇME SEÇİLME HAKKI VERME** konusunda İslam dünyasında 1., Avrupa'da 7., dünyada 12. sıradadır. Demokrasi ve kadın hakları konusunda oldukça geri kalmış bir İslam ülkesi olan Türkiye'nin bu başarısı, kelimenin tam anlamıyla göz kamaştırıcıdır. Avrupa'da faşist diktatörlüklerin kol gezdiği bir ortamda Atatürk demokrasiyi, *"insan ırkının ümidi"* ve "*daima yükselen bir deniz*" olarak adlandırmış, demokrasiyi yücelten "*Vatandaş İçin Medeni Bilgiler*" adlı bir kitap yazmış ve bu doğrultuda Türkiye'yi demokrasiye hazırlamıştır. Nitekim bu hazırlıklardan sonra Türkiye 1946'da çok partili hayata 1950'de de demokrasiye geçmiştir.

- Atatürk, 600 yıldır Türkleri "*etrak-ı bi idrak*" diye merkezden çevreye dışlayan, onları çiftçi-köylü ve asker yapan, devlet yönetimini tamamen **Hıristiyan-Yahudi-dönme-devşirme-soylu unsurlara** bırakan, **Kürtleri** kullanma karşılığında onların aşiretleşmelerine ve fedaileşmelerine izin veren zihniyete son verip **Türkleri** yüzyıllar sonra yeniden çevreden merkeze taşımıştır. Cumhuriyet'le Türklere devlet kapıları yeniden açılmış, ülke yönetimi **saltanat soylularının** elinden alınarak gerçek halka verilmiştir. **Cumhuriyet'le birlikte, yüzyıllar sonra ilk kez bu ülkede dönme-devşirme-saltanat soylusu olmayan sıradan halk kitleleri başbakan, cumhurbaşkanı ve bakan** olabilmişlerdir. Yakın tarihimizde, Süleyman Demirel, Turgut Özal, Abdullah Gül, Tayyip Erdoğan gibi "halkın içinden gelmekle" övünen kişilerin ülke yönetiminde söz sahibi olmalarının tek nedeni Atatürk'ün ve Cumhuriyet'in Osmanlı'nın dönme-devşirme-soylu saltanatına son vermiş olmasıdır. Ama Atatürk ve genç Cumhuriyet sayesinde bakan, başbakan ve cumhurbaşkanı olan bu kişiler, Atatürk Cumhuriyeti'ni "jakoben" (tepeden inmeci) ve "seçkinci" olarak adlandırmışlar, kendilerini Osmanlı sultanlarıyla özdeşleştirmişlerdir. Akıl tutulması bu olsa gerekir.
- Atatürk, Türk Tarih Kurumu'nu, Türk Dil Kurumu'nu, Ankara Dil Tarih ve Coğrafya Fakültesi'ni kurmuş, Türk Tarih Tezi'ni ve Türk Dil Tezi'ni geliştirip Türkçenin yapısına uygun Yeni Türk Harflerini (Göktürk- Etrüsk- Latin Harflerini) kabul etmiş, Türk ağızlarında **tarama** ve **derleme** çalışmalarıyla unutulmaya yüz tutmuş Türk dilini yeniden açığa çıkarmış, böylece Osmanlı'da tarihini, dilini, dolayısıyla kimliğini ve kişiliğini kaybetme noktasına gelen **Türklere** yeniden dilini, tarihini; kısaca **milli kimliğini** anımsatmıştır.

"Türkiye Cumhuriyeti'ni kuran Türkiye halkına Türk milleti denir," diyerek de Türkiye'deki herkesi, **ırkına, cinsine, dinine bakmaksızın** "Türk milleti" diye adlandırmıştır.

- Atatürk, 1928'de Yeni Türk Harflerinin kabul edilmesinin ardından **Millet Mekteplerini** açmıştır. Ülke genelinde toplam **54.050 Millet Mektebi** açılmıştır. Bunun 18.589'u şehirlerde, 35.46'sı köylerdedir. Bu okullarda toplam 46.000 öğretmen görev almıştır. **1929-1934 arasındaki 5 yıl içinde Millet Mekteplerine devam eden 2.305.924 kişiden 1.124.926 kişi yeni yazıyı öğrenip diploma almıştır.** Millet Mekteplerinde 1929-1936 tarihleri arasında ise 2.546.051 kişi yeni yazıyı öğrenerek diploma almıştır. **Millet Mekteplerinde, hiç okuma yazma bilmeyen 458.000 köylü kadından 152.968'ine okuryazarlık belgesi verilmiştir.** Türkiye'de 1927 yılında okuma yazma oranı **erkeklerde %7, kadınlarda %04** iken, **Harf Devrimi'nden 7 yıl sonra, 1935 nüfus sayımına göre (toplam 17 milyon) okuryazarlık oranı %19,2'ye yükselmiştir.** Başka bir ifadeyle Türkiye'de sadece 7 yıl gibi kısa bir sürede okumayazma oranı neredeyse **%150 oranında** (3 kat) artış göstermiştir. Okuma yazma oranı sürekli artarak **1940-1941'de %22,4'e** yükselmiştir. Neresinden bakılırsa bakılsın bu artış bir dünya rekorudur. **Köy Eğitmenleri Projesi** ile Anadolu'nun en ücra köşelerine kadar genç ve idealist öğretmenler gönderilmiş, bu öğretmenler **köylülerle birlikte kurdukları okullarda** köy halkına hem okuma yazma öğretmiş, hem bilim, sanat, kültür, konularında temel bilgiler vermiş hem de tarım, hayvancılık, bağcılık ve bahçecilik, el sanatları gibi konularda halkı eğitmiştir. Atatürk'ün "Köy Eğitmenleri Projesi" İnönü döneminde "Köy Enstitüleri Projesi"ne dönüştürülmüştür. 1940'ların ortalarına kadar **7000 köye okul** götürülmüştür. Atatürk döneminde **40 kız enstitüsü** açılmıştır. Atatürk döneminde **okul ve öğrenci sayılarında** da büyük bir artış görülmüştür. **1924-1936 yılları arasındaki 12 yılda ilkokul sayısı %25'lik bir artışla 4894'ten 6112'ye çıkmış; 1936-1946 yılları arasındaki 10 yılda ise bu sayı %146'lık** bir artışla 6112'den 15.009'a çıkmıştır. Öğrenci sayısındaki artış ise ilk dönemde %92, ikinci dönemde ise %114'tür. İsmail Hakkı Tonguç'un verdiği bilgilere göre bu ikinci dönemde asıl artış köylerde olmuştur. Bu dönemde okul sayısındaki artış %185, öğrenci sayısındaki artış ise %119'dur.

- Atatürk, **tekkeleri, zaviyeleri** ve **türbeleri** kapatarak, **tarikatlara** son vererek, **falcılık, büyücülük, üfürükçülük** ve **din istismarıyla** mücadele ederek, hurafelerin bataklığında debelenen bir topluma **gerçek dini** göstermek için çok ciddi adımlar atmıştır. Softalıkla, yobazlıkla mücadele etmiştir. **Dine ve dindara değil, dinciye ve din oyunu aktörlerine karşı gelmiştir.** Halkın dini gerçekleri hiçbir aracıya ihtiyaç duymadan anlaması için kutsal kitap **Kuran-ı Kerim**'i ve **sağlam hadis kaynaklarını** Türkçeye tercüme ettirmiştir. Elmalılı Hamdi Yazır'ın **Kuran tefsir ve tercümesini** ve Buhari'nin **Hadis Kaynağını** on binlerce takım bastırarak ülkenin dört bir yanına ücretsiz olarak dağıttırmıştır. 1924 yılından 1950 yılına kadar 352.000 **takım dini kitap** bastırılmış ve yurdun en ücra köşelerine kadar dağıtılmıştır. Bu kitapların dağılımı şöyledir: **45.000 adet Kuran-ı Kerim tercüme ve tefsiri (19'ar cilt), 60.000 adet Buhari Hadisleri tercüme ve izahı (12'şer cilt), 247.000 adet din kültürü eserleri...** Şeri bir imparatorluk olarak bilinen Osmanlı'da 1400 ile 1730 yılları arasında, yani yaklaşık 300 yıllık bir dönemde telif olarak **14 tefsir, 48 fıkıh, 25 akit ve kelam, 11 ahlak, 44 değişik konu** ve sadece **1 tane** de hadisle ilgili kitap yazılmıştır. Yani **Osmanlı'da, yaklaşık 300 yıl boyunca, dini içerikli toplam 143 eser yazılmıştır.** Görüldüğü gibi kimilerince "dinsizlikle" suçlanan genç Cumhuriyet'in dini konularda ortaya koyduğu eser sayısı "dindar" diye adlandırılan Osmanlı'da 300 yılda ortaya koyulan eser sayısından çok daha fazladır: **300 yılda sadece 143 dini esere karşılık, 25 yılda 352.000 takım dini eser...**
- Atatürk, dünya işlerini **dinsel ilkelere göre değil, çağdaş hukuka, akıl ve bilim ilkelerine** göre halletmek için şeri hukuka son vermiş, din adamlarıyla devlet adamlarının yetki ve so-

rumluluk alanlarını ayrıştırmıştır. **Laiklik** ile bir taraftan dinle dünya işleri birbirinden ayrılırken, diğer taraftan *"Kimsenin inanışına engel olunamaz... Biz düşünceye ve inanışa saygılıyız..."* denilerek **inanç** ve **ibadet özgürlüğü** anayasal güvence altına alınmıştır. Tarikatların, cemaatlerin, din istismarcılarının dini kendi kontrollerine almalarını engellemek için **Diyanet İşleri Başkanlığı** kurulmuştur. Türk çocuğunun dinini-diyanetini doğru bir şekilde öğrenmesi için çalışmalar yaptırılmış, köy okullarında din dersleri devam etmiş, bu derslerde 3. ve 4. sınıflarda *"Cumhuriyet Çocuğunun Din Dersleri"* adlı ders kitapları okutulmuştur. Atatürk, okullarda okutulan ve bazı bölümlerini bizzat kaleme aldığı *"Vatandaş İçin Medeni Bilgiler"* ve *"Tarih II Orta Zamanlar"* kitaplarında, "dinler" ve "İslam tarihi" konusunda eleştirel bir yaklaşım ortaya koyarak gençlerin "din" konusuna bile "akılcı" ve "eleştirel" bir gözle yaklaşmalarına önayak olmuştur. 1924 tarihli **Tevhid-i Tedrisat Kanunu**'na göre İstanbul Darülfünun'u bünyesinde bir **İlahiyat Fakültesi** kurulmasına karar verilmiştir. Üniversite Reformu'ndan sonra bu kurum **Yüksek İslam Enstitüsü**'ne dönüştürülmüştür. İlk **imam-hatipler** ve ilk **Kuran kursları** da 1924'ten itibaren kurulmaya başlanmıştır. Camiler **açık olmuş, ezanlar susmamış, ibadet devam etmiş, dini bayramlar bütün coşkusuyla kutlanmıştır.** Dahası, camisi olmayan veya Kurtuluş Savaşı yıllarında camisi yıkılan köylere ve kentlere **bizzat Atatürk cami yaptırmıştır.** Örneğin, Eskişehir'in Mihalıççık köyündeki tarihi bir cami, **Atatürk'ün verdiği 5000 lirayla** yeniden yaptırılmıştır. Atatürk, **Kuran'ı ve hutbeleri Türkleştirirken "namaza çağrı" anlamına gelen ezanı da Türkçeleştirmiştir.** Ezandaki Arapça "Allah'u ekber" yerine Türkçe "Tanrı uludur" ifadesinin kullanılmaya başlanmasını "dinsizlik" olarak yorumlayanlara şunu hatırlatmak gerekir: "Tanrı" adı, "Yaradan"ın en eski adlarından biridir. "Allah" adı ilk kez MS 600'lerde kullanılırken, "Tanrı" adı MÖ 3000'lerde Sümerlerde "Dingir", MS 700'lerde Türklerde "Tengri" biçiminde kullanılmıştır. Tarihimizde Cumhuriyet'ten çok önce de "Tanrı" adı kullanılmıştır. Örneğin, Yunus Emre ve Süleyman Çelebi, hem "Tanrı" hem "Allah" adlarını kullanmışlardır. Hatta Yunus Emre, "*Gönül çalabın tahtı, Çalab gönüle baktı*" dizesinde olduğu gibi "Allah" ve "Tanrı" adlarının yerine zaman zaman "Çalab" adını da kullanmıştır. İlk Türkçe Kuran çevirilerinden birini yapan Muhammet Bin Hamza, hem "Tanrı" hem de "Allah" adlarını kullanmıştır. Çok daha önemlisi bir milletin Yüce Yaradan'a kendi anadiliyle seslenmesinden daha doğal, daha samimi ne olabilir. Bunun dinsizlikle ne alakası vardır? Doğrusu şu ki; "Allah" yerine "Tanrı" adının kullanılmasına karşı çıkanlar, ulusal duygudan yoksun Arapçılardır.

- Atatürk, Müslüman Türk milletini dünyanın gözü önünde gülünç duruma düşüren ve Batı'nın Türklere yönelik aşağılamalarına "görsel meşruiyet" kazandıran, çağın ve hayatın gerisinde kalmış, Türk kültürüyle uzaktan yakından hiçbir ilgisi olmayan garip **kılık kıyafeti** çıkarttırarak, bütün medeni dünyada kullanılan **çağdaş kılık kıyafeti** giydirmiştir. Atatürk, "*Şapka giydirdim ki, başa giyilen şeyle din değiştirilmeyeceğini anlasınlar...*" diyerek Şapka Devrimi'nin bir gardırop meselesi değil bir zihniyet meselesi olduğunu anlatmak istemiştir. **Türkiye'de tek bir Allah'ın kulu şapka giymediği için idam edilmemiş ve cezalandırılmamıştır.** İstiklal Mahkemeleri, Şapka Devrimi'ne karşı kışkırtıcılık yapan, halkı isyana teşvik eden sadece **27 karşı devrimciye idam** kararı vermiştir. "*Tük kadını tefritten ve ifrattan kaçınmalıdır,*" diyen Atatürk, kadınların kılık kıyafeti konusunda hiçbir yasal yaptırıma gitmemiştir. Yalnızca kadınların bilinçlendirilmesi ve yerel yönetimlerin bu konudaki tavsiye niteliğindeki kararlarıyla yetinmiştir. CHP'nin kadınların çarşaflarını, peçelerini, başörtülerini zorla çıkarttırdığı iddası kocaman bir Cumhuriyet tarihi yalanıdır.
- Atatürk, çağdaş dünyayla ekonomik, kültürel ve siyasi ilişkileri arttırmak için **çağdaş dünyanın** kullandığı **alfabe,**

takvim, saat, ölçü, hafta sonu tatilini kabul etmiştir. Böylece içe kapalı Türkiye, özellikle ticarette, kültürde ve siyasette çağdaş dünyaya açılmıştır. Bu bakımdan Atatürk Cumhuriyeti'nin "statükocu", "içe kapalı" olduğu iddiası da kocaman bir Cumhuriyet tarihi yalanıdır.

- Atatürk çağın şartlarına ve hayatın gerçeklerine uymayan, modası geçmiş eski hukuk sistemini değiştirerek çağdaş dünyanın kullandığı zamana ve hayata uygun hukuk sistemini kabul etmiştir. Böylece kadın haklarını sınırlandıran Mecelle'nin yerine Türk aile yapısına uygun İsviçre Medeni Kanunu kabul edilmiş, bu kanunla Türk kadınlarına sosyal, kültürel ve ekonomik haklar tanınmış; çok kadınla evlilik yasaklanmış, resmi nikâh zorunlu hale gelmiş, kadının kocasını boşamasının ve kız çocuklara miras bırakılmasının önü açılmış, kadının çalışmasını ve sosyal hayata katılmasını engelleyen ortaçağ kalıntısı zihniyete büyük bir darbe vurulmuştur. Türk Ceza Kanunu İtalya'dan alınmıştır. Ancak, bu kanun bazılarının iddia ettiği gibi Faşist Mussolini'nin ceza kanununun çevirisi değildir. Bu ceza kanunu 1889 tarihli İtalyan Ceza Kanunu'nun çevirisidir. O dönemde dünyadaki en ileri ceza kanunu budur. Her alanda çağdaş hukuka geçilip eski hukuk kökünden sökülüp atılarak Osmanlı'daki hukuk karmaşasına son verilmiştir. Ankara Hukuk Mektebi açılarak çağdaş Türk hukukçuları yetiştirilmiştir.
- Kadınlara çok geniş sosyal ve siyasi haklar verilmiştir. Genç Cumhuriyet, 15 yıllık sürede kadın sporcular, kadın doktorlar, kadın hukukçular, kadın müzisyenler, kadın öğretmenler, kadın pilotlar, kadın işçiler yetiştirmiş, 1935'te meclisine 18 kadın milletvekili sokmayı başarmıştır. 1923'te yapılan İzmir İktisat Kongresi'nde Türkiye'de ilk kez kadınlara işçi ve çiftçi delegeleri arasında yer verilmiştir. Ayrıca beş yüz kadar izleyici arasında önemli sayıda kadın izleyici vardır. Kongre kararlarının 1. maddesinde *"Kadın erkek çalışanlara amele yerine işçi denilmesi"*, 7. maddesinde *"Kadınların madenlerde çalıştırılmaması"*, 10. maddesinde *"Kadın işçi-*

lere sekiz hafta doğum, her ay üç gün ay hali (regl dönemi) izni" verilmesi, 2. maddesinde *"emzikhaneler açılması"* öngörülmüştür. Atatürk, 1924'te Ticaret Bakanı Ali Cenani Bey'i, gelişen ülkelerdeki iş kanunlarında kadının durumunu incelemekle görevlendirmiştir. Bu doğrultuda bir komisyon kurulmuştur. Komisyonun çalışmaları sonunda çalışan **kadınlara on hafta ücretli doğum izni verilmesinden, kadınları gece ve ağır işlerde çalıştırmayı önlemeye kadar** bir dizi koşul getirilmiştir. Meclis'in bu tasarıyı kabul etmemesi üzerine, 1929'da kadın haklarını daha da genişleten bir kanun tasarısı daha hazırlanmıştır. İstanbul Ticaret Odası'nın *"Türk sanayini yıkıma uğratacak"* iddiasıyla karşı çıktığı bu tasarı da reddedilmiştir. Bunun üzerine 1934'te öncekilerden çok daha ileri bir **kadın işçi hakları tasarısı** daha hazırlanmış ve sonunda bu üçüncü tasarı sekiz yıllık bir mücadelenin ardından 8 Haziran 1936'da 3008 sayılı **İş Kanunu** ile kabul edilmiştir. Atatürk'ün çabalarıyla sonunda yasalaşan "İş Kanunu", **kadınların sanayi işlerinde gece görevlendirilmesini, yaşı ne olursa olsun maden işleri, kablo döşemesi, kanal ve tünel yapımında çalıştırılmasını yasaklamıştır. İsteyen kadınlara gece çalışma izni de verilmiştir. Kadınlar artık "123 çeşit ağır ve tehlikeli işte" çalıştırılmayacaktır. Çok daha önemlisi işverenlerin atölyelerinde ve fabrikalarında kadın işçi çalıştırılmaları zorunlu kılınmıştır.** 1926'da çıkarılan "Borçlar Kanunu"nda borçlar tanımlanırken kadın-erkek ayrımı yapılmadan her iki cins eşit görülmüştür. 1926'da çıkarılan "Medeni Kanun"la kadına dilediği mesleği, sanatı seçme ve yürütme hakkı verilmiştir. Kanun, kadının meslek ve sanatını yürütmesine yarayan malları "dokunulmaz mallar" saymıştır. 1930'da çıkarılan "Hıfzısıha (Toplum Sağlığını Koruma) Kanunu"yla çocuklu kadın işçilere çalışma saatleri içinde, işlerine ara vererek çocuklarını emzirme olanağı sağlanmıştır.[4] Atatürk'ün genç Cumhuriyeti'nin ka-

---

4 Metin Aydoğan, **Atatürk ve Türk Devrimi**, "Ülkeye Adanmış Bir Yaşam, 2", 10. bas., İzmir, 2008, s. 253, 254, 354, 355.

dınlara tanıdığı bu "işçi hakları" Atatürk'ün kurduğu **sosyal fabrikalarda** aynen uygulanmıştır.
- Atatürk, **Tevhid-i Tedrisat Kanunu**'yla yamalı bohça görünümündeki çok başlı eğitim sistemine son vererek eğitim öğretimi birleştirmiştir. Böylece çağın gerisinde kalan, uzun bir dönemdir kapılarını **akıl** ve **bilim**e kapatan **medreseler** ve Misyoner yuvası haline gelmiş **yabancı okullar** kapatılmış, **azınlık okulları** Milli Eğitim Bakanlığı'na bağlanarak denetlenmiş, bu okullarda **Türkçenin okutulması** zorunlu kılınmıştır. Böylece, yabancı okullar (**misyoner okulları**), **azınlık okulları**, 19. yüzyılda açılan **çağdaş okullar** ve eski usul eğitim ve öğretim veren **mektep** ve **medreseler** arasında bocalayan gençlerin **çağdaş, milli** ve **laik** bir eğitim alabilmelerinin yolu açılmıştır.
- Atatürk, bilgi üretmeyen, **Harf Devrimi** yapıldığında *"Latin harfleriyle yazacağıma kalemimi kırarım,"* diyen; *"okul bahçesinde fotoğraf çektirmenin günah olduğunu,"* söyleyen hocaların görev yaptığı **yüksek medrese** görünümündeki **Darülfünun**'u kapatarak Nazi baskısından kaçan biliminsanlarının da istihdam edildiği **İstanbul Üniversitesi**'ni açtırmıştır. İstanbul Üniversitesi, 1930'lu yılların dünyasındaki en önemli üniversitelerden biridir. İstanbul Üniversitesi'nde görev alan yabancı biliminsanları arasında kendi alanlarında dünyaca ünlü çok sayıda biliminsanı vardır: İktisat profesörleri W. Röpke, A. Rüstow, G. Kessler, F. Neumark; kimya profesörleri F. Arndt, F. Haurowitz, E. M. Alsleben; tıp profesörleri P. Schwartz, R. Nissen, A. Eckstein; müzik profesörleri P. Hindemith, C. Ebert, E. Zuckmayer; hukuk profesörü E. Hirsh; kent bilimci Prof. Dr. E. Reuter... bunlardan sadece birkaçıdır. Dünyanın en önemli fizikçileri, matematikçileri, müzikologları, Sümerologları, Hititologları, antropologları İstanbul Üniversitesi'nde istihdam edilmiştir.
- Atatürk, **Türkiye'nin dört bir yanında Halkevleri-Halkodaları** açtırarak, yüzyıllardır cahil bırakılmış, eğitimle, sanatla, kültürle, bilimle bütün bağları koparılmış Anadolu insanını her konuda aydınlatmaya çalışmıştır. Anadolu'nun en ücra

köşesine kadar yayılan Halkevleri-Halkodaları uygulaması, Türkiye'de gerçek anlamda bir **Anadolu Rönesansı** başlatmıştır. Halkevleri-Halkodaları sayesinde Anadolu insanı eğitimle, sanatla, bilimle, kültürle, sporla tanışmıştır. Batı'dan yaklaşık 400 yıl kadar sonra Anadolu insanı ilk kez okuma yazma öğrenmiş, tiyatro izlemiş, müzik dinlemiş, kitap okumuş, sergi gezmiş, heykel ve resim görmüş, dans etmiş, spor yapmış, kadınlı erkekli toplantılara katılmış, birlikte öğrenmiş ve birlikte eğlenmiştir. Anadolu'nun en ücra köşelerine kadar ulaşan Halkevleri, çölde bir vaha misali Anadolu bozkırına can vermiştir. **1932'de 24 Halkevi ve 34.000** üyesi vardır. Aradan geçen altı yıldan sonra, **1938'de bu rakam 209 Halkevine ve erkek-kadın 100.000'den fazla üyeye** ulaşmıştır. 1936 yılında **103 Halkevi** çatısı altında çeşitli etkinliklere katılan insan sayısı **2.100.000'dir**.

- Atatürk aşiret ve tarikat kıskacındaki Doğu halkını rahatlatmak için **toprak reformu** yapmak istemiş, bu yönde çok ciddi adımlar atmıştır. 1934 yılında çıkartılan **İskân Kanunu**'yla yoksul köylüye toprak dağıtılmıştır. **Genç Cumhuriyet 1923-1938 arasında toplam 246.431 aileye toplam 9.983.750 dekar toprak dağıtmıştır.** Atatürk'ün, Doğu'daki ağa-şeyh-aşiret-tarikat yapılanmasını yok ederek **halkı özgürleştirmek** için attığı bu önemli adım, emperyalizmin kontrolünde halkı sömüren feodallerin tepkisiyle karşılaşmış ve Doğu Anadolu'da genç Cumhuriyet'e karşı **Ağrı ve Dersim isyanları** patlak vermiştir.
- Atatürk'ün gerçekleştirdiği tarım devrimiyle Türkiye hem kendi kendine yetebilen bir ülke haline gelmiş hem de birçok tarım ürününü ihraç etmeye başlamıştır. **Pamuk üretimi** 1920'de 20.000 tondan 1927'de 120.000 tona, 1952'de 165.000 tona çıkmıştır. **Tütün üretimi** 1923'te 20.500 tondan 1927'de 64.400 tona çıkmıştır. **Üzüm üretimi** 1923'te 37.400 tondan 1927'de 40.000 tona çıkmıştır. **Buğday üretimi** 1923'te 972 tondan 1939'da 3636 tona çıkmıştır. Aynı dönemde 145.000 ton **zeytin**, 40.000 ton **fındık**, 28.000 ton

incir üretilmiştir. 1923'te 15 milyon olan **koyun** sayısı 23 milyona, 4 milyon olan **sığır** sayısı ise 9 milyona ulaşmıştır. Atatürk döneminde 1923-1929 yılları arasında, tarımsal üretimin yıllık büyüme hızı %8,9'u bularak milli gelir büyüme hızını (%8,6) geçmiştir. 1930-1939 yılları arasında küresel kapitalizmin yaşadığı büyük buhranın olumsuzluğuna karşın, tarım kesimi büyümesini sürdürmüştür. Bu dönemde tarımda yıllık büyüme hızı %5,1 olarak gerçekleşmiştir.

- Atatürk, Kurtuluş Savaşı'nın hemen ardından 17 Şubat 1923'teki **İzmir İktisat Kongresi**'yle Türkiye'nin **ekonomik kalkınmasını** başlatmıştır. 1923-1929 arasındaki **liberal ekonomi** denemesi 1929'daki dünya ekonomik krizinin ardından terk edilerek 1930-1938 arasında **Planlı Devletçilik** (Karma Ekonomi) benimsenmiştir. 1927'deki **Teşvik-i Sanayi Kanunu** ve 1929'daki gümrük tarifelerinin kontrolüyle canlanan ekonomi, 1934'teki **Birinci Beş Yıllık Kalkınma Planı**'nın ardından başlayan **ağır sanayi** hamlesiyle dosta düşmana parmak ısırtacak bir başarı elde etmiştir. Osmanlı'dan **sadece 4 fabrika miras kalan** genç Cumhuriyet, 1926-1938 arasında Türkiye'nin değişik bölgelerinde **28 büyük fabrika** kurmuştur. Sadece Atatürk Orman Çiftliği'nde **8 fabrika** kurulmuştur. Bu fabrikalarda işçi hakları en üst düzeyde tutulmuş, işçiler ve yöre halkı için **sosyal imkânlar** sağlanmıştır. Cumhuriyet'in fabrikaları aynı zamanda birer kültür kurumudur. 1929-1938 arasında **ağır sanayi üretimi %152 artarken toplam sanayi üretimi %80 artış göstermiştir**. Artış kömürde %100, kromda %600, diğer madenlerde %200 olurken, demir üretimi sıfırdan 180.000 tona çıkmış, şeker üretimi 200 misli artmıştır, 1930 yılında **Türk Parası'nın Kıymetini Koruma Kanunu** ve yine aynı yıl **Merkez Bankası'nın kuruluşu** çerçevesinde, TL'nin sterlin, ABD doları ve İtalyan lireti karşısındaki değeri yükselmiştir. Ulusal bankaların sayısı giderek artmıştır. Ülke genelinde **1924'te 19 ulusal banka** varken (15'i yabancıların) **1938'de bu sayı 39'a yükselmiştir** (9'u yabancıların). 1923 yılında İthalat ihracat arasındaki fark (-60) iken, başarılı ekonomik politikalar sonunda 1938'de bu fark (-5)'e düşmüştür. 1923'te ülkenin toplam ithalatında yatırım malları %6, hammaddeler %13 ve tüketim malları %81 oranında iken, 1938'de aynı rakamlar sırasıyla %36 (altı kat artış), %35 (üç kata yakın artış) ve %29 (üç kata yakın azalış) olmuştur. 1929 dünya ekonomik krizine rağmen 1924-1938 arasındaki **büyüme hızı %10'un** altına düşmemiştir. **Enflasyonsuz büyüme** gerçekleştirilmiş, **GSMH 3 katına, kişi başına milli gelir 2 katına çıkmıştır**. 1923-1938 arasında 11 yıl boyunca gelir gider eşitliği sağlanmış (denk bütçe), 3 yıl gelir giderden fazla olmuştur. 1938'e gelindiğinde **Merkez Bankası'nda 36 milyon dolar döviz, 26 ton altın** vardır. Artık şeker, çimento, kereste ve deri ürünlerinde milli ihtiyacın tamamı, yünlü dokumada %83'ü, pamuklu dokumada %43'ü, kâğıtta %32'si, camda ve cam eşyada %63'ü milli üretimle karşılanmaktadır. 1938'de **devletin Osmanlı borçlarından başka borcu yoktur.**

- Atatürk, ülkenin dört bir yanını **demiryolu ağlarıyla** birbirine bağlamıştır. Osmanlı'dan Cumhuriyet'e, yabancıların kontrolündeki **4112 km demiryolu** miras kalmıştır. 1928-1938 arasında bu demiryollarının 3387 km²'si **satın alınarak millileştirilmiştir**. **1923'te 4112 km olan demiryolu uzunluğu, 1938'de 7132 kilometreye ulaşmıştır.** Yani Osmanlı'nın son 150 yılında üstelik tamamen yabancılara yaptırıp işlettiği demiryoluna yakın uzunlukta (4000 km kadar) bir demiryolu ağını genç Cumhuriyet 10 yılda kendi imkânlarıyla yapmıştır. Üstelik Cumhuriyet'in demiryolları, ülkenin doğusuyla batısını, kuzeyiyle güneyini eksiksiz birbirine bağlayan çok daha işlevsel niteliktedir. 1938'den günümüze kadar geçen **73 yılda yaklaşık 1500 km demiryolu yapıldığı** göz önüne alınırsa, Atatürk Cumhuriyeti'nin demiryolu konusundaki başarısı çok daha iyi anlaşılacaktır. Atatürk, yol olmadığı için adeta kaderine terk edilmiş durumdaki köyleri merkeze bağlamak amacıyla **köy yollarının** yapımına ve onarımına büyük önem vermiştir. Bu doğrultuda çok kısa bir zamanda

adeta bir dünya rekoru kırılmış ve **1923-1926** yılı arasında **27.850 km köy yolu yapılmış, onarılmış ve düzeltilmiştir.**
- Atatürk, 1926 yılında **Teyyare ve Motor Türk Aş'yi** kurdurmuştur. 1928'de **Kayseri**'de bir **Uçak Fabrikası** kurularak üretime başlamıştır. Fabrika, Alman Junkers firmasıyla birlikte 1938 yılına kadar **15 adet Junkers A 20 Uçağı, 15 adet ABD Havk Muharebe Uçağı, 15 adet Gotha İrtibat Uçağı** üretmiştir. Kayseri Uçak Fabrikası'nda **toplam 112 uçak** üretilmiştir. Fabrika yurtdışından bile uçak siparişi almıştır. Fabrika, 1939 yılından itibaren uçak üretimine son vererek sadece Hava Kuvvetleri'ne ait uçakların bakım ve onarım işlerini yapmaya başlamıştır. 1925 yılında Vecihi Hürkuş, her şeyi ile **yüzde yüz ilk Türk uçağını** yapmıştır. 1936 yılında Nuri Demirağ, İstanbul Yeşilköy'de –bugünkü Atatürk Havaalanı'nın olduğu yerde– **İstanbul Uçak Fabrikası**'nı kurmuştur. **Nu 37** koduyla uçak üretimine başlamıştır. Bu uçaklardan **24 adet** üretilmiştir.
- **Nüfusun %14'ü sıtmalı, %9'u frengili, %72'si tifüse yakalanabilecek durumdayken,** Türk insanının belini büken bu **amansız hastalıkların** kökü kazınmıştır. Sağlık Bakanlığı'na bağlı bir avuç idealist Cumhuriyet doktoru, **sıtma, verem, tifüs, frengi, cüzzam** ve **trahom** gibi salgın hastalıklarla mücadele etmiş ve bu hastalıkları büyük oranda etkisiz hale getirmiştir. 1923'te tüm Türkiye'de sadece 337 doktor, 434 sağlık memuru ve 60 eczacı varken, bu sayı 1928'de 1078 doktora, 130 hemşireye, 1059 sağlık memuruna ve 377 ebeye yükselmiştir. 1924 yılında 150 ilçede **Muayene ve Tedavi evi** açılmıştır. Hastane sayısı 1940'ta 198'e ulaşmıştır. 1926'da Manisa ve Elazığ'da **Ruh ve Sinir Hastalıkları** hastaneleri, Ankara ve Konya'da **Doğum ve Çocuk** bakımevleri açılmıştır. **Adana, Malatya, Antep, Kilis, Besni**'de **Trohom Savaş hastaneleri** açılmıştır. **Adana, Gaziantep, Malatya, Urfa** ve **Maraş**'taki mücadele sırasında toplam **120 yataklı Trahom hastaneleri** kurulmuş ve yalnızca 1934 yılında müracaat eden 87.000 kişiden 2215'i tedavi, 4318'i ameliyat

edilmiştir. 1925-1931 arasında ülke genelinde **40.000 trohomlu** tedavi edilmiştir. Adana'da **Sıtma Enstitüsü** hizmete girmiştir. Değişik bölgelerde **11 Sıtma Dispanseri** kurulmuştur. 1931 yılına kadar **2 milyon hasta** tedavi edilmiştir. 1924-1938 arasında **17 milyon sıtmalı** kontrolden geçirilmiştir, 5 **milyonu** tedavi edilmiştir, 350 km^2 bataklık kurutulmuştur. 1000 km kanal açılmıştır. Sıtmayla mücadele konusundaki bu büyük başarının dünyada eşi benzeri yoktur. 1922'de 22 olan **Kızılay Dispanseri** sayısı 1932'de 339'a, yatak sayısı ise 189'dan 1318'e çıkmıştır. 1960 yılına gelindiğinde ülke genelinde **doktor sayısı 9826'ya, hemşire sayısı 2420'ye, ebe sayısı 3126'ya çıkmıştır.** 1922'de 1950 köyde sığır vebası vardı. 1932'de sığır vebası tamamen önlenmiştir.

- **Atatürk, Türk insanına sanatı, sanatçıyı, tarihi, kültürü, sporu, çevreyi sevdirmiştir. Halkevleri aracılığıyla resim, heykel, müzik, tiyatro, sinema gibi sanatların Anadolu'nun dört bir yanına yayılmasını sağlamıştır.** Yetenekli gençleri Avrupa'ya resim, müzik öğrenimi için göndermiştir. Böylece Cemal Reşit Rey, Ulvi Cemal Erkin, Adnan Saygun gibi kompozitörler; Çallı İbrahim, Namık İsmail gibi ressamlar yetişmiştir. **1937'de Türkiye'deki ilk resim galerisini, Resim ve Heykel Müzesi'ni açmış,** İbrahim Çallı başta olmak üzere dönemin Türk ressamlarıyla ilgilenmiş, **İlk Türk operasının** (Özsoy) hazırlanması için ünlü müzisyen Adnan Saygun'u görevlendirmiş, Cemal Reşit Rey'e de **ilk konservatuvarı** kurdurmuştur. **Türk müziğinin araştırılmasını sağlamış, çok sesli müziğin tanınıp dinlenmesi için mücadele etmiştir.** Kulakları çok sesli alafranga müziğe alıştırmak için bir süre çok sevdiği alaturka müziği yasaklamıştır. **Cumhurbaşkanlığı Orkestrası'nı** kurdurmuştur. **Şehir Tiyatroları'nın** yurdun en ücra köşelerine kadar turneler düzenleyerek halka temsiller vermesini sağlamıştır. **Eski Türk oyunlarının** yeniden hatırlanmasını ve oynanmasını istemiştir. Mevlana, Yunus Emre, Karacaoğlan'ın hatırlanmasını ve anılmasını; Fatih Sultan Mehmet, Yavuz Sultan Selim, Mimar Sinan, Piri Reis gibi

Türk büyükleri hakkında bilimsel araştırmaların yapılmasını ve bu kişilerin heykellerinin dikilmesini istemiştir. Nitekim Piri Reis hakkındaki ilk bilimsel araştırmalardan birini manevi kızlarından tarihçi Afet İnan'a yaptırmıştır. Arkeolojiye, eski eserlere ve müzelere önem vermiş, Anadolu'nun köklü tarihinin sergilendiği **müzeler** açtırmıştır. **Radyo yayınlarını** başlatmış, **sinemanın** yayılmasına önayak olmuştur. Ankara'da Millet Bahçesi'nde bir **Milli Sinema** kurulmuş orada **halka açık filmler** gösterilmiştir. Bireysel olarak da sinemayla ilgilenmiş, fırsat buldukça film izlemiş ve dahası, Kurtuluş Savaşı'nı anlatan **bir film senaryosu** yazmıştır. **Güreş, atletizm, havacılık, yüzme** sporlarının gelişmesini, dahası bu branşlarda **Türk kadın sporcularının** yetişmesini sağlamıştır. Atatürk, **başta Ankara Orman Çiftliği olmak üzere Türkiye'nin değişik yerlerinde kurduğu "örnek çiftliklerle" modern tarım-ileri hayvancılık yapılan ve biyoyakıt kullanılan çevreci bir Türkiye yaratmak istemiştir.** Orman çiftliğine 3 yılda 150.000, Yalova-Termal arasındaki yola ise **1 yılda 2250 ağaç** diktirmiştir. Yalova'da **bir çınar ağacının dalını korumak için** ağacın hemen yanındaki köşkünü altına ray döşeterek birkaç metre yana kaydırmıştır. O günden sonra o köşke "Yürüyen Köşk" adı verilmiştir.

İşte Atatürk'ün **akıllı projeleriyle** şekillenen Cumhuriyet mucizesinin çok kısa bir bilançosu...

İşte günümüzde kimilerince küçümsenmeye, sıradanlaştırılmaya, unutturulmaya çalışılan Atatürk gerçeği, Atatürk mucizesi...

İşte Bütün bu yapılanların ve daha fazlasının arkasında AKL-I KEMAL vardır...

Okuyun, araştırın, düşünün ve elinizi vicdanınıza koyup söyleyin! *"Cehalette boğulup sıtmadan ölmediysek eğer bunu O'na borçluyuz!"* derken haksız mıyım? Söyleyin haksız mıyım?

ATATÜRK'ÜN AKILLI PROJELERİ

Atatürk'ün Çılgınlığı

"Yalnız ufku görmek yetmez, ufkun ötesini de görmek gerekir," diyerek geleceği gören ve o doğrultuda bir gün gerçek olacak hayaller kuran Mustafa Kemal Atatürk, yüzyılın başında dünyanın "en çılgın" projelerinden birini dünyanın şaşkın bakışları arasında hayata geçirmiştir.

O, varını yoğunu, kimliğini, milli benliğini, her şeyini kaybetmek üzere olan bir millete adeta yeniden can vermiştir; "olmaz" denileni yapmış, imkânsızı başarmış, Anadolu bozkırında Anadolu insanına güvenerek yedi düvele meydan okumuş ve yenilmez denilen emperyalizm canavarını yenmiştir.

Atatürk'ün "en çılgın projesi" hiç tartışmasız Kurtuluş Savaşı'dır: I. Dünya Savaşı'ndan 550.000'den fazla kayıp vererek yenik çıkan, elinde kalan son toprakları güçlü emperyalist devletlerce paylaşılıp işgal edilen, silahları elinden alınan, orduları dağıtılan, bütün yeraltı ve yerüstü kaynaklarına el konulan ve bütün tersanelerine girilen Türkiye'yi, dünyanın en güçlü emperyalist ülkelerine ve onların taşeronlarına, *"Ya istiklal ya ölüm!"* diye başkaldırarak, 4 yıl gibi kısa bir zamanda bağımsızlığa kavuşturan Atatürk, hiç abartısız tarihin gördüğü "en çılgın Türk" olsa gerektir.

1919 yılında, umutsuz, çöken bir imparatorlukta, emperyalizme başkaldıran Atatürk'e, yazar Refik Halid Karay aynen şöyle seslenmiştir:

"Anadolu'da bir patırtı bir gürültü, kongreler, beyannameler filan...

Sanki bir şey yapabilecekler...

Blöf yapmanın sırası mı şimdi?

Hangi teşkilatın ne gücün var?...
Bu ne hayal!
Kuzum Mustafa, sen deli misin?"

İşte Atatürk, Refik Halid ve diğerlerinin "hayal" ve "delilik" zannettiği şeyi başarmıştır, çünkü o ufkun ötesini görmüştür.[1]

Atatürk'ün *"Ya istiklal ya ölüm!"* diyerek bir avuç imanlı arkadaşıyla birlikte emperyalizme meydan okumak için Anadolu'ya ayak bastığı günlerde şöyle bir tablo vardır:

- Mondros Ateşkes Antlaşması gereği Türk orduları dağıtılmış, önemli komutanlar tutuklanarak Malta'ya sürgün edilmiştir.
- İstanbul ve Anadolu, İngiltere, Fransa, İtalya, Ermenistan ve Yunanistan tarafından işgal edilmiştir.
- Türk aydınları, Amerikan veya İngiliz mandası istemektedir.
- Türk basını işgalcilerin kontrolündedir.
- Osmanlı Hükümeti işgalcilerin hizmetindedir.
- Osmanlı Padişahı, işgalcilerin merhametine sığınmıştır.

---

[1] Atatürk'ün akıl ve bilimle keskinleştirdiği öngörü yeteneğine çok sayıda örnek vermek mümkündür: Daha yirmili yaşlarında Selanik'te arkadaşlarına gelecekte Türkiye'nin başına geçeceğini belirtmiş ve o gün geldiğinde arkadaşlarına vereceği görevleri tek tek saymıştır. Selanik'te genç bir subayken Ivan Manalof'a, yapılması gereken tüm devrimleri tek tek sıraladıktan sonra, *"Bir gün gelecek ben hayal zannettiğiniz bütün bu inkılâpları gerçekleştireceğim,"* demiştir. Daha 1907 yılında geleceğin Misak-ı Millî sınırlarını doğru tahmin etmiştir. Mütareke döneminde Almanya'nın Türkiye sefirine, *"Enver'in batırdığı Türkiye'yi kurtarmaya Allah beni memur etti,"* demiştir. 1914'te Sofya'da Madam Hilda Cristianus'a bir gün Türkiye'yi yöneteceğini ve ülkesini çağdaşlaştıracağını belirtmiştir. 1918'de Avusturya Karlsbad'ta not defterine, gelecekte Türk kadınlarını özgürleştirecek bir devrim yapacağını yazmıştır. I. Dünya Savaşı'nın nasıl sonuçlanacağını dört yıl önceden görmüş, bu savaşın sonunda Almanya'nın yenileceğini ve İngilizlerin Osmanlı'ya bir kere daha saldıracağını tahmin ederek yetkili makamları önceden uyarmıştır. 1918'de *"Bizim için her şey bitti,"* diyenlere, *"Bizim için her şey daha yeni başlıyor,"* diyerek Kurtuluş Savaşı'ndan söz etmiştir. 1918'de İstanbul Boğazı'nda düşman donanmalarını gördüğünde, *"Geldikleri gibi giderler,"* demiştir. 1919'da Erzurum'da Mazhar Müfit Kansu'ya gelecekte yapacağı devrimleri tek tek not ettirmiştir. 1930'larda, çok yakında nazi ve faşist diktatörlerin dünyayı büyük bir savaşa sürükleyeceklerini ve bu savaşın sonunda nazizm ve faşizmin yıkılacağını belirtmiştir. 1930'larda MacArthur'a, II. Dünya Savaşı'nın ne zaman başlayıp, nasıl gelişip, nasıl sonuçlanacağını söylemiştir. Gelecekte Sovyet Rusya'nın dağılacağını tahmin etmiştir. Atatürk'ün bütün bu öngörüleri zaman içinde aynen gerçekleşmiştir. İşte AKL-I KEMAL budur...

- Anadolu insanı savaş yorgunudur; açtır, yoksuldur, artık savaş istememektedir.
- Elde yeterli miktarda ne silah, ne cephane, ne para ne de asker vardır.

1920 yılı sonlarında Türkiye'deki işgal kuvvetlerinin ortalama sayısı şöyledir:
Yunan kuvvetleri: 220.000 (Sakarya Savaşı'nda ulaşılan sayı).
İngiliz kuvvetleri: 10.000.
Fransız kuvvetleri (Tunus, Cezayir ve Senegalli askerler): 12.000.[2]
İtalyan kuvvetleri: 2000.
Hintli kuvvetler (İngilizlere bağlı): 8000.[3]
Ermeni kuvvetler (Fransızlara bağlı): 10.000.[4]
Ermeni çeteleri: 5000.
Pontus Rum çeteleri: 25.000.
Bunların dışında:
Anzavur, Çerkez Ethem ve Kuvayi İnzibatiye kuvvetleri: 15.000
Anadolu'daki 21 iç isyana katılan isyancı: 15.000.[5]
Yani Kurtuluş Savaşı'nda Türk ordularının karşısındaki düşman gücü ortalama 322.000 kişi civarındadır.[6]

Turgut Özakman'ın tespitiyle, Kurtuluş Savaşı sırasında Kuvayı Milliye, Düzenli Ordu ve Ankara yönetimi şu devlet, millet ve topluluklarla savaşmıştır:

1. Bazen ön planda bazen arka planda İngilizler.
2. Çukurova ve çevresinde Fransızlar.
3. Batı'da Yunanlılar.
4. Doğu'da ve Çukurova'da Ermeni birlikleri ve çeteleri.

---

2 Süleyman Hatipoğlu, **Türk-Fransız Mücadelesi, Orta Toros Geçitleri, 1915-1921**, Ankara, 2001, s. 43, dipnot 224.
3 Doğan Avcıoğlu, **Milli Kurtuluş Tarihi**, C I, İstanbul, 1998, s. 171, 172.
4 Hatipoğlu, **age.**, s. 43.
5 Turgut Özakman, **Vahdettin, Mustafa Kemal ve Milli Mücadele**, 6. bas., Ankara, 2007, s. 449.
6 Özakman, Kurtuluş Savaşı sırasında Türkiye'nin karşısındaki silahlı gücün yaklaşık **400.000 kişi** olduğunu ileri sürmüştür. Özakman, **age.**, s. 449, dipnot 69.

5. Kuzeyde Yunanistan destekli Pontus çeteleri.
6. Kocaeli, Ege ve Marmara bölgesinde Rum ve Ermeni çeteleri, ayrıca yerel halktan oluşan bazı işbirlikçi çeteler ve İyonya Devleti için hazırlanan 20.000 kişilik kuvvet.
7. 21 iç isyana katılan 15.000 civarında isyancı.
8. Anzavur'un birliği ve Kuvayı İnzibatiye.
9. Çerkez Ethem'in Kuvayı Seyyaresi.[7]

Bütün bunların dışında, uluslararası kuruluşların (Paris Barış Konferansı, Cemiyeti Akvam) Türkiye karşıtı tutumları, ABD'nin ve Wilson İlkeleri'nin Türkiye aleyhine devreye girmesi, Sovyetler Birliği'yle yaşanan inişli çıkışlı ilişkiler, Yunan ve Ermeni propagandası, ayrılıkçı ve gerici akımlar (İzmir Çerkez Kongresi, Trabzon Ademi Merkeziyet Derneği, TBMM'deki İkinci Grup, C. Arif ve H. Avni'nin Erzurum'daki girişimleri), M. Suphi Olayı, Bolşeviklik'in yayılması, Enver Paşa'nın gizli faaliyetleri, Trabzon Olayı, Ali İhsan Paşa Olayı, Ali Şükrü Bey ve Topal Osman olayları, Atatürk ve silah arkadaşları hakkındaki "Bolşevik" suçlamaları, Padişah'ın yayınladığı idam fetvaları, işbirlikçi İstanbul hükümetleri, sayısız işbirlikçi, sayısız İngiliz ajanı, parasızlık, silah ve cephane yokluğu, ulaşım ve haberleşme güçlüğü, Atatürk'ün bazı silah arkadaşlarının daha yolun başında geri adım atmaları, ABD ve İngiliz mandası istekleri ve halkın yılgınlığı, yorgunluğu... gibi nedenlerden dolayı Mustafa Kemal Atatürk ve Kurtuluş Savaşı'nı verenler, emperyalizmin silahlı güçleri yanında, tüm dünya kamuoyuna yönelik menfi propagandanın ve bir içsavaşın üstesinden gelerek bu kadar güçlüğe rağmen abartısız bir "mucizeyi" gerçekleştirmişlerdir.

Özakman'ın dediği gibi, *"Kısacası Ankara yönetimi, birden çok devlet, millet ve toplulukla savaşıp çekişmiş, çatışmıştır; barış görüşmelerinde de yine birçok devletle mücadele etmek zorunda kalacaktır. Onun için 'yedi düvelle savaş' bir efsane değildir ve Türkiye bu şaşırtıcı mücadeleden galip çıkmıştır."*[8]

---

7 Özakman, age., s. 449.
8 age., s. 449.

İşte gerçek "çılgın proje", bu ortamda hayatını hiçe sayarak "*Ya istiklal ya ölüm!*" diye ortaya çıkıp, "*vatanımı kurtaracağım!*" diyebilmektir. İşte Atatürk bunu demiştir, üstelik sadece demekle de kalmamış, bunu başarmıştır.

Atatürk'ün bütün dünyayı şaşırtan bir diğer "çılgın projesi" de yarı bağımlı, geri kalmış bir ümmet imparatorluğundan, 15 yıl gibi kısa bir zamanda tam bağımsız, çağdaş ve laik bir "ulus devlet" yaratmasıdır. İslam dünyasında bu başarının bir benzeri daha görülmemiştir.

Hiç tartışmasız Atatürk'ün gerçekleştirdiği Türk Devrimi gerçek bir çılgın projedir.

Türk Devrimi öncesinde tablo şöyledir:

1683'ten beri Batı'nın emperyalist baskılarıyla askeri, siyasi, kültürel ve ekonomik olarak köşeye sıkışmış, her geçen gün biraz daha kan kaybeden, yarı bağımlı çöken bir imparatorluk...

600 yıldan beridir yaşamın, hukukun, sanatın, siyasetin ve kültürün dinle şekillendiği, bir "şeriat" ve "ümmet" imparatorluğu...

300 yıldan fazla bir zamandır, bilimde, sanatta, eğitimde ve kültürde çok geri kalmış bir ortaçağ imparatorluğu...

Gerçek "çılgın proje", her bakımdan iflas etmiş böyle bir çokuluslu imparatorluktan, bağımsız ve çağdaş bir "ulus devlet" yaratmaktır. İşte Atatürk bunu başarmıştır.

Önce emperyalizme başkaldırarak "yarı bağımlı" imparatorluğa son verip "tam bağımsız" bir devlet kurmuş, daha sonra "hurafelerle" mücadele ederek, şeriat yasalarına son vererek, "akıl ve bilimin" rehberliğinde bu devleti çağdaşlaştırmıştır. Yaptığı devrimlerle, insanları "kul" olmaktan kurtarıp, özgür "bireyler" haline getirmiştir. Bu da yetmemiş, "tam bağımsızlık" parolası çerçevesinde Osmanlı'yı iflas ettiren dış borçlara ve kapitülasyonlara son verip ekonomik bağımsızlığı sağlamıştır.

Çok daha önemlisi Atatürk, kaderini dönme devşirmelere teslim etmiş bir "ümmetten", kendi kaderini kendisi belirleyen bir "millet" yaratmıştır:

600 yıllık Osmanlı döneminde devlet yönetiminde görev alan 288 sadrazamdan (başbakandan) yaklaşık 70'i kendi hal-

kından, 210'dan fazlası ise Yahudi ve Hıristiyan kökenlidir.[9] "Muhteşem Yüzyıl" diye adlandırılan Kanuni Sultan Süleyman döneminde görev yapan 9 sadrazamdan 8'i dönme-devşirme-Hıristiyan kökenlidir.[10] Osmanlı'da, Çandarlı'dan, yani 15. yüzyıldan sonra "yerli" yani Türk-Türkmen devlet adamına rastlamak çok zordur.

"Osmanlı, 1299-1920 yılları arasında süren iktidar döneminde Hanedan-ı Osmani ve patrimonial yönetim olarak kendini merkeze almış, halkını ise köylü veya raiyat önleyen anlamında (reaya) konumuna getirmiştir. Bu açıdan bakıldığında toplum düzeninde merkez-çevre diyebileceğimiz ikili (dual) bir yapılaşma ortaya çıkmıştır. Merkez, hanedan ve askeri-sivil tabakadan oluşuyordu. Her iki unsur da ilk aşamada Enderun'dan yetişmiş yabancı kökenli kişiler idi. Devşirme adı verilen bu insanlar, dokuz-on yedi yaşları arasında Pençik usulüne göre 'Enderun Mektebi'ne alınarak İslami norm ve değerlere göre yetiştiriliyordu. 18. yüzyılın ikinci yarısından itibaren bu sürece Sebetaistlerin İslam inancını kabul ederek 'Dönme' veya 'Avdeti' kimliği ile katılmaları da gerçekleşmiştir. Merkezin yabancı soylulara Yahudi ve Hırsitiyanlara tahsis edilmesi, asli unsurların ise 'avam' konumuna getirilmesi, Osmanlı düzeninin belirgin özelliğini meydana getirir. Niçin Osmanlı kendi halkını üst yönetimden yoksun bırakmıştır? Niçin yabancı unsurlara stratejik yerleri tahsis etmek suretiyle halkını dışlamıştır?"[11]

İşte bu sorulara yanıt veren Atatürk, Osmanlı İmparatorluğu döneminde 600 yıldır dışlanan, "çevreye" itilen, aşağılanan, kimliksiz ve kişiliksiz bırakılan Türkleri yeniden "merkeze" taşıyarak yüceltmiş, onlara yeniden kimlik ve kişilik kazandırmıştır.

Osmanlı sadece Türkü değil Türkün dili Türkçeyi de dışlamıştır. Öylesine dışlamıştır ki, Türkçe yerine Osmanlıca diye "yapay bir dil" kullanmıştır.

---

9 Orhan Türkdoğan, **Türk Toplumunun Kültürel Dinamikleri**, İstanbul, 2007, s. 50, 51.
10 **age.**, s. 190.
11 **age.**, s. 189, 190.

11. yüzyılda Kaşgarlı Mahmut, *"Divanü Lügat-it Türk"* adlı eserinde Türkçenin zenginliğini gözler önüne sermiş, 13. ve 14. yüzyıllarda Türkçe terimlerle Kuran çevirileri yapılmış, bilimsel kitaplar anlaşılır bir Türkçeyle yazılmış, 13. yüzyılda yaşamış olan Yunus Emre, bugün bile çok rahatça anlayabileceğimiz düzeyde bir Türkçe kullanmış, 13. Yüzyılda Anadolu'da Karamanoğlu Mehmet Bey Türkçeyi resmi dil olarak ilan etmiş, 14. yüzyılda İshak bin Murat, Arapça terimlere Türkçe karşılıklar bulmuş, 15. yüzyılda Ali Şîr Nevaî *"Muhakemet'ül Lûgateyn"* adlı eserinde Türkçe ile Farsçayı karşılaştırarak Türkçenin Farsçadan daha üstün bir dil olduğunu göstermiş, ama Osmanlı İmparatorluğu döneminde, özellikle 15. yüzyıldan sonra Türkçe Arapça ve Farsçanın istilasına uğramıştır. Osmanlı Devleti, Türkçeyi korumak için hiçbir şey yapmamış, hatta medreselerde Türkçeyi yasaklamıştır. Türkçe sadece halk arasında yaşamaya devam etmiştir. Arapça ve Farsçanın Türkçe üzerinde kurduğu egemenlik yüz yıllarca sürmüş, Türkçe ancak Atatürk'ün çalışmalarıyla Cumhuriyet döneminde bağımsızlığına kavuşmuştur.[12]

İşte Atatürk 600 yıllık bu "yabancılaşmaya", 600 yıldan beridir devam eden bu dönme-devşirme-soylu saltanatına son vererek, 600 yıldan beridir dışlanan, aşağılanan, ezilen, Türk unsurları (Türk-Türkmen, Laz, Çerkez, Kürt vs.) devletin asıl sahibi yapmıştır.[13]

1920'de TBMM'nin açılması, 1922'de saltanatın kaldırılması, 1923'te cumhuriyetin ilanı ve 1924'te de halifeliğin kaldırılmasıyla dönme-devşirme ve soylu saltanatı yıkılarak Osmanlı döneminde "reaya", yani "sürü" diye adlandırılan halk, *"egemenlik kayıtsız şartsız milletindir"* parolasıyla kendi kendini yönetmeye başlamıştır.

Yobaz-liboş yalanlarına göre "jakoben", "tepeden inmeci", "sosyete", "halktan kopuk" diye küçümsenen Atatürk Cum-

---

12 Bedia Akarsu, **Atatürk Devrimi ve Temelleri**, 3. bas., İstanbul, 2003, s. 180, 184-186.
13 Atatürk'ün Türk milleti tanımına göre "Türkiye Cumhuriyeti yurttaşı" olan bütün bu unsurlar alt kimlikleri ne olursa olsun Türk olarak kabul edilmiştir.

huriyeti, tam tersine Osmanlı'nın "dönme-devşirme-Hıristiyan-Yahudi soylu" jakobenizmine son vermiş, babadan oğula geçen "sultan diktasını" ve "saray sosyetesini" bitirmiş, halkı "kul" diye adlandırıp "reaya" diye dışlayan "tepeden inmeci" zihniyete darbe vurarak devleti padişahın elinden alıp halkın hizmetine sunmuştur.

İşte gerçek "çılgın proje" budur; iktidarı yabancılardan; "dönme-devşirme-soylu" unsurlardan alarak kendi insanına, bu toprağın insanına verebilmektir çılgın proje... İşte Atatürk bunu başarmıştır.

İslam dünyasında bugün bile tam bağımsız ve çağdaş bir ulus devletin olmaması, Atatürk'ün bir önceki yüzyılın başında gerçekleştirdiği projelerin gerçekten de çok çılgın projeler olduğunun kanıtı değil midir?

Atatürk'ün çılgın projelerini, gazeteci yazar Necati Doğru'nun, "*Çılgın Proje*" yazısıyla bitirmek istiyorum.

Bakın usta gazeteci, Türkiye'de Atatürk'ün ve ondan sonra gelen liderlerin "projelerini" nasıl bir çırpıda özetlemiş:

"*Halk projeye mi oy veriyor?*
Çok emin değilim, ancak liderler projeleriyle anılıyorlar.
Mustafa Kemal: 'Cumhuriyet Projesi'ni yaptı.
İsmet İnönü: Türkiye'yi II. Dünya Savaşı'na girmekten kurtaran projeyi başarıyla uyguladı, ülkenin yok olup gitmesini önledi.
Adnan Menderes: 'Her mahalleye milyoner' diyordu.
Süleyman Demirel: 'Barajlar fatihi' oldu. GAP'ı başlattı!
Turgut Özal: Ekonomiyi dünyaya açtı.
Necmettin Erbakan: 'Ağır sanayi hamlesi' istiyordu.
Bülent Ecevit: 'Köy-Kent Projesi' vardı.
Tansu Çiller: 'Her aileye 2 anahtar' verecekti.
Mesut Yılmaz: 'Türkiye'yi enerji koridoru olmaya' açtı.
Bu liderler içinde Mustafa Kemal ile İsmet İnönü, düşünüp uyguladıkları 'Bölünmez bütünlükçü Cumhuriyet Projesi' ile Türkiye'ye lig atlattılar.
Cumhuriyet, birleştiren projeydi ve I. Dünya Savaşı sonun-

da çöken Osmanlı'nın enkazından yeni, bağımsız, saygın, onurlu ülke yarattı.

Diğer liderlerle de gelişme oldu. Ancak Türkiye lig atlayamadı.

Aynı dönem içinde Japonya, Singapur, Kore, Tayvan eğitim sistemini, ticaret sistemini, şehirleşme sistemini, teşvik sistemini, kaynakları israfsız kullanma sistemini, yaratıcılık ve teknolojide sıçrama yapabilme sistemini 'geliştirdikleri projelerle' en verimli noktaya ulaştırdılar.

Bunlar lig atladılar. Türkiye yerinde bocaladı. Borçsuz kalkınan ülke olamadı. Cari açığını kapatan tek yılı yaşamadı.

Türkiye'nin Mustafa Kemal'den sonra gelen liderleri; bugünkü başbakan dahil en başarılı uyguladıkları; 'Halkı daha koyu Müslüman nasıl yaparız, oyları nasıl kaparız projesi' oldu.

Türkiye muhafazakârlaştı. Tarikatçılık zirve yaptı. Cemaatler sektör oldu. Hocaefendiler yol gösterici.

Cumhurbaşkanı, başbakan, bakanlar dahil tüm devlet adamlarının ve Merkez Bankası başkanları dahil, bütün üst bürokratların eşleri türbanlı oldu.

Başbakan'ın başı türbanlı kızı, devlet tiyatrosunda sakız çiğneyerek oyun seyrediyor. Dini afyon kabul eden Abdullah Öcalan da 'hapishaneden din hocası gibi konuşmaya' başladı ve Türkiye'nin Kürtleri Güneydoğu şehirlerinde meydanlarda Cuma namazlarını 'bölünme ibadeti' haline getirdiler.

Türkiye lig atlayamadan bölündü.

Yeni bir seçime gidiyoruz. Belki projecilik şimdi öne geçer.

Türkiye bölünmeden lig atlar. Türkiye lig atlarsa niçin bölünsün?

Umut edelim.

Başbakan'ın açıklayacağı 'çılgın proje' Türkiye'yi bölünmekten kurtaracak bir akıl açıklaması olsun."[14]

Necati Doğru'nun umudu boşa çıktı.

Başbakan'ın seçimlerden bir buçuk ay kadar önce açıkladığı

---

14 Necati Doğru, "*Çılgın Proje*", Sözcü gazetesi, 18 Nisan 2011.

"Çılgın Proje: Kanal İstanbul" önce İstanbul'un Anadolu yakasını ikiye bölecek, sonrası Allah Kerim!...

Usta gazeteci Necati Doğru'nun isabetle ifade ettiği gibi, Atatürk *"Bölünmez bütünlükçü Cumhuriyet Projesi"* ile Türkiye'yi "bağımsız" ve "çağdaş" bir ülke yaparken; Atatürk'ten sonra gelen liderler; *"Halkı daha koyu Müslüman nasıl yaparız, oyları nasıl kaparız projesi"* ile Türkiye'yi "tarikat" ve "cemaat" cenneti yaptılar.

Özetlersek, Atatürk bu yüzyılın başında bu milletin hayatını –olumlu anlamda– çok derinden etkileyen gerçek anlamda iki çılgın projeye imza atmıştır. Bunlardan biri Kurtuluş Savaşı, diğeri ise Türk Devrimi'dir. İmkânsız denilen her iki projeyi de düşünceden uygulamaya geçiren Atatürk, ezilen, sömürülen dünyada ilk kez, çokuluslu yarı bağımlı bir ümmet imparatorluğundan, tam bağımsız, çağdaş bir ulus devlet yaratarak tarihe geçmiştir.

Ancak ne kadar üzücüdür ki, yüzyılın başında Atatürk'ün emperyalizme meydan okuyarak düşünceden uygulamaya geçirdiği ve 88 yıldır bizi bir arada tutan "Ulus Devlet Projesi", bugün Amerikan emperyalizminin çıkarları doğrultusunda hayata geçirilmek istenen "Büyük Ortadoğu Projesi"yle yok edilmek istenmektedir.

Varın, nereden nereye geldiğimize siz karar verin!...

Atatürk'ün Aklı

Atatürk'ün en temel özelliği, akıl ve bilimi "tek yol gösterici" olarak kabul etmiş olmasıdır. Atatürk, *"Dünyada her şey için en hakiki mürşit ilimdir, fendir. İlmin ve fennin dışında yol gösterici aramak gaflettir, cehalettir, delalettir..."* ve *"Türk milletinin yürümekte olduğu ilerleme ve medeniyet yolunda elinde ve kafasında tuttuğu meşale müspet ilimdir..."* diyerek "akıl" ve "bilim" ilkelerine uygun şekilde hareket etmiştir. Atatürk'ün olağanüstü başarısının sırrı işte buradadır.

Çanakkale Savaşları'ndaki olağanüstü kahramanlığının ve başarılarının arkasında akıl ve bilim vardır.

Kurtuluş Savaşı'ndaki imkânsız zaferinin arkasında akıl ve bilim vardır.

Ortaçağ kalıntısı bir toplumu çağdaşlaştırmak için gerçekleştirdiği Türk Devrimi'nin arkasında akıl ve bilim vardır.

Prof. Dr. Nihat Erim, 1963 yılında *Cumhuriyet* gazetesinde yazdığı *"Atatürk'ün En Büyük İnkılabı: Aklın Diktatörlüğü"* başlıklı makalesinde Atatürk'ün akla verdiği önemi şöyle ifade etmiştir:

"Atatürk Türkiye'ye aklın üstünlüğü, aklın hükümranlığı temel ilkesini getirdi ve yerleştirmeye girişti..."[15]

Atatürk, *"Ya filozoflar kral olmalı ya da krallar filozof olmalı,"* diyen Platon'a gönderme yaparcasına gerçek anlamda bir "filozof lider" gibi hareket etmiştir.

Herbert Melzing'in deyişiyle: *"Eski çağın büyük filozofu Platon'un 'Ya yöneticiler filozof ya da filozoflar yönetici olsalar' yolundaki iki bin yıllık dileği, ilk kez 20. yüzyılda Atatürk'ün kişiliğinde tam olarak gerçekleşmiş bulunuyor. Atatürk bir dahi, bir düşünür olarak ulusunun yazgısını eline almış, bu ulusla atıldığı bağımsızlık savaşı ile ve başka ulusların haklarını koruyan bir barışla insanlığa görkemli bir örnek vermiştir."*[16] Melzig'e göre Atatürk, *"Çankaya düşünürü"*dür.[17]

Bedia Akarsu, Atatürk'ün bir filozof lider olduğunu şöyle ifade etmiştir:

"Ben Atatürk'ün de bir asker, bir devlet adamı, bir kahraman olduğu kadar filozof da olduğunu öne sürmekten çekinmeyeceğim. Atatürk düşüncelerini eylem halinde dile getirmiş, zaman zaman da söz ve söylevle ortaya koymuş bir düşünürdür. Devrimin tümünün ayrılmaz parçası olan tek tek devrimlerin tam birlikli bir sistem içinde çok önceleri, 1919'dan da önceleri, onun kafasında belirmiş olduğunu görüyoruz. Bu sistemini 19 yıl gibi kısa bir süre içinde acele etmeden belli bir sıra güderek birer birer

---

15 Nihat Erim, *"Atatürk'ün En Büyük İnkılabı: Aklın Diktatörlüğü"*, **Cumhuriyet gazetesi,** 7 Kasım 1963.
16 Ozankaya, **age.**, s. 5.
17 Metin Özata, **Mustafa Kemal Atatürk, Bilim ve Üniversite,** İstanbul, 2005, s. 9.

gerçekleştirecektir. O ilkin işgal altında kalan yurdu düşman boyunduruğundan kurtararak ulusal bağımsızlığı sağlayacak, halk egemenliğini sağlayarak toplumun yapısını temelden değiştirecek, laik sistemi kurup, vicdan özgürlüğünü sağlayarak hukuk düzenini değiştirecek, eğitimde devrim yaparak, düşüncede devrimi gerçekleştirecek, ekonomi alanında yeni bir sistem getirecek, dil ve tarih tezleriyle de, Türk dilinin bağımsızlığını korumaya, Türk ulusunun dünya ulusları arasındaki yerini belirlemeye çalışacaktır. Atatürk devrimlerinden bir teki bile bu sistemden ayrılamaz, kaldırılamaz, her birinin bu sistem içinde bir yeri ve görevi vardır. Tek başına ele alındıklarında da anlamsız gibi görünebilirler.

Bütün bu sistemi önceden kafasında tasarlayıp, bir plan, bir program içinde gerçekleştiren bir insana aynı zamanda filozof demek hiç de aşırı bir iddia sayılamaz sanırım. Böylesine 'ihatalı' bir kafa ancak bir filozofta bulunabilir..."[18]

Prof. Dr. Geoffery Lewis'in dediği gibi, *"Atatürk, özünde bir bilgindir."*[19]

Gerçekten de okuduğu ve yazdığı kitaplara, yaptığı araştırmalara, ortaya attığı tezlere bakılacak olursa Atatürk'ün bir filozof lider, bir düşünür, bir bilgin olduğu sonucuna varılabilir.[20]

Atatürk gerçek bir filozof lider, gerçek bir bilgindir, çünkü:

- Aralarında Doğu ve Batı filozoflarının esirlerinin de bulunduğu 5000'e yakın kitap okumuştur.
- Tarih ve dil konularında biliminsanlarınca tartışılan tezler geliştirmiştir (Türk Tarih Tezi, Güneş Dil Teorisi).
- Matematik, dil, tarih ve din konularında bizzat bilimsel araştırmalar yapmıştır.
- Askerlik, tarih, sosyoloji, geometri ve anı türlerinde çok sa-

---

18 Akarsu, **age.**, s. 25.
19 Özata, **age.**, s. 9.
20 Buna karşın Atatürk,"*Bilim ve özellikle toplumsal bilim alanına bağlı işlerde ben komutanlık edemem. Bu alanda isterim ki bana bilginler doğru yolu göstersinler. Onun için siz kendi biliminize, kültürünüze güveniyorsanız bana söyleyiniz; toplumsal bilimin güzel yönlerini gösteriniz, ben izleyeyim,*" deme nezaketini göstermiştir. Ahmet Köklügiller, **Atatürk'ün İlkeleri ve Düşünceleri**, İstanbul, 2005, s. 155.

yıda kitap (*"Tarih II Orta Zamanlar"* kitabının bazı bölümlerini, *"Vatandaş İçin Medeni Bilgiler"* ve *"Geometri"* kitaplarını) yazmıştır.

- *Mimber, Hakimiyeti Milliye* ve *Ulus* gazetelerinde yayımlanan çok sayıda yazı kaleme almıştır.[21]

Atatürk, bir sözcüğün kökeninin nereden geldiğini bulunca, *"Uzun bir çalışmadan sonra bunu keşfettiğim zaman Sakarya Muharebesi'ni kazandığım dakikadaki memnuniyeti duydum,"*[22] diyecek kadar bilimsel heyecana sahiptir.

Atatürk'ün sofrası bir bilim akademisi gibidir. Atatürk'ün sofraları her zaman bilimin, sanatın, tarihin, felsefenin konuşulduğu ve toplumsal sorunların uzmanların katılımıyla tartışıldığı birer bilim şöleni olmuştur. Tıpkı ünlü filozof Sokrates'in sofrası gibi. Sofrasında bulunan kara tahtada başta dil ve tarih olmak üzere pek çok bilimsel konuda çalışmalar yapılmıştır. Atatürk, sofrasına kadar çağırıp sabahlara kadar bilimsel sohbetler yaptığı biliminsanlarına, *"Sizlerle yaptığım bu ilmi konuşmalar benim ruhumun gıdasıdır,"*[23] diyecek kadar bilime önem vermiştir.

Fransız başbakanlarından Eduard Herriot, Atatürk'ün sofraları için şu değerlendirmeyi yapmıştır:

"Ben Atatürk'e kâtip olmak isterdim. Çünkü onun her akşam sofrasında bulunup yüksek düşünceleriyle beslenmek dileğimdir. Böylece yeniden bir üniversite bitirmiş olurdum."[24]

Atatürk, Dolmabahçe Sarayı'ndaki çok güzel bir koltuğun kime ait olduğunu soranlara, *"Bu koltuk bilim adamlarına aittir,"*[25] diyecek kadar ve Türkiye'ye gelen yabancı biliminsanlarına milletvekillerinin üç katı maaş verecek kadar, biliminsanlarına değer veren bir devlet adamıdır.

---

21 Ayrıntılar için bkz. Sinan Meydan, **Atatürk ve Türklerin Saklı Tarihi**, 2. bas., İstanbul, 2011; Sinan Meydan, **Atatürk ile Allah Arasında**, "Bir Ömrün Öteki Hikâyesi", 3. bas., İstanbul, 2009; Sinan Meydan, **Atatürk ve Kayıp Kıta Mu**, 13. bas., İstanbul, 2001; Metin Özata, **Mustafa Kemal Atatürk, Bilim ve Üniversite**, İstanbul, 2005.
22 Neelle Roger, **Cumhuriyet gazetesi**, 9 Aralık 1938.
23 Özata, **age.**, s. 9.
24 Ozankaya, **age.**, s. 29.
25 Özata, **age.**, s. 10.

Atatürk'ün başarı sırrı akılcı ve bilimsel hareket etmesinde gizlidir. Ama onun akıl ve bilim anlayışı, sürekli değişimi öngören, asla eskimiş kuramlara saplanıp kalmayan, genel kabulleri, peşin hükümleri olmayan, her kuramın olabilirliğini dikkate alan çok ileri bir anlayıştır. Onun için –istisnasız– insanı, doğayı, hayatı ve evreni ilgilendiren her şey "bilimin konusu" içine girer. "Din" dahil her konuya kafa yormasının ve tüm dünyayı şaşırtan olağanüstü başarılar elde etmesinin temel nedeni budur.

Kendi hayatında aklı ve bilimi tek yol gösterici olarak kabul eden Atatürk, adeta yoktan var ettiği bu ülkenin insanlarına "manevi miras" olarak da akıl ve bilimi bırakmıştır. **"Benim manevi mirasım akıl ve bilimdir,"** diyen Atatürk'ün ilerleme formülü "akıl+bilim=çağdaşlaşma" biçimindedir. Atatürk'ün altı ilkesinden biri olan ve "sürekli yenilik" anlamına gelen "Devrimcilik" ilkesinin özünde de bu "formül" vardır.

Atatürkçülüğü; modası geçmiş, çağdışı, gerici bir ideoloji olarak göstermek isteyen Cumhuriyet tarihi yalancıları, Atatürk'ün "akıl+bilim=çağdaşlaşma" formülünün, dünya döndükçe "ilerlemenin anahtarı" olmaya devam edeceğini göremeyen budalalardır!

Bugün Türkiye her şeye rağmen İslam dünyasının en demokratik, en özgür, en çağdaş, en bilimsel ülkesiyse, bunu 1950'den sonraki dinci, muhafazakâr, Osmanlıcı ve Amerikan işbirlikçisi, karşı devrimci liderler değil, 1923'te köhnemiş Osmanlı düzenine son vererek çağdaş Cumhuriyet'i kuran Atatürk sağlamıştır. Bizler hâlâ Atatürk'ün kurduğu çağdaş Türkiye Cumhuriyeti'nin mirasını yemekteyiz. Bu düşüncenin ne kadar doğru olduğunu anlamak için Atatürk'ten sonra bugüne kadar Türkiye'de "çağdaşlık" anlamında nelerin yapıldığına ve nelerin yıkıldığına kısaca göz atmak yeterlidir.

Türk aydınlanması Atatürk'ün eseridir. Türk kültürüyle evrensel değerlerin akıl ve bilim eşliğinde harmanlanmasıyla şekillenen Türk aydınlanmasının mimarı Atatürk'ü çağdışı, modası geçmiş düşüncelerin sahibi veya tam tersine Batıcı, kendi kültürüne ve değerlerine yabancı biri olarak göstermek büyük bir yanılgı, büyük bir yalan, büyük bir çarpıtmadır.

Atatürk'ün bize en çılgın görünen projelerinin temelinde bile derin bir akıl vardır. Atatürk, Türkiye'yi kurtarırken ve kurarken hep bu derin akıldan yararlanmıştır.

Atatürk, Kurtuluş Savaşı'nı, stratejik, diplomatik ve askeri akılla kazanmıştır. Akıllı stratejileri; akıllı diplomatik hamleler, akıllı örgütçülük ve akıllı savaş taktiklerini bir araya getiren Atatürk, "imkânsızı" başarmıştır. Atatürk Devrimi de büyük bir aklın ürünüdür. Atatürk, bilgi, tecrübe ve strateji yüklü akıllı hamlelerle Türkiye'yi çağdaşlaştırmıştır.

- Kurtuluş Savaşı öncesinde İstanbul'daki 6 ayda Anadolu'ya geçmek için yaptığı ön hazırlıklar ve planlar,
- 19 Mayıs 1919'da Samsun'a çıkarak kısa bir zamanda Milli Mücadele'yi örgütlemesi,
- Silah arkadaşlarıyla ilişkileri ve onları savaş boyunca çekip çevirmesi,
- Türkiye'nin her yanındaki direniş hareketlerini şaşırtıcı bir gizlilikle ve ustalıkla idare etmesi,
- İtilaf Devletleri'yle kurduğu stratejik ilişkilerle cepheleri daraltması,
- İşbirlikçi padişahı bile bir süre çok ustaca idare etmesi,
- Genelgeler yayınlayıp kongreler düzenleyerek ve TBMM'yi açarak kurtuluş hareketini halka mal etmesi,[26]
- Kurtuluş Savaşı sırasında bir taraftan dindar çevreleri, diğer taraftan sol çevreleri aynı ortak hedef etrafında bir araya getirebilmesi,
- Kurtuluş Savaşı'nın en kritik aşamasında Sovyet Rusya'yla yakınlaşarak para sorununu çözmesi, bu yakınlaşma için bir taraftan Lenin'le mektuplaşırken, diğer taraftan Ankara'da bir komünist parti kurması,

---

26 Atatürk'ün Kurtuluş Savaşı sırasındaki **akıl oyunları** için bkz. Sinan Meydan, **Atatürk'ün Gizli Kurtuluş Planları**, "Parola Nuh", İstanbul, 2009.

- Bir taraftan vatanı düşmandan kurtarıp "ulusal bağımsızlığı" gerçekleştirirken, diğer taraftan milleti işbirlikçi halife/sultanın diktasından kurtarıp "ulusal egemenliği" gerçekleştirmesi,
- Devrimci adımları, yeri ve zamanı gelince atması, asla aceleci ve zamansız hareket etmemesi,
- Aklın ve bilimin önünü kapatan geri kalmış kurumlara son vererek, aklın ve bilimin gereği olan çağdaş kurumlar kurması,
- Topyekün bir aydınlanma hareketiyle, doğru tarihsel çıkarımlarla ve özgün toplumsal kuramlarla toplumu çok kısa zamanda aydınlatması,
- Sadece askeri ve siyasi bağımsızlıkla yetinmeyerek "tam bağımsızlık" ilkesi çerçevesinde kültürel ve ekonomik bağımsızlığı sağlayacak adımlar atması...

İşte Atatürk'ün en çılgın projesi olan Bağımsız ve Çağdaş Türkiye Cumhuriyeti Projesi böyle akıllı adımlarla düşünceden uygulamaya geçirilmiştir.

Türkiye Cumhuriyeti mucizesi, Mustafa Kemal Atatürk'ün aklının, yani "Akl-ı Kemal"in bir ürünüdür. İşte bu nedenle o gün bu gündür o Cumhuriyet'i yıkmak isteyenler, Cumhuriyet'in temelindeki Akl-ı Kemal'e, Atatürk'e saldırmaktadırlar. Ama eninde sonunda Akl-ı Kemal galip gelecektir.

Atatürk'ün Akıllı Projelerinin Sırrı: Beyaz Zambaklar Ülkesinde

Atatürk'ün akıllı projelerinin pek çok ilham kaynağı vardır. Yaşadığı çağı ve toplumsal çevreyi çok iyi analiz edebilen, geleceği kurgularken geçmişten çıkarttığı derslerden; tarihten çok ustaca yararlanan ve her şeyden önemlisi çok okuyan Atatürk'e ilham veren çok sayıda olay, kişi ve kitap vardır.[27] Atatürk, akıllı projelerini hazırlarken bütün bu olaylardan, kişilerden ve kitaplardan yararlanmıştır. Ancak Atatürk'ün Türkiye Cumhuriyeti'ni

---

27 Bkz. Şerafettin Turan, **Atatürk'ün Düşünce Yapısını Etkileyen Olaylar, Düşünürler, Kitaplar**, Ankara, 1989.

adeta yoktan var ederken geliştirdiği akıllı projelerin en önemli ilham kaynağı Grigoriy Petrov'un *"Beyaz Zambaklar Ülkesinde"* adlı kitabıdır.

Grigoriy Petrov

Johan Wilhelm Snelman

Grigoriy Petrov'un 1923'te kaleme aldığı bu kitapta Finlandiya'nın nasıl yokluk ve yoksulluktan kurtulduğu anlatılmıştır. Kitapta, Snelman adlı bir idealistin ve ona inananların yoksul, sarhoş Finlandiya'yı nasıl uyandırdıkları detaylandırılmıştır.

Petrov, *"Beyaz Zambaklar Ülkesinde"* adlı kitabında Finlandiya'dan şöyle söz etmiştir:

"Ülkenin refahı, devletin gücü ve halkın cesareti tek tek insanların, yöneticilerin iradesine değil de vatandaşların tümünün iradesine bağlıdır. Buna en iyi örneği iki milyonluk ülke (Finlandiya) teşkil eder. Bu ülke sert bir iklime sahiptir. Sık sık yağmur yağar, devamlı sis çöker, dondurucu soğuklar bahara kadar sürer. Kış ağustosta başlar. Toprak verimsizdir. Ya taş mermer ya da alçak bataklık vadileri. Nerdeyse hiç işe yarar maden yoktur. Çiftçilik bin bir güçlükle sürdürülür. Ahalinin kendisi hiçbir zaman bağımsız bir devlette yaşadığını hissetmez. Ya bir komşu ülkenin esareti altındadır ya da bir diğerinin. Bu ülke Finlandiya'dır. Fin-

landiyalılar çok sevdikleri ülkelerini 'Suomi' diye adlandırırlar. Bu kelime Fin dilinde 'Bataklıklar Ülkesi'dir."

Kitabında, bataklıklar içinde, doğal madenlerden yoksun bu küçük ülkenin nasıl ayağa kalktığından ve nasıl kusursuz bir ekonomik, siyasal ve kültürel düzene kavuştuğundan söz eden Petrov, bütün bu değişimin ülkedeki "yaşam mimarlarının"; yorulmadan çalışan vatandaşların ve aydınların sayesinde gerçekleştiğini belirtmiştir.[28]

Petrov, önce yine Finlandiya'yı anlatan *"Bataklıklar Ülkesi"* adlı küçük bir kitap yazmıştır. Petrov bu kitabında Finlandiya'nın bir zamanlar nasıl berbat bir bataklıklar ülkesi olduğunu anlatmıştır. Daha sonra yazdığı *"Beyaz Zambaklar Ülkesinde"* ise Finlandiya'nın berbat bir bataklıklar ülkesinden nasıl çok uygar bir beyaz zambaklar ülkesi haline geldiğini anlatmış ve bu olağanüstü değişimi Rusya'ya örnek göstermiştir.[29] *"Snelman ve arkadaşları, halk öğretmenleri sıfatıyla sürekli hizmet ederek bataklıklar ülkesini beyaz zambaklar ülkesine dönüştürmeyi başarmışlardır."*[30]

Petrov'un, *"Beyaz Zambaklar Ülkesinde"* adlı kitabı Türkiye'den önce Bulgaristan ve Yugoslavya'da büyük etki yaratmıştır.

Kitap 1924 yılında Bulgarcaya çevrildiğinde dönemin eğitim bakanı M. Yuvan kitabın önsözünde Fin modelinin Bulgaristan'ın toplumsal problemlerini çözmek için ideal bir örnek olacağını yazmıştır. Kitap Bulgaristan'ı öylesine etkilemiştir ki, 1926 yılında ülkede "Grigoriy Petrov" adlı kültürel bir grup kurulmuştur. Bu grubun amacı Petrov'un Fin halkı için düşündüklerini Bulgaristan'da hayata geçirmektir. Bulgaristan'da kısa sürede 14 baskı yapan kitap adeta her vatandaşın okuması gereken bir eğitim kitabı haline gelmiştir.[31]

---

28 Grigoriy Petrov, **Beyaz Zambaklar Ülkesinde**, çev. Süphane Mirzayeva, İstanbul, 2007, s. 22 (M. Vituxnovskaya'nın önsözünden).
29 age., s. 25.
30 age., s. 81.
31 age., s. 43.

Kitap Yugoslavya'yı da derinden etkilemiştir. Kitap, Yugoslavya'daki gençlik kuruluşları olan Sokollar tarafından 1941 yılında *"Grigoriy Petrov, Yaratma Gücünün Havarisi"* adıyla yayınlanmıştır.[32]

Kitabın en çok etkilediği ülke hiç tartışmasız Türkiye'dir. Kitabın Türkiye'deki etkisini, M. Vituxnovskaya şöyle ifade etmiştir:

"Aynı dönemde 'Beyaz Zambaklar Ülkesinde' Türkiye'de de ilginç gelişmelere konu oluyordu. Kitap Bulgarcadan Türkçeye çevrilmiş ve 1928'de İstanbul'daki kitapçılarda yerini almıştı. O anda Türkiye geçiş ve modernleşme dönemi yaşıyordu. Bu düşüncelerin başında 'Türklerin atası' Kemal Atatürk yer alıyordu. Bu kitapla Atatürk'ün nasıl tanıştığı bilinmiyor, fakat okuduğunda çok etkilendi ve bu kitabın okullardaki ve özellikle askeri okullardaki eğitim programına dahil edilmesini emretti. Yıllarca Türk subayları 'Beyaz Zambaklar Ülkesinde' adlı kitabı, ülkelerindeki 'yenilenen hayatı' yönetmek için okudular.

Kitap Türkiye'de on altı kez baskıya gitti ve 12 ile 25 bin adet basıldı. Baskıların birinde kitaba şöyle bir önsöz yazılmıştı: 'Beyaz Zambaklar Ülkesinde', Türkiye'de modern Türkçeyle yazılmış en çok okunan kitaplardan biridir.'

'Beyaz Zambaklar Ülkesinde' kitabının Fin baskısındaki önsözünde (1978) karakteristik bir örnek veriliyordu: 1960'ta Türkiye'de Cemal Gürsel tarafından darbe yapıldı. Birkaç ay sonra darbede yer alan subaylara, dünya görüşlerini ve eğitim derecelerini öğrenmek amaçlı anket yapıldı. Ankette şöyle bir soru da vardı: Okuduğunuz hangi kitap sizi en çok etkiledi? Cevapların çoğu aynı kitaba işaret ediyordu: 'Beyaz Zambaklar Ülkesinde'.[33]

Peki ama *"Beyaz Zambaklar Ülkesinde"* adlı kitap Atatürk'ü neden bu kadar derinden etkilemişti?

Bu sorunun yanıtını vermek için Petrov'un kitabına göz atmak gerekecektir.

---

32 **age.**, s. 43.
33 **age.**, s. 43, 44.

Petrov kitabında dağlık, bataklık, yoksul, geri kalmış Finlandiya'nın "yaşam mimarları" adını verdiği okumuşların ve aydınların Snalman önderliğinde halkın içine girerek, halkla birlikte bıkıp usanmadan çalışmaları sonunda geliştiğini anlatmıştır.

Petrov kitabında, Finlandiya milliyetçiliğinin doğuşunu, binlerce Finlandiyalının ülkelerinin gelişmesi için verdiği savaşı; vatandaşların bütün güçleriyle ülkelerinin gelişmesi, özgür olması için harcadıkları emeği; ekonomik, sosyal, kültürel, sanatsal gelişmeleri büyük bir hayranlıkla anlatmıştır.

İşte Atatürk, kitapta çok açık, samimi ve gerçeğe uygun bir şekilde anlatılan bu "topyekün kalkınma" düşüncesinden etkilenmiştir.

"Beyaz Zambaklar Ülkesinde" adlı kitabı okuduğumuzda hepimizin dikkatini çekecek şu ifadeler muhtemelen Atatürk'ün de dikkatini çekmiştir:

1. Milli uyanış
2. Milli devlet
3. Milli eğitim ordusu
4. Halk üniversitesi
5. Kültürlü, akıllı, aydınlanmış emek
6. Kültür misyonerliği
7. Halkın aydınlatılması
8. Aydınların halkı anlaması, halka yardım etmesi.

"Beyaz Zambaklar Ülkesinde" adlı kitapta Atatürk'ü en çok etkileyen bazı bölümler muhtemelen şunlardır:

1. **Emek ve çalışma:** Petrov kitabında Finlandiya'nın uygarlık savaşının arkasındaki sırrın "emek" ve "çalışmak" olduğunu belirtmiştir: *"Sadece emek ve emek var. İnsan emeği, öküz emeği ve akıllı emek, aydınlanmış emek. Bilgiyle on kez, yüz kez, bin kez güçlendirilmiş emek... Bir yanda zincire vurulmuş toprak kölesi, iradesiz, yabancı ellerden olan emek. Baskılı emek..."*[34] *"Sadece çalışmak gerek; biz genç halklar*

---

34 age., s. 69.

Alman, Fransız ya da İngilizlerden iki, üç, on kat daha fazla çalışmalıyız. Onlara yetişmeliyiz ve onları geçmeliyiz."[35]

2. **Yeni devlet ideali:** Petrov kitabında zamanı geldiğinde eski devlet sisteminin yenilenmesi gerektiğinin belirtmiştir. *"Devlet rejiminin köhne temelleri, halkı yöneten eski kurallar geçmişte anlamlı olsa da artık geçerli değildir. Eski bir deyiş vardır: 'Yeni toplumlar yeni şarkılar üretirler'. Gün geçtikçe nesiller değişiyor, yenileniyor. Yeni anlayışlar, yeni hedefler, yeni istekler oluşuyor ve bu yeni nesilleri eski, geri kalmış kurallarla yönetemezsiniz. Onları yönetmek için yeni, akıllı, adil ve sağlam bir devlet yönetimi oluşturmak gerek..."*[36]

3. **Milli devlet (dil ve tarih çalışmaları):** Petrov kitabında Finlandiya mucizesini yaratanların milli devlet modelini tercih ettiklerini belirtmiştir: *"Biz İsveçli değiliz, Rus olmak da istemiyoruz. O zaman Finlandiyalı olalım. Fakat bütün milli duygularla Finlandiyalı olmak için çok çalışmak gerekir. İlk milli uyanışın önde gelenleri başından beri dilin, milliyetçiliğin temelini oluşturması gerektiğinin farkındaydılar. Arvidsson şöyle yazıyordu: 'Öncelikle dilimizi saymalı ve korumalıyız; o var olduğu sürece biz kendimizi halk olarak hissedebiliriz. Atalarımızın dili kaybolursa, halk da kaybolur ve mahvolur.' (:...) Milli edebiyat oluşturulmalıydı. İşte bu yüzden Fin halkının epik destanı olan 'Kalevala'yı derleyip toplamak ve yayımlamak Lönnart'a düştü. (...) En başından beri halk edebiyatının oluşması Finlandiyalılar tarafından önemli bir milli olay olarak algılandı. Halk genel tarihine, kültürel köklerine kavuştu; dil ise kültürün, sanatın dili haline geldi. (...) Finlandiya'da yaşayan birçok İsveç elit tabakasının temsilcileri de Fin halkı gibi düşünüyor ve onların bir araya gelerek bir ülkede milli bir devlet oluşturabileceklerini biliyorlardı. Snelman döneminde 'yaşam mimarlarının' çoğu Finlandiya'yı kendi vatanları bilen İsveçlilerdi..."*[37]

---

35 age., s. 168.
36 age., s. 50.
37 age., s. 28-31.

4. **Herkesin ülkesini düşünmesi:** Petrov kitabında bir ülkenin kalkınması ve uygarlaşması için herkesin hep birlikte ülkesini düşünerek çalışması gerektiğini belirtmiştir. *"Ülkelerin dağılması veya milletlerin düzgün ve dengeli bir hayat yaşaması sadece devlet için çalışan bakanlara, krallara ve milletvekillerine bağlı değildir. Bunlar, her vatandaşı ilgilendiren meselelerdir. Erkek ya da bayan, yaşlı ya da genç, şehirli ya da köylü; kas gücüyle ya da beyin gücüyle çalışsın, herkes hep bu meseleleri düşünmelidir."*[38]

5. **Kültür savaşı verilmesi:** Petrov kitabında Finlandiya'nın uygarlık savaşının bir "kültür savaşı" olduğunu belirtmiştir. Fin halkının kültürün ışığıyla kültürsüzlüğün karanlığına karşı mücadele ettiğini yazmıştır.[39] Ona göre Fin halkının ruhu, *"Aydınlık bir gelecek için, ülkedeki kültür seviyesi için yapılan acımasız, ısrarlı kültür savaşının ruhudur."*[40] *"Halkın bütün işi kültürlerinin yüksek seviyede olmasını sağlamaktır."*[41] Petrov, Finlandiya'da Fin sanatçılarının eserlerinin sergilendiği müzelerin açıldığını, heykel ve resim sanatının geliştiğini, yeni bir üslupla mimari şaheseri yapıların inşa edildiğini belirtmiştir.[42] *"Finlandiya şehirleri şimdi yeni binaların şık mimarisiyle taçlandırılıyor. Yeni evler, bankalar, tiyatrolar, müzeler, kiliseler, hatta fabrika ve itfaiye binaları bile birer sanat eseriymiş gibi inşa ediliyor."*[43]

6. **Çevre bilincinin gelişmesi:** Petrov kitabında, bataklık ve dağlık Finlandiya adeta yeniden inşa edilirken ormanlara, ağaçlara, çiçeklere önem verildiğini, yeşil bir çevre yaratılmasına çok özen gösterildiğini belirtmiştir. *"Fin halkı, bahçeler ve parklar yaptılar. Taşların üzerine verimli toprak getirip döktüler; ağaçlar, çiçekler yetiştirdiler... Finlandiya-*

---

38 age., s. 52.
39 age., s. 60.
40 age., s. 61.
41 age., s. 77.
42 age., s. 61 vd.
43 age., s. 65.

lılar şöyle diyordu: *'Bize taşlar ve bataklıklar düştü, biz de gocunmadan onları verimli toprak haline getirdik."*⁴⁴

7. **Eğitim seferberliğiyle halkın aydınlatılması:** Petrov kitabında Finlandiya'da eğitime büyük önem verildiğini belirtmiştir: *"Sınırları içinde bir tane üniversite, 51 lise, 23 yüksekokul, 8 öğretmen okulu, 7 denizcilik, 9 mali, 10 teknik, 24 çiftçilik yüksek okulu vardır (nüfus 3 milyon). Bunlara yalnız kızların eğitim aldığı okullar dahil değildir. (:...) 15 bin nüfuslu Kuopio'da liseler, teknik yüksekokullar, körler ve sağırlar için yüksek okullar, endüstri okulu, birkaç devlet okulu, kız ve erkekler için ayrı dokuz yıllık İsveç ve yedi yıllık Fin okulları vardır. (...) Finlandiyalılar şöyle diyorlar: 'Okul bizim en önemli varlığımızdır. Bizde ne sizdeki Ural medeniyetlerinden ne Sibir altınlarından var. Doğa nimetlerinden bizi mahrum etmiş. Her şeyi kendi gücümüzle yapıyoruz. Vatandaşlarımızdan, ellerinden gelen her şeyi yapmalarını istiyoruz. Bu yüzden fabrikalarda çeliği işler gibi okullarda gençleri işliyoruz. Her şeyi okullarımıza borçluyuz."*⁴⁵

8. **Kadın haklarına önem verilmesi:** Petrov kitabında Finlandiya'da kadınlara sosyal, ekonomik, kültürel ve siyasal hakların verildiğini anlatmıştır: *"Bir süre önce ev hanımı olan Miina Sillanpaya kendisini öyle geliştiriyor ki, makale yazıyor, güçlü bir çalışan kadın hareketi oluşturuyor; bir sürü toplumsal sorunu gündeme taşıyor, memleketin siyasi yapısında önemli rol oynuyor ve milletvekili seçiliyor. Finlandiya'da sadece erkekler değil aynı zamanda kadınlar da halk temsilcisi olarak seçiliyorlar. Ve onların sayesinde kimsenin umursamadığı konular bile gündeme getiriliyor. Aile, evlilik, kadınlar hakkındaki sorunlar gözden geçiriliyor. Avrupa'nın hiçbir ülkesinde olmayan ama Finlandiya'da olan yasalaştırılmış kadın ticareti yasaktır. Yasal bir tane bile batakhane yoktur."*⁴⁶

---

44 age., s. 64.
45 age., s. 69, 71, 73.
46 age., s. 74, 75.

9. **Aydınların halka inerek halka yol gösterip halkı aydınlatması:** Petrov kitabında aydınların halka inerek, halka yol gösterip halkı aydınlatması sonunda Finlandiya'da büyük bir değişimin yaşandığını belirtmiştir: *"Aydın olmak, modaya uygun kıyafetler giymek veya kolalı yakalık ve modern şapka takmak demek değildir. (...) Bu durumda siz aydın değil de küflenmiş aydın oluyorsunuz. Siz halkın aklını, halkın iradesini ve enerjisini, halkın vicdanını uyandırmak zorundasınız. Halkın fikrini uyandırmalısınız; köylüyü, işçiyi, toplumun alt tabakalarını, nasıl iyi yaşanır, nasıl iyi yaşam koşulları yaratılır diye eğitmek zorundasınız. Halka hayatın değerini anlamayı ve onu korumayı öğretin. Daha rahat, daha sağlıklı, daha uygun bir yaşam tarzı nasıl kurulur, onu öğretin. Kendilerinin ve çocuklarının sağlığını nasıl koruyacağını öğretin. Mutlu bir aile hayatı nasıl kurulur, onu öğretin. Erkeğin kadına ve kadının erkeğe nasıl davranacaklarını ve çocukların nasıl eğitileceklerini öğretin. Halkı doğruluğa, düzene, disipline alıştırın. (...) Halka gerek davranışınızla, gerek konuşmalarınızla ve gerekse yaptığınız işlerle eğitmen olduğunuzu gösterin. (...) Sizin göreviniz onları eğitmektir. Onları büyük kültürlü halkların ailesine sokmaktır. Unutmayınız ki halkın cehaleti, kabalığı, sarhoşluğu, hastalıkları, fakirliği sizin ayıbınızdır."*[47]

10. **Öğretmenlere önem ve görev verilmesi:** Petrov kitabında Snelman'ın, Finlandiya'nın aydınlanmasında en büyük görevi öğretmenlere verdiğini belirtmiştir: *"Snelman yaz tatillerinde farklı bölgelerden öğretmenleri bir yere toplayarak kurslar düzenlerdi. (...) İlk yaz toplantısında Snelman öğretmenlere şöyle seslendi: 'Siz arkadaşlar! Çalışma koşullarınızın ne kadar ağır olduğunu biliyorum. İnsanların emeğinizi değerlendirmediği ıssız yerlerde nasıl yaşadığınızı biliyorum.*

---

47 age., s. 81, 82. Snelman'ın aydınlar konusundaki bu değerlendirmeleri Ziya Gökalp'in aydınlar hakkındaki değerlendirmelerine çok benzemektedir. Bilindiği gibi Ziya Gökalp de aydınların halka giderek önce halkı tanımaları sonra da halka önderlik etmeleri gerektiğini belirtmiştir.

Maddi durumunuzu da anlıyorum. Ama ne yapabiliriz? Unutmayın, halkı uyandırmaya daha yeni başlıyoruz. Biz yeni milli eğitim ordusunun öncüleriyiz. Halkın cehaleti ile savaşırken bütün ağır yükü üzerimize almak zorundayız. İlk zamanlarda övgü ya da takdir göremeyebiliriz. Yine de fedakârlıklar yapmalıyız. Bu gereklidir, kaçınılmaz bir şeydir. Sizleri fedakârlığa davet ediyorum..."[48]

11. **Yeni düzenin gençlere emanet edilmesi:** Petrov kitabında Finlandiya'nın aydınlanmasını ve bu aydınlanmanın sürekliliği için gençlere görevler verildiğini belirtmiştir: *"Snelman ve arkadaşları Finlandiya'yı uyandırmak için bütün ümitlerini tek bir şeye bağlamışlardı. Gençleri bilinçli şekilde eğitmek..."*[49]

12. **Köy aydınlanması:** Petrov kitabında Finlandiya'daki uygarlık savaşının köylerden başlatıldığını belirtmiştir. Petrov, Finlandiyalı şair Runeberg'in şiirlerinde *"Devletin temeli ve dayanağı olan köylünün"* vatandaşlık hakkına layık görüldüğünü ve şairin *"Saarijarvi'li Paovo"* adlı şiirinde Fin halkının bütün olumlu özelliklerine sahip, çalışkan dürüst ve şerefli bir köylüden söz ettiğini ifade etmiştir.[50] Petrov kitabında uzun uzun Finlandiya'daki köy aydınlamasını anlatmıştır: *"Burada herkesin emeği vardı: Herkes birer kültür misyoneriydi. Yorulmadan, fedakâr bir şekilde çalışıyorlardı, coşkuyla. Eski kitapları satın alıyorlardı, aralarından en iyilerini seçiyorlardı. Seyyar kütüphaneler aracılığıyla bu kitapları köylere ulaştırıyorlardı. Değiş tokuş yapıyor, bir yerden başka bir yere gönderiyorlardı. Ayda iki üç defa okuma günleri düzenliyorlardı, daha sonra her hafta yapmaya başladılar. Hijyen ve tarımla ilgili okumalar seçiyorlardı. (...) Böylece yüzlerce öğretmenden oluşan bir halk üniversitesinin temeli atıldı. Öğretmenler halk arasında mümkün olduğunca bütün bilimleri yayıyorlardı: En aptalların bile*

---

48 Petrov, **age.**, s. 85.
49 **age.**, s. 116.
50 **age.**, s. 31.

mantığını çalıştırıyorlardı. Her insanda ülkenin aydınlanması için bir şeyler uyandırıyorlardı. (...) Duygusal olaylar da yaşanıyordu. Köylüler kendilerini tedavi etmek için gelen doktora yağ, bal, yumurta, el işlemeleri ve örgüler hediye ediyorlardı. Onlardan ricaları, lütfen alın ailelerinize götürün. Siz bize kendi bilginizi, aklınızı getiriyorsunuz, bizimle ilgileniyorsunuz. Müsaade edin biz de elimizden geldiği kadar size teşekkür edelim. Bunlar sizlerin bize verdiği güzelliklerin karşısında az bile kalır. (...) Durmadan, yorulmadan yoluna devam eden halk üniversitesinin 25. yıl dönümünde Snelman'ın memleketi Kuopio'da büyük bayram yapıldı."[51]

13. **Silaha değil sabana önem verilmesi:** Petrov kitabında Finlandiya mucizesini yaratanların, tarihin geçmiş dönemlerindeki fetihçi, cengâver liderlere ve komutanlara özenerek sınır genişletme arzusuyla halklarını asker olarak oradan oraya koşturmadıklarını, bunun yerine sınırları belli ülkelerinde tarımla uğraşarak, çalışıp üretmeyi tercih ettiklerini belirtmiştir: "*Yabancı toprakları fethediyorlar, yağmalıyorlar ama o toprakları işlemiyorlar. (...) Kocaman devletler oluşuyor fakat oradaki halklar sefalet, açlık içinde yaşıyor. (...) Devletlerinin sınırlarını daha da genişletmek istiyorlar ama elde ettikleri sınırlarda halkın aklını, bilgisini, vicdanını genişletmiyorlar. Bizim küçük Suomi (Finlandiya) büyük olamaz. Zaten sınırları geniş olan büyük Suomi istemiyorum. Ben onun için çok çok büyük vatandaşlar istiyorum. Suomi halkının binlercesinden gelişmiş, eğitilmiş, dürüst ve iyi niyetli olmasını istiyorum.*"[52]

14. **Hastalıklarla mücadele edilmesi:** Petrov kitabında bir zamanlar bataklık ve mikrop yuvası durumundaki Finlandiya'nın kısa sürede sağlıklı ve yaşanılır bir ülke haline getirildiğini anlatmıştır: "*Kuyuların yanından kirli atıklar geçer ve suyun kirlenmesine yol açarmış, bu yüzden tifonun ardı arkası kesilmezmiş. Çocuklar sürekli dizanteri, difteri, kızıl, çiçek*

---

51 age., s. 124-126.
52 age., s. 157.

hastalıkları ile boğuşurmuş. Binlerce çocuk ölümden kurtarılamazmış. Bütün nüfus hasta imiş. Herkes kötü beslenir ve adım adım ölüme sürüklenirmiş..."[53] *"Hükümet, kaza idareleri ve belediyeler gönüllü uzman hekimleri, göz, kulak, çocuk ve kadın hastalıkları uzmanlarından oluşan ekipler yaratıldı. Bu ekipler durmadan bölgeleri geziyor ve insanları tedavi ediyorlardı. Gözlere, dişlere, kulaklara, çocuk ve kadın sağlığına gösterilmesi gereken önemden bahsediyorlardı. (...) Çocuk ölümlerinin sayısı azaldı. Havaleler azaldı. Birçok yerdeki halk böyle bir hastalığın varlığını bile unuttu. Kadınlar daha sağlıklı olmaya başladılar. Doğumlar arttı, yeni doğan bebekler sağlıklı ve kilolu idiler..."*[54]

15. **Akıl, bilim ve sanata önem verilmesi:** Petrov kitabında Finlandiya mucizesini yaratan Snelman ve arkadaşlarının akıl, bilim ve sanata büyük önem verdiklerini belirtmiştir: *"Bilgi olmadan, bilgi açlığı duymadan, öğrenme isteği olmadan ne bilim ne de bilim adamları olur. Aynı şekilde sanat olmadan, sanat ruhu olmadan, güzellik ihtiyacı olmadan sanat olmaz. Önce bilimsellik, sonra bilim. Önce sanatsallık sonra sanat. Bilimsellik ve sanatsallık bilgiye ve güzelliğe duyulan ihtiyaçtır. Bu temeldir. Bilim ve sanat ise bilimselliğin ve sanatsallığın temelinde açan çiçeklerdir..."*[55]

Atatürk *"Beyaz Zambaklar Ülkesinde"* adlı kitabı okuduğunda bir zamanlar yokluk ve yoksulluk içindeki Finlandiya'da yapılanların, şimdi yokluk ve yoksulluk içindeki Türkiye'de yapılanlara çok benzediğini görmüş ve heyecanlanmıştır.

Atatürk bu kitabı okuduğunda (1928) devrimlerini hayata geçirmeye çoktan başlamıştı bile... Bu nedenle kafasının bir köşesinde şu düşünceler uyanmış olmalıdır: Bizim idealistlerimiz Finlandiya'dan iki kez daha büyük: Finlandiya'dan yüz kez daha geri, üstelik savaş yorgunu, ortaçağda yaşayan, okuryazarı yok

---

53 age., s. 175.
54 age., s. 179, 180.
55 age., s. 190.

denecek kadar az, hastalıklarla boğuşan, sanayisi, tarımı, ekonomisi gelişmemiş ve dışa bağımlı, bilim, sanat, kültür alanında çok geri kalmış, üstelik bir kısım insanları ilerlemeye dirençli bir Türkiye'yi uyandırmak, aydınlatmak, düze çıkartmak için yokluk içinde çırpınıyorlar. Demiryolcular dağları deliyor, ırmakları aşıyorlar. Doktorlar, öğretmenler, fen memurları, tarımcılar bir gün bile dinlenmeden köy köy geziyorlar. Salgın hastalıklarla, bataklıklarla, bilgisizlikle boğuşuyorlar. Kışlalar yurttaş yetiştirmeye çabalıyor. Bütün ülke arı kovanı gibi.[56]

Atatürk'ün Türkiye'yi aydınlatmak için geliştirdiği akıllı projelerin birçoğu Petrov'un *"Beyaz Zambaklar Ülkesinde"* adlı kitabında Snelman'ın Finlandiya'da düşünceden uygulamaya geçirdiği projelere benzemektedir. Örneğin, Atatürk'ün Türk Ulus Devlet (Millet) Projesi, Halkevleri Projesi, İdeal Cumhuriyet Köyü Projesi, Kadın Hakları Projesi, Örnek Çiftlikler Projesi, Modern Ankara Projesi, Köy Eğitmenleri Projesi, Sağlık Projesi, Demiryolu Projesi, Tarih ve Dil Tezleri Projesi, Musiki ve Sanat Projesi gibi birçok akıllı projesi bunlardan sadece birkaçıdır.

Atatürk, *"Beyaz Zambaklar Ülkesinde"* adlı kitaptaki Snelman karakterinde bir bakıma kendini bulmuştur. Yokluk ve yoksulluk içindeki Finlandiya'yı toplumsal bir aydınlanma hareketiyle kurtaran Snelman gibi Atatürk de yokluk ve yoksulluk içindeki Türkiye'yi toplumsal bir aydınlanma hareketiyle kurtarmıştır. Nitekim, *"Beyaz Zambaklar Ülkesinde"* adlı kitaba bir "sonsöz" yazan Pekka Kauppala Marina Vıtuxnovskaya, Snelman-Atatürk özdeşliğini şöyle ifade etmiştir: *"Beyaz Zambaklar'ın esas karakteri Snelman, gerçek Yuhanna Snelman'a benziyor mu veya bu Petrov'un kendisidir veya belki de Kemal Atatürk'tür..."*[57]

Petrov, Snelman'ın öldükten sonra da Fin halkı tarafından hiç unutulmadığını belirtmiştir: *"Fin halkı asla unutmadı, unutmaz ve minnettarlığını her fırsatta gösterir; birçok neslin*

---

56 Turgut Özakman, **Cumhuriyet "Türk Mucizesi"**, 2. Kitap, 22. bas., Ankara 2010, s. 294.
57 Petrov, age., s. 228.

hafızasında Snelman'ın hayali hâlâ yaşamaya devam ediyor. Fin devleti için tek bir Fin milletini aynı çatı altında toplamak ve kültürünü korumak için savaşan savaşçı olarak Snelman'ın heykeli Fin devlet bankasının önünde duruyor. Bu banka Johan Wilhelm Snelman'ın yarattığı ülkenin bağımsızlık sembollerinden biridir."[58]

Sizler de takdir edersiniz ki, bu cümlelerde anlatılan Snelman karakteri her şeyiyle Atatürk'e benzemektedir.

Atatürk kitaptan öylesine derinden etkilenmiştir ki, kitaptaki bazı sözleri kısmen değiştirerek kullanmıştır. Örneğin Atatürk kitapta geçen *"Sağlam ruh sağlam vücutta bulunur"*[59] sözünü, *"Sağlam kafa sağlam vücutta bulunur"* biçiminde değiştirerek kullanmıştır. Yine kitapta geçen *"Bizler, Alman, Fransız ya da İngilizlerden iki, üç, on kat daha fazla çalışmalıyız. Onlara yetişmeliyiz...Ve onları geçmeliyiz"*[60] biçimindeki cümle Atatürk'te, *"Muasır medeniyetler düzeyine ulaşmalı hatta o düzeyi aşmalıyız"* biçiminde karşılık bulmuştur.

Atatürk, 1930'da yazdığı (Afet İnan'a dikte ettirdiği) *"Vatandaş İçin Medeni Bilgiler"* kitabında kadınlara siyasi haklar verilmesinden söz ederken, Finlandiya'nın bu konuda öncü ülkelerden biri olduğunu şöyle ifade etmiştir:

"Finlandiya'da 1906'dan beri 24 yaşında bulunan erkek ve kadın bütün Finlandiyalılar seçmek hakkına sahiptirler. Finlandiya kadınları siyasi hayata pek etkin şekilde katılmaktadırlar. 1908'de Meclis'te 25 kadın üye vardı."[61]

Petrov'un kitabında Finlandiya'yı aydınlatan "Yaşam mimarları", Atatürk'te "Kültür ordusu" biçimini almıştır. Atatürk,

---

58 age., s. 41, 42.
59 age., s. 115.
60 age., s. 169.
61 Mustafa Kemal Atatürk, **Medeni Bilgiler**, 2. bas., Toplumsal Dönüşüm Yayınları, İstanbul, 2010, s. 129 (Afet İnan'dan günümüz Türkçesine çeviren Neriman Aydın). Atatürk ayrıca Danimarka, Norveç, İngiltere, Amerika, İsveç, Almanya, Avusturya, Polonya ve Çekoslovakya gibi ülkelerde de kadınların seçme ve seçilme hakkının olduğunu belirtmiştir (bkz. Atatürk, **age.**, s. 129, 130).

bir "kültür ordusu" yaratarak bununla Türk ulusunu "dar kafalı" bilgisizlerin elinden kurtarmak istemiştir.[62]

Çok daha ilginci, Atatürk'ün Türk Devrimi'ni hayata geçirirken yararlandığı *"Beyaz Zambaklar Ülkesinde"* adlı kitapta Atatürk'ü ve Türkiye Cumhuriyeti'ni çağrıştıran şaşırtıcı bazı işaretler vardır.

Örneğin kitabın ana karakteri olan ve Finlandiya'yı aydınlatan[63] J. W. Snelman 1881 yılında ölmüştür. Bilindiği gibi Türkiye'yi aydınlatacak M. K. Atatürk bu tarihte doğmuştur. Ayrıca Petrov bu kitabı, Türkiye Cumhuriyeti'nin kurulduğu 1923 yılında yazıp bitirmiştir.[64]

Aslına bakılacak olursa Türk Devrimi, Fransız aydınlanmasından çok Fin aydınlanmasından esinlenmiştir dersek abartmış olmayız!

Finlandiya'nın olağanüstü aydınlanmasını en güzel ve gerçekçi biçimde anlatan kitap Grigoriy Petrov'un *"Beyaz Zambaklar Ülkesinde"* adlı kitabıdır. Türkiye'nin olağanüstü aydınlanmasını en güzel ve gerçekçi biçimde anlatan kitap ise Turgut Özakman'ın *"Cumhuriyet Türk Mucizesi (2 cilt)"* adlı kitabıdır.

Atatürk'ün Akıllı Projeleri

Atatürk'ün önce Türkiye'yi kurtarmak sonra da Türkiye'yi yeni baştan kurmak için geliştirdiği askeri, siyasal, kültürel ve sosyo-ekonomik projeler Atatürk'ün akıllı projeleridir. Özer Ozankaya, bütün bu projelere "uygarlık projesi" adını vermiştir. *"Türk Devrimi, devleti, aile kurumunu, eğitim kurumunu ve üstün değerler alanını demokratikleştiren bir devrimdir. Bunu da tutarlılık, dürüstlük ve içtenlikle yapmayı başarabildiği için bir uygarlık projesi değerindedir."*[65]

Atatürk, akıllı projelerini çok uzun bir zaman içinde görerek, yaşayarak, okuyarak, çalışarak, düşünerek geliştirmiştir.

---

62 Akarsu, age., s. 143, 232.
63 Petrov, age., s. 41.
64 age., s. 20.
65 Ozankaya, age., s. 16.

İşin sırrı *"Akl-ı Kemal"*dir. İşin sırrı *"Mustafa Kemalce düşünmek"*tir. Ruşen Eşref Ünaydın, Mustafa Kemalce düşünmenin ne demek olduğunu şöyle ifade etmiştir:

"Mustafa Kemalce düşünmek demek; tahlil ve terkip etmek, şuurlaştırmak (çözümlemek, bütünleştirmek, bilinçlendirmek, düzenlendirmek/belli kurallara bağlamak), sistem haline koymak demektir. Bu usul Çanakkale'den Dil Kurultayı'na kadar aynı hız ve sırayı gösterir."[66]

Atatürk'ün doğup büyüdüğü 19. yüzyıl Osmanlı Devleti, sanayileşememiş, aydınlanamamış, ekonomik, siyasal ve kültürel bağımsızlığını neredeyse tamamen kaybetmiş, üstelik her geçen gün daha fazla emperyalist baskıya uğrayan bir ortaçağ imparatorluğudur. Çokuluslu ve yarı bağımlı bir ümmet imparatorluğu olan bu devlette Türk olmanın ne demek olduğunu bizzat yaşayarak gören Atatürk'ün kafasında daha çok genç yaşlarda geleceğin Türkiyesi'ne yönelik bazı düşünceler filizlenmeye başlamıştır. Bu düşünceler zaman içinde proje halini almış ve şartlar olgunlaştıkça da hayata geçirilmiştir.

Dünya tarihinde koca bir ömrü sadece milleti için tüketen belki de tek lider Mustafa Kemal Atatürk'tür. Onun bütün hayatı, asırlardır ihmal edilmiş, dışlanmış, hatta kimliksiz ve kişiliksiz bırakılmış Türk ulusunu özgür, bağımsız ve çağdaş bir millet haline getirmek için mücadele etmekle geçmiştir.

"İlkin yenilmiş, yıkılmış bir imparatorluktan iç ve dış düşmanlarla savaşarak yepyeni bir ulus, yepyeni bir devlet yarattı ve tarihte 'yeni bir çağ' başlattı. Atatürk, ulusal bağımsızlığı gerekçeleştirerek halk egemenliğine dayalı laik bir düzen kurdu. Laik sistem içinde kişisel ve toplumsal özgürlüğü sağlayarak hukuk düzenini değiştirdi. Ülkenin ekonomi alanında kalkınması için bütün olanakları kullandı. Yabancı devletlerin elinde olan kurumları (vagons-lits, reji vb.) devletleştirdi. 'Anayurdu demir ağlarla' ördü. GAP Projesi bile onundur –ama ancak 50 yıl sonra gerçekleşme evresine girdi."[67]

---

66 Şerafettin Turan, **Mustafa Kemal Atatürk, Kendine Özgü Bir Yaşam ve Kişilik**, 2. bas., Ankara, 2009, s. 697.
67 Akarsu, **age.**, s. 262.

Atatürk Türk ulusunu, önce emperyalizmden, sonra geri kalmışlıktan kurtarmak için savaşmış ve her iki savaşı da kazanmıştır: Kurtuluş Savaşı'yla emperyalizmi, devrimleriyle geri kalmışlığı mağlup etmiştir. Atatürk her iki zaferini *"Türk Devrimi"* olarak adlandırmıştır.

Atatürk 1927 yılında kaleme aldığı *"Nutuk"*ta: *"Ulusal varlığı sona ermiş sayılan bir ulusun, bağımsızlığını nasıl kazandığını, bilim ve tekniğin en son ilkelerine dayanan ulusal ve çağdaş bir devleti nasıl kurduğunu anlatmaya çalıştığını,"* söylemiş ve sözlerini, *"en sonu tarihe mal olmuş bir çağın öyküsü,"* diye bitirmiştir.

9 Mayıs 1935 tarihinde toplanan CHP 4. Kurultay Açış Söylevi'nde de şöyle demiştir:

"...Uçurumun kenarında yıkık bir ülke... Türlü düşmanlarla kanlı boğuşmalar... Yıllar süren savaş... Ondan sonra içeride ve dışarıda saygı gören yeni vatan, yeni sosyete (toplum), yeni devlet ve bunları başarmak için sayısız devrimler. İşte Türk genel devriminin kısa bir deyimi (tanımı)..."

Atatürk "devrim" derken köklü bir değişimden söz etmektedir: Düşüncede, toplumsal hayatta, hukukta, eğitimde çok köklü derin bir değişimden... 5 Kasım 1925'te Ankara Hukuk Fakültesi'nin açılışında yaptığı konuşmada Türk Devrimi'nin ne anlama geldiğini şöyle açıklamıştır. Önce, *"Türk devrimi nedir?"* diye sormuş ve bu soruya şu yanıtı vermiştir: *"Bu devrim sözcüğünün birdenbire akla getirdiği ihtilal anlamından ileride, ondan daha geniş bir değişmeyi dile getirmektedir. Ulusun varlığını sürdürebilmek için bireyleri arasında düşündüğü ortak bağ yüzyıllardan beri sürüp gelen biçimini, niteliğini değiştirmiş; ulus bireylerini din bağı ve mezhep bağı yerine Türk ulusçuluğu bağı ile toplamış bir araya getirmiştir. Ulus devrimlerin sonucu olarak... bütün yasaların, ancak dünyalık ihtiyaçlardan doğacağını, bunlar değişip geliştikçe ona ayak uyduracak bir görüş ve düşünüşün kendisini esenliğe kavuşturacağını... kavramış bulunuyor."*

Atatürk, Türkiye Cumhuriyeti'ni iki temel ilke üzerine oturtmuştur. Bunlardan biri tam bağımsızlık, diğeri ise çağdaşlaşmadır.

Atatürk "tam bağımsızlığı" şöyle tanımlamıştır:

"*Tam bağımsızlık denildiği zaman, elbette siyasi, mali, iktisadi, adli, askeri, kültürel ve benzeri her hususta tam bağımsızlık ve tam serbestlik demektir. Bu saydıklarımın herhangi birinde bağımsızlıktan mahrumiyet, millet ve memleketin gerçek manasıyla bütün bağımsızlığından mahrumiyeti demektir. Biz bunu temin etmeden barış ve sükûna erişeceğimiz inancında değiliz.*"[68]

Atatürk "çağdaşlaşma" konusunda ise şunları söylemiştir:

"*Memleket mutlaka çağdaş, medeni ve yepyeni olacaktır. Bizim için bu hayat davasıdır. Bütün fedakârlığımızın faydalı bir sonuç vermesi buna bağlıdır... Halk müreffeh, bağımsız, zengin olmak istiyor. Komşularının refahını gördüğü halde fakir olmak pek ağırdır. Gerici fikirler besleyenler belli bir sınıfa dayanabileceklerini zannediyorlar. Bu katiyen bir vehimdir, bir zandır. Gelişme yolumuzun önünde dikilmek isteyenleri ezip geçeceğiz. Yenileşme yolunda duracak değiliz. Dünya müthiş bir cereyanla ilerliyor. Biz bu ahengin haricinde kalabilir miyiz?*"[69]

"*Gezdiğim ve gördüğüm her yerde millet bilgisizlik ve taassuba (bağnazlığa) savaş ilan etmiştir. Medeniyet ve yenilik yolunda bir an kaybetmeye izni yoktur. Paslı beyinlerin şuursuz sözleri, milletin ortak ve müthiş öfkesiyle bunalmaktadır. Bunu gözlerimle gördüm.*"[70]

"*Bugüne kadar elde ettiğimiz başarı, bize ancak ilerleme ve medeniyete doğru bir yol açmıştır; yoksa ilerleme ve medeniyete henüz ulaşmış değiliz. Bize ve torunlarımıza düşen vazife bu yol üzerinde tereddütsüz yürümektir.*"[71]

"*Biz her görüş açısından medeni insan olmalıyız. Çok acılar gördük. Bunun sebebi dünyanın vaziyetini anlayamayışımızdır. Fikrimiz, düşüncemiz, tepeden tırnağa kadar medeni olacaktır. Şunun bunun sözüne önem vermeyeceğiz. Bütün Türk ve İslam*

---

68 Utkan Kocatürk, **Atatürk'ün Fikir ve Düşünceleri**, Ankara, 1997, s. 27.
69 **age.**, s. 81.
70 **age.**, s. 82.
71 **age.**, s. 82.

âlemine bakın: *Düşüncelerini, fikirlerini, medeniyetin emrettiği değişiklik ve ilerlemeye uyduramadıklarından ne büyük felaket ve ıstırap içindedirler. Bizim de şimdiye kadar geri kalmamız, en nihayet son felaket çamuruna batışımız bundandır. Beş altı sene içinde kendimizi kurtarmışsak, zihniyetlerimizdeki değişmedendir. Artık duramayız; mutlaka ileri gideceğiz, çünkü mecburuz! Millet açıkça bilmelidir: Medeniyet öyle kuvvetli bir ateştir ki, ona kayıtsız olanları yakar, mahveder. İçinde bulunduğumuz medeniyet ailesinde layık olduğumuz yeri bulacak ve onu koruyacak ve yükselteceğiz. Refah, mutluluk ve insanlık bundadır."*[72]

Atatürk, *"Medeniyet öyle kuvvetli bir ateştir ki, ona kayıtsız olanları yakar, mahveder. İçinde bulunduğumuz medeniyet ailesinde layık olduğumuz yeri bulacak ve onu koruyacak ve yükselteceğiz. Refah, mutluluk ve insanlık bundadır"* düşüncesiyle Türk ulusunun "medeniyet" yolunda ilerleyerek "*Muasır (çağdaş) medeniyetler düzeyine ulaşmasını, hatta o düzeyi aşmasını*" istemiş; medenileşmek/çağdaşlaşmak için aklı ve bilimi "yol gösterici" olarak kabul etmiş ve bu doğrultuda hareket etmiştir.

Atatürk, *"Efendiler vatan artık bayındır hale getirilmek istiyor, zenginlik ve refah istiyor. İlim ve bilgi, yüksek medeniyet, hür fikir ve hür zihniyet istiyor. Şeref, namus, bağımsızlık, öz varlık, vatanın bu isteklerini tam olarak ve hızla yerine getirmek için esaslı ve ciddi bir şekilde çalışmayı emreder. Dünyada her ulusun varlığı, değeri, özgürlük ve bağımsızlık hakkı sahip olduğu ve yapacağı uygarlık yapıtlarıyla orantılıdır..."*[73] diyerek, **akıllı projelerini** hayata geçirmiştir.

Şimdi gelin günümüzün seçim yatırımı çılgın projelerini bir kenara bırakıp Atatürk'ün yıllar önce geliştirip hayata geçirdiği akıllı projeleri görelim. Görelim ki Türkiye'nin nereden nereye geldiğini daha iyi anlayalım!...

---

72 **age.**, s. 82, 83.
73 **age.**, s. 83.

Atatürk'ün belli başlı **akıllı projeleri** şunlardır:

- ÇAĞDAŞ TÜRKİYE PROJESİ
- TÜRK ULUS DEVLET (MİLLET) PROJESİ
- RUMELİ SAVUNMA HATTI PROJESİ
- ORDU İLE SİYASETİ AYIRMA PROJESİ
- SPOR VE BEDEN EĞİTİMİ PROJESİ
- ANADOLU'NUN İŞGALİNİ ÖNLEME PROJESİ
  (Kilis - İskenderun - Adana Savunma Planı)
- ANADOLU'YA GİZLİ GEÇİŞ PLANI
- ÖRNEK ÇİFTLİKLER (YEŞİL CENNET) PROJESİ
- İDEAL CUMHURİYET KÖYÜ PROJESİ
- HALKEVLERİ PROJESİ
- GÜNEYDOĞU ANADOLU PROJESİ (GAP)
- DEMOKRASİ PROJESİ
- SOSYAL FABRİKA PROJESİ
- UÇAK SANAYİ PROJESİ
- DEMİRAĞ (DEMİRYOLU) PROJESİ
- DİNDE ÖZE DÖNÜŞ PROJESİ
- TARİH VE DİL TEZLERİ PROJESİ
- MODERN ANKARA PROJESİ
- YÜZEN FUAR PROJESİ
- MUSİKİ VE SANAT PROJESİ
- SAĞLIK PROJESİ
- ÇAĞDAŞ ÜNİVERİSTE (EĞİTİM) PROJESİ
- İNSANLIK PROJESİ

İşin Sırrı: Çok Okumak

Peki ama bir asker ve devlet adamı olan Atatürk, hangi bilgi ve birikimle birbirinden çok farklı alanlarda bu kadar çok proje geliştirmiştir. Bu işin sırrı nedir?

İşte bu sorunun yanıtı bizi gerçek anlamda bir Atatürk mucizesiyle ve **AKL-I KEMAL** ile karşı karşıya getirmektedir.

İşin sırrı, Atatürk'ün çok ama çok okumasıdır. Hiç abartısız, Atatürk sürekli okumuştur. Bu sürekliliğe savaş meydanları da dahildir. Çanakkale Savaşları sırasında arkadaşı Mm. Corinne'den romanlar isteyip okumuş, 1916 yılında kolordu ve ordu komutanı olarak Doğu Anadolu'da bulunduğu sırada kuramsal konularda araştırmalar okumuş, 1922 yılında Kurtuluş Savaşı'nın en kritik aşamasında bile okumaya devam etmiştir. Atatürk'ün 1922 yılı Mart ayına ait notlarında bu konuda şu bilgiler vardır:

"9 Mart: Saat 7'de kalktım. Biraz kitap okudum.

10 Mart: Aziziye. İsmet Paşa ve berberindekiler saat 10'da gittiler. Ben notlarımı yazıyorum. Biraz kitap okuduktan sonra yatacağım.

11 Mart: Yalnız kaldım, bu notları yazdım. Biraz kitap okuyacağım.

18 Mart: Banyo almıştım. Yatakta biraz kitap okuduktan sonra hazırlandım. Çalışma odasına geçtim. Kitap okudum."[74]

Halide Edip Adıvar ve Fahrettin Altay Paşa, Atatürk'ün Kurtuluş Savaşı yıllarında İslam tarihi konusunda kitaplar okuduğuna tanık olmuşlardır.

Halide Edip Adıvar, Atatürk'ün bir taraftan savaş planlarıyla uğraşırken diğer taraftan İslam tarihini, özellikle de İslam tarihinin demokrasiye en yakın olan ilk yirmi yılını incelediğini belirtmiştir.[75] Fahrettin Altay Paşa ise Atatürk'ün geceleri çadırında *"İslam Dini ve Tefsirleri"* adlı bir kitap okuduğunu belirtmiştir.[76]

Kurtuluş Savaşı sırasında Atatürk'ün İslam tarihinin demokrasiye en yakın ilk dönemlerini okumasının nedeni, savaş sonrasında saltanatı ve hilafeti kaldırmayı ve cumhuriyeti ilan etmeyi düşünmesidir. Atatürk yapacağı bu devrimlere yönelik dinsel eleştirileri etkisiz hale getirmek için bu yönde kitaplar okumuştur. Yine savaş sonrasında hayata geçirmeyi düşündüğü "Dinde Öze Dönüş Projesi" kapsamında gerçekleştireceği dinde Türkçeleştirme hareketine hazırlık olması için de *"İslam Dini ve Tefsirleri"*

---

74 Ali Mithat İnan, **Atatürk'ün Not Defterleri**, Ankara, 1998, s. 122-128.
75 Halide Edip Adıvar, **Türk'ün Ateşle İmtihanı**, İstanbul, 1962, s. 146, 147.
76 Meydan, **Atatürk ile Allah Arasında**, s. 249, 250.

adlı kitabı okumuştur. Atatürk bütün devrimlerine, bu şekilde okuyarak, herkesten önce bizzat kendisi hazırlanmıştır.

Okuyan Atatürk

Atatürk'ün okuma tutkusu zamanla adeta sınırları aşmıştır. Elçilerimiz aracılığıyla yurtdışından onlarca kitap sipariş eden tek devlet adamı Atatürk'tür. Örneğin 21 Temmuz 1935 gecesi saat 02'de özel kalem müdürüne, Paris Büyükelçisi'ne gönderilmek üzere bir kitap sipariş listesi yazdırmıştır. Atatürk'ün gecenin 02'sinde Paris Büyükelçisi'nden bir an önce gönderilmesini istediği kitaplar, 18 farklı bilimsel alanda toplanmaktadır. Atatürk, neredeyse bütün bilim dallarıyla ilgili kitapları istemiştir. Sipariş listesindeki kitaplar şu alanlardadır:

1. Genel İktisat
2. Genel İstatistik-Genel Tarih
3. Siyasi Kuruluşlar Tarihi
4. Hukuka Giriş-Yeni ve Yakın Zamanlar Genel Tarihi
5. Sosyoloji ve Sosyal Ekonomi
6. İnsan Gelişimi-Coğrafya
7. Anayasa Hukuku

8. Antropoloji
9. İktisat Tarihi
10. Dinler Tarihi
11. Diplomasi Tarihi
12. Felsefe Tarihi
13. Bilimler Tarihi
14. Sanat Tarihi ve Yakın Zamanlar Edebiyatı[77]

Atatürk, daha birçok defa yurtdışından kitap sipariş etmiştir. Örneğin bir keresinde Fransız Recucil Siray Yayınevi, Atatürk'e iki parti halinde tam 24 paket kitap göndermiştir. Kitapların sadece listesi dört sayfa tutmaktadır.[78]

Atatürk'ün okuduğu kitapların tamamından burada söz etmek olanaksızdır, ama bir fikir vermesi açısından şu kadarını belirteyim ki, Atatürk'ün okuduğu kitaplar arasında klasik fiziğin önemli temsilcilerinden Henri Poincare'nin kitapları bile vardır.[79]

Atatürk'ün okuduğu kitapların sayısı, ölümünden sonra tereke yargıçlığınca tutulan kayıtlara göre 4433 kalemde 7333 adettir. Atatürk'ün özel kütüphanesinin kataloğunda ise bu sayı 4289 bibliyografik künyede 10.000 adettir.[80] Bu sayıya değişik kütüphanelerden okumak için ödünç aldığı kitaplar dahil değildir. Atatürk'ün okuduğu kitapların konularına göre dağılımı şöyledir:

Tarih: 879; Edebiyat: 535; Dil-dilbilim: 397; Askerlik: 261; Siyasal bilimler: 197; Güzel sanatlar (resim, müzik, mimarlık, şehircilik): 195; Coğrafya-turizm: 193; Uygulamalı bilimler (tıp, mühendislik, tarım): 187; Hukuk: 169; Din: 160; Ekonomi: 139; Felsefe, mantık, metafizik, psikoloji: 109; Pozitif bilimler (matematik, fizik, kimya, astronomi): 104; Eğitim-öğretim: 101; Sosyoloji: 75; Biyolojik bilimler: 33 vb.[81]

Atatürk, akıllı projelerini geliştirirken işte neredeyse her alandaki bu okumalarından yararlanmıştır. Atatürk'ün kendine

---
77 Sinan Meydan, **Atatürk ve Türklerin Saklı Tarihi**, 2. bas., İstanbul, 2010, s. 39, 41.
78 age., s. 42.
79 age., s. 43.
80 Turan, **Mustafa Kemal Atatürk**, s. 64.
81 age., s. 64.

özgü okuma alışkanlığı; okurken önemli gördüğü yerlerin altını renkli kalemlerle çizmesi, sayfa kenarlarına notlar alması, ünlem (!), soru işareti (?), dikkat (D) gibi özel işaretler koyması, onun bu okumalarını belli bir amaca yönelik olarak yaptığını kanıtlamaktadır. Atatürk'ün okuduğu kitaplarda sadece altını çizip özel notlar aldığı yerler 24 cilt tutmaktadır.[82]

Okuduğu kitapların konulara göre dağılımına bakılacak olursa Atatürk'ün neredeyse bütün devrimleri hakkında çok köklü bir bilgi birikimine sahip olduğu söylenebilir. 879 tarih kitabı okuyarak Türk Tarih Tezi'ni geliştirmiş, 535 edebiyat, 397 dil-dilbilim kitabı okuyarak Yazı ve Dil devrimlerini yapmış, 197 siyasal bilimler kitabı okuyarak saltanatı, hilafeti kaldırıp cumhuriyeti ilan etmiş, 195 güzel sanatlar kitabı okuyarak Musiki ve Sanat Devrimi'ni gerçekleştirmiş, 139 ekonomi kitabı okuyarak Karma Ekonomik Modeli ortaya atmış, 169 Hukuk kitabı okuyarak Medeni Kanunu kabul etmiş, 104 pozitif bilimler kitabı okuyarak Üniversite Reformu'nu yapmış, 75 sosyoloji kitabı okuyarak Halkevlerini kurmuş, 101 eğitim öğretim kitabı okuyarak Eğitim Devrimi'ni gerçekleştirmiştir.

İşte AKL-I KEMAL böyle şekillenmiştir.

Yeryüzünde hiçbir asker, hiçbir devlet adamı ve hiçbir devrimci, bu derece derin bir entelektüel birikime sahip değildir.

İşte Atatürk'ün akıllı projelerinin temelinde böyle derin bir birikim vardır.

Yöntem, Amaç ve Strateji

Atatürk'ün bütün projeleri, hayatının projesi olan Bağımsız ve Çağdaş Türkiye Cumhuriyeti Projesi'ni tamamlamaya yöneliktir.

Atatürk, bazı projelerini bizzat adlandırarak geliştirmişken, bazı projelerini hiçbir şekilde adlandırmadan geliştirmiştir. Örneğin İdeal Cumhuriyet Köyü Projesi ve Yüzen Fuar Projesi'ni bizzat bu şekilde adlandırmışken; Yeşil Cennet Projesi ve Sosyal Fabrika Projesi'ni bu şekilde adlandırmadan hayata geçirmiştir.

---

82 Bkz. **Atatürk'ün Okuduğu Kitaplar**, Anıtkabir Derneği Yayınları, 24 cilt, Ankara, 2001.

Atatürk, 1920'de TBMM'ye sunduğu *"Halkçılık Programı"* nı "PROJE" olarak adlandırmıştır. 16-17 Ocak 1923'te yaptığı İzmit basın toplantısında, gazetecilerin bir sorusu üzerine, I. TBMM'yi anlatırken *"Halkçılık Programı"* ndan şöyle söz etmiştir:

"Meclis'in ilk açılışı sıralarında benim uzun beyanatım vardı. O beyanatın sonunda hükümetin oluşturulmasına ve içeriğine esas olmak üzere bir PROJE teklif etmiştim. O PROJEYİ tam benim teklifim anında kabul etmenin uygun olmayacağına ve bunu biraz incelemek gerekeceğine dair yalnız bir iki kişi, bir iki kelimeden ibaret olmak üzere söz söylediler. Fakat bu sözlere önem verilmedi. Meclis oybirliğiyle PROJEYİ kabul etti. Bu PROJE üzerindeki ilk tereddüt şu idi: Âlim ve hukukçu tanınan kişiler PROJEYİ inceleyince gördüler ki, bundan çıkan hükümet şekli mevcut hükümet şekillerinden hiçbirine benzemiyor. Meclis'in özelliği de tarihte aynı özellikte görülmüş meclislere benzemiyor. Karşılaştırma ölçüsü olarak Fransız İhtilali'ndeki meclisi ele aldılar. Âlimler ve hukukçular bu meclisin İstanbul'daki kapatılmış meclisin bir devamı olduğunu düşünmüşlerdir. Ben ise hiç öyle düşünmüyordum. FAKAT O PROJEDE DÜŞÜNDÜKLERİM ÇOK İTİNA İLE İMAL EDİLMİŞTİR. Zannederim ki haklı bulursunuz. Çünkü düşüncelerimi önceden açıklamaya kalksam çoğu beni bırakıp giderdi. (...) Bunun üzerine arz ettiğim PROJE ESASLARINA göre bir program tespit ettim. HALK PROGRAMI adı altındaki bu PROJEYİ bir gecede bastırdık, ertesi günü toplantıdaki kişilere dağıttık. Onlar kendi programları ile bu program arasında büyük bir zıtlık görmüşler. İncelediler. Sonuçta Teşkilat-ı Esasiye Kanunu (1921 Anayasası) ortaya çıktı..."[83]

Aslına bakılacak olursa Atatürk'ün Türkiye'yi kurarken gerçekleştirdiği siyasi, sosyal, toplumsal, ekonomik ve kültürel bütün devrimler birer akıllı projedir. Cumhuriyet mucizesi bu akıllı projelerin, akıllı projeler de AKL-I KEMAL'in bir ürünüdür.

Atatürk Türkiye'yi kurtaran akıllı projelerini "aşama stra-

---

[83] İsmail Arar, **Atatürk'ün İzmi: Basın Toplantısı**, Eylül 1997, s. 45, 46.

tejisiyle" hayata geçirmiştir. Projelerinin uygulamasını evrelere ayırmış, bir zamanlama ustası olarak her evresini en uygun zamanda ve en uygun şartlarda uygulamaya koymuş, aşama aşama ilerleyerek hedefe ulaşmıştır.[84]

Atatürk *"Nutuk"*ta, **"Uygulamayı Safhalara Ayırmak ve Basamak Basamak İlerlemek"** başlığı altında devrim stratejisini şöyle açıklamıştır:

"Türk ata yurduna ve Türk bağımsızlığına saldıranlar kimler olursa olsun onlara bütün milletçe silahla karşı koymak ve onlarla çarpışmak gerekiyordu. Bu önemli kararın bütün gerek ve zorunluluklarını daha ilk günde açığa vurup ifade etmek elbette uygun olmazdı. Uygulamayı birtakım safhalara ayırmak, olaylardan ve olayların akışından yararlanarak basamak basamak ilerleyerek hedefe ulaşmaya çalışmak gerekiyordu. Nitekim öyle olmuştur..."

Atatürk'ün akıllı projeleriyle şekillenen Türk Devrimi'nin başarı sırrı bu stratejide gizlidir. Atatürk'ün bu özelliği Hun İmparatoru Atilla ile ortak yönlerinden biridir. Marcel Brion *"Atilla'nın Hayatı"* adlı eserinde Atilla'nın olayları hiçbir zaman erkene almayı denemediğini, bu faydalı Asya özelliğini, yani sabrını koruduğunu belirtmiştir.[85] *"Atatürk İhtilali"* adlı eserin yazarı Mahmur Esat Bozkurt da Atatürk'ün bu yönünü şöyle ifade etmiştir: *"Zamanı çok güzel seçer, fırsatı asla kaçırmazdı. Zamanı gelmedikçe acele etmez, sabrederdi. Koruk sabırla helva olur. O kadar sabreder ki yerinden kıpırdamayacak sanılırdı."*[86]

Atatürk, plan ve projelerini yeri ve zamanı gelinceye kadar "vicdanında bir milli sır" olarak saklamıştır. Atatürk'ün bu özelliği de *"Eğer sakalımın tellerinden biri, yapmak istediklerimi bilmiş olsaydı, onu hemen koparır ve yakardım,"* diyen Fatih Sultan Mehmet'le ortak yönlerinden biridir.[87]

---

84 Sabahattin Özel, **Büyük Milletin Evladı ve Hizmetkârı Atatürk ve Atatürkçülük**, İstanbul, 2006, s. 23.
85 **Atatürk'ün Okuduğu Kitaplar**, C XV, s. 344.
86 Mahmut Esat Bozkurt, **Atatürk İhtilali**, 3. bas., İstanbul, 1995, s. 45.
87 "Fatih Sultan Mehmet yapacağı işlerden kimseye bir şey bahsetmezdi. Hatta ordular harekete geçer, günlerce yürünür, fakat nereye gidileceğini kendisinden

Atatürk'ün akıllı projelerinin amacı sadece İstanbul'un veya Ankara'nın değil bütün Türkiye'nin her bakımdan kalkındırılmasıdır.

Şu sözler Atatürk'e aittir:

"İnsan ömrü yapılacak işlerin azameti karşısında çok cüce kalıyor... Geçtiğimiz yerlerde fabrikaları görmek istiyorum, ekilmiş tarlalar, düzgün yollar, elektrikle donanmış köyler, küçük, fakat canlı tertemiz, sağlıklı insanların yaşayabileceği evler, büyük yemyeşil ormanlar görmek istiyorum. Gürbüz çocukların, iyi giyimli çocukların yüzleri sararmamalı, dalakları şiş olmayan çocukların okuduğu okullar görmek istiyorum. İstanbul'da ne medeniyet varsa, Ankara'ya ne medeniyet getirmeye çalışıyorsak, İzmir'i nasıl mamur kılıyorsak, yurdumuzun her tarafını aynı medeniyete kavuşturalım istiyorum. Ve bunu çok ama çok yapmak istiyorum. Dedim ya, insan ömrü çok büyük işleri başarabilecek kadar uzun değil. Mamur olmalı Türkiye'nin her bir tarafı, müreffeh olmalı...

Devletin yapamadığını, millet; milletin yapamadığını devlet yapmalı. Her şeyi yalnız devletten ya da her şeyi yalnız milletten beklemek doğru olmaz. Devlet ve millet ülke sorunlarını göğüslemede daima el ele olmalıdır. Ben yapabildiğim kadarını yapayım, sonra ne olursa olsun, benim kitabımda yok. Geleceği, geleceğin Türkiyesi'ni, düşünmek görevim. Bir iş aldık üzerimize, bir savaşın üstesinden geldik, şimdi ekonomik alanda savaş veriyoruz, daha da vereceğiz... Bu heyecanı yaşatmak, bu heyecanın ürünlerini görmek lazım."

Şimdi Atatürk'ün kafasındaki bu Türkiye hayalini gerçekleştirmek için düşünceden uygulamaya geçirdiği akıllı projelerini inceleyelim.

---

başka kimse bilmezdi. Bir gün yine bir savaş için İstanbul'dan ayrıldığı sıralarda kadılardan birisi ne tarafa gidileceğini sormak cesaretini gösterdi. Bu sorudan çok canı sıkılan padişahın cevabı kısa fakat dehşetli oldu. Kadıya dedi ki: 'Eğer sakalımın tellerinden biri yapmak istediklerimi bilmiş olsaydı, onu hemen koparır ve yakardım" (Selahattin Tansel, **Yüz Fıkra-Yüz Tarih**'ten nakleden H. Fethi Gözler, **Atatürk İnkılâpları, Türk İnkılâbı**, İstanbul, 1985 s. 61).

PROJE 1

ÇAĞDAŞ TÜRKİYE PROJESİ

> *"Gazi yeni Türkiye'yi çocukluğundan beri kendi benliğinin dibinde yaratmaya başlamıştı."*[88]
>
> Falih Rıfkı Atay

Çağdaşlaşma; Aydınlanma dönemiyle başlayıp günümüze dek uzanan zaman diliminde aklın ve bilimin rehberliğinde insanı ilgilendiren ileriye yönelik her türlü gelişme olarak tanımlanabilir. Aslında uygarlığın ilk tohumlarının atılışından bu yana insanın her bakımdan daha insanca yaşamak için ortaya koyduğu sosyal, kültürel, ekonomik, siyasi, bilimsel vb. değerler bütünüdür çağdaşlaşma. Basit tanımıyla, insanın her yönüyle gerçek anlamda "insanlaşması" ve yaşadığı zamanın (çağın) insanı olabilmesidir.

Çağdaşlaşmayı anlamak için öncelikle aydınlanmayı anlamak gerekir. Kant'a göre aydınlanma, *"İnsanın kendi suçu ile düşmüş olduğu bir ergin olmayış durumundan kurtulmasıdır."*

"Aklını kendin kullanma yürekliliğini göster," diyen Kant, bunun aydınlanmanın parolası olduğunu söylemiştir. Aydınlanmanın ön şartı bağımsız düşünmeyi engelleyen her türlü boyunduruktan kurtularak tam anlamıyla "özgür" olmaktır. Aydınlanma ve özgürlük birbirine bağlı olarak gelişmiştir tarih boyu.[89] Aklı, vicdanı ve kendisi özgür olan bireylerden oluşan toplumlar aydınlanabilmiştir. Ya da aydınlanabilen toplumlardaki bireylerin aklı, vicdanı ve kendisi özgür olabilmiştir.

Batı'da aklı özgür kılan Rönesans'la başlayan aydınlanma ile her türlü gelişme sağlanırken; Doğu'da aklı zincire vuran te-

---
88 Falih Rıfkı Atay, **Çankaya,** Pozitif yayınları, İstanbul, ty., s. 653.
89 Akarsu, **age.,** s. 295, 296.

okratik yapının bir türlü kırılamamasından dolayı çok fazla gelişme sağlanamamıştır.

Örneğin aydınlanmayı bir türlü başaramayan Osmanlı İmparatorluğu, aydınlanmış Avrupa'yı 200-250 yıl kadar geriden takip etmek zorunda kalmıştır.

İşte Atatürk'ün Çağdaş Türkiye Projesi'nin amacı bu büyük arayı kısa sürede kapatmaktır. Atatürk bu amaçla Türk aydınlanmasını başlatmıştır.

Atatürk, aydınlanma kavramını zaman zaman "ışık" olarak ifade etmiştir. Onun konuşmaları arasında sıkça *"ışığa kavuşturmak"* ifadesine rastlanmaktadır. Örneğin 1924'te Samsun öğretmenleriyle konuşmasında, *"Genç kuşağın ışık almaya ve içine sindirmeye elverişli kafasını yormadan, gerçeğin izleriyle besleyip süslemek en doğru yol olacaktır,"* demiştir. 1928'de Harf Devrimi'nden söz ederken de, *"Bununla Türk ulusu yeni bir ışık dünyasına girecektir,"* demiştir. Halkın devrimlere gösterdiği ilgiyi de, *"İlerlemeye gönül veren halkımızın, okula, ışığa olan özleminin ve dar kafalı bilgisizliğe karşı duyduğu hıncın büyüklüğünü gösteren belge,"* diyerek ifade etmiştir.[90] Işığın kaynağı da güneş olduğundan Atatürk, Türk dinamik devriminin "yaratma" idealinden söz ederken sıkça güneşten söz etmiştir. Örneğin bir keresinde Türk devrimi ile güneş arasında şöyle bir özdeşlik kurmuştur: *"İnkılâp, güneş kadar parlak, güneş kadar sıcak ve güneş kadar bizden uzaktır. Yönümü daima o güneşe bakarak belirler ve öylece ilerlerim, ilerlerim; parlaklığı ve sıcaklığı ilerlememe müsaade edinceye kadar ilerlerim. Tekrar ilerlemeye devam etmek üzere dururum; tekrar o güneşe bakarak yönümü belirlerim."*[91] Ancak Atatürk'ün bu sembolik anlatımını (güneş ışık yayar, ışık aydınlatır) bilmeyen bazı araştırmacılar, Atatürk'ün güneşi kutsallaştırdığını, hatta "Güneş Dini" kurmaya çalıştığını iddia etmişlerdir ve tabii ki, kelimenin tam anlamıyla komik duruma düşmüş, çuvallamışlardır.[92]

---

90 age., s. 51, 52.
91 Ahmed Cevat Emre, **Muhit Mecmuası**, Sene: 4, No: 48, 1932, s. 2'den nakleden Utkan Kocatürk, **Atatürk'ün Fikir ve Düşünceleri**, Ankara, 1999, s. 92.
92 Bu konuda tipik bir örnek: Atatürk'ün inancını Güneş Dini, CHP'nin sembo-

Atatürk'ün en büyük başarısı, yarı bağımlı, geri kalmış bir ümmet imparatorluğundan, en imkânsız koşullarda tam bağımsız, ileri, çağdaş bir ulus devlet yaratmasıdır.

Kurtuluş Savaşı tabii ki çok önemlidir, ancak Türk ulusunun asıl kurtuluşu Kurtuluş Savaşı'ndan sonraki devrimlerdir.

"Asıl bağımsızlığımız, bağımsızlık savaşımız kara kuvvete karşı olmuştur. Biz Kurtuluş Savaşı sonunda sadece yurdu istila eden düşman kuvvetlerinden kurtulmakla kalmadık, Atatürk devrimleriyle birlikte asıl, hurafelerden, boş inançlardan, şeriattan, eskimiş, çürümüş değerlerden kurtulduk, onlar karşısında bağımsızlık kazandık. Bu da Atatürk aydınlanmasının zaferi olmuştur."[93]

Atatürk çağdaşlaşma idealini "dinamik ideal" diye adlandırmıştır.

1 Kasım 1937 tarihli Meclis konuşmasında şöyle demiştir:

"Büyük davamız en uygar ve en gelişmiş ulus olarak varlığımızı yükseltmektir. Bu yalnız kurumlarında değil düşüncelerinde temelli bir devrim yapmış olan büyük Türk ulusunun dinamik idealidir."

Atatürk aynı konuşmasında çağdaşlaşmak için "düşünebilen insanlar" yaratmaktan söz etmiştir:

"Bizi uygarlık yolunda yükseltecek olan da bütün insanlarımızı düşünebilen insanlar yapmaktır." Bunun için insanların, özgür ve bağımsız bir kafa yapısına sahip olmaları gerekir. Atatürk'e göre bunun yolu çağdaş eğitim ve bağımsız ekonomidir.[94]

Atatürk, Çağdaş Türkiye Projesi'ni Türk Devrimi'yle hayata geçirmiştir.[95] "Türk Devrimi, yazı, dil, takvim, giyim, sanat

---

lünü de güneş olarak gören bir araştırma için bkz. Gökçe Giresunlu, **Mustafa Kemal'in İnancı**, İstanbul, 2011.
93 Akarsu, **age.**, s. 97.
94 **age.**, s. 218.
95 Atatürk, "Atatürk İnkılâpları" ifadesinden hoşlanmadığı için "Türk İnkılâbı" denilmesini istemiştir. Türk Devrimi'nden "Atatürk İnkılâpları" diye söz edenleri sürekli "Türk İnkılâbı" diye düzeltmiştir. Prof. Dr. Hikmet Bayur, bu konuda şu değerlendirmeyi yapmıştır: "Atatürk'ün ağzında Arıburnu, Anafartalar, Sakarya ve Dumlupınar, yalnızca birer Türk zaferiydi. Bunlara Fransızcada bazen

gibi üstün değerler alanını da demokratikleştiren bir devrimdir. Türk dili, yabancı diller boyunduruğundan kurtarılarak bir bilim, sanat ve teknoloji dili olma olanağına kavuşturulmuş, böylece ulusal birliğimizin sağlam harcı olmuştur. Yeni Türk yazısı, Türkçeyi doğru yazıp doğru okumayı ve böylece okuryazarlığın, dolayısıyla aydınlığın hızla artmasını sağlamıştır. Ayrıca bu yazı, uluslararası ilişkilerde uygar dünyayla ilişkilerimizi ve uygar insanlık ailesinin saygın bir üyesi olmamızı çok kolaylaştırmıştır. Takvim ve ölçüm birimlerinin de uluslararasında kullanılan birimlere dönüştürülmesi aynı etkiyi yapmış, ekonomik gelişmemizin önündeki yerellik engellerinin aşılmasını olanaklı kılmıştır. Şapka ve giyim devrimleri de, güzel sanatlar alanındaki devrimler de, bir yandan uluslararası uygar insanlığın giyim-kuşamını alarak, güzel sanatlar alanındaki başarılarına katılmamızı olanaklı kılarak bu uygar insanlığın bir parçası olmamızı sağlamış, ama öte yandan da Türk erkeğine 'şapka giyemezsin', Türk kadınına 'saçının bir telini ya da elini, kolunu, gözünü gösteremezsin', Türk insanına, 'Tiyatro yapamazsın, müzik, resim, heykel günahtır!' diyen, Arapça ve Arap yazısını kutsalmış gibi gösteren zorba kafa yapısını yıkmayı olanaklı kılmıştır. Türk halkının kafasını, yazıda, dilde, bez parçasında, resimde, yontuda...' büyülü bir etki olabilirmiş' diyen ilkel anlayıştan kurtarıp özgürleştirmiştir."[96]

    Kısacası Atatürk, Türk Devrimi'yle Türkiye'yi her alanda çağdaşlaştırarak, Türk insanını hurafelerin bataklığından kurtarıp, uygar insanlık âleminin başı dik, onurlu bir üyesi yapmıştır.

    Neresinden bakılırsa bakılsın Türk insanı AKL-I KEMAL'e çok şey borçludur...

---

benzerleri için denildiği gibi Napolyon Zaferleri biçiminde Atatürk Zaferleri denilmesini iyi karşılamazdı. İnkılâplar için de 'Atatürk İnkılâpları' denilmesini iyi karşılamaz ve 'Türk İnkılâbı' diye düzeltirdi" (Prof. Dr. Hikmet Bayur, *"Atatürkçülük Nedir?"*, S. 173-178'den aktaran, Gözler, **Atatürk İnkılâpları, Türk İnkılâbı**, s. 47).

[96] Ozankaya, age., s. 19, 20.

Bir Ömür Boyu Planlanan Devrim

> *"Ben bu konuları daha gençliğimden beri düşünen bir insanım. Eğer size bu konuları yeni düşünmeye başladığımı söylersem (bana) inanmayınız."*
>
> Atatürk

Atatürk, Türkiye Cumhuriyeti'ni bir gecede kurmamıştır. Türkiye Cumhuriyeti, Atatürk'ün kafasında uzun yıllar içinde şekillenen Çağdaş Türkiye Projesi'nin ürünüdür.

Atatürk, Çağdaş Türkiye Projesi'ni geliştirirken tarihi tecrübelerden; Tanzimat'tan beri devam eden kırılgan ve kararsız Osmanlı modernleşmesinden, 15. yüzyıldan itibaren başlayan Avrupa aydınlanmasından, Türk-İslam tarihinin aydınlık sayfalarından, okuduğu 5000'e yakın kitaptan ve Allah vergisi dehasından yararlanmıştır.

Atatürk'ün Çağdaş Türkiye Projesi'ni geliştirmesinde, hayatındaki şu gelişmelerin büyük etkisi vardır:

1. Osmanlı'nın Batı'ya açılan kapısı durumundaki Selanik'te doğması,
2. Hanedan, kapıkulu, ayan veya saraya bağlı bir aileden değil de halktan bir aileden gelmesi,
3. Osmanlı'nın en "çağdaş" eğitim öğretim veren askeri okullarında okuması,
4. İlk gençlik yıllarından itibaren "vatan ve özgürlük" mücadelesi vermesi,
5. İmparatorluğun Şam gibi en geri kalmış, Arap fanatikliğinin en yoğun olduğu bir bölgesinde ve Muş-Bitlis gibi aşiret sisteminin etkili olduğu bölgelerinde görev yapması,
6. Bir süreliğine Sofya ve Karlsbad gibi çağdaş Avrupa kentlerinde bulunması,

7. Batı'nın Türkleri "barbar" diyerek aşağılamasına ve emperyalizme büyük tepki duyması,
8. Çok sayıda kitap okuyarak dünyayı, evreni, yaşamı tanıması...

Atatürk'ün başarı sırrı yalın gerçekçiliği ve geleceği görme yeteneğidir. O, Osmanlı Devleti'nin büyük bir hızla yıkıma sürüklendiği bir dönemde Enver Paşa ve İttihatçılar gibi yeni imparatorluk hayalleri kurmak yerine, Anadolu merkezli çağdaş bir Türkiye kurmayı planlamıştır.

O İttihatçılar gibi Meşrutiyet'i de asla yeterli görmemiştir. Meşrutiyet onun için sadece bir geçiş dönemidir. O, zamanı gelince çok daha radikal bir devrimle Osmanlı'nın küllerinden çağdaş bir Türkiye yaratmak istemiştir.

Atatürk, Çağdaş Türkiye Projesi'ni, daha askeri öğrencilik yıllarında düşünmeye başlamıştır. 21 yaşında girdiği kurmay okulunda ruhsal çatışmalar içindedir; geceleri uyuyamamaktadır, sabahın erken saatlerine kadar düşünmekte, bu nedenle sabahları "kalk" borusu çaldığında kalkmakta güçlük çekmektedir. Bu konuda arkadaşlarına şunları söylemiştir:

"Arkadaşlar yatağa girdikten sonra ben sizler gibi rahat rahat uyuyamıyorum. Sabahlara dek gözüm açıktır. Tam dalacağım zaman 'kalk' borusu çalınıyor, onu da işitemiyorum. Sağ elinde sopa tutan bir adamın karyolamı sarsmasıyla uyanır gibi oluyorum."[97]

Atatürk, İstanbul Harp Okulu'nda öğrenciyken arkadaşlarına gizlice cuma konuşmaları yapmıştır. Bu konuşmalarında çoğu kez Batılı gazetelerde okuduğu haberlerden, çağdaş Batı düşüncesinden, Batılı filozofların görüşlerinden, özgürlük, bağımsızlık ve çağdaşlık gibi düşüncelerin öneminden söz etmiştir. Asım Gündüz hatıralarında Atatürk'ün cuma konuşmalarından şöyle söz etmiştir: *"O zamana kadar padişahım çok yaşa demekten başka bir şey bilmeyen bizler için, Mustafa Kemal'in anlattıkları çok dikkat çekiciydi."*[98]

---

97 age., s. 27.
98 Meydan, **Atatürk ile Allah Arasında**, s. 104.

Atatürk bu konuşmalarından birinde genç subay adayı arkadaşlarına şunları söylemiştir:

"*Altı yüz yıl kadar önce Anadolu'da doğan Osmanlı İmparatorluğu, 350 yılda Viyana kapılarına kadar ilerledi. İmparatorluğu güçlendiren manevi faktörler zayıfladığı için yavaş yavaş Viyana, Budapeşte, Belgrat elden çıktı. Artık bir avuç Rumeli toprağına sığındık. Şimdi de elimizde kalan küçük toprak parçasını Ruslar ve Avusturyalılar almak istemekteler. Rusların bütün emelleri, kendi ırklarından saydıkları Bulgarlar ve Sırplara Balkanları peşkeş çekmektir...*"

"*Tarihte inkılâplar önce aydın kişilerin kafasında fikir halinde doğmuş, zamanla toplumu sarmıştır. (...) Başka milletlerin şairleri, münevverleri böyle çalışıp milletlerini uyarırlarken, nerde bizim mütefekkirlerimiz? Bizim bir Namık Kemal'imiz var. O, Türk milletinin yüz yıllardan beri beklediği sesi verdi.*"[99]

Atatürk, Harp Okulu'nda yaptığı konuşmalarla devrimci bir yaklaşımla genç arkadaşlarını vatan ve özgürlük mücadelesine çağırmış; dahası padişahlık sistemini devirip ulusun egemen olduğu yeni bir sistem kurmaktan söz etmiştir. Örneğin bir konuşmasında arkadaşlarına şöyle seslenmiştir:

"*Arkadaşlar bu gece burada sizleri toplamaktan maksadım şudur: Memleketin yaşadığı vahim anları size söylemeye lüzum görmüyorum. Buna cümleniz müdriksiniz. Bu bedbaht memlekete karşı mühim vazifemiz vardır. Onu kurtarmak biricik hedefimizdir. Bugün Makedonya'yı ve tekmil Rumeli'yi vatan bütünlüğünden ayırmak istiyorlar. Memlekete yabancı nüfuz ve hâkimiyeti fiilen girmiştir. Padişah zevk ve saltanatına düşkün, her zilleti yapacak, menfur bir şahsiyettir. Millet zülüm ve istibdat altında mahvoluyor.*

Hürriyet olmayan bir memlekette ölüm ve çöküntü vardır. Her terakkinin (ilerlemenin) ve kurtuluşun anası hürriyettir. Tarih, bugün biz evlatlarına bazı büyük vazifeler yüklüyor.

---

99 Asım Gündüz, **Hatıralarım**, Dr. İhsan Ilgar, İstanbul, 1953, s. 34, 35.

Şimdilik gizli çalışmak ve teşkilatı yaymak zaruridir. Sizlerden fedakârlık bekliyorum. Kahredici bir İstibdata karşı ancak ihtilalle cevap vermek ve köhnemiş olan çürük idareyi yıkmak, milleti hâkim kılmak, hülasa vatanı kurtarmak için sizi vazifeye davet ediyorum."[100]

Görüldüğü gibi Atatürk, daha Harp Okulu'nda öğrenciyken, *"menfur bir şahsiyet"* diye adlandırdığı padişahı devirmeyi, *"köhnemiş olan çürük idareyi yıkmayı"*, *"milleti hâkim kılmayı"*, yani cumhuriyetle yönetilen çağdaş bir Türkiye kurmayı düşünmüştür.

Atatürk Harp Okulu'nda arkadaşlarıyla birlikte (ortada oturan)

---

100 Sadi Borak, **Atatürk, Gençlik ve Hürriyet**, İstanbul, 1998, s. 16.

Atatürk, bütün bu düşüncelerini okul arkadaşlarıyla paylaşmak için bir de gizlice okul gazetesi çıkarmıştır. Ancak yakalanınca bu gazetecilik işine son vermek zorunda kalmıştır. Atatürk, askeri okul yıllarından itibaren çok okumuştur. Okudukça Osmanlı Devleti'nin akıl ve bilimden uzaklaştığı için geri kaldığını ve zamanla Batı'ya hükmeder durumdan Batı'ya bağımlı hale geldiğini görmüştür. Ona göre bundan sonra yapılması gereken, yıkılmak üzere olan Osmanlı'nın küllerinden yeni ve çağdaş bir devlet kurmak için çalışmaktır. Bunun için daha askeri öğrencilik yıllarından itibaren yüzünü Batı'ya çevirerek akıl, bilim ve çağdaşlık üzerine kafa yormuş; pozitivizm, materyalizm, sosyalizm, Darvinizim gibi akımlarla ilgilenmeye başlamış; Batı'nın aydınlanma sürecini anlamaya ve içselleştirmeye çalışmıştır. Sınıf arkadaşlarından Hayri (Paşa) bu gerçeği şöyle ifade etmiştir: *"... En fazla meşgul oldukları şeylerden biri de zamanının felsefi ve fikri cereyanları idi. Toplumun henüz halledilmemiş davalarıyla dimağlarını meşgul ederlerdi. Darvin nazariyesiyle çok meşgul olurlar Papazlar dini neşriyatını takip ederlerdi."*[101]

Atatürk gençlik yıllarına ait not defterlerinden birine (1904), *"Önce sosyalist olmalı maddeyi anlamalı"* diye bir not düşmüştür.[102]

Atatürk, Batı'yı yakından takip etmek için Almanca, Fransızca ve kısmen İngilizce öğrenmiş, hatta bir ara askeri okulda seçmeli Rusça ve Japonca dersleri almıştır. Batı'yı temelinden değiştiren Rousseau, Montesquieu, Holbach, Voltaire, Aguste Comte, Bohler, Desmoulins, Descartes, Kant gibi yabancı aydınlarla; Osmanlı'yı değiştirip dönüştürmeye çalışan Tevfik Fikret, Ahmet Rıza, Abdullah Cevdet, Kılıçzade Hakkı, Baha Tevfik, Namık Kemal, Ziya Gökalp, Yusuf Akçura, Şehbenderzade Filibeli Ahmet Hilmi gibi yerli aydınların kitaplarını, yazılarını

---

101 **Yeni Gün dergisi,** 5 Eylül 1934, s. 78.
102 **Atatürk'ün Bütün Eserleri,** C I, İstanbul, 1998, s. 15.

okumuş; Batı'da yayımlanan gazeteleri, Osmanlı'da yayımlanan dergileri (*İçtihat* ve *Mizan* gibi) takip etmiştir.[103]

Yıllar sonra Ruşen Eşref Ünaydın, Atatürk'ün bu kadar kültürü nereden aldığını soranlara şu yanıtı vermiştir: *"Meşveret'ten, Mizan'dan, Osmanlı'dan, Şurayı Ümmet'ten... Daha sayayım mı?... Özellikle Ahmet Rıza'nın Meşveret'i, Murat'ın Mizan'ı ile Abdullah Cevdet'in İçtihat'ı düzenli olarak eline geçmiştir. Çanakkale Savaşları'ndan sonra kendisiyle konuşurken Jön Türkler'in Avrupa'da çıkardığı Osmanlı mecmuasının hemen tam bir koleksiyonunun elinin altında olduğunu bana söylemiş, 'Fırsat düştükçe karıştırıp eski okuduklarımı gözden geçiriyorum,' demişti."*[104]

Atatürk, dönemindeki yerli ve yabancı aydınlardan etkilenmiştir, ancak bu etkileşimi hiçbir zaman taklit, kopya biçiminde bir etkileşim olmamıştır; o değişik aydınlardan edindiği fikir, düşünce ve yorumları kendi akıl süzgecinden geçirerek adeta yeniden biçimlendirmiştir. Öyle ki, Atatürk çok derinden etkilendiği J. J. Rousseau, Tevfik Fikret ve Ziya Gökalp gibi aydınların bile bazı düşüncelerini benimsememiş ve bazı konulardaki düşünce ve uygulamalarıyla bu düşünürleri aştığını göstermiştir.

J. J. Rousseau　　　Tevfik Fikret　　　Ziya Gökalp

103　Atatürk'ün Batı düşüncesinden etkilenmesi konusunda bkz. Sinan Meydan, **Atatürk ile Allah Arasında**, 2. bas., İstanbul, 2009, s. 97-200.
104　İsmet Bozdağ, *"Atatürk'ün Fikir Kaynakları"*, **Halkevleri Dergisi**, Yıl 9, S. 99, Ocak 1975, s. 13-14.

Örneğin, Rousseau'ya göre "egemenlik" insanlar arasındaki bir sözleşmeye göre belirlenir ve bireylerin iradelerinin özgürce birleşmesiyle ortaya çıkar. Toplum hayatı da böyle bir anlaşmanın eseridir. Atatürk'e göre ise toplum hayatı, insanlar arasındaki bir sözleşmeyle belirlenebilecek kadar basit bir yapı değildir. Atatürk'e göre gerçek egemenlik ulusal egemenliktir ve bu da ancak halkın bilinçli mücadelesi sonunda elde edilir.[105] Tevfik Fikret, *Servet-i Fünûn*'da çıkan "*Tasfiyei Lisan*" başlıklı yazısında Türkçe yazmanın olanaksızlığından, Arapça ve Farsça sözcüklerin yerine Türkçe sözcükler türetmenin imkânsızlığından söz etmiştir.[106] Atatürk ise, Arapça ve Farsça sözcüklerin yerine Türkçe sözcükler türetmenin mümkün olacağını düşünerek "Öz Türkçe" hareketini başlatmıştır. Bu kapsamda derleme, tarama çalışmalarıyla elde edilen Türkçe sözcük dağarcığına bizzat sözcük türeterek katkı sağlamıştır. Ziya Gökalp, "*Türkçülüğün Esasları*"nda uygarlığı "hars"(kültür) ve "medeniyet" olarak ikiye ayırırken, Atatürk "kültür", "medeniyet" ayrımı yapmadan "tek uygarlık" olduğunu belirtmiştir.[107] Ziya Gökalp, Arapça ve Farsça sözcüklerin dilden çıkarılmamasını, Türkçe terim türetilmemesini, buna karşın Türkçeyi zenginleştirmek için Arapçadan terimler türetilmesini istemiştir.[108] Atatürk, Gökalp'in bu düşüncelerini de kabul etmeyerek Arapça ve Farsça terimlerin yerine Türkçe terimler türetilmesini istemiştir. Gökalp, milliyetçiliğin unsurlarından biri olarak "din birliği"ni görürken, Atatürk, Gökalp'in bu görüşüne de katılmayarak milliyetçiliğin unsurları arasında "din birliği"ne yer vermemiştir.[109]

Atatürk, bir taraftan Batı'yı öğrenmeye ve anlamaya çalışırken diğer taraftan kendini, kendi kültürünü, öğrenmeye ve anlamaya çalışmıştır: Türk-İslam tarihini, Türk-İslam tarihinde akla

---

105 Sinan Meydan, "**Atatürk'ü Doğru Anlamak İçin**" Nutuk'un Deşifresi, İstanbul, 2006, s. 188.
106 Tevfik Fikret, "*Tasfiyei Lisan*", **Servet-i Fünûn**, 1899, S. 422'den nakleden Akarsu, **age.**, s. 192.
107 Akarsu, **age.**, s. 115, 116.
108 **age.**, s. 197, 198
109 Ozankaya, **age.**, s. 58.

ve bilime değer verilen dönemleri, uygarlığa katkıda bulunan Türk-İslam büyüklerini, Türklerin İslam yorumunu, Mevlana'yı, Yunus Emre'yi ve tasavvuf felsefesini, Arap İslam anlayışıyla Türk İslam anlayışı arasındaki farkı, Türk-İslam dünyasında akıl ve bilimin nasıl ve ne zaman ihmal edilmeye başlandığını, İslamın zaman içinde nasıl yozlaştırıldığını, din istismarını, Osmanlı'nın yanlışlarını ve eksiklerini, Batı'nın Türk düşmanlığını ve emperyalizmin çirkin oyunlarını öğrenmiştir. Öğrendikçe anlamış, anladıkça düşünmüş, düşündükçe kafasında geleceğin çağdaş Türkiye'sini kurgulamıştır.

Atatürk daha çok genç yaşlardan itibaren kendisini geleceğin çağdaş Türkiye'sinin mimarı olarak görmüştür. Örneğin gençlik yıllarında, yaz tatillerinde arkadaşlarıyla Selanik'te buluşarak Olimpos, Kristal ve Yonyo gibi gazinolarda değişik konularda görüş alışverişinde bulunmuştur. İşte o buluşmalardan birinde İran olayları konuşulmuş, İran'da özgürlük savaşı verenlerin büyük başarı kazanarak İran Şahı'na parlamentoyu açtırdıkları, Girit'de de Venizolos'un adayı Yunanistan'a katmak için savaştığı dile getirilmiştir. Bu sırada söze karışan Ali Fethi, *"Bizde neden böyle adamlar çıkmaz?"* diye sorunca Atatürk birden atılıp, *"Neden bir Mustafa Kemal çıkmasın?"*[110] demiştir.

Atatürk, yine Selanik günlerinden birinde arkadaşlarına açıkça gelecekte devletin başına geçeceğini söylemiştir. İleride arkadaşlarına vereceği görevleri sıralarken arkadaşı Nuri Conker'e, *"Seni de başvekil yapacağım,"* demiştir. Nuri Conker, *"O birader! Beni başvekil yapmak için sen olacaksın?"* diye sorunca Atatürk hiç tereddüt etmeden,*"Bir adamı başvekil yapabilecek adam (olacağım),"* yanıtını vermiştir.[111]

Atatürk, yine Selanik'te, 1902 yılında bir Bulgar vatandaşa gelecekte çağdaş bir Türkiye kurmaktan söz etmiştir. O gün Atatürk'ü dinleyen o Bulgar, yaşadığı bu olayı yıllar sonra bir Bulgar gazetesine şöyle anlatmıştır:

---

110 Atay, Çankaya, s. 57.
111 age., s. 59.

"İmparatorluğun o çöküş yıllarındaki bütün sakatlıkları, beceriksizlikleri anlatıyor, 'Ben bir gün başa gelirsem...' deyip kalkınma ve tutunma çarelerini sıralıyordu. İmparatorluğun her milletine ayrı hak tanıyor, Türk milletini ayakta tutmanın çarelerini düşünüyor, şapkadan Latin harflerine kadar her şeyi ileri sürüyordu. Rüyada bir adamdı. Gözleri çakmak çakmaktı. Görülebilecek kadar hayalden bahsettiğini insan fark ediyor, fakat hangi kuvvet bilinmez, insanı içinden ona inanmaya sevk ediyordu..."[112]

Atatürk, 1906 veya 1907 yılında Bulgar Türkoloğu Manolof'a, yıllar sonra yapacağı devrimleri tek tek sıralayarak gelecekte çağdaş bir Türkiye kurmaktan söz etmiştir:

"Bir gün gelecek, ben hayal sandığınız bütün bu devrimleri yapacağım. Mensup olduğum ulus bana inanacaktır... Bu ulus gerçeği görünce arkasından duraksamasız yürür, dava uğrunda ölmesini bilir. Saltanat yıkılmalıdır. Devlet yapısı türdeş bir öğeye dayanmalıdır. Din ve devlet birbirinden ayrılmalı. Doğu uygarlığından benliğimizi ayırarak Batı uygarlığına aktarılmalıyız. Batı uygarlığına engel olan Arap yazısını atarak Latin kökünden bir alfabe seçmeliyiz... İnanınız ki bunların hepsi bir gün olacaktır."[113]

Atatürk, Çağdaş Türkiye Projesi'ni düşünüp geliştirirken okuduğu kitaplar dışında yaşadığı olaylardan da fazlaca etkilenmiştir.

Örneğin Manastır Askeri İdadisi'nde öğrenciyken, arkadaşı Ömer Naci'yle birlikte bir gün Selanik tren istasyonuna giderek askerlerin cepheye hareketini izlerken, istasyondaki kalabalığın arasında uzun bol cüppeleri ve sivri külahları ile bir derviş grubu görmüştür. Dervişlerin kendilerinden geçerek bağırıp çağırmaları, düşüp bayılmaları genç Atatürk'ün tepkisini çekmiştir. Yanındaki Ömer Naci'ye, *"Utancından yüzünün kızardığını,"*

---

112 Behçet Kemal Çağlar, **Yücel dergisi**'nden nakleden Yalın İstenç Kökütürk, **Atatürk'ü Anlamak**, İstanbul, 1999, s. 214, 215.
113 Ozankaya, **age.**, s. 27, 28.

söylemiştir. Lord Kinross'un ifadesiyle, *"İçinde bu çeşit yobazlıklara büyük bir tepki duymuştu."*[114] Bu tepki ilerde Tekke ve Zaviyeleri kapatmasında etkili olacaktır.

Özellikle ilk görev yeri olan Suriye Şam'da karşılaştığı bazı olaylar ve gördüğü manzaralar onun hem milli duygularını kamçılamış hem de ileride Osmanlı'nın yerine çağdaş bir devlet kurmak gerektiğine yönelik düşüncesini pekiştirmiştir.

"Atatürk ile Allah Arasında" adlı kitabımda da belirttiğim gibi Şam'daki yılları Atatürk'ün hayatındaki dönüm noktalarından birini oluşturmuştur. Atatürk'ün kafasında Çağdaş Türkiye Projesi ilk kez Şam'da ete kemiğe bürünmeye başlamıştır.

"Şam bu yarının insanı üzerinde derin bir etki bırakacaktı. Mustafa Kemal, ömründe ilk olarak hâlâ ortaçağ karanlığında yaşamakta olan bir şehir görüyordu. Şimdiye kadar tanıdığı Selanik, İstanbul ve son olarak Beyrut hep kozmopolit yerlerdi; çağdaş bir uygarlığın çeşitli konfor ve eğlenceleriyle canlı şehirler... Oysa kutsal bir Arap kenti olan Şam bir ahiret şehriydi. Karanlık bastıktan sonra dolaştığı sokaklar bomboş ve sessizdi. Evlerin yüksek duvarlarından ve kafesli pencerelerinden dışarı ne ses ne soluk sızardı. Sonra bir gece Mustafa Kemal, bir kahvehaneden çalgı sesleri taştığını duyarak şaştı. Kapıdan bakınca içerisinin Hicaz demiryolunda çalışan İtalyanlarla dolu olduğunu gördü. Mandolin çalıp şarkı söyleyerek karıları ve kız arkadaşlarıyla dans ediyorlardı."[115]

Burada zaman ters akıyor gibidir. Katı gelenekler, yozlaşmış dini inançlar ve tüm şehri çepeçevre kuşatan derin bir karanlıktan başka bir şey yoktur.

Lord Kinross'un tasviriyle: *"Her şey karanlık içinde ve hava gericilik, baskı ve derinden derine ikiyüzlülükle doluydu. Mustafa Kemal, milletin gerçek düşmanının sadece yabancılar olmadığını artık anlıyordu. Türklerin yabancılardan öğrenecekleri bir*

---

114 Lord Kinross, **Atatürk, "Bir Milletin Yeniden Doğuşu"**, çev. Necdet Sender, 12. bas., İstanbul, 1994, 28, 29.
115 **age.**, s. 40.

şeyler vardı. Gerçek düşman kendi aralarındaydı. Onları başka milletlerin yürüdüğü yoldan alıkoyan, gelişmeleri önleyen, baskı altında tutan softalık ve yobazlık... Mustafa Kemal'in görüşüne göre Osmanlı İmparatorluğu, Müslüman olmayanların cennetin bütün nimetlerinden yararlandıkları, Müslümanların ise cehennem azabı çekmeye zorlandıkları bir yerdi."[116]

Çağdaş Türkiye ise bambaşka bir yer olacaktı. Bir gün gelecek Türkler önce gelişmelerini engelleyen o softalık ve yobazlık düşmanlarını yenecek, sonra da her alanda uygarlaşacaklardı.

Atatürk'ün kafasında "Çağdaş Türkiye Projesi"nin şekillenmesinde etkili olan başka olaylar da vardır. Örneğin bunlardan biri 1910 yılında meydana gelmiştir. Picardie manevralarına katılmak için Fransa'ya giderken başında kırmızı fes bulunan arkadaşı Yüzbaşı Selahattin'le Belgrat İstasyonu'nda alay edilmesi Atatürk'ün gururunu incitmiştir. Atatürk, bu seyahate çıkarken Selanik'ten aldığı Avrupai bir elbise ile bir kasket giymiştir.[117]

Bu ve benzeri olaylar yıllar sonra hayata geçireceği Kılık-Kıyafet (Şapka) Devrimi'nin psikolojik altyapısını oluşturmuştur.

Atatürk daha 1909 yılında şapkanın kabul edilmesinden söz etmiştir.[118] Atatürk'ün Sofya Ateşemiliterliği resimlerinde (1914) şapka giydiği çok açıkça görülmektedir.[119]

Çağdaş Türkiye Projesi'nin önemli adımlarından biri olan kılık kıyafet ve şapka Devrimi'ni çok genç yaşlardan itibaren düşünmeye başlayan Atatürk, yine Çağdaş Türkiye Projesi'nin önemli adımlarından biri olan Harf Devrimi'ni de çok genç yaşlarından itibaren düşünmeye başlamıştır.

Osmanlı'nın son dönemlerinde "Arap harflerinin ıslahı" tartışmalarını yakından izleyen Atatürk, gençlik yıllarında Batı dillerini öğrenirken Latin harflerini de öğrenmiştir.

Nitekim, daha 1908'de Bulgar Türkoloğu Ivan Manilov'a

---

116 age., s. 41.
117 Turan, **Mustafa Kemal Atatürk**, s. 490.
118 age., s. 490.
119 age., s. 490.

bir alfabe değişikliğinden yana olduğunu şöyle ifade etmiştir: "*Batı medeniyetine girebilmemize engel olan yazıyı atarak Latin kökünden bir alfabe seçmeli. Emin olunuz ki bunların hepsi bir gün olacaktır.*"[120]

Atatürk 1911'de Trablusgarp'a giderken uğradığı Kudüs'te İbraniceyi diriltemeye çalışan Elizer ben Yehuda ile görüşerek ona Latin alfabesinden söz etmiştir. Atatürk, Elizer'e böylesine zor bir işe girişmektense neredeyse bütün dünyanın kullandığı Latin harflerinin alınmasının çok daha kolay olacağını söylemiştir. Dahası, eğer bir gün Türkiye'de söz sahibi olursa Latin harflerini kabul ettirmeye çalışacağını belirtmiştir.[121]

Atatürk, 13 Mayıs 1914'te Sofya'dan Mm. Corinne'e gönderdiği Fransızca mektubun sonundaki Türkçe notu Latin harfleriyle yazmıştır.[122]

28 Haziran 1914'te Mm. Corinne'e, Fransızca seslendirmeye göre ama Türkçe okunan bir mektup daha göndermiştir. İşte o mektuptan bir bölüm:

"*Son mektouboun adeta Yunanistan'ın kedjenlerde Turquaya yapdığı protestationa benziyor. İnsan boundan sonra artık moutlaka mouhabere aladjak izan adare. Fakate, netidje tahmin oloundugon guibi djikmaya bilir.*"[123]

Atatürk, Erzurum Kongresi ertesinde, 8 Ağustos 1919'da Mazhar Müfit Kansu'ya gelecekte yapacaklarını yazdırırken 5. sıraya "*Latin harflerinin kabulünü*" yazdırmıştır.

Atatürk, Çağdaş Cumhuriyet Projesi'nin en önemli adımlarından biri olan cumhuriyetin ilanını da daha çok genç yaşlarından itibaren düşünmüştür.

Atatürk, Osmanlı'nın son dönemlerinde Yeni Osmanlı aydınlarının cumhuriyet tartışmalarına tanık olmuş, J. J. Rousseau ve Montesquieu gibi Fransız aydınlarının cumhuriyet konusun-

---

120 **Atatürk ve Türk Dili, Belgeler**, C I, Ankara, 1992, s. 5; Turan, **age.**, s. 501.
121 Turan, **age.**, s. 501.
122 Melda Özverim, **Mustafa Kemal ve Corinne Lütfü**, "Bir Dostluğun Öyküsü", 2. bas., İstanbul, 1998, s. 45, 46.
123 **age.**, s. 126.

daki düşüncelerinden etkilenmiş ve Türk-İslam tarihindeki Ankara Ahi Cumhuriyeti uygulamasından esinlenerek cumhuriyeti ilan etmiştir.

Atatürk, Harp Okulu'nda öğrenciyken; "...*Kahredici bir İstibdata karşı ancak ihtilalle cevap vermek ve köhnemiş olan çürük idareyi yıkmak, milleti hâkim kılmak, hülasa vatanı kurtarmak için sizi vazifeye davet ediyorum,*" diyerek ilk kez ulusal egemenlikten, cumhuriyetten söz etmiştir.

Daha sonra 1906 yılında Suriye'de bulunduğu sırada iki yakın arkadaşı Müfit ve Halil'e cumhuriyetten söz etmiştir.[124]

Atatürk, 1909 yılındaki 31 Mart İsyanı üzerine, sadece Sultan Abdülhamit'in devrilmesiyle yetinilmeyerek cumhuriyetin ilan edilmesini önermiştir.[125]

Kazım Özalp, Atatürk'ün Balkan Savaşı'ndan sonra Sofya Ateşemiliterliği'ne gitmeden önce (Ekim 1913) cumhuriyetten söz ettiğini belirtmiştir.[126]

Atatürk, Erzurum Kongresi arifesinde, 7-8 Temmuz gecesi Mazhar Müfit Kansu'ya gelecekte yapacaklarını açıklarken, "*Zaferden sonra hükümet şekli cumhuriyet olacaktır,*" diye yazdırmıştır.

Atatürk, Sivas Kongresi'ne verilen gizli bir önergede, "*Anadolu'da yepyeni bir cumhuriyet mahiyetinde bir Türk devleti kurmaktan*" söz edilmesi üzerine, önergenin altına, "*Sırası gelecektir, şimdi okunmasın*" diye bir not düşmüştür.[127]

Atatürk'ün Çağdaş Türkiye Projesi'ni geliştirmesinde 1914 yılında Bulgaristan Sofya'da ateşemiliter olarak görev yapmasının büyük etkisi olmuştur. Atatürk, bir taraftan Bulgar ordusunun durumu hakkında genelkurmayı bilgilendirmiş, diğer taraftan Bulgaristan'ı her yönden inceleyerek edindiği bilgileri, vardığı kanaatleri üst makamlara sunmuştur. Atatürk, dinden demir-

---

124 Münir Hayri Egeli, **Atatürk'ten Bilinmeyen Hatıralar**, İstanbul, 1954, s. 34-35.
125 Fuat Kızılkaya, "*Atatürk'te Cumhuriyet Fikri*", **Cumhuriyet gazetesi**, 25 Temmuz 1948, s. 4.
126 Kazım Özalp, "*Atatürk ve Cumhuriyet*", **Milliyet gazetesi**, 29 Ekim 1963, s. 5.
127 Aziz Ozan, "*Atatürk Demokrat İdi. O Asla Diktatör Değildi*", **Tan gazetesi**, 10 Sonteşrin 1942, s. 4.

yollarına kadar pek çok farklı konuda Sofya'dan İstanbul'a tam 109 adet resmi rapor göndermiştir.[128]

Atatürk son raporlarında Bulgarların bayındırlık ve ulaştırma çabalarıyla, demiryollarına verdiği önemi stratejik bakımdan değerlendirmiş ve Bulgarların Köy-Port Logos (Karağaç) hattını döşeyerek Adalar Denizi'ne inmek istediklerini anlatmıştır.[129]

"Mustafa Kemal'in askeri ateşe olarak Sofya'dan gönderdiği raporlardaki stratejik değerlendirmeler, 33 yaşındaki genç kurmay subayın geleceğe dönük ufkunu göstermesi açısından çok önemlidir. Olayların analizindeki geniş ve derin görüşlerini yansıtırken adeta geleceğin olabilirliğini ortaya koymaktadır. Bu raporlarda uluslararası arenadaki oyuncuların Balkanlar'daki oyunları görür ve buna göre tedbirler alınmasını ister. Sofya'daki askeri ataşelik dönemi boyunca Balkanlar'daki siyasi gelişmeleri değerlendirirken yaklaşmakta olan dünya savaşının da gelişini sezer."[130]

Atatürk, Sofya günlerinde en çok dinin siyasallaşması ve çıkar amaçlı olarak kullanılması, din adamlarının bilinçsizliği, laikliğin önemi, hilafet ve saltanatın birbirinden ayrılıp kaldırılması gibi konular üzerinde düşünmüştür.[131]

Atatürk, Sofya'da bulunduğu dönemde kadınlı erkekli davetlere, balolara katılmış, oralarda dans etmiş, farklı insanlarla tanışmış, âşık olmuş, kadın erkek ilişkileri üzerine düşünmüş; özetle çağdaş bir kentte yaşamanın ne demek olduğunu anlamıştır.

Lord Kinross, Atatürk'ün kafasında Çağdaş Cumhuriyet Projesi'nin Sofya'da bulunduğu dönemde şekillendiğini düşünmektedir:

"Mustafa Kemal, Türklerin oturduğu bölgeleri dolaştı. Soydaşlarının bu yabancı ülkede çok iyi bir hayat sürdüklerini

---

128 Erol Mütercimler, **Fikrimizin Rehberi**, İstanbul, 2008, s. 235; Bu raporlardan bazıları için bkz. **Atatürk'ün Bütün Eserleri**, C I, İstanbul, 1998, s. 181 vd.
129 Cihat Akçakayalıoğlu, **Atatürk, Komutan, İnkılâpçı ve Devlet Adamı Yönleriyle**, 2. bas., s. 20'den aktaran Mütercimler, **age.**, s. 243.
130 Mütercimler, **age.**, s. 243.
131 **age.**, s. 236.

görerek hayret etti. Bulgaristan Türkleri rahatça ticaret yapıyor bunda da başarı gösteriyorlardı. Oysa Türkiye'de alışveriş sadece yabancıların elindeydi. (...) Kadınları da anayurttaki kadınlara göre daha serbesttiler, çoğunlukla peçesiz dolaşıyorlardı. Her yerde, daha Türkiye'de benzeri görülmemiş güzel okullar açılmıştı. Mustafa Kemal, kendi ülkesinde de kendi milletinin nasıl bir yaşam düzeyine erişebileceği ve erişmesi gerektiği üzerinde belirli bir düşünce edinmeye başladı.

Bu geziler sırasında köylülerde gördüğü sağlamlığı da taktir etmeye başladı. Bir gün danslı çay saatinde Sofya'da şık bir gazinoda oturmuş orkestrayı dinliyordu. O sırada köylü kılığında bir Bulgar girip yanındaki masaya oturdu. Garsonu üst üste çağırdı, garson onu önce önemsemedi, sonra da servis yapmayı reddetti. Arkadan da gazinonun sahibi köylüye çıkıp gitmesini söyledi. Köylü, 'Beni buradan atmaya nasıl cesaret edersiniz?' diye kalkmayı reddetti. 'Bulgaristan'ı benim çalışmam yaratıyor. Bulgaristan'ı benim tüfeğim koruyor'. Bunun üzerine polis çağırdılar. O da köylüden yana çıktı. Köylüye çay ve pasta getirmek zorunda kaldılar, o da bunların parasını tıkır tıkır ödedi. Mustafa Kemal sonra bu olayı arkadaşlarına anlatırken, 'İşte ben Türk köylüsünün de böyle

Atatürk Sofya'da takım elbise ve şapkasıyla (1914)

olmasını istiyorum,' dedi. 'Köylü memleketin efendisi durumuna gelmedikçe Türkiye'de gerçek bir ilerlemeden söz edilemez.' Kafasında, ilerideki Kemalist slogan böyle filizlenmişti: 'Köylü memleketin efendisidir.'

Bundan başka bir parlamento rejiminin nasıl işlediğini de gözüyle görüp öğrenecekti. Şakir Zümre, Bulgar Meclisi'nde milletvekiliydi. (...) Mustafa Kemal geceler gecesi meclisin balkonunda oturur, görüşmeleri dikkatle izler, ileride yararlanmak üzere parlamento taktiklerini derinlemesine incelerdi; tıpkı bir savaş alanında askeri taktikleri incelediği gibi..."[132]

General N. Jekov, Atatürk'ün "daha o zamanlar yeni Türkiye'de yapacağı devrimleri düşündüğünü..." belirtmiştir.[133]

Atatürk, Sofya'dan arkadaşı Mm. Corinne'e yazdığı bir mektupta, gelecekte bazı büyük tasarıları olduğundan şöyle söz etmiştir:

"... Birtakım tasarılarım hatta büyük tasarılarım var. Ama bunlar yüksek bir mevki elde etmek ya da zengin olmak gibi maddi cinsten şeyler değil. Bu tasarılarımın gerçekleşmesini, hem ülkemin yararına olacak hem de bana görevimi yapmış olmaktan dolayı büyük bir fikri başarıya ulaştırmak için istiyorum. Bütün ömrümce tek ilkem bu olmuştu. Daha çok gençken edindiğim bu ilkeden son nefesime kadar vazgeçmeyeceğim."[134]

Sofya gibi Batı kentleri Atatürk'ün "uygarlığın güzelliklerine" hayran kalmasını sağlarken, Şam gibi Doğu kentleri ise Atatürk'ün, "uygarlıksızlığın çirkinliklerine" tepki duymasına yol açmıştır. Ancak bu her iki durum da Atatürk'ün Çağdaş Türkiye Projesi'ni geliştirmesinde ilham verici etkiye sahip olmuştur.

Atatürk'ün geri kalmışlığa ve sefalete tepki duyarak çağdaş bir devlet kurma düşüncesini tetikleyen yerler arasında 1916 yılında 16. kolordu komutanı olarak görev yaptığı Muş ve Bitlis de vardır. Atatürk'ün burada tuttuğu notlara bakılacak olursa, o günlerde, geleceğe yönelik askeri okul yıllarından beri düşündüğü devrimin içeriğine yönelik düşüncelerinin daha da belirginleşmeye başladığı görülecektir. Okuduğu kitaplar, onları değerlendirmesi, yakınlarıyla yaptığı akşam söyleşileri, düşündüğü

---

132 Kinross, **age.**, s. 86, 87.
133 Mütercimler, **age.**, s. 236.
134 Kinross, **age.**, s. 85.

Çağdaş Türkiye hakkında önemli ipuçları vermektedir.[135] Örneğin, Kurmaybaşkanı İzzettin Çalışlar ile 22 Kasım 1916 akşamı yaptığı uzunca bir söyleşiden sonra defterine şu notları almıştır:

"*22 Kasım, 8/9: Saat 9 sonraya (yani saat 21'e) kadar kurmaybaşkanı ile tesettürün lağvı (kaldırılması) ve toplumsal hayatımızın ıslahı konusunda sohbet:*

1. *Muktedir ve hayata vakıf valide (güçlü ve hayatı bilen ana) yetiştirmek.*
2. *Kadınlara serbestisini vermek.*
3. *Kadınlarla müşareket-i umumiye (ortak yaşam), erkeklerin ahlakiyatı, efkârı (düşünceleri), hissiyatı üzerinde müessirdir. (etkilidir). Celb-i muhabbet-i mütekabile temayül-i fıtrisi (karşılıklı sevgiyi kazanmanın doğuştan gelen eğilimi).*"[136]

Şerafettin Turan'ın dediği gibi, "*İşte Mustafa Kemal'in Pompei'ye benzettiği Bitlis'in yıkıntıları arasında gelecekteki toplumsal dönüşümün nasıl olması sorununu tartışan ve kadın hakları konusunu ön plana çıkaran bir kolordu komutanı ve onun kurmay başkanı...*"[137]

Atatürk'ün Çağdaş Türkiye Projesi'nde Avusturya Karlsbad'ta geçirdiği günlerin de çok önemli bir yeri vardır. Atatürk, 1918 yılının ortalarında böbrek rahatsızlığının tedavisi için Avusturya Karslbad'a gitmiştir. Burada kaldığı süre tuttuğu günlükler, hem insan Atatürk'ü tanımamızı hem de onun pek çok konudaki düşüncelerini öğrenmemizi sağlamıştır. Bunlardan belki de en önemlisi ileride kurmayı planladığı çağdaş Türkiye'de kadının özgürleştirilmesiyle ilgilidir. İlerde sosyal yaşamda, kadın ve örtünme konusunda yapmayı tasarladığı devrimleri, bunları gerçekleştirme kararını ve yöntemini açıkça burada dile getirmiştir. Ayrıca askeri, siyasi ve sosyal konular üzerindeki düşüncelerini yazıya dökmüş ve okuduğu kitaplardan alıntılar yapmıştır. Ör-

---

135 Tuıran, age., s. 147.
136 Şükrü Tezer, **Atatürk'ün Hatıra Defteri**, Ankara, 1972, s. 75 vd.
137 Turan, age., s. 148.

neğin 7 Temmuz Pazar gününe ilişkin notlarında, yatmadan önce, yüksek öğrenim görmüş bir kızla felsefe profesörü amcasının "sosyalizm" konusundaki tartışmalarını içeren bir kitap okuduğunu belirterek kitaptan bazı alıntılara yer vermiştir. Atatürk'ün burada okudukları arasında Karl Marks'ın Fransızcaya çevrilmiş *Le Capitale*'ine ilişkin bir eleştiri de vardır. Bu durum onun *Le Capitale*'i daha önce okuduğunu düşündürmektedir.[138]

Atatürk'ün Karlsbad'taki bir aylık notları Çağdaş Türkiye Projesi'nin taslak çalışması gibidir adeta.[139]

Atatürk ileride gerçekleştirmeyi düşündüğü devrimden ilk kez çok açık bir şekilde Karlsbad'ta söz etmiştir. Örneğin bir sohbet sırasında sözün Türk toplumunda kadınların durumuna gelmesi üzerine Atatürk şunları söylemiştir:

Atatürk Karlsbad'ta satın aldığı takım elbise ve şapkasıyla (1918)

"*Ben her zaman söylerim, burada bu vesileyle bilginize sunayım. Benim elime büyük bir yetki ve güç geçerse, ben toplumsal yaşantımızda istenilen devrimi bir anda bir 'coup' (vuruş) ile uygulayacağımı sanırım. Çünkü ben kimileri gibi halkoyunu, yavaş yavaş benim tasarılarım ölçüsünde tasarlamaya ve düşünmeye alıştırmak yoluyla bu işin yapılacağını kabul etmiyor, böyle harekete karşı ruhum isyan ediyor. Neden ben bunca yıl yüksek öğrenim gördükten, uygar yaşamı ve toplumları incelemek ve özgürlüğün tadına varmak*

---

138 age., s. 159.
139 Afet İnan, **Mustafa Kemal Atatürk'ün Karlsbad Hatıraları,** "*Önsöz*", Ankara, 1983, s. VII.

için yaşam ve zaman harcadıktan sonra cahil halkın derecesine ineyim? Onları kendi dereceme çıkarayım. Ben onlar gibi değil onlar benim gibi olsunlar. Bununla birlikte sorunda incelemeye değer kimi noktalar var. Bunları iyice kararlaştırmadan işe başlamak hata olur."[140]

İleride eline bir fırsat geçerse radikal bir devrimle toplumsal değişimi sağlamaktan söz eden Atatürk, bu doğrultuda bazı tasarıları olduğundan, uygar yaşamı ve çağdaş toplumları incelediğinden ve özgürlüğün tadına vardığından söz ederek, uzun yıllardır devrime hazırlandığının ipuçlarını vermiştir.

Atatürk, gelecekte kadın konusunda yapmayı düşündüklerini hatıra defterine şöyle kaydetmiştir:

"Bu kadın meselesinde cesur olalım. Vesveseyi bırakalım... Açılsınlar. Onların dimağlarını ciddi bilim ve fenle süsleyelim. İffeti, fenni, sağlıklı olarak açıklayalım. Şeref ve haysiyet sahibi olmalarına birinci derecede önem verelim. Sonra şahsi ilişkiye gelince tabiat ve ahlakımıza uygun karı arayalım ve onunla evlenme şartlarımızı açık ve kesin kararlaştıralım. Ona uymakta kusur edince onun gereğini yapalım. Kadın da böyle hareket etsin."[141]

Atatürk'ün Karlsbad notları incelendiğinde onun nasıl bir plan, program ve proje adamı olduğu da çok iyi anlaşılmaktadır. Atatürk not defterlerine sıkça, yapacakları işleri sıralamış ve kendi kendine bazı sorular sorarak bu sorulara yanıtlar vermeye çalışmıştır.

Örneğin 8 Temmuz 1918 tarihli notları arasında şunlar göze çarpmaktadır:

"Bugün kayda ve incelemeye değer aşağıdaki meseleler var, fakat vaktim olmadığı için yalnız not etmekle yetiniyorum:

1. *Cemal Paşa'nın mevkii, takip ettiği hayat tarzı için servet kaynağı.*
2. *Talat Paşa'nın Cemal Paşa'ya soğuk davranması! Sebebi ne olabilir?*

---
140 **Atatürk'ün Bütün Eserleri**, C 2, s. 188.
141 age., s. 190.

3. *Enver Paşa bana karşı ne politika izliyor. Buna karşı ne karar vermeliyim?*
4. *Yeni padişah ne gibi vaziyetler alabilir?"*[142]

Bu notlar, Atatürk'ün gününü planlı, programlı yaşadığını, yapacağı işleri, üzerinde düşünülecek konuları tek tek yazarak bu konularla ilgilendiğini göstermektedir. Osmanlı'nın son dönemlerinde ülke yönetimini ellerinde bulunduran Enver, Talat, Cemal üçlüsü ile yeni padişah hakkında kendi kendine sorular sorup yanıtlar araması, Atatürk'ün devletin üst kademesini çok yakından takip ettiğini göstermektedir. Gelecekte devletin başına geçmeyi kafasına koymuş bir adam için devleti yönetenleri iyi tanımak son derece normaldir.

Atatürk, 9 Temmuz 1918 Salı günkü notlarında ise kendi kendine şu soruları sormuştur:

"*1. Osmanlı Devleti nasıl bir siyaset takip etmelidir?*
2. Türklük mefkuresi.
3. Arabistan, Türkistan hakkında, vesair milletler hakkında takip edilecek bakış açısı ne olmalıdır?
4. Devletimizin ileri gelenlerinin memleket hakkındaki kavrayışları (Cavit Bey)?
5. Aşarın toplanma usulleri. Emanet, ihale, maktüiyet (Mısır'da).
6. İsmail Hakkı Paşa meselesi?"[143]

Görünen o ki Atatürk, 1918 yılında Karlsbad'ta yakın gelecekte Türkiye'nin başına geçecek bir lider gibi hazırlanmıştır. Devletin izlemesi gereken iç siyasetten, dış siyasete, devlet adamlarının ülke hakkındaki düşüncelerinden vergi toplama usullerine kadar, devleti doğrudan ilgilendiren birçok farklı konuda fikir sahibi olmak istemiştir.

Karlsbad notlarının satır aralarındaki şu ifadeler, Atatürk'ün nasıl bir zekâya sahip olduğunu göstermesi bakımından çok dikkat çekicidir:

---

142 age., s. 198.
143 age., s. 198.

"Yaşantımın her evresini bütün ayrıntılarıyla belleğimde düzenli bulundurabiliyorum. Yalnız tarih, gün, ad hatırımda kalmıyor, bunları da başka bir araçla düzenleyebilirim."[144]

Atatürk, Çağdaş Türkiye Projesi'ni sabırla ve inatla geliştirmeye devam etmiş, Kurtuluş Savaşı yıllarında bile bu projeye kafa yormayı sürdürmüştür.

Örneğin Atatürk, Erzurum Kongresi'nden önce, 7-8 Temmuz 1919 gecesi, Kurtuluş Savaşı'ndan sonra düşünceden uygulamaya geçireceği Çağdaş Türkiye Projesi'ni Mazhar Müfit Kansu'ya maddeler halinde not ettirmiştir.

Mazhar Müfit Kansu'nun anlatımına göre Erzurum'da kalmakta oldukları binada geceleyin odalarına çekildikten sonra Atatürk, Mazhar Müfit Kansu'yu ve İbrahim Süreyya Yiğit'i çağırarak onlara, *"Memlekette irade-i milliye hâkim olacak. Kuvayı Milliye de bu iradeye tabi. Hakikat bu olunca neler olmaz,"* demiştir. Süreyya Yiğit'in, Milli Mücadele'nin kazanılmasıyla işlerin bitmeyeceğini, çok yönlü çalışarak inkılâplar yapmak gerektiğini öne sürmesi üzerine Atatürk, Mazhar Müfit Kansu'dan not defterini getirmesini istemiş, sigarasını birkaç kez üst üste tüttürdükten sonra şunları söylemiştir:

"Bu defterin bu yaprağını kimseye göstermeyeceksin. Sonuna kadar mahrem kalacak. Bir ben, bir Süreyya, bir de sen bileceksin. Şartım bu." Sonra, *"Yaz,"* diye devam etmiştir:

"1. Zaferden sonra hükümet şekli cumhuriyet olacaktır.
2. Padişah ve hanedan hakkında zaman gelince icap eden muamele yapılacaktır.
3. Tesettür (örtünme) kalkacaktır.
4. Fes kalkacak, medeni milletler gibi şapka giyilecektir.[145]
5. Latin harfleri kabul edilecek."

---

144 age., s. 204.
145 Bütün bunların gerçekleşmesini pek mümkün görmeyen Mazhar Müfit Kansu bu noktada elindeki kalemi düşürmüştür. Atatürk, niçin duraksadığını sorunca o da büyük bir içtenlikle, "Darılma amma Paşam, sizin bu hayalperest taraflarınız var," diye yanıt vermiştir. Atatürk yanıtı umursamayarak, "Bunu zaman tayin eder, sen yaz," diye sıralamayı sürdürmüştür.

Mazhar Müfit Kansu şaşkın bakışlar arasında, *"Paşam kâfi... Kâfi,"* diyerek Atatürk'ün sözünü kesmiş ve, *"Cumhuriyet ilanında başarılı olalım da üst tarafı yeter,"* diyerek defteri kapatmıştır.[146]

Atatürk'ün her şeyiyle "asri" (çağdaş) bir ülke kurmayı düşündüğü o günlerde, bırakın her şeyiyle "asri" bir ülke kurmayı, bu sözcüğü duymaya bile tahammül edemeyenler vardır. Erzurum Kongresi sırasında "asri" sözcüğü tartışma yaratmış, bazı hocalar bu sözcüğün kullanılmamasını istemişlerdir. Atatürk, *"Asri kelimesi hoca efendilerin taassubuna dokundu..."* diyerek bu durumdan dert yanmıştır.[147]

Zaman Atatürk'ü haklı çıkarmış, Atatürk o gece Mazhar Müfit Kansu'ya not ettirdiği bütün yenilikleri ve daha fazlasını çok değil sadece birkaç yıl içinde tüm dünyanın şaşkın bakışları arasında hayata geçirmiştir. Atatürk, yıllar sonra şapka giyilmesine ilişkin yasa çıkartıldığında, *"Kaçıncı maddedeyiz? Notlarına bakıyor musun?"* diyerek Mazhar Müfit Kansu'ya takılmıştır.[148]

1916'da Bitlis'te, 1918'de Karlsbad'ta ve 1919'da Erzurum'da gelecekte yapacağı devrimleri not eden, ettiren Atatürk, son olarak 1922'de bu konuda çok ayrıntılı bazı notlar almıştır.

Son Taslak

Atatürk'ün 1922 yılında, 18 numaralı not defterine yazdıkları, onun gelecekte nasıl bir Türkiye kurmayı planladığını göstermesi bakımından çok dikkat çekicidir. Atatürk'ün bu notları, Çağdaş Türkiye Projesi'nin son taslak çalışması gibidir.

İşte o notlardan bir bölüm:

1. **Sosyal bir toplumda şunlar olmalıdır:**
   1. *Ulusal bir gururun verdiği kararlılık ve kuvvet.*

---

146 Mazhar Müfit Kansu, **Erzurum'dan Ölümüne Kadar Atatürk'le Beraber**, C I, 4. bas., Ankara, 1997, s. 131.
147 age., s. 76.
148 Turan, age., s. 260.

2. *Durağanlığa kızgınlık ve iğrenme (ilerlemeci olma).*
3. *Kanaatkâr oluş.*
4. *Hayatın ucuzluğu, süslemenin ucuzu.*
5. *Hayalci zevklere ilgisizlik.*
6. *Uygar düşüncelerin, çağdaş ilerlemelerin, dine ve maneviyata etki etmeden hızla gelişmesi ve yayılması.*
7. *Hükümetin gelişme gösterenlere yüreklendirici bir yol izlemesi.*
2. *Ulemayı kiram siyasete karışmamalı, mebus da olmamalı.*
3. *Türkiye devletinin temelleri bugün kurulacak değildir. O sarsılmaz temeller, binlerce sene önce kurulmuştur. Fakat o temellerin üstündeki binayı değiştirmek, bizim olmayan tarz ve renklerini atmak, sosyal yapımıza çağın uygarlığına uyacak bir tarzda en milli bir renkte ihya etmek gerekir. Okul, iktisat, sanat, imar."*
4. *Memleketimiz feyizlidir, zengindir, milletimiz çalışkandır.*
5. *Ancak ilim ve fen sınırlıdır.*
6. *Genişletilecek.*
7. *Şerefli ve haysiyetli bir millet böyle olur.*
8. *Sofya'da böyle membalar var, her birinde cennet havuzları vasfında membaları (kaynakları), hamamları vardır. Biz niçin yapmayalım?*
9. *Tanrı birdir ve büyüktür.*
10. *Bu ana baba yurdu için hayatını vermeye hazır yüz binlerce evladımız var.*
11. *Bir milleti irşad etmek (aydınlatmak), felaketten kurtarmak için devlet adamlarının pek büyük önemi vardır.*
12. *Bir milletin felaket içinde kalması, çökme tehlikesine maruz kalınması mutlaka sosyal, ahlaki bir hastalığa saplanmasındandır.*
13. *Milletin gerçek kurtuluşunu sağlamak için mutlaka milletin sosyal eksiklerini idrak etmek ve hastalık esasından ilmi ve fenni bir şekilde tedavi çarelerine yönelmek gerekir.*
14. *Tedavi ancak ilmi ve fenni bir surette olursa şifa verir.*

15. Milletin fikri ve sosyal bütün kuvvetlerinden yararlanmak gerekir. Halbuki fikirler safsatalarla mali, sosyal, aklın ve mantığın kabul edemeyeceği birtakım kötü âdetler ile felç olursa aradığımız, muhtaç olduğumuz kuvvetlerin kaynakları yok demektir. Binaenaleyh bu kaynakların temizlenmesiyle işe başlamak gerekir.
16. Bu kuvvetlerin israf edilmemesi için usul ve program dahilinde hareket edilmelidir.
17. Vatanın geleceğini, milletin haysiyet ve namusunu korumak temel düşünce olmalıdır.
18. İlim ve eğitim gereklidir.
19. İlim ve eğitimin merkezi okuldur.
20. Milleti kurtarmaya çalışanların aynı zamanda meselelerinde de birer namuslu uzman, faal birer alim olmaları gereklidir.
21. Düşmanı mağlup eden ordularımızın sevk ve idaresinde fenni ve ilmi kurallar rehberimiz olmuştur.
22. Milleti yetiştirmek için, okullar, üniversiteler kurmak için de aynı ilkeyi takip edeceğiz.
23. Milletin siyasi ve sosyal hayatında fikri terbiyesinde her türlü dış etkilere direnecek bir dayanıklılık için ilmi ve fenni rehber edineceğiz.
24. Okul, genç beyinlerde insanlığa hürmeti, vatan ve millete muhabbeti, bağımsızlık şerefine muhabbeti ve bağımsızlık tehlikeye girdiği zaman onu kurtarmak için gereken doğru yolu öğretir.
25. Okul sayesinde, ilim ve fen sayesinde Türk milleti, Türk sanatı, Türk edebiyatı bütün güzelliği ile kendini gösterecektir. Türk tarihinin ahlaki bir şekilde öğretimi okulda olacaktır.
26. Çağdaş düşüncelerin, çağdaş ilerlemenin (terakkiyet-i asriyenin) çeşitli engellerin etkisinde kalmaksızın ivedi olarak geliştirilmesi ve yayımı gereklidir. Bunun için de bütün ilim ve fen sahiplerinin durmaksızın çalışmayı namus gereği bilmeleri gerekir.

27. *Şairlerimiz, ediplerimiz, kadın erkek öğretmenlerimiz, filozoflarımız, geçen felaket günlerini mütemadiyen millete söyleyip yazacaklardır. Maruz kaldığımız çöküntünün nedenlerini açık ve kesin anlatacaklardır. Bu kara günlerin tekrar etmemesi için milletin ruhunu, gözü açıklığını her an uyanık tutacaklardır.*
28. *Özellikle millete anlatacaklardır ki, 'Türkiye devletinin güvenliği, Türkiye halkının gerçek saadet ve refahı, Türk'ün sosyal yapısına en uygun olan Türkiye Büyük Millet Meclisi ve onun hükümeti ile sağlanır.*
29. *Türkiye halkına gerçek benliğini idrak ettiren bu milli idareye yan bakanlar, millet nazarında ebediyen kötü ve yok olmuş olacaktır.*
30. *En önemli ve faziletli görevimiz eğitim işleridir. Çocuklarımıza ve gençlerimize görmekte olduğu eğitimin sınırı her ne olursa olsun her şeyden önce, Türkiye'nin bağımsızlığına, Türkiye Büyük Millet Meclisi'ne ve Hükümeti'ne düşman olan bütün unsurlarla mücadele etmek gereği öğretilmelidir.*[149]

İşte Atatürk'ün çağdaş Türkiyesi: Ulusal gurura sahip, yurdu için canını vermeye hazır gerçekçi ve ilerlemeci milyonlarca vatan evladının yaşadığı, uygar düşüncelerin, çağdaş ilerlemelerin görüldüğü, dinle siyasetin birbirinden ayrıldığı, köklü Türk devletinin, çağın şartlarına ve Türk sosyal yapısına uygun olarak, "mili bir renkte" ihya edildiği, eğitime önem verilen, ekonominin canlı olduğu, sanatın geliştiği, modern bir şekilde imar edilmiş, çalışkan milletimize ve zengin ülkemize yaraşacak biçimde bilim ve fennin geliştiği, her tarafta cennet havuzların ve hamamların olduğu, sosyal ve ahlaki hastalıkların bilim ve fenne uygun olarak yok edildiği, yine bilim ve fenne uygun olarak çağdaş okulların ve üniversitelerin kurulduğu, bu çağdaş eğitim kurumları sayesinde Türk milletinin, Türk sanatının, Türk edebiyatının, Türk kültürünün geliştiği, çağdaş düşüncelerin hiçbir

---

149 İnan, **Atatürk'ün Not Defterleri**, s. 91-97 (sadeleştirilmiştir).

engele takılmadan hızla yükseldiği, bunun için bütün aydınların durmadan çalıştığı, ulusal egemenliğin öneminin kavrandığı, bağımsızlığına sahip çıkan bilinçli gençlerin koruduğu, her bakımdan çağdaş bir ülke...

İşte 1922 yılında Atatürk'ün kafasında böyle bir Çağdaş Türkiye Projesi vardır...

Atatürk'ün 8 Nisan 1923'te Anadolu ve Rumeli Müdafaa-i Hukuk Cemiyeti adına yayınladığı "9 umde (ilke)", Çağdaş Türkiye Projesi'nin ilk resmi bildirgesi gibidir:

"1. Egemenlik ulusundur; 2. TBMM dışında hiçbir makam ulusal yazgıya egemen olamaz; 3. Bütün yasalarda, örgütlerde, yönetimde, eğitimde, ekonomide ulusal egemenlik içinde davranılır; 4. Saltanatın kaldırılması kararı değişmez bir ilkedir; 5. Mahkemeler, yasalar düzeltilecektir; 6. Aşar vergisi kaldırılacaktır; 7. Öğretim birleştirilecektir; 8. Askerlik süresi azaltılacaktır; 9. Barış konusunda mali, iktisadi, siyasi, bağımsızlığımızın kesin olarak sağlanması koşuldur".

Atatürk bu projeyi, çok değil sadece bir yıl sonra düşünceden uygulamaya geçirerek her bakımdan geri kalmış ve yoksul bir ülkeden, 15 yıl gibi çok kısa bir zamanda, gerçek anlamda ileri ve çağdaş bir ülke yaratmayı başarmıştır.

İşte AKL-I KEMAL... İşte Atatürk mucizesi...

Batılılaşma Değil Çağdaşlaşma

Çağdaşlaşma; toplumun siyasal, kültürel, sosyal, ekonomik ve bireysel bakımlardan çağa uygun hale gelmesidir.[150] Önce aklın, sonra bireyin özgürleşmesidir çağdaşlaşma. Egemenliğin kaynağını ilahi güçten alan ve kendisini ilahi gücün yeryüzündeki temsilcisi olarak gören kralların, padişahların iradesine ve bu iradeyle biçimlenen teokratik sisteme başkaldırmaktır çağdaşlaşma. Bu nedenle de laiklik olmadan çağdaşlaşma olmaz.

İşte Atatürk, önce padişahın iradesine karşı halkın temsilcilerinden oluşan TBMM'yi açarak, sonra saltanatla hilafeti bir-

---
150 Suna Kili, **Atatürk Devrimi**, 5. bas., Ankara, 1995, s. 117, 118.

birinden ayırıp her ikisini de ortadan kaldırarak ve bu arada da cumhuriyeti ilan ederek, her şeyden önce 600 yıldan fazla bir zamandır devam eden bir "teokratik sisteme" başkaldırmıştır. Böylece Türkiye'de yüzyıllar sonra ilk kez aklın ve bireyin özgürleşmesi sağlanmıştır.

Atatürk'ün şu sözleri onun çağdaşlaşmadan ne anladığını göstermesi bakımından çok önemlidir. *"Düşünceler anlamsız, mantıksız, safsatalarla dolu olursa, o düşünceler hastalıklıdır. Bir de toplumsal yaşayış akıldan, mantıktan uzak, faydasız, zararlı birtakım görenek ve geleneklerle dopdolu olursa yaşam felce uğrar, ilerleyemez, gelişemez."*

Atatürk'ün bütün amacı çağdaş bir Türkiye yaratmaktır. O bütün ömrünü bu amacını gerçekleştirmek için harcamıştır dersek abartmış olmayız.

Atatürk Cumhuriyet'in onuncu yılında, gerçekleştirdiği devrimin amaçlarını şöyle sıralamıştır:

1. *Yurdumuzu dünyanın en mamur ve uygar ülkeleri düzeyine çıkaracağız.*
2. *Ulusumuzu en geniş varlık, araç ve kaynaklarına sahip kılacağız.*
3. *Ulusal kültürümüzü, çağdaş uygarlık düzeyinin üzerine çıkaracağız.*

Şerafettin Turan'ın yerinde tespitiyle, *"Bu sıralama onun, yurt-ulus-kültürü kapsayan üçlü bir amaç doğrultusunda hareket ettiğini kanıtlamaktadır."*[151]

Atatürk, çağdaş bir yurt, çağdaş bir ulus ve çağdaş bir kültür yaratmak işlemiştir. Dolayısıyla Türk Devrimi'nin özü çağdaşlaşmadır.

Atatürk çağdaşlaşma konusundaki kararlılığını 1925 yılında şöyle ifade etmiştir:

"Biz her bakımdan medeni (çağdaş) insan olmalıyız. Çok acılar gördük. Bunun sebebi, dünyanın vaziyetini anlamadı-

---

151 Turan, age., s. 480.

ğımız içindir. Fikrimiz, zihniyetimiz medeni olacaktır. Şekillerimiz, kıyafetlerimiz tepeden tırnağa medeni olacaktır. Şunun bunun sözüne önem vermeyeceğiz. Medeni olacağız. Bununla iftihar edeceğiz. Bütün Türk İslam âlemine bakınız, zihinlerini, fikirlerini medeniyetin emrettiği kapsam ve yüksekliğe uyduramadıklarından ne büyük felaketler ve ıstıraplar içindedirler. Bizim de şimdiye kadar geri kalmamız ve nihayet son felaket çamuruna batışımız bundandır. Beş altı sene içinde kendimizi kurtarmışsak bu zihniyetimizdeki değişikliktendir. Artık duramayız. Mutlaka ileri gideceğiz. Geriye ise hiç gidemeyiz. Çünkü ileriye gitmeye mecburuz. Millet açıkça bilmelidir, medeniyet öyle bir ateştir ki ona kayıtsız kalanları yakar ve mahveder. İçinde bulunduğumuz medeniyet ailesinde layık olduğumuz mevkii bulacak ve onu koruyacak ve yükselteceğiz. Refah, saadet ve insanlık bundandır."

Atatürk, çağdaş dünyayı anlayamayan veya çağdaş dünyaya direnç gösteren toplumların mahvolacaklarını, esir olacaklarını ve aşağılanacaklarını belirterek, Türkiye Cumhuriyeti'nin bu yanlışa düşmeyeceğini belirtmiştir:

"Medeniyetin coşkun seli karşısında direnç boşunadır ve o gafil ve itaatsizler hakkında çok amansızdır. Dağları delen, gökyüzünde uçan, göze görünmeyen zerrelerden yıldızlara kadar her şeyi gören, aydınlatan, inceleyen medeniyetin kudret ve ulviyeti karşısında ortaçağ zihniyetleriyle, ilkel hurafelerle yürümeye çalışan milletler mahvolmaya mahkûmdurlar. Halbuki Türkiye Cumhuriyeti halkı yenilikçi ve gelişmiş bir millet olarak ilelebet yaşamaya karar vermiş, esaret zincirlerini ise eşsiz kahramanlıklarla parça parça etmiştir."[152]

Atatürk, çağdaşlaşmanın ancak eğitimle mümkün olacağını düşünmüştür. *"Okulla, okulun verdiği ilim ve fenle, Türk ulusu, Türk sanatı, Türk ekonomisi, Türk şiir ve edebiyatı bütün ince güzellikleriyle belirip gelişecektir,"* demiştir.

---

152 Atatürk'ün Bütün Eserleri, C XVII, s. 286.

Atatürk eğitimin, toplumsal yaşantımıza ve çağımızın getirdiği gerçeklere uygun düşmesi, yani laik ve bilimsel olması gerektiğini belirtmiştir. Bu konuda öğretmenlere ve aydınlara görev vermiştir:

"Ülkemiz için uygar düşüncelerin, çağdaş ileriliklerin vakit geçirilmeksizin yapılması ve gelişmesi gereklidir." Bunun için de *"Bütün ilim ve fen insanları... öğretmenlerimiz, ozanlarımız, yazarlarımız bu uğurda çalışmayı bir namus borcu bilmelidirler."*

Atatürk, bir "kültür ordusu" yaratarak Türk ulusunu "dar kafalı" bilgisizlerin elinden kurtarmayı amaçlamıştır. Bunun için de, ürettikleriyle çağdaş dünyaya katkı sağlayabilecek bireyler yetiştirecek bir ulusal eğitim seferberliği başlatıp herkesi bu eğitimden geçirmek istemiştir.[153]

Attilâ İlhan, Atatürk'ün çağdaşlaşma anlayışı konusunda şu çarpıcı değerlendirmeleri yapmıştır:

"Türkiye'yi çağdaş uygarlık düzeyine çıkarmalıyız' ne demek oluyor? Hiç düşündünüz mü, pek sanmıyorum. Tutturmuşuz en büyüğümüzden en küçüğümüze, ha bre tekrarlıyoruz ama içeriği nedir, boyutları nedir, araştıran yok. Oysa biraz kurcalasan al sana programların en halisi en sağlamı. Önce biraz bunu yapalım diyorum. (...)

Kemal Paşa'nın iki büyük hüneri vardır ki, birisi bu 'çağdaş uygarlık' deyimi, ötekisi bunun içinden çıkan bir düşünüş biçimidir. Önce bunları kavramayı öğrenelim. Ne gibi mi? Şöyle: Çağdaş uygarlık düzeyini hedef diye aldın mı, bir kere sürekli devrimciliğe mecbursun, çünkü çağdaş uygarlık düzeyi dogmatik değil, diyalektik bir kavram. Kendi karşıtlarıyla çarpışa birleşe gelişiyor. Dünün uygarlık düzeyiyle bugünün uygarlık düzeyi bir mi, aynı şey mi, olamaz elbet. Her geçen gün insanlık yeni buluşlarla uygarlık düzeyini daha ileri götürüyor, götürdükçe de Mustafa Kemal'in Türkiye'ye tespit ettiği amaç yenileşiyor, ge-

---
153 Akarsu, **age.**, s. 37.

lişiyor, başkalaşıyor. Bunu anlamaz, bir kenara yazmazsan istediğin kadar Atatürkçüyüm diye yırtın. Atatürkçülük adı altında olmadık zulümler yapıp ileri fikirli aydınları ezaya çek. Kemal Paşa'nın tutumundan çok uzaklardasın.

Hadi somut konuşalım: Kemal Paşa sağ iken 'çağdaş uygarlık düzeyi' ne idi? Onun kuşağı için, bu, o sırada dünyaya hükmeden sanayi devrimini yapmış, emperyalizm çağına ulaşmış 'Batı'dır. Batılı toplumlardır. Batılı bilim ve teknolojidir. Mustafa Kemal, ülkemizi çağdaş uygarlık düzeyine çıkaracağız dediği sırada iç içe iki şeyi amaçlar: Birincisi, çağdaş ekonomik altyapıya sahip olmak, ikincisi bu altyapının içerdiği topluma ulaşmak. Birincisine varıldı mı, ikincisinin olacağını kestirmiş, bu bakımdan çağdaş uygarlık düzeyine ulaşmak için metodu da vermiştir: 'Hayatta en hakiki mürşit ilimdir'. Ne demek? Bilimlere dayanarak bu düzeye ulaşacağız demek. Peki, bilimler sabit, dogmatik mi? Ne münasebet, onlar da çağdaş uygarlık düzeyi gibi aralıksız değişiyor, yenileşiyor, ilerliyor. (...) Mustafa Kemal'in atılımcılığı, sürekli devrimciliği Türk toplumunu aşamadan aşamaya sıçratmayı öngörmekte, kendisinden öncekilerin yaptıkları gibi bir aşamada dondurmaktan kurtarmayı içermektedir..."[154]

Atatürk, "çağdaşlaşma" kavramını genellikle "muasırlaşma" olarak adlandırmıştır. Zaman zaman "Batı medeniyetine dahil olmak" ve "Batılılaşmak" ifadelerini de kullanmıştır. Ancak Atatürk, hiçbir zaman çağdaşlaşmayı, Tanzimat reformcularının anladığı gibi, "Batı'yı taklit etmek" anlamında "Batılılaşmak" olarak anlamamıştır. O, "Batılılaşmak" derken, çağdaş değerlerin kaynağı olan yeri "Garbı" (Batı'yı) ifade etmek istemiştir.[155]

Şu sözler Atatürk'e aittir:

"*Gözlerimizi kapayıp yalnız yaşadığımızı farz edemeyiz. Memleketimizi bir çember içine alıp cihan ile alakasız yaşayamayız. Bilakis sürekli ilerleyen bir millet olarak medeniyet sahasının üzerinde yaşayacağız. Bu hayat ancak ilim ve fen ile*

---

154 Attilâ İlhan, **Hangi Atatürk**, 8. bas., İstanbul, 2010, s. 157-159.
155 Turan, age., s. 481.

olur. İlim ve fen nerde ise oradan alacağız ve her ferdi milletin kafasına koyacağız. İlim ve fen için kayıt ve şart yoktur."

Görüldüğü gibi Atatürk'ün amacı Batılılaşmak değil, "ilim" ve "fen" nerede ise oradan alıp herkesin kafasına koymaktır. O dönemde ilim ve fen Batı'da olduğu için de Batı'dan alınmıştır.

Atatürk, 1921'de TBMM'de yaptığı bir konuşmada Osmanlı reformistlerinin Batı taklitçiliğini şöyle eleştirmiştir: *"2. Mahmut memleketin yönetimini ıslah etmek için teşebbüste bulunmak istedi fakat yapılan girişimler Avrupa'yı taklit etmek oldu. Avrupa kanunlarını almak, Avrupa düzenlerini almak, Avrupa'nın elbisesini giymek gibi birtakım düzenleme girişimlerinde bulundu. Fakat bu gerçekte olumlu sonuç vermedi. Çünkü ıslahat için taklitçiliğe geçilmişti. Taklit suretiyle olan bu ıslahat girişiminin doğurduğu karışıklık bugün de sürmektedir."*[156]

Atatürk, Türk Devrimi'nin, Fransız Devrimi'ni de taklit etmediğini, iki devrim arasındaki farkları ortaya koyarak şöyle açıklamıştır:

"10 Temmuz Fransız İnkılâbı, bir baskıcı hükümdarla millet arasında en nihayet kayıt ve şartlar ile denge arayan bir düşünüşü elde etmeye yöneltilmiş idi. Halbuki bizim inkılâbımız, meşrutiyet yöntemini dahi özgürlük ve milletin bağımsızlığı için yeterli görmez ve kayıtsız şartsız millet hâkimiyetini kendi elinde tutan esaslı bir ilkeye dayanır. Bu ilkenin ilgili olduğu şekil hiçbir zaman eski şekillerle karşılaştırılamaz.

"Bu iki inkılâp arasındaki fark tarif edilemeyecek kadar büyüktür zannederim. Birincisi, (Fransız İnkılâbı) milletin doğal olarak aradığı özgürlük havasını aldırdığını zannettiren bir harekettir. Fakat ikincisi, (Türk İnkılâbı), özgürlük ve hâkimiyeti gerçekleştiren ve maddi olarak tespit ve ilan eden bir mutlu inkılâptır; ve şüphesiz, yalnız Türkiye'de değil bütün dünyada önemle dikkate alınmaya değer bir yeniliktir.

---

156 Atatürk'ün Söylev ve Demeçleri, C I, Ankara, 1997, s. 204 vd.

Fransa İhtilali bütün dünyada özgürlük düşüncesini estirmiştir. Bu fikrin halen esas kaynağı bulunmaktadır. Fakat o tarihten beri insanlık ilerlemiştir. Türk demokrasisi Fransa İhtilali'nin açtığı yolu takip etmiş fakat kendisine has seçkin niteliği ile gelişmiştir. Zira her millet inkılâbını sosyal çevrenin baskıları ve ihtiyacına bağlı olan hal ve durumuna ve bu ihtilal ve inkılâbın meydana geliş zamanına göre yapar."

Taklitçiliğin yıkım getireceğini düşünen Atatürk, Cumhuriyet'i kurarken neden Batı'dan yararlandığını şöyle açıklamıştır:

"Biz Garp (Batı) medeniyetini bir taklitçilik olarak almıyoruz. Onda iyi olarak gördüklerimizi kendi bünyemize uygun bulduğumuz için, dünya medeniyet seviyesi içinde benimsiyoruz."[157]

Daha Kurtuluş Savaşı'nın başlarında TBMM'deki doktrinlerden birine girmemiz gerektiği yönündeki telkinlere; *"Adımızı koyalım, adımızı bilelim; kapitalist miyiz, sosyalist miyiz, Bolşevik miyiz, adımızı bilelim,"* diyenlere Atatürk şu yanıtı vermiştir: *"Biz benzememekle ve benzetmemekle iftihar etmeliyiz. Çünkü biz bize benzeriz."*[158]

Atatürk, Ziya Gökalp gibi "kültür" ve "medeniyet" ayrımına gitmeden "tek medeniyet" olduğunu, onun da "Batı medeniyeti" olduğunu ifade etmiş ve *"Medeni olmayan insanlar, medeni olanların ayakları altında kalmaya mecburdur,"* demiştir.[159]

Şu sözler de Atatürk'e aittir:

"Medeniyetin ne olduğunu başka başka tarif edenler var. Bence medeniyeti kültürden ayırmak güçtür ve lüzumsuzdur...[160]

"Memleketler muhteliftir fakat medeniyet birdir ve bir milletin ilerlemesi için bu yegâne (tek) medeniyete katılması lazımdır. Osmanlı İmparatorluğu'nun çöküşü, Batı'ya karşı elde ettiği zaferlerden çok mağrur olarak kendisini Avrupa milletle-

---

157 Arı İnan, **Düşünceleriyle Atatürk**, Ankara, 1991, s. 120.
158 age., s. 77.
159 age., s. 83.
160 age., s. 78.

rine bağlayan ilişkileri kestiği gün başlamıştır. Bu bir hata idi. Bunu tekrar etmeyeceğiz."[161]
"Medeniyete girmek arzu edip de Batı'ya yönelmemiş millet hangisidir?"[162]

Ancak Atatürk'ün "Batı medeniyeti" derken kastettiği şey, 20. yüzyılda Batı'yla özdeşleşmiş olan çağdaş uygarlıktır.

Ziya Gökalp'in formüle ettiği "hars"(kültür) ve "medeniyet" ayrımı aslında Osmanlı reformistlerinin temel yanılgısıdır. Örneğin Ahmet Cevdet Paşa, "kültür" ve "medeniyet" ayrımına başvurarak, bilim ve teknik alanında Batılılaşmaktan yana olduğunu fakat kültürde Batılılaşmaya karşı olduğunu söylemiştir. Osmanlı reformistleri Batı kültürüne yönelmeden, o kültürün kaynaklarına inmeden, bilimsel ve laik düzene geçmeden Batı'nın yalnızca tekniğini almaya kalkmışlar, ancak o tekniğin arkasındaki akılla ve düşünce biçimiyle ilgilenmedikleri için yaptıkları yenilikler kötü Batı taklitleri olmaktan öteye geçememiştir.[163] Bunun adı Tanzimat kafasıdır.[164] Osmanlı modernleşmesi genel anlamda Tanzimat kafasının bir ürünü olduğu için de bir türlü başarılı olamamıştır.

Osmanlı reformistleri, 17. yüzyıldan itibaren başlayan duraklamayı, Batı'nın üstün tekniklerini, silahlarını, makinelerini

---

161 age., s. 85.
162 age., s. 81.
163 Bu yönüyle bakılınca Fatih Sultan Mehmet'in daha Batıcı olduğu bile söylenebilir. Fatih, kendi çağındaki Rönesans'tan oldukça fazla etkilenmiş, antik tarihle ilgilenmiş, Batılı bilim sanat insanlarını İstanbul'a davet etmiş, Medreselerde akılcı ve bilimsel eğitim yaptırmış, Batı dillerini öğrenmiştir. Ancak kendisinden sonra yine akla ve bilime kapalı ortaçağ kafası egemen olduğu için Osmanlı İmparatorluğu geri kalmıştır. Fatih daha 15. yüzyılda Batı'nın kültür köklerine inerken, Tanzimatçılar 18. yüzyılda sadece Batı'yı taklit etmişlerdir (Akarsu, **age.**, s. 87, 88).
164 Tanzimat kafası bugün yeniden hortlamıştır. Sözde Batı medeniyetine karşıdır. Batı medeniyetinden yararlanmayı "taklitçilik" olarak görür. Ancak 20. yüzyılda Şişli'nin orta yerine Süleymaniye Camii'ni dikmeyi kendi kültürüne sahip çıkmak zanneder. Batı taklitçisi olmayacağım derken kendi kendisinin çok kötü bir taklitçisi olmuştur, ama farkında değildir. Böylece hep geçmiş atalarının birikimiyle avunur; adeta yüzyıllar öncesinde yaşar; aklı özgürleşmediğinden yaratıcılık yeteneği gelişmemiştir, bu nedenle hep kendi kendinin kötü taklitçisidir. Bu haliyle de çağdaş uygarlığa hiçbir şey katamaz doğal olarak (Akarsu, **age.**, s. 227).

alarak durdurabilecekleri yanılgısına düşmüştür. Oysa ki, bir makineyi dışarıdan almak, o makineyi yapan uygarlığın düzeyine çıkmak demek değildir. Treni, fabrikayı, otomobili, bilgisayarı yapabilmek için, öncelikle çalışma düzenini, aile ve eğitim düzenini, siyasi ve hukuksal düzeni, sanayi ve bilgi toplumunun gereklerine göre yenilemek gerekir. Ancak Osmanlı reformistleri bu gerçekleri göremeyerek veya görmek istemeyerek, kültür-medeniyet ayrımına gidip, Batı'nın sadece medeniyetini almaya kalkmışlardır. Ancak bu ayrımı yaparken, örneğin kağnı, karasaban, at arabası düzeyindeki bir toplumun aile, hukuk, eğitim ve ahlak düzeni ile traktör, biçer-döver, tren, otomobil ve uçak düzeyindeki bir toplumun aile, hukuk, yönetim, eğitim ve ahlak düzeninin köklü nitelik farklılıklarına sahip olduğunu tartışmak bile istememişlerdir. "Kültür ayrı şeydir, uygarlık ayrı şeydir; biz uygarlığı Batı'dan alırız, çünkü uygarlık evrenseldir; ama kültürümüze dokunmayız; çünkü kültür millidir," demekle yetinmişlerdir.[165]

Kültür-medeniyet ayrımı yapanların bilinçaltında, Batı'dan medeniyet, yani teknoloji alabiliriz ama kültür, yani eğitim kurumları, siyasi kurumlar, aile hayatına ilişkin düzenlemeler alamayız düşüncesi vardır. Çünkü onlara göre insan aklı toplumsal düzenlemeler yapmaya yetmez! Bu düzenlemeler kutsal kitapta vardır! Onlara göre insan bu konularda bir çocuk gibidir. Bu nedenle de ne ulusal egemenliği tanımışlar, ne bilimsel düşüncenin yayılmasına taraftar olmuşlar ne de saltanat baskıcılığına karşı çıkmışlardır. Sonuç olarak da, bırakın saltanatın ve halifeliğin kaldırılmasını, kadınlara toplumsal haklar tanınmasını, eğitim kurumlarının çağdaşlaştırılmasını bile Batı taklitçiliği, vatan sevgisinden yoksunluk, köksüzleşme ve hatta ahlaksızlık olarak adlandırmışlardır.[166]

Örneğin Prens Sait Halim Paşa, tüm öğrenimini İsviçre'de yapmış olmasına karşın, *Sebilürreşad* dergisinde yayımlanan

---

165 Ozankaya, **age.**, s. 65.
166 **age.**, s. 51, 52.

"Buhran-ı Fikrimiz" adlı kitapçığında şu değerlendirmeleri yapmıştır:

"... *İnsana fizik ve kimya yasalarını bulmasına izin veren gözlem ve akıl yürütme yetisi, ahlak ve toplum yasalarını da bulma olanağı da verir mi?... Bu iki tür olay birbirinden köklü biçimde farklıdır. İnsan kendisinin istencinden, doğal eğilim ve yaratılışındaki kusurlarından tümden bağımsız olan birinci tür olayları (doğa olaylarını) tam bir tarafsızlıkla gözlemleyebilir ve yasalarını, düzenliliklerini bulabilir. Ama toplumsal ve ahlaki yasaları keşfetmesine olanak yoktur, çünkü insan kusurlu ve eksik yaratılışının etkisi altındadır... Bu demektir ki, peygamberce bildirilmedikçe insanlar toplumsal ve ahlaki yasaları hiçbir zaman öğrenemezler..."*[167]

Atatürk, *"Biz, ilhamlarımızı gökten ve gaipten değil, doğrudan doğruya hayattan almış bulunuyoruz,"* derken işte bu kafa yapısını eleştirmiştir.

Atatürk'ün başarısı, kültür-medeniyet ayrımı yapan ve kültürü dışlayan bu Tanzimat kafasıyla hareket etmemiş olmasıdır. Atatürk "tek medeniyet" olduğuna inanmıştır. O tek medeniyetin yalnızca teknik gelişmeleri değil, kültürü de kapsadığını düşünerek Batılı düşüncelerin sonuçlarına değil, temellerine, kaynaklarına inmiş, Batı'yı çağdaşlaştıran düşünüşe uzanmıştır. O da ancak "akılla" ulaşılabilecek bilimsel düşünüştür.[168] Bu nedenle Atatürk, *"En gerçek yol gösterici ilim ve fendir,"* demiştir. Gerçekten de bir toplum çağdaş uygarlık düzeyine ancak akıl ve bilimi kendisine kılavuz yaparak, araştırıp eleştirerek, kendi iç yaratmalarıyla varabilir. Bu araştırmanın ve eleştirmenin temelinde ise felsefe ve kültür vardır.

Ünlü Fransız düşünür Georges Duhamel, *"La Turquie nouvelle, puissance d'Occident"* (Türkiye: Batı'nın Yeni Gücü) adlı kitabında Atatürk'ün başarısının "medeniyet algısında" olduğunu belirtmiştir.

---

167 Sait Halim Paşa, *"Buhran-ı Fikrimiz"*, **Sebilürreşad**'tan nakleden Ozankaya, **age.**, s. 53.
168 Akarsu, **age.**, s. 101.

"Ne Cromwell, ne Robespierre, ne Lenin ve ardından gelenler, önderlik ettikleri ulusu bilim felsefesi, düşünme yöntemi, kısacası geleceğini değiştirme yoluna götürmeye kalkışmışlardır... Türkiye, Mustafa Kemal'in itmesiyle kendisine yalnız becerikli işçiler, teknisyenler ve mühendislerin yeterli olmadığını, tersine işlere asıl yön veren bilim filozoflarına, yöntem kurucularına gereksinimi bulunduğunu kavradı. Mustafa Kemal böylece bütün insanlığın içinde çırpındığı uygarlık bunalımının temel sorununa, yani çağdaş bilimin sağladığı güçlü teknolojinin nasıl kullanılacağı sorununa en geçerli yaklaşımı getirdi."[169]

Atatürk, kültür-medeniyet ayrımı yapmayarak Batı medeniyetinin temelindeki yönteme, yani rasyonel akla ve eleştirel düşünce biçimine yönelmiştir. Mısırlı yazar Muşarrafa, Atatürk'ün bu yönünü şöyle değerlendirmiştir:

"Atatürk'ün Doğu için değeri somut ve olumludur. Çünkü o bize, kültürce Batı'nın etkisi altında kalıp boğuluruz yolundaki korkularımızın temelsiz olduğunu gösterdi. Doğulu uluslara, ulusal bütünlüklerini yitirmeden kendi değerlerini yeni durumlara nasıl uygulayacaklarını gösterdi."[170]

Atatürk'ün çağdaşlaşırken Batı'ya yönelmesinin temel nedeni, Doğu kültürünün 10. yüzyıldan beri yorumlamaya, Batı kültürünün ise 15. yüzyıldan Rönesans'tan beri araştırmaya ve eleştirmeye dayanmasıdır. Bu yüzden Batı son 300 yılda her alanda yaratıcı olmuştur.[171] Atatürk, "Doğu medeniyeti" derken, nakilciliği ve yorumculuğu, "Batı medeniyeti" derken araştırıcılığı ve eleştiriciliği ifade etmek istemiştir. Atatürk, yüzyılın başında küllerinden doğan yeni Türkiye'nin araştırıcılığa ve eleştiriciliğe ihtiyacı olduğunu düşündüğü için Batı'ya yönelmiştir. Bu nedenle Türk Devrimi'ne "dinamik devrim" demiştir. Yaratıcı düşüncenin bu dinamizmi sürekli kılacağına inanmıştır.

"Bizim programımıza karşı çıkanlar, onu görmeye alışık oldukları bir kalıba (doktrine) benzetemiyorlardı. Oysa bizim

---

169 Ozankaya, age., s. 4.
170 age., s. 70.
171 Akarsu, age., s. 50, 51, 217,

programımız temelliydi ve işlemseldi. Biz de isteseydik uygulanamayacak düşünceleri, kuramsal kimi ayrıntıları yaldızlayıp bir kitap (doktrin) yazabilirdik. Öyle yapmadık. Ulusumuzun maddi ve manevi gelişme gereksinimleri doğrultusunda işlem ve eylemlerimizle, sözlerin ve kuramların önüne geçmeyi tercih ettik."

Atatürk, Batı'ya karşı kazandığı bir savaştan sonra Batı'nın çağdaş uygarlığını örnek almıştır. Atatürk, Batı'nın her türlü emperyalizmine karşıdır, ama Batı'nın akıl ve bilimle şekillenmiş çağdaş uygarlığına taraftardır.

"Atatürk Batıcıdır veya değildir" derken her şeyden önce "hangi Batı?", "hangi Avrupa?" diye sormak gerekir; çünkü Atatürk Batı'yı (Avrupa'yı) ikiye ayırmıştır. Resmi Avrupa ile bilim, kültür ve uygarlık Avrupası... Atatürk, "resmi Avrupa" derken emperyalist, sömürgeci Avrupa'yı kastetmiştir.[172] Atatürk, uygar Batı'ya değil, emperyalist Batı'ya karşıdır. Nitekim karşı olduğu emperyalist Batı'yla savaşmış, karşı olmadığı uygar Batı'yı benimsemiştir. "Benimsediği de hiç kuşkusuz uygarlığın ve kültürün temeli olan özgürlük ve bağımsızlıktır."[173]

Atatürk, çağdaş bir millet olabilmek için çağdaş kültüre katkıda bulunmak gerektiğini çok iyi kavramıştır. *"Şüphesiz her insan cemiyetinin kültürü, yani medeniyet derecesi bir olmaz. Bu farklar, devlet, fikir, iktisat hayatının her birinde ayrı ayrı göze çarptığı gibi, bu fark üçünün bileşkesi üzerinde de görülür. Yüksek bir kültür onun sahibi olan millette kalmaz diğer milletlere*

---

172 Atatürk, 16 Mart 1920'de İngiltere ve Fransa'nın İstanbul'u resmen işgal etmelerini anlatırken şöyle demiştir: *"Osmanlı ulusunun siyasi egemenliğine ve özgürlüğüne indirilen bu son yumruk 20. yüzyıl uygarlık ve insanlığının kutsal saydığı bütün ilkelere; özgürlük, yurt ve ulus duygusu gibi bugünkü insan topluluklarının temeli olan bütün ilkelere ve bu ilkeleri ortaya koyan insanlığın genel vicdanına indirilmiş demektir... İlgili ulusların şeref ve onurlarıyla da bağdaşmayan bu davranış üzerinde yargıya varmayı,* **resmi Avrupa'nın değil, bilim, kültür ve uygarlık Avrupa'sının** *vicdanına bırakmakla yetinir ve bu olaydan doğacak tarihsel sorumluluğa son olarak bir daha dünyanın dikkatini çekeriz."* (Akarsu, **age.**, s. 229).
173 Akarsu, **age.**, s. 88, 89.

de tesirini gösterir, büyük kıtalara yayılır,"[174] diyen Atatürk, bir gün Türk ulusunun da ulusal kültürüyle çağdaş uygarlığa katkıda bulunmasını arzulamıştır. Bunun için de bir taraftan ulusal kültürün temel kaynakları olan tarih ve dile, diğer taraftan da çağdaş kültürün temel kaynağı olan Batı'ya, daha doğrusu akıl, bilim ve eleştiri gibi Batılı yöntemlere yönelmiştir.

"Atatürk'ün ulusal kültür yolundan geçerek çağdaş kültüre katkıda bulunma düşüncesi, onun kültür ve uygarlık anlayışı ile bağlantılıdır. O tek bir uygarlık, tek bir kültür olduğuna inanır ve bütün ulusların bu kültürde yer almasını ister. Atatürk'ün dünya görüşünde ulusallıkla evrenselliği, ulusla insanlığı bütünleştiren de bu kültür anlayışıdır."[175]

Atatürk, yeni Türkiye'nin "Batılılaşmak" ya da "Doğululaşmak" gibi bir amaç taşımadığını, yeni Türkiye'nin tek yönünün "evrensel uygarlık değerleri" olduğunu bir gazeteciye şöyle ifade etmiştir:

"Bizim ilkemiz Asya ve Avrupa için aynıdır. Her ikisinin de en iyi yönlerini alacağız, fakat bağımsızlığımızı da koruyacağız. Her şeye yalnızca Türk çıkarlarını göz önüne alarak Türk görüş açısından bakacağız."[176]

Bu gerçeklere karşın maalesef 1940'lardan itibaren "İnönü Atatürkçüleri" ve 1980'lerden itibaren de "12 Eylül Atatürkçüleri", Atatürk'ü "Batıcı", Atatürk'ün akıl ve bilim ilkeleri doğrultusunda çağdaşlaşma idealini ise, "Batılılaşma" olarak adlandırmışlardır. Bu yanlış adlandırma son 30 yıldır okullardaki zorunlu "İnkılâp Tarihi" derslerinde sürekli tekrarlanarak nerdeyse hiç sorgulanmadan kabul edilen bir gerçeklik halini almıştır. Rahmetli Attilâ İlhan yıllarca bu yanlış adlandırmaya karşı mücadele etmiş ama maalesef bir sonuç alamadan aramızdan ayrılmıştır.

Yazık doğrusu...

---

174 Kocatürk, **Atatürk'ün Fikir ve Düşünceleri**, s. 78.
175 Akarsu, **age.**, s. 90.
176 H. C. Armstrong, **Bozkurt**, çev. Gül Çağalı Güven, 5. bas., İstanbul, 1997, s. 209.

Türk Devrimi'nin Yerli Kökleri

Atatürk Türkiye'yi çağdaşlaştırırken her şeyden önce ulusal kültürü açığa çıkarmış ve Türk aydınlanmasını bu ulusal kültürle beslemiştir. Batı'nın Rönesansı gerçekleştirirken antik tarihten beslenmesi gibi Atatürk de Türk Devrimi'ni gerçekleştirirken eski Türk tarihinden ve Türk halk kültüründen beslenmiştir. Türk Tarih ve Dili Tezlerinin ileri sürülmesi, bu tezleri araştırmak için Türk Tarih Kurumu ve Türk Dil Kurumu'nun kurulması, halk ağızlarından tarama ve derleme çalışmalarının yapılması, Türk halk edebiyatının ve eski Türk seyirlik oyunlarının yeniden canlandırılmak istenmesi, Türkçeye önem verilmesi gibi çalışmaların nedeni Türk tarihini ve Türk halk kültürünü açığa çıkarmaktır. Bu nedenle Türk Devrimi'nin çok önemli yerli kökleri vardır.

Atatürk, bir konuşmasında Türk Devrimi'nin yerli köklerine şöyle vurgu yapmıştır:

"Bir ulus için mutluluk olan bir şey, bir başkası için yıkım getirebilir. Aynı neden ve koşullar birini mutlu etmesine karşın öbürünü mutsuz kılabilir. Onun için bu ulusa gideceği yolu gösterirken dünyanın her türlü biliminden, buluşlarından, ilerlemelerinden yararlanalım, ama unutmayalım ki, asıl temeli kendi içimizden çıkarmak zorundayız.

Ulusumuzun tarihini, ruhunu, geleneklerini, gerçek, sağlıklı ve doğruya bağlı bir bakışla görmeliyiz. Gizlemeden söylemeliyiz ki, bugün bile aydınlarımızın gençleri ile halk ve geniş yığınlar arasında kesin bir uyum yoktur. Ülkeyi kurtarmak için bu iki düşünüş biçimi arasındaki ayrılığı durdurmak gereklidir. Bunun için de halk yığınlarının yürümesini çabuklaştırması, bundan başka da aydınların çok hızlı gitmesi gerekir. Ama halka yaklaşmak ve halkla kaynaşmak daha çok aydınlara düşen bir görevdir."

Atatürk çağdaş Türkiye'yi kurarken –hep iddia edildiği gibi– sadece Batı'dan yararlanmamıştır; zaman zaman Doğu'dan, Türk-İslam dünyasından da yararlanmıştır. Ancak Atatürk nasıl ki Batı'dan yararlanırken Batılılaşmaya; İngilizleşmeye, Fransızlaşmaya karşı olmuş ise, Doğu'dan yararlanırken de Doğululaşmaya; Araplaşmaya, Farslaşmaya karşı olmuştur.[177] Atatürk bir taraftan Batı'nın sorgulayıcı aklıyla şekillenmiş temel değerleri alırken, diğer taraftan da Doğu'nun yüzlerce yıllık tecrübeleriyle başarısı kanıtlanmış temel değerleri alıp (ki bu değerlerin çoğu ortak aklın ürünü olduğundan birbirine benzer) sentezleyerek kullanmıştır. Atatürk, 1921 yılındaki I. Maarif (Eğitim) Kongresi'nde Türk Devrimi'nin yerli köklerine vurgu yaparken bu gerçeği şöyle ifade etmiştir:

"*...Bir ulusal eğitim programından söz ederken, eski dönemin boş inançlarından ve doğal özelliklerimizle hiç de ilişkisi bulunmayan yabancı düşüncelerden; Doğu'dan ve Batı'dan gelebilen her türlü etkilerden tümüyle uzak, ulusal ve tarihsel karakterimize bütünüyle uygun bir kültürü anlatmak istiyorum. Çünkü ulusal dehamızın gelişimi ancak böyle bir kültürle sağlanabilir...*"

Ankara Ahi Cumhuriyeti'nden Türkiye Cumhuriyeti'ne

Atatürk, "Batılılaşma" diye adlandırılan bazı devrimlerini aslında Türk-İslam tarihindeki bazı uygulamalardan esinlenerek gerçekleştirmiştir. Örneğin, cumhuriyeti ilan ederken, laiklik konusundaki devrimleri gerçekleştirirken, kadınlara haklar verirken, Harf Devrimi'ni yaparken Batı'dan çok Doğu'dan, Türk-İslam tarihinden yararlanmıştır.

Atatürk'ün cumhuriyeti ilan ederken, J. J. Rousseau, Montesquieu gibi Fransız düşünürlerinden, Fransız Cumhuriyeti'nden esinlendiği bilinmektedir, ancak Atatürk'ün cumhuriyeti ilan ederken İslam tarihinde dört halife döneminde uygulanan

---

177 Örneğin, Atatürk'ün Kuran-ı Kerim'i ve Buhari'nin hadis kaynağını Türkçeye tercüme ettirmesi, hutbeleri ve ezanı Türkçeleştirmesi onun hem Doğu'dan, İslam dünyasından yararlandığını hem de Doğululaşmaya, Araplaşmaya karşı olduğunu göstermektedir. Atatürk, "*Müslüman kalalım, ama Araplaşmayalım*" düşüncesindedir. Müslüman kalmak Doğu'dan yararlanmak, Araplaşmamak ise Doğululaşmamaktır.

"meşveret" (danışma) sisteminden, Türk-İslam tarihindeki Ankara Ahi Cumhuriyeti'nden, yakın tarihteki Güneybatı Kafkas Cumhuriyeti'nden, Batı Trakya Türk Cumhuriyeti'nden ve Azerbaycan Cumhuriyeti Devleti'nden esinlendiği pek bilinmeyen başka gerçeklerdir.

Kuran'ın ve Hz. Muhammed'in "meşverete" çok büyük bir önem verdiğini ve Dört Halife Dönemi'nde halifelerin belirlenmesinde bir tür "seçim" yapıldığını, halifeliğin Emevi Halifesi Muaviye döneminde babadan oğula geçen saltanat sistemine dönüştüğünü ve halifeliğin, Dört Halife Dönemi'nden sonra *"vasıta-i siyaset, vasıta-i menfaat haline geldiğini"* çok iyi bilen Atatürk, saltanatı kaldırıp cumhuriyeti ilan ederken ve hilafeti kaldırırken İslam tarihindeki bu tecrübelerden yararlanmıştır.[178] Örneğin Atatürk, 1 Kasım 1922'de saltanatın yıkıldığına dair verilen karar dolayısıyla TBMM'de yaptığı uzun konuşmada Dört Halife Devri'nin bir tür cumhuriyet dönemi olduğunu ifade etmiştir.[179] 1923'te İzmir'de halka yaptığı konuşmada, *"Çok iftiharla şayandır ki, milletimiz ancak 1300 sene sonra bu Kuran hakikatlerini fiili halde göstermiş oldu,"*[180] diyerek, cumhuriyetin ilanının Kuran'a uygun olduğunu belirtmiştir. Yine 1923'te bu kez İzmit'te Kuran'daki "meşveret" hükmüne ve Hz. Muhammed dönemindeki "meşveret" uygulamasına şöyle dikkat çekmiştir: *"Devlet idaresinde danışma çok önemlidir. Bizzat Cenabıpeygamber bile danışarak iş yapmak gereğini söylemiştir ve kendisi bizzat öyle yapmıştır. Bundan başka (ve şevirhum fi'l emir) diye*

---

178 Atatürk'ün İslam tarihi değerlendirmeleri için bkz. Meydan, **Atatürk ile Allah Arasında**, s. 859-919. Osmanlı'da Namık Kemal, Ziya Paşa, Ali Suavi ve Şinasi gibi Yeni Osmanlı aydınları, çağdaşlaşmak için ille de Batı'dan yararlanmak gerekmediğini, Batı'daki birçok kavram ve kurumun Doğu'da İslam tarihinde gizli olduğunu ileri sürmüşlerdir. Örneğin, cumhuriyet kavramının İslamın ilk dönemlerindeki "meşveret" uygulamasına benzediğini belirtmişlerdir. Bu aydınların yazılarını ve kitaplarını okuyan Atatürk de bu düşüncelerden etkilenmiştir.
179 "Saltanatın Yıkıldığına Dair Verilen Karar Münasebetiyle, 1 Kasım 1922", **Atatürk'ün Söylev ve Demeçleri**, C 1, 5. bas., Ankara, 1997, s. 287-298.
180 Sadi Borak, **Atatürk'ün Resmi Yayınlara Girmemiş Söylev, Demeç, Yazışma ve Söyleşileri**, 2. bas., İstanbul, 1997, s. 187.

139

Cenabıhak'kın kendisine seslenişi vardır. Peygamberin zatına yönelen bu emrin ondan sonra gelenleri kapsayacağına şüphe yoktur. Danışmamak meşru değildir."[181] Atatürk döneminde öğretmen yetiştiren okullarda Dört Halife Devri, "İslam'da Cumhuriyet Devri" olarak anlatılmıştır, okutulmuştur.[182]

3 Mart 1924'te Halifeliğin kaldırılması görüşmeleri sırasında söz alan İzmir milletvekili Adalet Bakanı Seyit Bey, yaptığı uzun konuşmada cumhuriyet yönetiminin İslama uygun olduğunu kanıtlamaya çalışmıştır. Şu sözler Seyit Bey'e aittir:

"Her şeyden önce şunu açıklayayım ki, halifelik sorunu bir din sorunu olmaktan çok bir dünya sorunudur. (...) Halifelik demek hükümet demektir. Kuran, memleket işleri için iki düstur gösterir. Birinci düstur meşverettir (danışma). Memleket işleri halkın kendi aralarındaki danışmaları yolu ile yapılacaktır ki, bugün uygarlık dünyasında uygulanan usul de budur. (...) İslamiyet tam anlamıyla demokratik bir dindir. Hiç kimseye imtiyaz tanımaz. (...) Tanrı'nın istediği ve beğendiği toplum yönetimi budur (cumhuriyettir). Bu yönetimin aracı akıldır. Kuran, baştan sona kadar aklı ve akıllıyı yüceltir. İslamiyet, akıl ve mantık ile birlik ve birleşiktir. (...) İslamiyet eğitim ile de birliktir. Bilimden hiç ayrılmaz. Onun içindir ki peygamberimiz, 'İlim Çin'de bile olsa gidiniz öğreniniz', 'Bilgiyi ve ustalığı beşikten mezara kadar öğreniniz' demiştir."[183]

Ankara'da gücü ellerine geçiren ahiler, 1290-1354 yılları arasında bir cumhuriyet idaresi kurmuşlardı. Atatürk, Anadolu'nun göbeğindeki bu **Ankara Ahi Cumhuriyeti**'nden tam 570 yıl sonra yine Ankara'da bir cumhuriyet idaresi kurmuştur.[184]

Atatürk, cumhuriyeti ilan ederken Ankara Ahi Cumhuriyeti'nden esinlendiğini şöyle ifade etmiştir:

---

181 Arı İnan, **Gazi Mustafa Kemal Atatürk'ün Eskişehir-İzmit Konuşmaları, 1923**, İstanbul, 1993, s. 66.
182 Cemil Öztürk, **Atatürk Devri Öğretmen Yetiştirme Politikası**, Ankara, 1996, s. 250.
183 Mahmut Goloğlu, **Devrimler ve Tepkileri**, "Türkiye Cumhuriyeti Tarihi, 1924-1930", İstanbul, 2007, s. 19-22.
184 Yılmaz Öztuna, **Türkiye Tarihi**, C 2, İstanbul, 1964, s. 218.

"... Ben Ankara'yı coğrafya kitabından ziyade tarihten öğrendim ve cumhuriyet merkezi olarak öğrendim. Hakikaten, Selçuki idaresinin bölünmesi (inkisamı) üzerine Anadolu'da teşekkül eden küçük hükümetlerin isimlerini okurken bir 'Ankara Cumhuriyeti'ni görmüştüm. Tarih sahifelerinin bana bir cumhuriyet merkezi olarak tanıttığı Ankara'ya ilk defa geldiğim o gün de gördüm ki aradan geçen asırlara rağmen Ankara'da hâlâ o cumhuriyet kabiliyeti devam ediyor. Türkiye'nin hemen bütün bölgelerini (menatıkını) gezdiğim ve gördüğüm için hükmettim ki, o zaman isimleri cumhuriyet olmayan diğer yerlerin bugünkü halkı da aynı kabiliyetten asla uzak değildir... Beni, Türkiye'nin en münasip merkez Ankara olabileceğini düşünmeye sevk eden ilk vesile çok eskidir ve bilimseldir (fennidir)."

Atatürk, cumhuriyeti ilan ederken kafasının bir köşesinde Türk-İslam tarihinin uzak zamanlarında Dört Halife Devri'ndeki meşveret/cumhuriyet tecrübesi, diğer köşesinde ise Türk tarihinin yakın zamanlarında Anadolu ve civarındaki üç cumhuriyet tecrübesi vardır. Bunlardan ilki, II. Balkan Savaşı'ndan sonra kurulan **Batı Trakya Türk Cumhuriyeti**; ikincisi, Kurtuluş Savaşı'nın hemen başlarında kurulan **Güneybatı Kafkas Cumhuriyeti**; üçüncüsü de I. Dünya Savaşı'ndan hemen sonra kurulan **Azerbaycan Cumhuriyeti Devleti**'dir.

II. Balkan Savaşı'ndan hemen sonra, Teşkilat-ı Mahsusa'nın (özellikle Kuşçubaşı Eşref) çalışmaları sonunda, 31 Ağustos 1913'te Batı Trakya'da Batı Trakya Geçici Hükümeti (Garbî Trakya Hükûmet-i Muvakkatesi) kurulmuştur. Hükümetin başkanlığına Salih Hoca, genelkurmay başkanlığına ise Süleyman Askeri Bey getirilmiştir.

Batı Trakya Geçici Türk Hükümeti, 12 Eylül 1913'te bağımsızlığını ilan ederek Batı Trakya Bağımsız Hükümeti (Garbî Trakya Hükûmet-i Muvakkatesi) adını almıştır.[185]

Batı Trakya Türk Hükümeti, bağımsızlık ilanını, Süleyman Askeri Bey tarafından *"Düvel-i Muazzamaya Tebliğ"* başlığıyla

---

185 Bkz. Nevzat Gündağ, **1913 Garbı Trakya Hükûmet-i Müstakîlesi**, Ankara, 1987.

Fransızca olarak kaleme alınan bir bildiriyle yabancı devletlere duyurmuştur.[186]

Bağımsızlığını ilan eden hükümet, yönetim biçimi olarak cumhuriyeti seçmiştir. Daha sonra ülkenin sınırlarını belirlemiş, ay yıldızlı, yeşil, beyaz bir bayrak kabul etmiş, ordusunu, yargısını kurup, bütçesini hazırlamış, hatta pul bastırarak, pasaport uygulamasına geçmiştir.

Osmanlı Devleti, 29 Ekim 1913 tarihinde imzaladığı İstanbul Anlaşması'yla Batı Trakya'yı bütünüyle Bulgaristan'a bırakmıştır. Batı Trakya Türk Cumhuriyeti'nin toprakları, General Lazarof komutasındaki Bulgar kuvvetlerince 30 Ekim 1913 tarihine kadar tamamen işgal edilerek Batı Trakya Türk Cumhuriyeti'ne son verilmiştir.[187]

Mondros Ateşkes Antlaşması'ndan sonra İngiltere ve Fransa Anadolu'yu işgal etmeye başlayınca Doğu'da hem İngilizlere hem de Ermenilere karşı mücadele edebilmek için 5 Kasım 1918'de, Kepenkçi Emin Ağa ve Piroğlu Fahreddin Bey başkanlığında, merkezi Kars olmak üzere, "Kars İslâm Şûrası" kurulmuştur. İşte bu Kars İslam Şurası, 17-18 Ocak 1919 tarihinde, Kars'ta Dr. Esat Oktay Bey başkanlığında İkinci Kars

---

[186] *"Asaletmehab sefir cenapları. Bulgarların Türklere ve Müslüman kardeşlerimize yaptıkları mezalimi gören ve feryad ve figanlarını işitenler bulunmadı, aldıran bile olmadı. Demet demet Müslümanlar doğranarak Koşukavak'ın Papaslı köyü deresinde hâlâ kokmakta ve taaffünden yanlarına varılamamakta olan sekiz yüzü mütecaviz boğazlanan bedbahtların kokusunu bile alan olmadı. Can gitti, ırz gitti, mal ise hesapta değil. Üstelikte geri kalan ihtiyar ve kadınlarla çocukların süngüler altında sürülerek kiliselere toplatılarak Hıristiyan yapıldıklarından da kimseler güya haber alamadı. Şenâatin her türlüsüne âdeta göz yumuldu. 'İki el bir baş içindir,' dedik, naçar silâhımıza sarıldık. Garbi Trakya halkını bu mezalimden kurtarmak için onları da silâhlandırdık. Allahımıza dayanarak ve benliğimize güvenerek bugünden itibaren İslâmı, Hıristiyanı, Türkü, Bulgarı aynı hukuka malik olmak şartıyla Garbi Trakya hükümet-i müstakillesini i`lân eylemiş olduk. Muvaffakiyet Allah'dan."* Tebliğin altındaki mühürde *"Umum Trakya Hükümeti Milliye Riyaseti, 1329, Eşref"* yazmaktadır. *"Belge no: 14, Garbi Trakya Umum Milli Kuvvetler Kumandanlığı, Adet: 4"*. http://www.batitrakya.org. Erişim tarihi, 29 Aralık 2011.

[187] Ayrıntılı bilgi için bkz. Kemal Şevket Batıbey, **Batı Trakya Türk Devleti**, İstanbul. 1978; Süleymen Sefer Cihan, **Balkan Savaşı ve 1913 Batı Trakya Türk Cumhuriyeti**, İstanbul, 2002.

Kongresi'ni toplamıştır.[188] Bu kongrede Kars Milli İslâm Şûrası Hükümeti'nin adı Güneybatı Kafkasya Geçici Milli Hükümeti (Cenûb-i Garbî Kafkas Hükûmet-i Muvakkata-i Milliyesi) olarak değiştirilmiştir. Başkanlığına da Cihangiroğlu İbrahim Bey seçilmiştir. Bu geçici hükümet, 18 maddeden oluşan bir anayasa ve yeşil-kırmızı zemin üzerinde ay-yıldız bulunan bir bayrak kabul edip; halkın oyu ile seçilen 131 milletvekilli bir meclis ve 12 üyeli bir bakanlar kurulu oluşturmuştur.[189]

Aralık ayından itibaren İngilizler, bir taraftan Kafkasya'yı işgale başlarken, diğer taraftan da Güneybatı Kafkasya Geçici Milli Hükümeti'ni dağıtmak üzere Ermeni ve Gürcülere destek vermiştir. İngilizler, baskılarını artırmaya başlayınca Güneybatı Kafkasya Geçici Milli Hükümeti 25 Mart 1919'da tam bağımsızlığını ilan ederek Güneybatı Kafkas Cumhuriyeti adını almıştır. Böylece Kars'ta bir cumhuriyet kurulmuştur. Bu gelişmeler üzerine İngilizler, 12 Nisan 1919'da hükümet merkezi Kars'a girip meclisi basıp başta Cumhurbaşkanı Cihangiroğlu İbrahim Bey olmak üzere 8 meclis üyesini tutuklayarak Malta'ya sürgün etmiştir. İngilizler bölgeyi, Ermeni ve Gürcüler arasında paylaştırarak 1920 sonlarında bölgeden çekilmişlerdir.[190]

15-20 Nisan 1917'de Azerbaycan Bakü'de, Kafkasya Müslümanlarının geleceğini belirlemek amacıyla bir kongre toplanmıştır. Bu kongrede Müsavat Halk Partisi ile Türk Ademi Merkeziyet

---

188 Birinci Kars Kongresi, 30 Kasım 1918'de Cihangiroğlu İbrahim Bey başkanlığında toplanmıştır.
189 Ender Gökdemir, *"Milli Mücadele'de Evliye-i Selase"*, **Atatürk Araştırma Merkezi Dergisi**, S. 19, C VII, Kasım 1990.
190 **Güneybatı Kafkas Cumhuriyeti** İngilizler tarafından yıkılmış ama bölgedeki vatansever Türkler boş durmamıştır. Bölgede bulunan Türkler, Ermenilere ve Gürcülere teslim olmamak için "şuralar" kurup millî direnişlerine devam etmişlerdir. Bu millî direniş şubelerinin (şuralarının) bazıları şunlardır: Şahtahtı merkez olmak üzere Cengiz Bey Hükümeti, Kulp'ta Şâmîl Bey başkanlığında Kulp Şûrası, Oltu'da Tahir Beyzade Yusuf Bey başkanlığında Oltu Hükûmet-i Muvakkatası, Orta Kale'de (Kağızman'da) Ali Rıza Bey Hükûmeti'dir. İşte bu Millî Şûra adı verilen hükümetçiklerin etrafında kenetlenen Türk milleti, Doğu Anadolu'ya, özellikle Ermenilerin ve Gürcülerin sarkmasına, hayatları pahasına önlemiştir. Gökdemir, **agm.**

Partisi birleşerek cumhuriyeti ilan etmeye karar vermişlerdir.[191] Bu doğrultuda 28 Mayıs 1918'de bir deklarasyonla Azerbaycan, bağımsızlığını ilan etmiş ve Azerbaycan Cumhuriyeti Devleti kurulmuştur.[192] Meclis açılıncaya kadar ülkeyi yönetecek olan şuranın başkanlığına Mehmet Emin Resulzade seçilmiştir.

Bağımsız Azerbaycan Cumhuriyeti Devleti'nin kurulmasında İttihat ve Terakki Partisi'nin de yardımları olmuştur. Daha 1915 senesi Mayıs ayında "Azerbaycan Cumhuriyeti" kurma düşüncesinde olan "Difai" teşkilatının eski üyelerinden Aslan Hoyski, cephe hattını geçerek Erzurum'da ordu karargâhında Enver Paşa ile görüşmüştür. Hoyski, Türkiye'den yardım alarak bağımsız Azerbaycan Cumhuriyeti'ni kurmak istediğini belirtmiş, Enver Paşa da bu konuda kendilerini destekleyeceğini belirtmiştir.[193] Enver Paşa bu sözünü fazlasıyla tutmuştur: Nuri Paşa'nın komutasındaki Kafkas İslam Ordusu, 18 Eylül 1918'de Bolşevik, Ermeni ve İngilizlerden oluşan işgalci güçlerden Bakü'yü kurtarmıştır.[194]

Kafkas İslam Ordusu'nun bölgeden çekilmesinden sonra kendi kaderiyle baş başa kalan Azerbaycan Cumhuriyeti maa-

---

191 Selma Yel, *"Azerbaycan Cumhuriyeti Devleti'nin Kuruluşunda Türkiye'nin Yardımları İlhak Amacına mı Yönelikti?"* **Ankara Üniversitesi Türk İnkılâp Tarihi Enstitüsü Atatürk Yolu Dergisi**, S. 24, Kasım 1999-2003 s. 564, 565.
192 Deklarasyonda, Azerbaycan Cumhuriyeti Devleti'nin temel özellikleri şöyle ifade edilmiştir: *"1- Bu günden itibaren Azerbaycan halkı, hâkimiyet hakkına malik olduğu gibi Cenubî ve Şarkî Maverayi Kafkasya'dan ibaret Azerbaycan dahi kamîle hukuk müstakil bir devlettir. 2- Müstakil Azerbaycan devletinin şekli idaresi halk cumhuriyeti olarak takarrür eder. 3- Azerbaycan Halk Cumhuriyeti bütün milletlerle ve bilhassa hem civar olduğu millet ve devletlerle münasebeti hasene tesisine azmeder. 4- Azerbaycan Halk Cumhuriyeti millet, mezhep, sınıf ve cins farkı gözetmeden kalemrevinde yaşayan bütün vatandaşlarına hukuki siyasiye ve vataniye temin eyler. 5- Azerbaycan Halk Cumhuriyeti arazisi dahilinde yaşayan bil-cümle milletlere serbestane inkişafları için meydan bırakır. 6- Meclis-i Müessesan toplanıncaya kadar Azerbaycan idaresinin başında ârayi umumiye ile intihab olmuş Şûra-i Millî ve Şûra-i Milliye karşı mesul hükümet-i muvakkate durur."* (Nâsır Yüceer. Birinci Dünya Savaşı'nda Osmanlı Ordusu'nun Azerbaycan ve Dağıstan Harekâtı Azerbaycan ve Dağıstan'ın Bağımsızlığını Kazanması 1918, Ankara, 1996. S. 31; Yel, **agm.** s. 567.)
193 Yel, **agm.**, s. 573.
194 Mehmet Süleymanov *"Nuri Paşa ve Onun Silah Arkadaşları"*, **Azerbaycan Gazetesi**, 15 Eylül 2000'den nakleden Yel, **agm.**, s. 577.

lesef bağımsızlığını koruyamamıştır: Kasım 1918'de Gnr. V. M. Thomson'ın komutasındaki İngiliz, Fransız ve Amerikan birliklerinden oluşan müttefik askeri güçler Bakü'yü işgal etmiştir. 27 Nisan 1920 gecesi de Rus ordusunun ani saldırısıyla Azerbaycan Cumhuriyeti sona ermiştir.[195]

Enver Paşa'nın kurup Kafkaslara gönderdiği Kafkas İslam Ordusu'nun başındaki Nuri Paşa'nın danışmanı ünlü Türk aydınlarından Ahmet Ağaoğlu'dur. Ahmet Ağaoğlu, 1918'de kurulan Azerbaycan Cumhuriyeti Meclisi'ne de üye seçilmiştir. Mondros Ateşkes Antlaşması'ndan sonra İstanbul'a dönmüş ve İngilizlerce tutuklanıp Malta'ya sürülmüştür. 1921'de serbest bırakılınca Ankara'ya giderek Kurtuluş Savaşı'na katılmıştır. Ankara hükümeti tarafından Matbuat Genel Müdürü yapılmıştır; 1921-1923 arasında bu görevi yürütmüştür. Ankara'da *Hâkimiyet-i Milliye* gazetesinde düzenli yazılar yazmıştır. Tarih, dil ve kültür konularındaki görüşleriyle Atatürk'ü etkilemiştir. Örneğin Atatürk, "medeniyet" konusunda Ahmet Ağaoğlu gibi düşünmekte; kültür ve medeniyet ayrımını kabul etmemektedir. Atatürk'ün, birkaç yıl önce bağımsız Azerbaycan Cumhuriyeti Devleti'nin kuruluşuna bizzat tanık olan Ahmet Ağaoğlu'ndan Azerbaycan'ın bu önemli tecrübesi (cumhuriyetin ilanı) hakkında bilgi almış olması olasıdır.

Atatürk, Türkiye ve çevresindeki –çok değil daha birkaç yıl önceki– bu başarısız cumhuriyet denemelerinden haberdardır. Bu denemeler başarısız olsa bile Atatürk'e, bu topraklarda cumhuriyetin ilan edilebileceğini, bunun bir hayal olmadığını göstermesi bakımından önemlidir. Atatürk büyük bir olasılıkla, bu başarısız cumhuriyet denemelerinden çıkarttığı dersle, yeri ve zamanı gelmeden, bırakın cumhuriyeti ilan etmeyi, cumhuriyetin sözünü bile etmeyi doğru bulmamıştır. Kendi ifadesiyle, yeri ve zamanı gelinceye kadar cumhuriyeti "vicdanında bir milli sır olarak" saklamıştır. Bu başarısız cumhuriyet denemelerinden Atatürk'ün

---

195 Firdovsiyye Ahmedova *"Cumhuriyetin Dış Politikası"* İLM (İLİM) Gazetesi, 28 Mayıs 1989'dan nakleden Yel, **agm.**, s. 577.

çıkarttığı en büyük ders, emperyalizmi yenip "tam bağımsız" olmadan cumhuriyeti ilan etmenin hiçbir anlam ifade etmediğidir.

Tuğrul Bey'den Atatürk'e Uzanan Çizgi: Laiklik

Atatürk'ün laiklik uygulaması da Fransız laikliğinden çok Selçuklu laikliğinden esinlenmedir.[196] *"Nasıl yani? Selçuklu'da laiklik mi vardı?"* dediğinizi duyar gibiyim!

Selçuklu Sultanı Tuğrul Bey, 1055 tarihinde güçlü bir orduyla Şii Büveyhoğullarının elindeki Bağdat önlerine gelmiştir. Büveyhoğullarının zulmünden bıkmış olan Halife Kaim Biemrillah, Tuğrul Bey adına hutbe okutarak onun hükümdarlığına sığınmıştır. Böylece 15 Aralık 1055 tarihinde Halife'nin emri üzerine Bağdat'ta adına hutbe okunan Tuğrul Bey, Bağdat'ın yeni hâkimi olmuştur. Tuğrul Bey, halifenin siyasi yetkilerini elinden alarak onu sadece din işlerinden sorumlu hale getirmiştir. Böylece İslam dünyasında ilk kez din işleriyle dünya işleri birbirinden ayrılmıştır.[197] Neresinden bakılırsa bakılsın bunun adı laikliktir. O zaman Selçuklular'ın buna laiklik dememiş olmaları bu gerçeği değiştirmez. Dahası, Tuğrul Bey'in bu uygulaması Batı'daki laiklik uygulamalarından da öncedir.

Atatürk, Selçuklu Sultanı Tuğrul Bey'in Abbasi halifesini kontrolü altına alarak, halifenin siyasi yetkilerini kendi üzerine aldığını; dini başkanlığı kabul etmeyerek laik bir devlet reisi kalmayı tercih ettiğini belirtmiştir. Atatürk, Tuğrul Bey'in laiklik uygulamasını takdir ederken onun, hazır eline fırsat geçmişken, "halifeliği" kaldırmamasını hata olarak yorumlamış ve bu hatanın sonraki dönemlerde Türk-İslam tarihini olumsuz yönde etkilediğini ifade etmiştir.[198]

Atatürk, laik Türkiye'yi kurarken bir taraftan Selçuklu Sul-

---

196 Selçuklu döneminde hiçbir zaman laiklik diye bir kavram söz konusu olmasa da din ve devlet işleri birbirinden ayrıldığı için uygulamada bir laiklik söz konusudur.
197 Emre Kongar, **Tarihimizle Yüzleşmek**, 4. bas., İstanbul, 2006, s. 20-25.
198 Turan, **Atatürk'ün Düşünce Yapısını Etkileyen Olaylar, Düşünürleri Kitaplar**, s. 83.

tanı Tuğrul Bey'in laiklik uygulamasından esinlenmiş, diğer taraftan Tuğrul Bey'in yarım bıraktığı işi tamamlayarak halifeliği kaldırmıştır.

Eski Türk Kadınından Cumhuriyet Kadınına

Atatürk, kadınlara sosyal ve siyasal haklar verirken de Batı'dan çok, eski Türk tarihinden esinlenmiştir. Nitekim Atatürk'ün Türk kadınlarına siyasi haklar verdiği 1930'ların Batısı'nda birçok Avrupa ülkesinde kadınların siyasi hakları yoktur. Yeni Türkiye, birçok Avrupa ülkesine bu konuda örnek olmuştur.

Eski Türklerde kadın erkek birçok bakımdan eşittir, dahası eski Türklerde kadınlar siyasi haklara da sahiptir.[199]

Orhun Anıtları'nda hakanın karısının kocası ile birlikte Türk toplumunun başına indiği anlatılmıştır. Türk hükümdarları yabancı elçileri kabul ederken eşleri de resmi olarak kabulde hazır bulunmuşlardır. MS 981'de Çin imparatorunun Güney Uygur Hükümdarı Aslan Han'a gönderdiği elçinin kabulünde hanın eşi ve çocukları da hazır bulunmuştur. Kadın aile içinde erkek ile eşit haklara sahiptir. Eski Türklerde kadının, kocası hakanın yanında devlet idaresine katıldığı, hatta bazen devleti tek başına yönettiği bile olmuştur. Kadına "Türkan" veya "Bilge Hatun" sıfatları verilmiştir. Buyruklar *"Hakan ve Hatun buyuruyor ki"* şeklinde çıkarılmıştır. Tarihte ilk olarak Türk kadınları devlet başkanlığı yapmıştır. Cengiz yasalarında yıllık kurultaylarda (meclislerde) kadınların da yer aldığı yazılmıştır. 7. yüzyılda, Uygur hakanının annesi Uluğ Hatun, davalara bakmış, anlaşmazlıkları çözmüş bir yargıçtır. Ziya Gökalp eski Türk toplumlarında kadının durumunu, *"Eski kavimler arasında hiçbir kavim Türkler kadar kadın cinsiyetine hak vermemiş ve saygı göstermemiştir,"* cümlesiyle özetlemiştir.[200]

---

199 Belkıs Konan, *"Türk Kadınının Siyasi Hakları Kazanma Süreci"* AUHFD, 60 (1), 2011, s. 157-174.
200 agm., s. 157-174.

Anadolu Türklerinde Ahilikte kadınlar örgütlenmesi olan "Bacılar Teşkilatı" vardır. Ahi Evren'in eşi Fatma Bacı Anadolu' daki "Bacıyan-ı Rum" örgütünü kurmuştur.

Kurtuluş Savaşı'nda erkeğiyle omuz omuza bağımsızlık mücadelesine katılan Türk kadınına verilen haklar Batı'dan veya başka bir yerden değil, yine Türk kadınının şanlı geçmişinden alınmıştır.

Aslında Atatürk, 13. yüzyıldan sonra her geçen gün biraz daha hakları gasp edilen ve Osmanlı döneminde önce çarşafa, peçeye sonra da içine kapanarak toplumdan dışlanan Türk kadınının gasp edilen haklarını geri vermiştir. Bu bir anlamda Türk kadınına iadeyi itibardır.

Harf Devrimi ve Yeni Türk Harfleri

Atatürk'ün Harf Devrimi de aslen Doğu etkili devrimlerden biridir.

Harf Devrimi'yle Türkçenin yapısına uymayan Arap alfabesinin yerine Türkçenin yapısına uyan Latin alfabesi kabul edilmiştir. İlk bakışta Harf Devrimi'nin Batıcı bir devrim olduğu düşünülebilir, ancak bu işin pek de bilinmeyen çok başka bir boyutu vardır. Şöyle ki: Latin alfabesi diye bilinen alfabe Etrüsk Runik yazısından türemiş bir alfabedir. Etrüsk Runik yazısı ise Göktürk Runik yazısıyla akrabadır. Yani bizim Latin harfleri diye aldığımız harfler aslında Göktürk harfleriyle aynı kökenden gelmektedir, yani bu harfler özbeöz bize, Türklere aittir. Ayrıca son bilimsel araştırmalar Etrüsklerle Türklerin akraba topluluklar olduklarını kanıtlamıştır.

Etrüsk Runik yazısıyla Göktürk Runik yazısı arasındaki belli başlı benzerlikler şunlardır:

1. 26 karakterden oluşan Etrüsk yazısı, Göktürk yazısıyla karşılaştırıldığında 10 karakter hem şekil hem de ses olarak birbirine benzemektedir. 4 karakter ise şekil olarak aynı ses olarak ise farklıdır. Yani 26 karakterin 14'ü Türkçedir.

2. Her iki yazı da sağdan sola doğru okunmaktadır.[201]

"*Cumhuriyet Tarihi Yalanları, 1*" adlı kitabımda belirttiğim gibi, "*Latin alfabesi aslında Göktürk alfabesinin zaman içindeki farklılaşmış biçimidir. Dolayısıyla Atatürk'ün Türkçeyi Latin harfleriyle yazmaya karar vermesi, bir anlamda yeniden Göktürk yazısına dönüştür ki, bunun adı, Cumhuriyet tarihi yalancılarının dediği gibi 'gavurlaşmak' değil, öze dönmektir.*"[202]

Latin yazısıyla Türkçe arasındaki uygunluğu araştırmak için kurulan komisyonun 17-19 Temmuz arasındaki çalışmalarına Başbakan İsmet Paşa da katılmıştır. Bu çalışmalar sırasında İsmet Paşa yeni yazıya "Türk alfabesi" adını vermiştir.[203] 1 Kasım 1928 tarihli Harf Devrimi kanununun adı, "*Türk Harflerinin Kabul ve Tatbiki Hakkında Kanun*"dur. Kanun maddelerinde yeni harflerden söz edilirken hep "Türk harfleri" ifadesi kullanılmıştır. Örneğin 1. maddede: "*Şimdiye kadar Türkçeyi yazmak için kullanılan Arap harfleri yerine Latin esasından alınan ve bağlı cetvelde adları gösterilen harfler (Türk harfleri) unvan ve hukuku ile kabul edilmiştir.*"[204]

Atatürk, Harf Devrimi'nden söz ederken "Latin alfabesi" ve "Latin harfleri" ifadesi yerine "Yeni Türk alfabesi", "Türk harfleri" veya "Yeni Türk harfleri" ifadelerini kullanmıştır. Örneğin, 8 Ağustos 1928'de Sarayburnu'nda yeni harfleri halka müjdelerken bir kâğıda: "*Yurttaşlar bu notlarım* **Türk harfleriyle** *yazılmıştır*," diye not düşmüş ve ünlü Sarayburnu konuşmasında, "*Bizim ahenktar zengin lisanımız* **yeni Türk harfleriyle** *kendini gösterecektir*," demiştir. 1 Kasım 1928'deki Meclis açış konuşmasında da "*Bu okuma-yazma anahtarı ancak* **Latin esasından alınan Türk alfabesidir.** *Basit bir tecrübe,* **Latin esasından Türk harflerinin** *Türk diline ne kadar uygun olduğunu (...)*

---

201 Ayrıntılar için bkz. Sinan Meydan, **Cumhuriyet Tarihi Yalanları**, 1. Kitap, İstanbul, 2011, s. 434-460.
202 **age.**, s. 459.
203 Ozankaya, **age.**, s. 311.
204 **Resmi Gazete**, 3 Teşrinisani, 1928, S. 1030.

meydana çıkarmıştır," demiştir.[205] 29 Ağustos 1928'de Dolmabahçe Sarayı'nda Başbakan İsmet Paşa'nın ve milletvekillerinin bulunduğu toplantıda yeni harflerle ilgili aldığı kararlardan birinci ve ikinci karar aynen şöyledir: *"1. Ulusu bilgisizlikten kurtarmak için, kendi diline uymayan Arap harflerini bırakıp Latin kökünden Türk harflerini almaktan başka çıkar yol yoktur. 2. İnceleme kurulunun önerdiği alfabe gerçekten Türk alfabesidir, kendisidir. Türk ulusunun bütün gereksinimlerini gidermeye yöneliktir."*[206] 19 Ağustos 1928'de Yunus Nadi'ye yazdırdığı ve *Cumhuriyet* gazetesinde yayımlan notta: *"Yeni Türk alfabesini güzelce öğrenmek ve öğretmek gerekir. Bunun için de kuşkusuz yıllara gerek yoktur,"* demiştir.[207] 23 Ağustos'ta Tekirdağ'da yurttaşlara seslenirken de, *"Yeni Türk harfleriyle elde edilecek gözler kamaştırıcı Türk manevi gelişmesinin az zaman sonra erişebileceği güç ve yaygınlığının uluslararası düzeyini, gözlerimi kapayarak şimdiden öyle parlak görüyorum ki, bu görünüş karşısında kendimden geçiyorum,"*[208] demiştir.

Yerli Anayasa

Türk Devrimi'nin en önemli kilometre taşlarından 24 Anayasası da özünde tamamen yerlidir. Batı anayasalarından esinlenmekle birlikte tamamen Türkiye gerçekleri dikkate alınarak hazırlanmış çok özgün ve devrimci bir anayasadır. Bu gerçeği, Anayasa Komisyonu Sözcüsü Gelibolu milletvekili Celal Nuri Bey şöyle ifade etmiştir:

"Teklifimizin kaynağı doğrudan doğruya ulusal devrimdir. Yani bu devrim olmasaydı, buradaki maddeleri düzenlemeye de gücümüz olmayacaktı. (...) Bu konudaki bilimsel gelişme ve ilerlemeler için cumhuriyet ve meşrutiyet ile yönetilen devletlerin anayasalarından başlıcalarını göz önüne aldık. Bu usullerin

---

205 Akarsu, age., s. 245.
206 Ozankaya, age., s. 314.
207 age., s. 315.
208 age., s. 316.

ilk uygulandığı Fransa'nın kanunlarını gözden geçirdik. Oradan alınmış epeyce hükümlerimiz vardır. Yeni anayasaları da gözden ırak tutmadık. Meclis, bunların arasında Lehistan (Polonya), Cumhuriyet'in yeni ve cumhuriyet esasına dayanan anayasasını da karıştırdık. Fakat bunların hiçbirinden tıpkı bir madde de alınmış değildir. Kanun teklifimizin genel haklarla ilgili maddeleri, iddia edebiliriz ki, yepyenidir. Eski anayasalarda bulunan bazı hükümleri, başka kelimelerle söylemek, başka kelimeler kullanmak ya da olduğu gibi almak mümkün idi. O hükümleri genel haklardan söz eden bazı bilginlerin kitaplarından, bazı çekinceler saklı tutularak, memleketimizdeki uygulama şeklini düşünerek aldık. Bunlarda da bir yenilik gösterdiğimiz kanısındayız. (...) Bizim yaklaştığımız cumhuriyet şekli Amerika'dakidir. (...) Fakat o usulü (de) biz kabul etmedik. Amerika usulü, federasyon şeklinde kurulmuş devletlere uygundur. O devletlerin, birbirinden ayrı iç bağımsızlık hakları vardır. Ancak bazı genel meselelerde bir merkezi kabul etmiş birtakım devletlerdir ki, Amerika'da bunların sayısı 48'dir. (...) Bu bizim esaslarımızla iki bakımdan uyuşmaz. Birincisi, bizim devletimiz bir tek devlettir. Öyle türlü devletlerden meydana gelmiş bir devletler topluluğu değildir. Sonra biz eskiden beri kuvvetler birliği ilkesini göz önünde tutmuşuz. (...) Onun için Amerikan anayasasından hiç yararlanmadık. Zaten Amerikan usulü federasyon devletlere ve yalnız Amerika kıtasına ait olmak üzere –bir tanesi müstesna– kabul edilmiştir. Bundan başka göz önüne alınabilecek İsviçre Anayasası kalır. İsviçre'de devletin şekli, hiçbir devletinkine benzemez. Onun için bu kanundan da yararlanmadık. Sonunda kendi teklifimizi, her kelimenin üstünde ayrı ayrı durarak, mümkün olduğu kadar az terkipler kullanarak hazırladık."[209]

Görüldüğü gibi Türk Devrimi'nin ruhu olarak değerlendirilebilecek olan 1924 Anayasası hazırlanırken, aklın ve mantığın bir gereği olarak Fransa, Polonya, Amerika ve İsviçre gibi çağdaş

---

209 Goloğlu, age., s. 32, 33.

ülkelerin anayasaları gözden geçirilmiş, bunlardan esinlenilmiş, ama asla bu ülkelerden hiçbirinin anayasası olduğu gibi kopyalanmamış, Batı taklitçiliği yapılmamıştır. Celal Nuri Bey'in ifadesiyle 24 Anayasası, *"doğrudan doğruya ulusal devrimi"* kaynak olarak almıştır.

* * *

Ayrıca Atatürk'ün, Türk Tarih ve Dil Tezlerini geliştirmesi, Türk tarihi ve Türk diliyle ilgili çok önemli çalışmalar yaptırması ve Türk kültürüne büyük bir önem vermesi, onun çağdaşlaşma projesini "Batıcılık" diye adlandıranları mahcup etmeye yetecek türden adımlardır.

Bütün bu gerçekler, Atatürk'ün Çağdaş Türkiye Projesi'nin ulusal ve evrensel etkileşimlerin bir ürünü olduğunu göstermektedir. Atatürk, çağdaş Türkiye'yi kurarken evrensel akıldan, Batı'nın aydınlanma dönemi düşüncelerinden ve Türk-İslam tarihindeki aydınlık tecrübelerden yararlanmıştır. Bu nedenle Atatürk'ün Çağdaş Türkiye Projesi'ni "Batıcılık" ya da "Doğuculuk" diye değil "akılcılık" diye adlandırmak çok daha doğrudur.

Atatürk'ün Çağdaş Türkiye Projesi, çok özgün bir projedir. Atatürk'ün evrensel akılla kendi köklerinden beslenen Çağdaş Cumhuriyet Projesi, yüzyılın başındaki birçok uygarlık projesini aşmayı başarmış ve kendi özgün tarzını yaratmıştır. Bu gerçeği bugün neredeyse bütün dünya kabul etmektedir. Örneğin Alman filozofu Herbert Melzig, *"Kemal Atatürk: Untergang und Aufstieg der Türkei"* *(Kemal Atatürk: Türkiye'nin Çöküşü ve Yükselişi)* adlı kitabında bu konuda şu değerlendirmeyi yapmıştır:

"Yeni Türkiye, Atatürk'le yalnız İslam anlayış ve görüşlerini değil, aynı zamanda Avrupa'nın düşünme biçimlerini de aşmıştır. Türkiye, bir dürüstlük, içtenlilik ve gerçekçilik politikası gütmekte ve bu yüzden tepkilere ve başarısızlıklara uğramamaktadır."[210]

Atatürk'ün Çağdaş Türkiye Projesi, kapitalist, Marksist ve

---

[210] Ozankaya, **age.**, s. 5.

sosyalist projeleri aşmayı başaran ender projelerden biridir. Nitekim Kurtuluş Savaşı'nın başlarında, *"Adımızı koyalım, adımızı bilelim; kapitalist miyiz, sosyalist miyiz, Bolşevik miyiz, adımızı bilelim,"* diye soranlara, yeni uygarlık tasarımının bilinciyle, *"Efendiler, değişmelerin, durgun ve değişmez kuralları olmaz; onun için biz benzememekle ve benzetmemekle övünmeliyiz; kendimiz olmalıyız,"* demiştir.[211]

Atatürk'ün başarıyla düşünceden uygulamaya geçirdiği Çağdaş Türkiye Projesi, dünyayı şaşırtmıştır. Örneğin Fransa Başbakanı Prof. Dr. Heriot, Atatürk'e şöyle seslenmiştir:

"Paşa, size nasıl hayran olmayayım? Ben Fransa'da laik bir hükümet kurmuştum. Bu hükümeti Papa'nın Fransa'daki temsilcisinin yardımıyla papazlar devirdi. Siz ise bir halifeyi kovdunuz ve gerçek anlamda laik bir devlet kurdunuz. Siz bu bağnazlık içinde laikliği bu topluma nasıl kabul ettirdiniz?"[212]

Atatürk, Cumhuriyet'in onuncu yıl dönümünde, 29 Ekim 1933'te yaptığı konuşmada Türkiye Cumhuriyeti'nin temelinde *"Türk kahramanlığı"* ve *"Yüksek Türk kültürü"* olduğunu ifade etmiştir: *"Az zamanda çok ve büyük işler yaptık. Bu işlerin en büyüğü, temeli Türk kahramanlığı ve yüksek Türk kültürü olan Türkiye Cumhuriyeti'dir."*

Devrimini Halkın Ayağına Götüren Devrimci

Atatürk, Çağdaş Türkiye Projesi'ni hayata geçirmek için yaptığı devrimleri sadece düşünüp, planlayıp gerçekleştirmekle yetinmemiş, aynı zamanda devrimlerini bizzat halka, halkın ayağına götürmüştür. Örneğin Harf Devrimi'ni, Dil ve Tarih tezlerini, Kılık Kıyafet (Şapka) Devrimi'ni halkın ayağına giderek bizzat halka anlatmıştır.

Harf Devrimi'ni gerçekleştirdikten sonra önce Dolmabahçe Kurslarını başlatarak bu kurslarda yakın arkadaşları başta olmak üzere dönemin devlet adamlarına ve aydınlarına ilk alfabe

---

211 age., s. 7.
212 age., s. 8.

derslerini vermiş, daha sonra da bir yurt gezisine çıkarak il il dolaşıp yeni harfleri kara tahta başında halka anlatmıştır.

Dil ve Tarih tezlerini bizzat geliştirmiş, tarih çalışmaları yapmış, tarih ve dil kurultaylarına katılmış, lise tarih kitaplarının bazı bölümlerini ve "*Vatandaş İçin Medeni Bilgiler*" kitabını yazmış, çok sayıda yeni sözcük türetmiş, Arapça matematik ve geometri terimlerini Türkçeleştirirmiş, bu amaçla bir geometri kitabı yazmış, bazı gramer kurallarını belirlemiş, yeni Türk harflerini ve çağdaş kılık kıyafetleri bizzat halka tanıtarak Harf Devrimi'ni ve Kılık Kıyafet (Şapka) Devrimi'ni gerçekleştirmiştir.

Cumhuriyetin ilanından ve halifeliğin kaldırılmasından önce, 1923 ve 1924 yıllarında yurt gezilerine (Batı ve Güney Anadolu gezilerine) çıkarak halkın nabzını yoklamış, bu devrimler konusunda halkın ve gazetecilerin görüşlerini almış ve kendi görüşlerini onlarla paylaşmıştır.[213] 1923-1930 arasındaki devrimlerin halka nasıl yansıdığını bizzat görmek için 1930 yılında da bir yurt gezisine çıkmıştır. Dünyada devrimini hem düşünen, hem

---

[213] Atatürk, Ocak 1923'teki Batı Anadolu gezisi ve 16-17 Ocak'taki İzmit Basın toplantısında İstanbul gazetecileriyle ve halkla buluşarak yapacağı devrimlerden söz etmiş, gazetecilerin ve halkın bu konudaki görüşlerini almıştır. Bkz. Arı İnan, **Gazi Mustafa Kemal Atatürk'ün 1923 Eskişehir-İzmit Konuşmaları**, Ankara, 1982.

planlayan, hem halka soran hem de bizzat halkın ayağına kadar götüren tek devrimci Atatürk'tür.

* * *

Atatürk'ün Çağdaş Türkiye Projesi'nin merkezinde "çağdaş eğitim" vardır. Çağdaş eğitimin temel nitelikleri ise "akılcı", "bilimsel" ve "laik" olmasıdır.

İşte Atatürk bu nedenle bir ölüm kalım mücadelesi olan Kurtuluş Savaşı'nın en zor döneminde; Batı Cephesi'nde Yunan saldırısının yeniden başladığı 15-21 Temmuz 1921 arasında Ankara'da bir Maarif (Eğitim) Kongresi toplamıştır. 15 gün sürmesi planlanan kongre, Yunan saldırısının Ankara'ya yaklaşması nedeniyle bir haftanın sonunda bitirilmiştir.[214]

İşte düşmanın topuyla tüfeğiyle kapıya dayandığı bir anda bile geleceğin Türkiyesi'ni sağlam temeller üzerinde kurmak amacıyla eğitim işlerini konuşmak için Anadolu bozkırının orta yerinde, Ankara'da bir eğitim kongresi düzenleyebilmektir Atatürk mucizesi... Bu bakımdan Atatürk'ün Çağdaş Türkiye Projesi, bu yönüyle gerçek anlamda bir çılgın projedir!...

Çağdaş Türkiye Projesi'nin Kitabı: Vatandaş İçin Medeni Bilgiler

Atatürk, Çağdaş Türkiye Projesi'ni, Afet İnan'a dikte ettirdiği ve 1931 yılında yayımlanan *"Vatandaş İçin Medeni Bilgiler"* adlı kitapta toplamıştır. *"Vatandaş İçin Medeni Bilgiler,"* 1931'den 1939'a kadar ortaokullarda "yurttaşlıkla" ilgili tek ders kitabı olarak okutulmuştur.

Atatürk bu kitapta Çağdaş Türkiye'nin nasıl olması gerektiğini askerlikten, vergi sistemine, dilden tarihe, demokrasiden kadın haklarına kadar çok geniş bir düzlemde; haklar, özgürlükler, görevler ve sorumluluklar bağlamında değerlendirmiş ve neredeyse her konuda çağdaşlığın ne anlama geldiğini açıklamıştır.

---

[214] Ayrıntılar için bkz. Zeki Sarıhan, **1921 Maarif Kongresi**, Ankara, 2009.

"*Vatandaş İçin Medeni Bilgiler*" kitabı dikkatle incelenecek olursa, Atatürk'ün çağdaşlığın temeline akıl, bilim ve sorgulamayı yerleştirdiği ve ayrıca demokrasiye, insan haklarına, laiklik ve özgürlüğe, tarih bilincine, milli birlik ve berberliğe, tam bağımsızlığa, yurttaşların hak ve ödevlerine geniş yer verdiği görülecektir.

"*Vatandaş İçin Medeni Bilgiler*" kitabı 16 bölümden oluşmuştur: Millet (Türk Milleti'nin Mütalâası); Devlet; Cumhuriyet; Türkiye'de Cumhuriyet Nasıl Oldu?; İlk Hak, İlk Vazife ve Hak ile Vazifenin Münasebeti; Vatandaşa Karşı Devletin Vazifeleri; Hürriyet, Bağlılık (*Solidarité*); Çalışmak-Meslek; Vatandaşın Devlete Karşı Başlıca Vazifeleri; İntihap (İntihap Hakkında Umumî Bilgiler); Vergi Hakkında Umumî Bilgiler; Askerlik Vazifesi; İntihap/Seçim (Türkiye'de Mebus İntihabatının Kanunen Sureti Cereyanı); Vergi (Türkiye Cumhuriyeti'nde Vergi Sistemi); Askerlik (Askere Girmeden Evvel ve Girdikten Sonra Askerlik Muamelelerine Dair Kısa Bilgiler) ve Hürriyet.[215]

Atatürk, "*Vatandaş İçin Medeni Bilgiler*" kitabında millet tanımını, "ırka" göre değil "kültür"e göre yapmıştır. Kitabın ilk konusunu oluşturan "Millet" bölümünde, "*Bir harstan (kültürden) olan insanlardan mürekkep cemiyete millet denir dersek milletin en kısa tarifini yapmış oluruz,*" denmiştir. Milleti; dil, kültür ve ülkü birliğine bağlı vatandaşların oluşturduğu siyasal ve sosyal birlik olarak tanımlamıştır.

"*Vatandaş İçin Medeni Bilgiler*"de Atatürk, eleştirel aklın önemini ortaya koymak için çok cesurca genelde dinlere özel-

---

215 Vatandaş İçin Medeni Bilgiler'in **CHP Genel Sekreteri Recep Peker** tarafından hazırlanan ikinci cildinde Teşkilat-ı Esasiye; Türkiye Büyük Millet Meclisi; Meclisin İşlemesi; Heyeti Umumiye; Kanun; Bütçe; Muhasebet Divanı; Devlet Şûrası; Siyasi Fırkalar; Hükümet Teşkilâtı; Adliye; Temyiz Mahkemesi; Ticaret Davaları; Avukat ve Baro; Dahiliye; Vilâyetlerin Hususi İdaresi; Belediyeler; Köy; Memurlar; Hariciye; Eski Kapitülasyonlar; Maarif; Maliye; Nafıa; İktisat; Şirketler; Bankalar; Sıhhiye ve İçtimaî Muavenet; Aile, Milli Müdafaa bölümleri yer almıştır. Bkz. Recep Peker, **İnkılâb Dersleri**, TC Maarif ve Derleme Müdürlüğü, 1935.

de İslam dinine "eleştirel" bir gözle yaklaşmıştır.[216] Bugünün Türkiyesi'nde Evrim Teorisi'nin ders kitaplarından çıkarılmasının gündeme geldiği düşünülecek olursa, Atatürk'ün 80 yıl önceki yaklaşımının ne anlama geldiği çok daha iyi anlaşılacaktır.

Atatürk, *"Vatandaş İçin Medeni Bilgiler"* kitabının sonunda "Ek 1"de *"Varidatlar ve Masraflar" (Gelirler ve Giderler)* tablosuna yer vermiştir.[217] *"Vatandaş İçin Medeni Bilgiler"* kitabının sonundaki bu *"Gelirler ve Giderler Tablosu"* çağdaş Türkiye'nin çağdaş vatandaşlarının ekonomik bağımsızlığa çok önem vermeleri gerektiğini gösteren bir işarettir.

Dünya tarihinde ulusunu çağdaşlaştırırken çağdaşlığın kitabını yazıp milletinin hizmetine sunan belki de tek devrimci Mustafa Kemal Atatürk'tür.

---

216 Atatürk'ün, **Vatandaş İçin Medeni Bilgiler** kitabındaki kendi elyazılarına dayanan **din eleştirileri**, genelde Atatürk'ün "dinsizliğine" kanıt olarak gösterilmektedir (Ben buna Doğu Perinçek yaklaşımı diyorum!). Ancak bu yaklaşım, hiçbir sosyolojik, metodolojik, yöntembilimsel çıkarıma dayanmayan çok kaba bir bakışın ürünüdür. Atatürk'ün stratejik hareket tarzından ve metodolojisinden az çok haberdar olan herkes, Atatürk'ün *"Vatandaş İçin Medeni Bilgiler"* kitabındaki din eleştirilerinin, onun **devrim stratejisinin** toplumsal bir yansıması olduğunu kolayca görebilecektir. Atatürk, bu din/İslam eleştirileriyle, "dinamik devrim" ideali çerçevesinde dinlerin kalıplaşmış kurallarından kurtulmak, bunun için **eleştirel aklı** kullanmak gerektiğini göstermek işemiştir genç kuşaklara. Çünkü Atatürk, "içtihat kapısı" uzun bir zamandır kapanmış bir dinle sarıp sarmalanmış, bu sırada aklı ve bilimi tamamen hayatından çıkarmış bir topluma yapılabilecek en etkili "şok tedavisinin" doğrudan din/İslam eleştirisi olduğunu çok iyi görebilmiştir. Ancak nasıl ki, Atatürk'ün Kurtuluş Savaşı sırasında din/İslam etrafında toplumsal birlik ve bütünlüğü sağlamak için Balıkesir Paşa Camii'nde minbere çıkıp hutbe vermesini onun "dindarlığına" kanıt olarak gösteremezsek; Atatürk'ün Türk Devrimi'nin en kritik zamanında aklın, bilimin ve eleştirel aklın önemini ortaya koymak için *"Medeni Bilgiler"* kitabında yer verdiği din/İslam eleştirilerini de onun "dinsizliğine" kanıt olarak gösteremeyiz. Aslına bakarsanız hiç önemi yok ama, bunu anlamanın çok başka yöntemleri vardır. Bkz. Sinan Meydan, **Atatürk ile Allah Arasında**, İnkılâp Kitabevi, İstanbul, 2009.

217 Afet, **Vatandaş İçin Medeni Bilgiler**, Devlet Matbaası, İstanbul, 1931, s. 145.

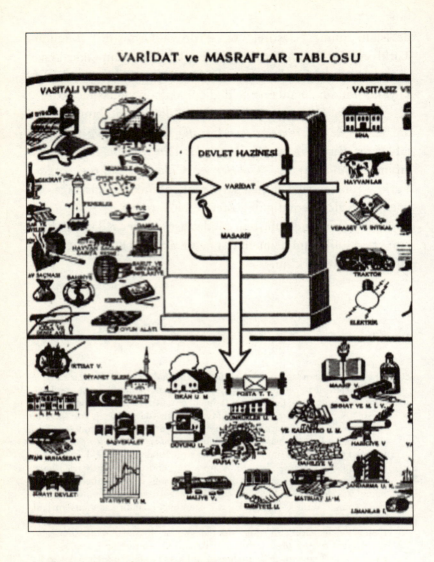

Atatürk'ün Vicdanındaki Milli Sır

Atatürk, kafasında daha ilk gençlik yıllarından beri şekillenmeye başlayan Çağdaş Türkiye Projesi'ni, büyük bir sabırla, adeta ilmik ilmek dokuyarak, en uygun şartlarda ve en uygun zamanda düşünceden uygulamaya geçirmiştir.

Kurtuluş Savaşı yıllarında bir yandan vatanı düşmandan kurtarmanın hesaplarını yaparken öte yandan Çağdaş Türkiye Projesi'nin detaylarıyla uğraşmıştır: Örneğin, bir yandan savaş planları yaparken diğer yandan siyaset, bilim, sanat, kültür, toplum, din konularında çok sayıda kitap okumuştur. O, vatanın bağımsızlığına ve çağdaşlığına aynı anda kafa yormuştur.

Atatürk, Çağdaş Türkiye Projesi'ni vicdanında "bir milli sır" olarak saklayıp yeri ve zamanı gelince düşünceden uygulamaya geçirdiğini Nutuk'ta şöyle ifade etmiştir:

"Milli Mücadele'ye beraber başlayan yolculardan bazıları, milli hayatın bugünkü Cumhuriyet'e ve Cumhuriyet kanunlarına kadar gelen gelişmelerinde kendi fikir ve ruhlarının kavrama sınırları bittikçe bana direnmişler ve muhalefete geçmişlerdir. Ben milletin vicdanında sezdiğim büyük ilerleme kabiliyetini bir milli sır gibi vicdanımda taşıyarak peyderpey bütün içtimai heyetimize tatbik ettirmek mecburiyetinde idim."

Çağdaş Türkiye Projesi onun eseridir. Büyük usta eserini bir milli sır gibi vicdanında taşıyıp "fikir ve ruhlarının kavrama sınırları biten" en yakın arkadaşlarından bile koruyarak Türk toplum hayatına uygulamayı başarmıştır.

Atatürk'ün Çağdaş Türkiye Projesi sayesinde bugün Türkiye –tüm geri dönüş çabalarına karşın– hâlâ yeryüzündeki tek çağdaş Müslüman ülkedir.

PROJE 2

TÜRK ULUS DEVLET (MİLLET) PROJESİ

Dünyanın çok hızlı bir şekilde değiştiği 19. yüzyılda, Balkanlar'da doğan Atatürk, gelecek yüzyılın "ulus devletler çağı" olacağını daha Harp Akademisi'nde öğrenciyken görmüştür. 1789 Fransız İhtilali'yle ortaya çıkan "milliyetçilik" ve "milli egemenlik" gibi kavramların Avrupa'da uluslaşmayı başlattığını anlayan Atatürk, çokuluslu monarşilerin daha fazla ayakta kalamayacaklarını görerek "ulus devlet" modeli üzerine kafa yormaya başlamıştır.

Örneğin 1903 yılında Selanik'te 15 numaralı not defterine, 1870-1871 yılları arasındaki Alman-Fransız Savaşı hakkında bazı notlar almış ve Prusya İmparatorluğu'ndan Alman ulus devletine geçiş sürecini anlatmıştır. Alman-Fransız Savaşı, Alman milli birliğinin oluşmasını sağlamıştır. Atatürk'ün not defterinde anlattığı bu konu, o günün Avrupa'sının çok ileri bir "uluslaşma" adımının, "ulus devlet" modelinin anlatımıdır.[218] Atatürk, "ulus devlet" modeli üzerine kafa yorarken daha sadece 22 yaşında gencecik bir delikanlıdır.

Avrupa'daki "uluslaşma" hareketlerini yakından takip eden genç Atatürk, daha 1905 yılında çevresindekilere, Osmanlı'nın parçalanmakta olduğunu ve yıkılmak üzere olan imparatorluktan yeni bir Türk devleti çıkarmak gerektiğini söylemiştir. 1905'te 24 yaşında genç bir kurmay subay olarak ilk görev yeri Şam'a giderken Beyrut'ta arkadaşlarına, *"Dava yıkılmak üzere olan imparatorluktan önce bir Türk devleti çıkarmaktır,"* demiştir.[219]

Atatürk, Osmanlı'nın emperyalist bir kuşatmayla çevrildiğini görmüş ve imparatorluğun yaşadığı asırlık sorunlarla bu kuşat-

---
218 İnan, **Atatürk'ün Not Defterleri**, s. 72, 73.
219 Ali Fuat Cebesoy, **Sınıf Arkadaşım Atatürk**, İstanbul, ty, s. 129.

mayı yarmasının imkânsız olduğunu anlamıştır. Ona göre Osmanlı Devleti, gözü dönmüş emperyalist devletlerin, kanla, ateşle onu tasfiye etmelerine fırsat vermeden, bunu mantıklı bir plan dahilinde kendisi gerçekleştirmelidir. Ona göre en mantıklı plan, Anadolu merkezli bir Türk devleti kurmak için mücadele etmektir.

Ali Fuat Cebesoy anılarında, Atatürk'ün Misak-ı Milli'nin esaslarını 1907'de belirlediğini şöyle ifade etmiştir:

"Mustafa Kemal, Misak-ı Milli'nin esaslarını 1907'de belirlemiş, yurdunu tehlikeden kurtarmak için ne gibi çareler düşünüp bulduğunu yürekli biçimde ortaya koymuştur.

Ben sevgili arkadaşımın düşüncelerini daha Karaferiye'deyken dinledim.

Mustafa Kemal ilk çare olarak şöyle düşünüyordu:

'Meşrutiyet, köhneleşmiş ve düzenini yitirmiş olan Osmanlı İmparatorluğu'nun gövdesi üzerinde değil, aksine Türk çoğunluğun yaşadığı kısım üzerine oturtulmalı, düşmanlarının yani büyük devletlerin yapacağı bir ayıklama yerine devrim yönetimi kendi başına bir Türk devleti kurmalıdır.'"[220]

Görüldüğü gibi Atatürk'ün kafasında daha 1907 yılında bir "ulus devlet" projesi vardır. Bu projeye göre, Doğu ve Batı Trakya bizde kalacak, Edirne'nin kuzey sınırları Bulgaristan aleyhinde düzenlenecektir. Kıyılarımıza yakın adalar Türkiye'ye ait olacak, diğerleri Yunanistan'a verilecektir. Türkiye'deki Rum, Bulgar ve Sırplar, dışarıdaki Türklerle mübadele edilecektir. Güney sınırı, Hatay-Halep ve Musul'u kapsayacak, diğer yerler Araplara bırakılacaktır.[221] Atatürk'ün Halep üzerindeki iddiası, halkının dörtte üçünün Türk olduğu inancından kaynaklanmaktadır.[222]

Atatürk böyle bir tasfiye fikrinin, ileriyi göremeyenlerce hoş karşılanmayacağını da tahmin ederek şöyle demiştir:

"Biliyorum, ileriyi görmek istemeyenler, imparatorluktan toprak önerisi yapılmasını hoş karşılamayacaklar; hatta bizi ihanetle itham edecekler olacaktır..."[223]

---

220 age., s. 135, 136.
221 age., s. 135-139.
222 Mustafa Onar, **Atatürk'ün Kurtuluş Savaşı Yazışmaları**, C I, Ankara, 1995, s. 11.
223 Cebesoy, age., s. 139.

II. Meşrutiyet sonrasında eğer Atatürk'ün bu Türk Ulus Devlet Projesi hayata geçirilmiş olsaydı, belki de Balkan felaketi yaşanmayacak, Sarıkamış Dağları'nda, Yemen çöllerinde ve Anadolu yaylasında on binlerce Türk evladı şehit olmayacak ve tarih çok daha başka türlü yazılacaktı.

Atatürk, bütün akıllı projeleri gibi "Türk Ulus Devlet Projesi"ni de Türkiye'deki ve dünyadaki gelişimi ve değişimi çok iyi görerek geliştirmiştir. Osmanlı Devleti'nin 19. yüzyılın sonunda ve 20. yüzyılın başında Avrupa'daki, Balkanlar'daki, Kuzey Afrika'daki ve Arap Yarımadası'ndaki topraklarını kaybetmesi devletin çokuluslu yapısına büyük bir darbe vurmuştur. Özellikle Balkanlar'ın kaybedilmesiyle Osmanlı Devleti'ndeki gayrimüslim nüfusta büyük bir azalma görülmüştür. Balkan Savaşı'ndan sonra Balkan Türklerine yapılan baskılar, işkenceler ve katliamlar ve bunun sonucunda binlerce Türkün, Bulgar zulmünden kaçarak Anadolu'ya sığınmasıyla Anadolu'daki Türk nüfusunu artırmıştır. Bir taraftan Türklerin yaşadıkları sıkıntılar, diğer taraftan Avrupa'da Türkoloji konusunda yapılan araştırmalar, çok geçmeden Türkçülük akımının doğmasına ve Osmanlı'nın son dönemlerine damgasını vuran İttihat ve Terakki Partisi'nin temel ideolojilerinden biri haline gelmesine yol açmıştır. Azerbaycan'da Hüseyin Zade Ali Turan, Türkiye'de Yusuf Akçura ve Ziya Gökalp gibi aydınların çabalarıyla asırlardır dışlanmış olan Türklük ve Türkler yeniden hatırlanmıştır.

Meşrutiyet yıllarında Osmanlı'da çok ciddi Türkçülük tartışmaları yapılmış, İttihat ve Terakki Partisi kendisini Türkçü bir zeminde tanımlamıştır. Ancak bütün bu gelişmeler, çökmekte olan Osmanlı Devleti'nin bir "ulus devlete" evrilmesini sağlayacak güce ulaşamamıştır. Başta Enver Paşa olmak üzere İttihatçılar Türkçülüğü, Atatürk'ün anladığı gibi, Anadolu merkezli bir Türk ulus devletinin temel ideolojisi olarak değil de, başta Rusya olmak üzere dünyadaki Türkleri bir araya getirerek bir Turan İmparatorluğu kurma hayali olarak görmüşlerdir. Bu nedenle de İttihatçılar Türkçülükten çok Türkçülükle beslenen Turancılık'a yönelmişlerdir.

Önce Çanakkale Savaşı'nda daha sonra da Kurtuluş Savaşı'

nda Anadolu'daki Müslüman etnik unsurların (Türk-Kürt-Laz-Çerkez vs.) el ele vererek hep birlikte Hıristiyan düşmanlara karşı Anadolu'yu savunmaları, Anadolu'daki Müslüman unsurların (Atatürk'ün ifadesiyle anasır-ı İslam) "milletleşme" sürecini hızlandırmıştır. Atatürk, Kurtuluş Savaşı sırasında, *"Meclisi alimizi oluşturan insanlar yalnız Türk değildir, yalnız Çerkez değildir, yalnız Kürt değildir; fakat hepsinden oluşan anasır-ı İslamiyedir,"* diyerek vatanlarını kurtarmak için savaşan bütün "Müslüman" etnik unsurları bir "millet" olarak adlandırmıştır. Kurtuluş Savaşı'ndan sonra ise, *"Türkiye Cumhuriyeti'ni kuran Türkiye halkına Türk milleti denir,"* diyerek de Türkiye Cumhuriyeti'nin kuruluşunda katkısı olan herkesi *"Türk milleti"* diye tanımlamıştır.

Kurtuluş Savaşı sırasında işgalciler Hıristiyan, işgale uğrayan ve vatanını savunmak durumunda olanlar ise Müslüman olduğundan Atatürk, milleti *"anasır-ı İslam"* diyerek "din" ekseninde tanımlamak zorundan kalmıştır. Fakat cumhuriyetin ilanından sonra "Türk Ulus Devlet Projesi" kapsamında, Türkiye'deki Türk, Laz, Çerkez vb. bütün unsurları etnik yapılarına ve dinlerine bakmaksızın *"Türk milleti"* olarak adlandırmıştır. Çağdaş bir devletin milleti tanımlarken dine ve etnik yapıya göre bir tanım yapması son derece gerici ve faşizan bir yaklaşım olacağından Atatürk de milleti tanımlarken dine ve ırka göre değil ortak geçmişe, ortak dile, ortak kadere, ortak kültüre vurgu yapmıştır. Bunu da, *"Türkiye Cumhuriyeti'ni kuran Türkiye halkına Türk milleti denir,"* şeklinde ifade etmiştir.[224] Ancak Atatürk'ün milleti böyle tanımladığı 1920'lerde ve 1930'larda Avrupa'da birçok ülkede milletin "etnik" ve "dinsel" olarak tanımlandığı da göz ardı edilmemelidir.

Atatürk'ün kafasında Türk Ulus Devlet Projesi çok uzun bir zamanda şekillenmiştir. Okudukları dışında özellikle bazı yaşadıkları bu projeyi geliştirmesinde çok etkili olmuştur. Örneğin 1906 yılında Şam'da kurmay yüzbaşıyken bir gün garnizonda kavga eden biri Türk diğeri Arap kökenli iki eri karşısına alan bir nöbetçi subayın kimin haksız olduğunu araştırmadan, *"Sen*

---

224 Sinan Meydan, **Cumhuriyet Tarihi Yalanları**, 2. Kitap, İstanbul, 2011, s. 259.

kim oluyorsun da kavm-i necipten birine hakaret ediyorsun," diye Türk erini suçlayıp aşağılaması, Belgrat İstasyonu'nda başında fes bulunan arkadaşı Yüzbaşı Selahattin'le dalga geçilmesi, Atatürk'de imparatorluk içindeki üstün kavim anlayışına ve Türklerin itilip kakılmalarına karşı büyük bir tepki doğurmuş ve onun Türklük duygularını kamçılamıştır.

Batı'nın Türkleri "barbar" diyerek aşağılaması ve Osmanlı'nın Türkleri yönetimden dışlayıp merkezden çevreye itmesi, Atatürk'ün Türk Ulus Devlet Projesi'ni geliştirmesinde etkili olan temel nedenlerdir.

Dönme-Devşirme-Hanedan-Soylu Saltanatından Halkın Saltanatına

Atatürk, bir Osmanlı paşası olarak Osmanlı'da Türklerin nasıl dışlandıklarını, hatta her fırsatta aşağılandıklarını çok iyi görmüş ve ilk fırsatta bu duruma son vermenin hesaplarını yapmıştır. Atatürk'ün kafasında Türk Ulus Devlet Projesi'nin biçimlenmesinde Osmanlı'nın Türkleri dışlayan "millet sisteminin" çok büyük bir etkisi vardır.

Şu sözler Atatürk'e aittir:

"Osmanlı halkı içindeki Türk milleti de tamamen esir duruma getirilmişti. Bu sonuç arz ettiğim gibi milletin kendi iradesine ve kendi hâkimiyetine sahip bulunmamasından ve bu irade ve hâkimiyetin şunun bunun elinde olmasından kaynaklanıyordu."[225]

Atatürk, Osmanlı hanedanının yurtdışına çıkarılmasıyla ilgili kanunun kabulünden sonra şöyle demiştir:

"Sarayların içinde Türk'ten farklı unsurlara dayanarak, düşmanlarla ittifak ederek, Anadolu'nun Türklüğün aleyhinde yürüyen çürümüş gölge adamların Türk vatanından kovulması, düşmanların denize dökülmesinden daha kurtarıcı bir harekettir."[226]

---

225 Atatürk'ün Söylev ve Demeçleri, C 2, Ankara, 1997, s. 103-105 (sadeleştirilmiştir).
226 Kocatürk, age., s. 63.

Atatürk'e göre Osmanlı İmparatorluğu izlediği fetih siyaseti sonunda zamanla fethettiği yerleri korumakta güçlük çekmiş, buralarda yaşamakta olan farklı din, dil ve geleneklere sahip milletlere bütün bu farklılıklarını koruyabilecekleri istisnalar, imtiyazlar verdikten sonra Türkleri de bunlara muhafız yapmıştı. Atatürk, Türklerin imparatorlukta askerlikten başka bir şeyle uğraşmadıklarını, oysa diğer milletlerin çalışarak zenginleştiklerini ve sonuçta Türklerin kendi anayurtlarında başkalarına muhtaç duruma düştüklerini belirtmiştir. Şu sözler Atatürk'e aittir:

"... *Bu itibarla millet, asli unsur (Türkler), kendi evinde, kendi yurdunda kendi hayatını devam ettirmek için çalışmaktan tamamen mahrum bir halde bulunuyordu. Bu padişahlar milleti böyle diyar diyar dolaştırmakla, onlara kendi yurtlarını düşünmeye müsaade etmemekle de yetinmiyorlardı. Belki fetih dairesi içine gelen halkı memnun edebilmek için asli unsurun hukukundan hayat kaynağı ve ekonomisinden birçok şeyleri lütuf olarak, ihsan olarak, hediye olarak onlara bahşediyorlardı. Mesela Fatih zamanında Cenevizlilere ve Portekizlilere verilen imtiyazlar ile açılan yol kendisinden sonra daima genişlemiştir...*"[227]

Atatürk bu değerlendirmelerinde çok haklıdır. Gerçekten de Osmanlı İmparatorluğu yabancı unsurlara verdiği hakları hiçbir zaman kurucu unsur Türklere vermemiştir. Hatta o meşhur hoşgörüsünden de sadece gayrimüslim yabancı unsurları yararlandırmıştır; hiçbir zaman Müslüman yerli unsurlar Osmanlı hoşgörüsünden yararlanamamıştır.

"*Osmanlı Devleti, imparatorluk olması ve bu imparatorluğu ayakta tutabilmesi nedeni ve gereği ile elbette kendini kuran topluluklara hoşgörülü davranacaktı. Her topluluk kendi dininin gereğini yerine getirmede özgür bırakılmıştı. Ama Müslüman olan Türkler özgür müydüler? Ramazanlarda oruç yedi diye az mı insan hapse atılmıştı?*"[228]

Atatürk aynı konuşmasında Osmanlı'nın asıl unsuru Türklerin "kılıçla" fetih yaparak toprak aldıklarını, alınan bu toprak-

---
227 **Atatürk'ün Söylev ve Demeçleri**, C 2, s. 106.
228 Akarsu, age., s. 269.

larda yaşayan yabancıların ise "sabana" sarılarak çalıştıklarını belirtmiş ve şöyle devam etmiştir:

"Arkadaşlar, kılıç ile fetih yapanlar, sabanla fetih yapanlara mağlup olmaya ve sonunda mevkilerini terk etmeye mecburdurlar. Nitekim Osmanlı saltanatı da böyle olmuştur. Bulgarlar, Sırplar, Macarlar, Romenler sabanlarına yapışmışlar, varlıklarını korumuşlar, güçlenmişler; bizim milletimiz de böyle fatihlerin arkasında serserilik etmiş ve kendi anayurdunda çalışmamış olmasından dolayı bir gün onlara mağlup olmuştur..."

Atatürk, Osmanlı'da asıl unsur Türklerin içine düştüğü bu durumdan Osmanlı yönetim biçimini sorumlu tutmuştur.

"Efendiler, milletin içine düştüğü bu hazin halin, bu sefaletin nedenini arayacak olursak doğrudan doğruya devlet mefhumunda buluyoruz. Biliyoruz ki Osmanlı Devleti saltanatı şahsiye ve son beş on sene süresince de saltanatı meşrute esasına uygun olarak yönetilmiştir.

Arkadaşlar, saltanatı şahsiyede her konuda padişahların arzusu, iradesi ve emeli hâkimdir. Söz konusu olan yalnız odur. Milletin emelleri, arzuları, ihtiyaçları söz konusu değildi..."[229]

Atatürk Osmanlı tarihinin bir milletin değil bir hanedanın tarihi olduğunu şöyle ifade etmiştir: *"Efendiler, Osmanlı tarihini incelersek görürüz ki bu bir milletin tarihi değildir. Milletimizin geçmişteki halini ifade eden bir şey değildir. Belki milletin ve milletin başına geçen birtakım insanların hayatlarına, ihtiraslarına, teşebbüslerine ait bir hikâyedir..."*[230]

İşte Atatürk, Kurtuluş Savaşı'ndan sonra düşünceden uygulamaya geçirdiği Türk Ulus Devlet Projesi sayesinde hem 600 yıldır devam eden hanedan egemenliğindeki (sultan/halife) monarşik yapıya hem de "merkeze" yerleşmiş olan "dönme-devşirme-soylu" egemenliğindeki çokuluslu yapıya son vererek bir ulus devlet kurmuştur. Böylece yüzyıllardır "çevreye" itilmiş olan Türkleri yeniden merkeze taşıyarak, bu ulus devletin odağına yerleştirmiştir.

---

229 Atatürk'ün Söylev ve Demeçleri, C 2, 106-108.
230 İnan, *Gazi Mustafa Kemal Atatürk'ün 1923 Eskişehir–İzmit Konuşmaları*, s. 27.

30 Ağustos 1923'te Büyük Taarruz'un birinci yıldönümünde Dumlupınar'da yaptığı konuşmada şöyle demiştir:

"... Milletimizin uzun yüzyıllardan beri, hanlar, hakanlar, sultanlar, halifeler elinde, onların baskı ve ezinci altında ne kadar ezildiğini, onların hırslarını tatmin yolunda ne kadar büyük felaketlere ve zararlara uğradığını düşünürsek milletimizin hâkimiyeti eline almış olması olayının büyük azamet ve ehemmiyeti gözlerimizin önünde belirir."

"Saraylarının içinde Türk'ten başka öğelere dayanarak, düşmanla birleşerek Anadolu'nun, Türklüğün aleyhinde yürüyen çürümüş gölge adamların Türk yurdundan kovulması, düşmanların denize dökülmesinden daha kurtarıcı bir devrimdir."

Atatürk, Osmanlı'nın monarşik-teokratik karakterli "kişi" idaresine son vererek laik karakterli "halk" idaresini kurmuştur.

Şu sözler Atatürk'e aittir:

"Osmanlı tarihi baştan sona hakanların, padişahların kısacası kişilerin, bir parça da mutlu azınlıkların davranışlarını ve girişimlerini sayıp döken bir destandan başka bir şey değildi. Osmanlı Devleti'ni ve Osmanlı Devleti gibi çok devletleri kurmuş olan Türk ulusu yok olmamıştır. İçten ve dıştan gelen tiksindirici vuruşla birdenbire uyanmış, silkinmiş, birleşip kaynaşarak ortaya atılmıştır. İşte ulusumuz bu silkiniş gününden başlayarak bu ulusal yaşayış dönemine girmiştir. Halk egemenliği dönemi böyle başlamıştır."

"... Artık hükümet ile ulus arasında geçmişteki ayrılık kalmamıştır. Hükümet ulustur, ulus hükümettir. Artık hükümet ve hükümetin üyeleri, kendilerinin ulustan ayrı olmadıklarını ve ulusun efendi olduğunu tam olarak anlamışlardır..."

Atatürk, Türkiye'nin asıl sahibi olan köylünün (bir anlamda köylü olmaya zorlanan Türklerin) Osmanlı döneminde ezildiğini, dışlandığını belirterek, bundan sonra köylüye "milletin efendisi" gibi davranılacağını ifade etmiştir:

"Türkiye'nin sahibi ve efendisi kimdir? Bunun cevabını hemen birlikte verelim. Türkiye'nin gerçek sahibi ve efendisi, gerçek üretici olan köylüdür. O halde herkesten daha çok refah, saadet ve servete hak kazanmış ve layık olan köylüdür.

Efendiler, diyebilirim ki bugünkü felaket ve yoksulluğun tek sebebi bu gerçeği görememiş olmamızdır. Gerçekten yedi asırdan beri dünyanın çeşitli taraflarına sevk ederek kanlarını akıttığımız, kemiklerini topraklarında bıraktığımız ve yedi asırdan beri emeklerini ellerinden alıp israf ettiğimiz ve buna karşılık daima küçük ve hor görerek mukabele ettiğimiz ve bunca fedakârlık ve ihsanlarına karşı, nankörlük, küstahlık, zorbalıkla uşak derecesine indirmek istediğimiz bu gerçek sahibin huzurunda tam bir utanç ve saygı ile yerimizi alalım..."[231]

Atatürk Türk halkına, Anadolu köylüsüne hayrandır. Kurtuluş Savaşı'nın başlarında, Amasya'da kendisini coşkuyla karşılayan halk kitlesini gördüğünde hissettiği duyguları gazeteci Ruşen Eşref'e şöyle anlatmıştır:

"Bak kardeşim, böyle ulustan nasıl ayrılırsın! Bu yırtık-pırtık giysilerin içinde perişan gördüğün insanlar yok mu, onlarda öyle yürek, öyle cevher vardır ki, olmaz şey! Çanakkale'yi kurtaran bunlardır. Kafkas'ta, Galiçya'da, şurada burada arslanlar gibi çarpışan, yokluğa aldırmayan bunlardır. Şimdi bu adamların düzeyini toplumsal bakımdan yükseltmek, herhangi bir mevki hırsından daha iyi değil midir? Bu insani çabaların yanında siyasi kavgalar bayağı kalır, değil mi ya! Siyasi kavgaların çoğu boş ve yararsızdır. Ama toplumsal çalışma her zaman için verimlidir. Bizim aydınlarımız buna çalışmalı. Neden Anadolu'ya gelip uğramazlar? Neden ulusla doğrudan doğruya ilişki kurmazlar? Ülkeyi gezmeli, ulusu tanımalı; eksiği nedir, görüp göstermeli. Ulusu sevmek böyle olur. Yoksa sözde sevgi yarar getirmez."[232]

Atatürk gerçekten de dediğini yapmış, Osmanlı döneminde dışlanan köylüyü, Türkleri, kısacası gerçek halkı yüzyıllar sonra yeniden "iktidar" yapmıştır: Atatürk bu durumu: *"Osmanoğulları zorla Türk ulusunun egemenlik ve saltanatına el koymuşlardı ve bu baskıcı egemenliklerini altı yüz yıldan beri sürdürmüşlerdi. Şimdi de Türk ulusu bu saldırganların hadlerini*

---

231 Kocatürk, **Atatürk'ün Fikir ve Düşünceleri**, s. 316, 317.
232 Ozankaya, age., s. 105.

bildirerek, egemenlik ve saltanatını, başkaldırarak kendi eline eylemli olarak almış bulunuyor," diye ifade etmiştir. Osmanlı döneminde sadece belli bir hanedandan gelen sultanlar/padişahlar ve onların sözünden çıkmayan Hıristiyan-Yahudi kökenli dönme-devşirme unsurlar devlet yönetiminde görev alabilirken, Cumhuriyet döneminde belli bir hanedana mensup olmayan sıradan fakir halk çocukları dinine, etnik kökenine ve sosyal statüsüne bakılmaksızın devlet yönetiminde görev alabilmişlerdir.

Cumhuriyet tarihinde Atatürk dahil devletin en üst kademesine kadar yükselen devlet adamlarının (cumhurbaşkanlarının-başbakanların) **baba mesleklerine** bakıldığında Cumhuriyet'in gerçekten "halkçı" bir düzen kurduğu çok açık bir şekilde görülecektir.

Cumhurbaşkanı/ Başbakan	Babası	Baba Mesleği
Atatürk	Ali Rıza Bey	Gümrük Memuru Kereste Tüccarı
İsmet İnönü	Hacı Reşit Bey	Zabit kâtibi
Celal Bayar	Abdullah Fehmi Efendi	Müftü
Cemal Gürsel	Ağabeydin Bey	Asker
Cevdet Sunay	Sabri Bey	Tabur imamı
Fahri Korutürk	Osman Sabit Bey	Kale muhafızı
Kenan Evren	Hayrullah Bey	Hoca-Müftü
Şükrü Saraçoğlu	Mehmet Tevfik	Saraç
Hasan Saka	Yunus Efendi	Hafız
Şemsettin Günaltay	İbrahim Efendi	Müderris
Adnan Menderes	İbrahim Ethem	Çiftçi
Hayri Ürgüplü	Hayri Efendi	Nazır
Süleyman Demirel	Yahya Demirel	Çiftçi
Turgut Özal	Mehmet Sıddık	Bankacı
Necmettin Erbakan	Mehmet Sabri	Hâkim
Abdullah Gül	Ahmet Hamdi	Demirci
R. Tayyip Erdoğan	Ahmer Bey	Kıyı Kaptanı

Bu liste, Atatürk'ü tepeden inmeci (jakoben), Cumhuriyeti elitist (seçkinci) ve halktan uzak göstermek isteyen yobaz-liboş ittifakının maskesini fena halde düşürmektedir.

Yakın zamanlarda, Abdullah Gül için "ilk dindar cumhurbaşkanı", Tayyip Erdoğan için de "halkın içinden gelen ilk başbakan" gibi adlandırmalar yapılarak, sanki Atatürk ve sonrasındaki cumhurbaşkanlarının ve başbakanların üst tabakadan, zengin sınıftan gelen, elitist, halktan uzak kişiler olduğu izlenimi yaratılmak istenmiştir. Bu şekilde kamuyu apaçık bir şekilde kandırılmıştır. Gümrük memuru-kereste tüccarı Ali Rıza Efendi'nin oğlu Atatürk mü elitisttir, üst tabakadandır? Zabit kâtibi Hacı Reşit Bey'in oğlu İsmet İnönü mü elitisttir, üst tabakadandır? Müftü Abdullah Fehmi Efendi'nin oğlu Celal Bayar mı elitisttir, üst tabakadandır? Hafız Yunus Efendi'nin oğlu Hasan Saka mı elitisttir, üst tabakadandır? İlk dindar Cumhurbaşkanı Abdullah Gül ise eğer, Kuran'ın tefsir ve tercümesini yaptıran, sağlam hadis kaynaklarını Türkçeye çevirten Cumhuriyet'in kurucusu Atatürk dindar değil midir? Fırsat buldukça namaz kılan İsmet İnönü dindar değil midir? Kurtuluş Savaşı'nın Galip Hocası Celal Bayar dindar değil midir?

Uzatmayalım! Yukarıdaki listede çok açık bir şekilde görüldüğü gibi Atatürk, herkesin kanun karşısında eşit hak ve imkânlara sahip olduğu; kimsenin dinine, cinsine, etnik kökenine, mesleğine bakılmaksızın herkesin eğitimi, çalışması ve yetenekleri doğrultusunda yükselebildiği bir sistem kurmuştur. Dönme-devşirme-hanedan-soylu unsurların yerine sıradan halkın egemen olduğu bir sistem.

Etnik Köken Değil Aidiyet Duygusu

Atatürk, üniter/milli devlet biçimini seçmiştir. Bu tek devlet, tek millet, tek egemenlik, birlikte kalkınma ve birlikte çağdaşlaşma demektir.[233] Bu sistemin temelinde millet olma bilinci ve aidiyet duygusu vardır.

---

233 Özakman, **Cumhuriyet**, 2. Kitap, s. 670, dipnot 20.

Atatürk'ün kafasında hiçbir zaman federatif sistem yoktur.[234] O, federatif sistemin Osmanlı'yı nasıl yavaş yavaş yıkıma götürdüğünü çok iyi görmüştür.

Atatürk'ün Kurtuluş Savaşı'nda ve sonrasında Kürtlere özerklik vaat ettiği, kocaman bir Cumhuriyet tarihi yalanıdır.[235] Atatürk'ün Kurtuluş Savaşı sırasında zaman zaman Kürt özerkliğinden, daha doğrusu Doğu bölgeleri için "bir çeşit özerk yönetim"den söz etmiş olması, tamamen Kurtuluş Savaşı'nın kendine özgü koşullarıyla ilgilidir. Ayrıca Kürtlerin çoğunlukta olduğu Güneydoğu'nun kendi başına ayakta durması için ne yeterli kaynağı ne de yeterli tarihi tecrübesi vardır. Cumhuriyetin ilan edildiği yıllarda Kürtler arasında okuma yazma oranı %01 bile değildir. Yani Atatürk Kürtlere yerel özerlik verse bile Kürtler bunu yürütecek durumda değildir.[236]

Atatürk, Kürtlerin gerçek kurtuluşunun Türkiye'den ayrı özerk bir yapıya kavuşmalarıyla değil, Türkiye Cumhuriyeti'nin "eşit yurttaşları" olmalarıyla mümkün olacağını görmüştür. Bu nedenle tarih boyunca Kürtleri sömüren emperyalizm destekli aşiret, tarikat ve cemaat yapılanmasına savaş açmış, bölge halkını eğiterek, bilinçlendirerek ve onlara toprak dağıtarak onları ağanın, şeyhin, şıhın kulları olmaktan kurtarıp Türkiye Cumhuriyeti'nin başı dik, onurlu yurttaşları yapmak için politikalar geliştirmiştir.

Turgut Özakman'ın dediği gibi: *"Kurtuluş birlik olmaktı. Bütün kara ve demiryolları, Atatürk barajı, elektrik, köprüler, hastaneler, okullar, kitaplıklar, üniversiteler, havaalanları, tv'ler, Halkevleri, kızlarımızın okumaları, meslek sahibi olmaları, çapulculuk alışkanlığının sona ermesi vb. gelişmeler birlikteliğin, Cumhuriyet'in ürünleridir. Bunun ne kadar büyük bir nimet olduğunu Güneydoğulu yurttaşlarımız bilir."*[237]

---
234 Atatürk bir ara **Türkiye-Suriye** arasında bir **konfederasyondan** söz etmiştir. Bu durumun nedeni iki ülke halkının tarihsel, kültürel yakınlığı ve kadar birliğidir.
235 Bkz. Meydan, age., s. 292 vd.
236 Özakman, age., s. 670, dipnot 20.
237 age., s. 671.

Atatürk, sadece dönme-devşirme, hanedan-soyluların yönetimine teslim edilmiş Türkiye'den, sıradan halkın kendi kendini yönettiği bir Türkiye yaratmıştır.

Türk sözcüğü, hem %85 çoğunluğu oluşturan ve devleti kuran öncülerin etnik adıyken hem de Atatürk'ün "Türk Ulus Devlet Projesi" kapsamında ülkedeki tüm etnik unsurları temsil eden resmi üst kimliğin, yani milletin ortak adıdır. Bu nedenle Atatürk'ün Türk Ulus Devlet Projesi'nde Türk milleti, ırka ve dine dayanmaz.

Bazılarının iddia ettiği gibi "Türk" sözcüğü sonradan icat edilmiş, Osmanlı döneminde ve öncesinde kullanılmayan bir sözcük de değildir. Anadolu 14. yüzyıldan beri Türkiye diye adlandırılmış, Batılı tarih kitaplarında Osmanlılardan Türkler diye söz edilmiştir. Gerçi Osmanlı'nın Türklüğü, tamamı yabancı oyunculardan oluşan bir Türk futbol takımının Türklüğü kadar olsa da Batı'daki algı bu yöndedir.

Anayasada "Türk" kavramı, ırkı belirtmek için değil, vatandaşlık bağını, milletin adını belirtmek için şu şekilde kullanılmıştır: *"Madde 88: Türkiye ahalisine din ve ırk farkı olmaksızın Türk ıtlak olunur (denir)."*[238] Görüldüğü gibi anayasa dinsel ve etnik farklılıkları kabul etmiş, ancak Türk milleti tanımında bu farklılıkları dikkate almayarak "Türkiye ahalisinin" tamamını "Türk" diye tanımlamıştır.

Türkiye Cumhuriyeti kurulurken çok farklı etnik kökenlerden gelen milletvekillerinden oluşan Meclis'te, üst kimlik olarak "Türk" adının kullanılmasına itiraz eden olmamıştır. Çünkü Cumhuriyet, alt kimliklere bir kısıtlama getirmemiştir. Bir millet olabilmek için üst kimliğe vurgu yapılmış, alt kimliklerin üst kimliğin yerine geçmemesine dikkat edilmiştir ve bilindiği gibi Türkiye'de yakın zamanlara kadar kimse kimsenin alt kimliğini merak etmemiş, kimse kimseyi alt kimliğinden dolayı küçük görmemiştir. Nitekim Türkiye'de çok farklı alt kimliklerden insanlar devletin en tepesine kadar çıkabilmiştir.

---

238 Yücel Karlıklı, **Türk Devriminin Temel Belgeleri**, İstanbul, 2010, s. 43.

Meclis'te 9 Mart 1924 tarihinde yeni anayasa (1924 Anayasası) görüşülürken "kavrayıcı" Türk üst kimliği de tartışılmıştır. Bu tartışmalar dikkatle incelenecek olursa genç Cumhuriyet'in nasıl bir "millet" tanımı yapmak istediği çok iyi anlaşılacaktır. Örneğin bu tartışmalar sırasında Hamdullah Suphi Bey, Rumları ve Ermenileri işaret ederek, *"Bunlara da mı Türk diyeceğiz?"* diye sormuştur.[239] Bunun üzerine bazı milletvekilleri Türkiye'deki azınlıklara *"Türkiyeli"* denmesini istemiştir. O tartışmalardan bir bölüm tutanaklara şöyle yansımıştır: *"Bunlara eğer Türklük sıfatı vermeyecek olursak ne diyeceğiz? (Türkiyeli sesleri) İstirham ederim, Türkiyeli hiçbir manayı müfit (anlatır) değildir."*[240] Bu tür öneriler tartışılmış ama dikkate alınmamıştır ve sonuçta Anadolu'daki bütün alt kimliklerin de "Türk milleti" tanımı içinde yer almasına karar verilmiştir. Türk milleti, bir ırkın değil bir uyrukluğun, bir yurttaşlığın adıdır. Nitekim Lozan Antlaşması'nda yeni devletin uyrukları "Türk" olarak adlandırılmıştır.

Ayrıca Lozan Antlaşması'nda Fener Rum Patrikhanesi'nin yetkilerinin kısıtlanmasına karşılık Türkiye'deki gayrimüslimlere önemli ayrıcalıklar verilmiştir. Ancak Türkiye'nin 1926'da İsviçre Medeni Kanunu'nu kabul etmesinden sonra Türkiye'deki gayrimüslimler kendi istekleriyle Lozan'da elde ettikleri ayrıcalıklardan vazgeçerek Türk Medeni Kanunu'ndan yararlanmak istemişlerdir.[241] Örneğin, Ermeni toplumundan 900 seçkin kişi imzaladıkları dilekçe ile Gregorien Ermenilerinin Lozan Antlaşması'nın öngördüğü azınlık haklarından vazgeçtiklerini bildirmişlerdir.[242]

Türk Ulus Devlet Projesini Faşizan Zannetmek

Atatürk'ün Türk Ulus Devlet Projesi'nin ırkçı-faşist bir proje olduğu iddiası çok yaygın bir yobaz-liboş yalanıdır. *"Ne mutlu*

---

239 Hamdullah Suphi (Tanrıöver) Türk Ocakları başkanıdır.
240 **İkinci Dönem Tutanak Dergisi**, C 8/1, s. 910.
241 Paul Gentizon, **Mustafa Kemal ve Uyanan Doğu**, çev. Fethi Ülkü, 3. bas., Ankara, 1995, s. 213, 214, 220.
242 age., s. 220.

Türk olana!" değil, "*Ne mutlu Türküm diyene!*" diyen Atatürk, "Türkiye Cumhuriyeti'ne vatandaşlık bağıyla bağlı herkesi" Türk olarak kabul eden; kökene, ırka, kan bağına değil, Türkiye Cumhuriyeti'ne bağlılığa, Türkiye Cumhuriyeti'ni yükseltip yüceltmek için çalışmaya dayanan, aidiyet duygusunu esas alan bir milliyetçilik anlayışına sahiptir.

Atatürk'ün düşünce kaynaklarından Ziya Gökalp'e göre Türk milliyetçiliği ırka değil aidiyet duygusuna dayanır. Ziya Gökalp araştırmalarında, kendi dedelerinin Türk olduğunu saptadığını belirttikten sonra şöyle demiştir: "*Bununla birlikte, dedelerimin bir Kürt ya da Arap soyundan geldiğini anlasaydım yine Türk olduğum sonucunu çıkarmakta duraksamayacaktım.*"[243]

Şu sözler de Ziya Gökalp'e aittir: "*Kürtleri sevmeyen bir Türk varsa Türk değildir; Türkleri sevmeyen bir Kürt varsa Kürt değildir.*"[244]

Ziya Gökalp'ten etkilenen Atatürk de benzer bir milliyetçilik anlayışına sahiptir. Hatta Atatürk'ün milliyetçilik anlayışı –kuramsal anlamda– Gökalp'in milliyetçilik anlayışından çok daha kavrayıcıdır; çünkü Atatürk, Gökalp'in aksine milliyetçilik tanımında "din bağına" yer vermemiştir.

Atatürk'ün milliyetçilik tanımı tamamen toplumbilimsel bir tanımdır; bir ırka, bir dine, bir mezhebe, bir kültüre bağlı olmak değil, zengin bir anılar mirasına sahip insanların birlikte yaşama arzusudur milliyetçilik. Atatürk, "*Vatandaş İçin Medeni Bilgiler*" kitabında milleti şöyle tanımlamıştır:

"*a) Zengin bir hatıra mirasına sahip bulunan,*
b) Beraber yaşamak hususunda müşterek arzu ve muvakkatte samimi olan,
c) Ve sahip olunan mirasın muhafazasına beraber devam hususunda iradeleri müşterek olan insanların birleşmesinden vücuda gelen cemiyet."[245]

---

243 Ozankaya, age., s. 60.
244 Ziya Gökalp, "*Türklerle Kürtler*", **Küçük Mecmua**, S. 1, 5 Haziran 1922, s. 11.
245 Afet, **Vatandaş İçin Medeni Bilgiler**, Devlet Matbaası, İstanbul, 1931, s. 17.

Atatürk, milleti tanımlarken binlerce yıllık toplumsal kaynaşmayı esas almıştır. Ona göre Türkiye Cumhuriyeti'ne yurttaşlık bağıyla bağlı olmak, "Türk" olmak için yeterlidir. Nitekim, Türkiye Cumhuriyeti vatandaşı olan gayrimüslimler de Türk milletinin bir parçasıdır. Atatürk bu gerçeği, "*Vatandaş İçin Medeni Bilgiler*" adlı kitabında şöyle ifade etmiştir:

"*Bugün içimizde bulunan Hıristiyan, Musevi yurttaşlar, yazgılarını ve tarihlerini Türk ulusluğuna gönülden istekleriyle bağladıktan sonra, kendilerine yan gözle yabancı gibi bakılma, uygar Türk ulusunun soylu ahlakından beklenebilir mi?*"

Atatürk'ün milliyetçiliği "bencilce" ve "mağrurca" bir milliyetçilik değildir. Şu sözler Atatürk'e aittir:

"*Biz öyle ulusçularız ki bizimle işbirliği yapan bütün uluslara saygı duyarız. Onların ulusçuluklarının bütün gereklerini tanırız. Bizim ulusçuluğumuz, bencilce ve mağrurca bir ulusçuluk değildir.*"

Atatürk düşüncesinde milliyetçilik (ulusçuluk) aynı zamanda ulusun çağdaş uygarlık düzeyine çıkmasıdır. Bu bakımdan milliyetçilik evrenselliğe bir geçiştir de.[246]

Cumhuriyetin Türk milleti anlayışı, ulusal toplumun ancak çağın bilim, sanat ve teknolojisi düzeyine ulaşmakla kurtulabileceği bilincine dayalıdır.[247] Yalnızca folklor düzeyinde kalmış kültürel özelliklerle yerellikten, bölgesellikten ve parçalanmışlıktan kurtulmak mümkün olmadığına göre, yapılması gereken, önce yerel folklorik parçalı kültürel özelliklerden bir ulusal kültür yaratmak, daha sonra da bu ulusal kültürle çağdaş kültürün bir parçası olmaktır.

Milliyetçiliğin, dolayısıyla ulusal kültürünün farkında olmayan, ulusal kültürünü işleyerek, geliştirmeyen milletler, evrensel kültüre hiçbir katkı sağlayamazlar. Evrensel kültüre katkı sağlamadan o kültür içinde yer almak ise o kültürü taklit etmekten başka bir işe yaramaz. Bu nedenle Atatürk, önce ulusal kültürün kaynaklarına inmiş; Tarih ve Dil tezleriyle, tarih ve dil kurultay-

---

246 Akarsu, age., s. 89.
247 Ozankaya, age., s. 124, 125.

larıyla, tarama ve derleme çalışmalarıyla Türk ulusal kültürünü açığa çıkarmaya çalışmıştır.

Atatürk'ün milliyetçilik anlayışının en belirgin özelliği laikliği içermesidir. Atatürk, Türk milletinin özgürce düşünen insanlardan oluşmasını istemiştir. Özgür düşüncenin temelinde ise laiklik vardır. Milliyetçilik ve laiklik tarih boyunca hep yan yana giden kavramlar olmuştur. Batı'da milliyetçilik ve laiklik Rönesans'la birlikte doğmuştur. Rönesans'ın getirdiği laiklik her türlü otoriteden, özellikle de dinsel otoriteden bağımsızlaşmadır. Dünyanın hiçbir yerinde dinden bağımsızlaşıp, tam anlamıyla özgürleşmeden "millet bilinci" oluşmamıştır. Bu nedenle Atatürk de milliyetçilikle laikliği hep birlikte görmüş, hatta çoğu kez milliyetçilikle laikliği eşanlamlı olarak kullanmıştır. Bunu en iyi Atatürk'ün eğitim alanındaki düşüncelerinde görebiliriz. Onun çok önem verdiği ulusal eğitim, bilimsel nitelikte laik eğitimdir. Bunu, 22 Eylül 1924'te Samsun öğretmenleriyle yaptığı konuşmada açıkça dile getirmiştir.[248]

Atatürk, fetihçi, saldırgan, yayılmacı ve yabancı düşmanı bir milliyetçilik anlayışına sahip değildir. O, kendi ifadesiyle "ulusal duyguyla insancıl duyguyu yan yana düşünen" bir milliyetçilik anlayışına sahiptir.

"Ulusal sınırlarımız içinde her şeyden önce kendi gücümüze dayanarak varlığımızı koruyup ulus ve ülkenin gerçek mutluluk ve bayındırlığına çalışmak. Gelişigüzel sınırsız istekler ardında ulusu uğraştırıp zarara sokmamak. Uygar dünyadan, uygar, insancıl işlem ve karşılıklı dostluk beklemektir."

"Türk ulusu, ulusal duyguyu insancıl duyguyla yan yana düşünmekten zevk alır. Vicdanında ulusal duygunun yanında insancıl duygunun şerefli yerini her zaman korumakla öğünç duyar. Çünkü Türk ulusu bilir ki, bugün uygarlığın büyük yolunda bağımsız, ama kendileriyle koşut (paralel) yürüdüğü bütün uygar uluslarla karşılıklı, insancıl ve uygar ilişki, kuşkusuz gelişmemizi sürdürmek için gereklidir ve yine bilinmektedir ki,

---

248 Akarsu, age., s. 12, 13.

Türk ulusu her uygar ulus gibi, geçmişin bütün dönemlerinde buluşlarıyla, yaratılarıyla uygarlık dünyasına hizmet etmiş insanların, ulusların değerini bilir ve anılarını saygıyla korur. Türk ulusu, uygarlık dünyasının içtenlikli bir ailesidir."

Atatürk bizzat ifade ettiği gibi "bencil bir milliyetçi" değildir. O, bütün insanlığı düşünen, kendi milleti kadar başka milletlerin de hakkını tanıyan, kendi milleti için amaçladığı laik düzeni, bağımsız ve özgür bireylerden oluşan toplumu, bütün dünya milletleri için de amaçlayan bir milliyetçidir. Dünya milletlerinin –tıpkı yeni Türkiye gibi– kendi milli kültürlerini yitirmeden evrensel kültür içinde yer almasını ve evrensel kültüre katkıda bulunmasını istemiştir. Daha 1920'lerde, *"Bu dünya yeni baştan düzenlenmelidir,"* derken, her milletin eşit haklarla içinde yer aldığı "yeni dünya düzeni" ve "insanlık kültürü" düşlediğini anlatmak istemiştir.[249] Atatürk devrimiyle Türk tarihinde açılan yeni dönem dünyada da yeni bir çağın başlangıcı olmuştur. O güne kadar sömürülen ülkeler ve milletler uyanmaya başlamış ve sömürü düzenine başkaldırılabileceğini anlamışlardır.[250]

Yusuf Akçura'nın değişiyle, Atatürk'ün milliyetçilik anlayışı "Demokratik Türkçülük"tür. *"Bizde Türkçülük cereyanının gitgide iki kola ayrıldığını iddia etmek istiyorum. Bu iki cereyan şimdi moda olan tabirlerle tarif etmek istersek, birisine 'demokratik Türkçülük', diğerine 'emperyalist Türkçülük' diyebiliriz. Demokratik Türkçülük, milliyet esasını her millet için bir hak olarak telakki ediyor ve Türkler için talep ettiği bu hakkı, diğer milletlere de aynı derecede hak olarak tanıyordu..."*[251]

Özetle Atatürk'ün milliyetçiliği, ırkçı, dinci, saldırgan ve yayılmacı değil; kültürcü, laik, özgürlükçü, insancıl bir milliyetçiliktir. Bu milliyetçilik anlayışı 1940'lardan itibaren önce ırkçı, sonra dinci, sonra da hem ırkçı hem dinci bir anlayışa evrilmiştir.

---

249 Atatürk'ün düşlediği **yeni dünya düzeni** ile bugün sözü edilen yeni dünya düzeni birbirine karıştırılmamalıdır.
250 Akarsu, **age.**, s. 13.
251 Georgion, **Türk Milliyetçiliğinin Kökenleri**, s. 145'ten nakleden Meydan, **Atatürk ve Türklerin Saklı Tarihi**, s. 370, 371.

Dolayısıyla 1940'lardan bugüne Türkiye'de geçerli olan milliyetçiliğin, Atatürk'ün milliyetçiliğiyle uzaktan yakından hiçbir ilgisi yoktur.

Atatürk, anayasaya koydurduğu kavrayıcı "Türk milleti" tanımı çerçevesinde hareket etmiş, hiçbir zaman Türkiye'deki alt kimlikleri dışlamamış, onlara farklı muamele yapmamıştır. Eğer böyle yapsaydı, Türkleri merkezden dışlayan Osmanlı'dan hiçbir farkı kalmazdı. Bu konudaki örnekler bir hayli kabarıktır. İşte birkaç örnek:

1. 1934 yılında Trakya'da Yahudilere yönelik bazı saldırılar olmuş ve bazı kendini bilmezlerce Yahudilerin malları yağmalanmıştır. Bu tepki, o yıllarda bütün dünyada yaygınlaşan "Yahudi düşmanlığının" Türkiye'deki küçük bir yansımasıdır. Yahudilere yönelik bu bölgesel saldırılar bizzat Atatürk tarafından önlenmiştir.[252]

2. Atatürk, 1930'larda Hitler baskısından kurtulmak isteyen ve yurtdışında iş arayan Yahudi biliminsanlarını, İstanbul Üniversitesi başta olmak üzere Cumhuriyet'in yeni kurulan çağdaş okullarında istihdam etmiştir. Atatürk, sadece Yahudi kökenli Alman biliminsanlarını Hitler'den kurtarmakla kalmamış Türkiye'de çalışan bu biliminsanlarına milletvekillerinin üç katı maaş ödemiştir.[253]

3. Atatürk, önceleri çok önem verdiği Türk Ocaklarını, zamanla "ırkçı-Turancılık"a doğru kaymaya başladıkları için 1931'de kapatmış ve yerine 1932'de hümanist bir anlayışa

---

252 Bu olaylar, Yahudi cemaatinin önde gelenlerinden Gad Franko ve Mişon Ventura'nın 4 Temmuz 1934 günü Atatürk'le yaptığı gizli görüşme sayesinde sona ermiştir. Kamuoyu olayları, 5 Temmuz 1934 günü Başvekil İsmet İnönü'nün TBMM'de yaptığı konuşmayla duymuştur. İnönü, Meclis'in tatile girmesi dolayısıyla yaptığı uzun konuşmasının bir yerinde Trakya'daki olaylardan söz ederek, gerekli önlemlerin alındığından söz etmiş, kaçanların geri dönmesini istemiştir.

253 Bülent Daver, "*Uluslararası II. Atatürk Sempozyumu*", Ankara, 1991, **Atatürk Araştırma Merkezi Sempozyum Bildirileri**, C II, Ankara, 1996, s. 65; Meydan, **Atatürk ve Türklerin Saklı Tarihi**, s. 29.

sahip Halkevlerini açmıştır.[254] Ayrıca, 1933 Üniversite Reformu sırasında Zeki Velidi Togan gibi ırkçı-Turancı görüşleri savunan hocaları tasfiye etmiştir.[255]

4. Atatürk'e "ırkçı" yaftası yapıştırmak isteyenlerin sıkça dile getirdikleri, Türk Tarih-Dil ve Antropoloji çalışmaları ise, Batı'nın Türkleri "sarı ırk" olarak adlandıran sözde bilimsel gerçekte ırkçı çalışmalarına yanıt vermek için gerçekleştirilmiştir. Ayrıca Türk Tarih ve Dil Tezi'ne konu olan çalışmalar, 1930'ların dünyasında Avrupa'da dillendirilen ve bilimsel araştırmalara konu olan meselelerdir. Atatürk, Türk Tarih ve Dil tezlerini ve Antropoloji çalışmalarını başlatırken, dünyaca ünlü birçok tarihçiyi, arkeoloğu ve dilciyi Türkiye'ye davet etmiştir. Tarih ve Dil Kurultaylarında çok sayıda yabancı biliminsanı bildiri sunmuş, görüşlerini açıklamıştır. Yani, bizim yobaz-liboş ittifakının sandığı gibi, Atatürk'ün tarih, dil ve antropoloji çalışmaları Atatürk'ün "uydurmalarına" dayalı "ırkçı" ve "bilim dışı" çalışmalar değil, 1930'ların bilim dünyasında yeri olan ve dünyaca ün-

---

[254] Türk Ocaklarının giderek ırkçılığa kaydığını ve Atatürk'ün bu duruma yönelik tepkisini gösteren olaylardan biri şudur: Muhafız Taburu'ndan birkaç subay, komutanları İsmail Hakkı Bey'den izin alarak üye olmak için Türk Ocağı'na başvurmuşlardır. Hemen kabul edileceklerini sanarken günler geçmesine rağmen yanıt alamayınca komutanları İsmail Hakkı Bey, bu durumun nedenini öğrenmek için Ocağa başvurmuştur. Kendisine şu yanıt verilmiştir: "Bu subayların Ocağa kabulleri için özellikle ırk bakımından bir engel olup olmadığını anlamak üzere soruşturma yaptırıyoruz. Henüz sonuç alınmadı." Oysaki bu subaylar Ankara Subay Talimgâhı'ndan mezun, Büyük Taarruz'a katılmış, gazi subaylardı. Bunun üzerine hem İsmail Hakkı Bey hem de Ocağa üye olmak isteyen subaylar Türk Ocakları Başkanı Hamdullah Suphi Bey'i bularak çok ağır bir şekilde eleştirmişlerdir. Hamdullah Suphi Bey de bu durumdan Atatürk'e söz etmiştir. Atatürk, İsmail Hakkı Bey'i de dinledikten sonra Türk Ocaklarının "ırkçılık" işaretleri gösterdiğine karar vererek Hamdullah Suphi Bey'i şiddetle uyarıp izlemeye almıştır. Kısa bir süre sonra da Türk Ocaklarını kapatmaya karar vermiştir. Atatürk o günlerde yakın çevresindekilere şunları söylemiştir: *"Türkiye Cumhuriyeti adını taşıyan yeni bir milli devlet kurmuşuz. Türkiye'de ayrıca Türk Ocağı olur mu? Bu ad öteki unsurlara sürekli olarak kendi öz benliklerini hatırlatmaz mı? Onlar da kendi adlarıyla ocaklar kurmak isteseler bunun sonu nereye varır? Parçalanmaktan yeni kurtulduk."* (Hasan Rıza Soyak, **Atatürk'ten Hatıralar**, C 2, İstanbul, 1973, s. 475, 476).

[255] Meydan, **age.**, s. 370.

lü gerçek biliminsanlarının da katılımıyla tartışılan tezlerden oluşan çalışmalardır.[256]

5. Atatürk'ün "ırkçı" veya "yabancı düşmanı" olmadığının en açık kanıtları yine 1930'lu yıllardaki "tarih", "dil" ve "antropoloji" çalışmaları sırasında karşımıza çıkmaktadır. Çünkü bu çalışmalara katılanlar arasında çok sayıda YAHUDİ, ERMENİ ve RUM biliminsanı vardır. Ayrıca bazıları sürekli Atatürk'ün yanında yakınında yer alan ERMENİ-YAHUDİ ve RUM kökenli çalışanlar da vardır. İşte birkaç örnek: 1) Tekinalp: "Kemalizm doktrin mi? İdeoloji mi?" tartışmalarının yaşandığı 1930'lu yıllarda Atatürk'ün de iznini alarak "Kemalizm'in kitabını" yazan Yahudi kökenli bir Türk vatandaşıdır. Asıl adı Mohez Kohen olan Tekinalp, gerçek bir Türkiye sevdalısı, gerçek bir Türkçü ve Atatürkçü'dür. 1936'da yazdığı *"Kemalizm"* adlı kitap, Atatürk'ü ve Türk Devrimi'ni en iyi anlatan kitaplardan biridir.[257] 2) H. G. Guterbock: Atatürk'ün Türk Tarih Tezi üzerinde çalışan, Türk Tarih Kurultaylarına katılan, Hititler hakkında çok önemli araştırmalar yapan, Türkiye'de Hititoloji bölümünün kurucusu olan Hititolog Gutterbock, Yahudi kökenli bir Alman biliminsanıdır. 3) B. Landsberger: Türk Tarih Tezi'ni savunan, Tarih Kurultaylarına katılan, Sümerlerle Türkler arasındaki ilişki üzerinde duran, Türkiye'de Sümeroloji bölümünün kurucusu, dünyaca ünlü Sümerolog Landsberger, Yahudi kökenli bir Alman biliminsanıdır. 4) Avram Galanti: Türk Tarih ve Dil tezlerine eleştiriler yönelten Yahudi kökenli Türk vatandaşı, eğitimci ve siyaset adamıdır. 1931'de toplanan I. Türk Tarih Kongresi'ne, *"Yerli Tarih Kitabı, Türk Tarihi'nin Ana Hatları Hakkındaki Mülahazat"* adlı bir bildiri sunmuştur. 5) Agop Martayan Efendi (Agop Dilaçar): Türk Dil Tezi'nin savunucularından Ermeni kökenli biliminsanıdır. 1932'deki I. Türk Dil Kurultayı'nda, *"Türk-Sümer-Hun-Avrupa Dilleri*

---

256 Ayrıntılar için bkz. Meydan age.
257 Tekinalp, **Kemalizm**, Toplumsal Dönüşüm Yayınları, İstanbul, 1998. İlk baskı: 1936.

Arasında Mukayeseler" adlı bir bildiri sunmuştur. Özellikle Türk Dil Tezi ve Güneş Dil Teorisi'nin önde gelen savunucularındandır. 1937'deki III. Türk Dil Kurultayı'na, *"Güneş Dil Antropolojisi"* adlı bir bildiri sunmuştur.[258] Soyadı kanunu çıkınca Atatürk ona "Dilaçar" soyadını vermiştir. 6) Pandelli Efendi: Atatürk'ün çok sevdiği ve Yalova termalin bahçe işlerinin başına getirdiği Rum bahçıvandır.

6. Atatürk, 1935 genel seçimlerinde Türk vatandaşı gayrimüslim azınlıkların da aday olmalarını istemiştir. Seçimler sonunda Rum azınlıktan iki, Ermeni azınlıktan bir, Yahudi azınlıktan bir kişi milletvekili seçilmiştir.[259]

7. Atatürk, Türkiye Cumhuriyeti'nin en stratejik ve en önemli kurumu olan ordunun başına bile farklı etnik kökenden insanların geçmesine izin vermiştir. Örneğin, bir ara I. Ordu Komutanlığı'na getirilen Ali Sait Akbaytugan Paşa, 2. Ordu Komutanlığı'na getirilen Fahrettin Altay Paşa, 3. Ordu Komutanlığı'na getirilen Kazım İnanç Paşa ve 7. Ordu Komutanlığı'na getirilen Mürsel Bakü Paşa'dan ikisi Çerkez, biri Kürt, biri de Türk asıllıdır.[260] Atatürk etnisiteye değil, yurtseverliğe, liyakata ve çağdaş değerleri benimsemiş olmaya önem vermiştir. Atatürk'ün silah arkadaşlarından Rauf Orbay'ın Çerkez kökenli olduğunu herkes bilir.

8. Atatürk'ün manevi oğlu Abdurrahim Tuncak Kürt kökenlidir. Atatürk'ün "Şark Bülbülü" unvanını vererek meşhurlaştırdığı Celal Güzelses ve Atatürk'ün fikir kaynaklarından Ziya Gökalp Diyarbakırlıdır. Dahası, Atatürk'ün kendisi de Diyarbakır'ın ve Antep'in fahri hemşerisidir.[261] İstiklal Marşımızın yazarı Mehmet Akif Ersoy ise Arnavut kökenlidir. Soruyorum şimdi: Ziya Gökalp'in veya Mehmet Akif'in Türklüğünden şüphesi olan var mıdır?

---

258 Ayrıntılar için bkz. Meydan, **Atatürk ve Türklerin Saklı Tarihi**, s. 209 vd.
259 August R. Von Kral, **Kemal Atatürk'ün Ülkesi**, "Modern Türkiye'nin Gelişimi", çev. S. Eriş Ülger, İstanbul, 2010, s. 33.
260 Özakman, **age.**, s. 687, dipnot 53.
261 Ramazan Topdemir, **Atatürk'ün Doğu ve Güneydoğu Politikası ve Gap**, İstanbul, 2009, s. 83, 96, 98.

Tekinalp *Avram Galanti* *H. G. Guterbock*

Yukarıdaki örneklere dikkat edilecek olursa, Avrupa'nın Hitler Nazizmi ve Mussolini faşizmi altında inim inim inlediği 1930'lu yıllarda, Atatürk Türkiye'de asla din, mezhep ve ırk ayrımı yapmayarak adeta tüm dünyaya "demokrasi" ve "insanlık" dersi vermiştir.

Aslında Atatürk'ün milliyetçilik anlayışının bazı kesimlerce ırkçı, faşizan olarak algılanmasının temelinde, Atatürk'ten sonra Atatürk ve Atatürkçülük adına yapılan bazı yanlış uygulamaların büyük etkisi vardır. Örneğin 12 Eylül 1980 darbesini Atatürk ve Atatürkçülük adına yaptıklarını söyleyenlerin bazı ırkçı, faşizan uygulamaları, insanların bilinçaltına ister istemez Atatürk'ün ve Atatürkçülüğün de ırkçı, faşizan olduğuna yönelik yanlış bir kanı yerleştirmiştir.

* * *

Atatürk, Türk Ulus Devlet Projesi'nin gerekçesini ve amacını *"Nutuk"*ta şöyle ifade etmiştir:

"Çeşitli milletleri ortak ve genel bir ad altında toplamak ve bu çeşitli unsurlardan oluşan kitleleri eşit haklar altında bulundurarak güçlü bir devlet kurmak, parlak ve çekici bir siyasi görüştür, fakat aldatıcıdır.

Bizim kendimizde açıklık ve uygulama imkânı gördüğümüz siyasi ilke milli siyasettir. Dünyanın bugünkü genel şartları, yüzyılların akıllarda ve karakterlerde yerleştirdiği gerçekler karşısında hayalci olmak kadar büyük yanılgı olamaz. Tarihin ifadesi budur. İlmin, aklın, mantığın ifadesi böyledir.

Milli siyaset dediğim zaman kastettiğim anlam ve öz şudur: Milli sınırlarımız içinde, her şeyden önce kendi kuvvetimize dayanmakla varlığımızı koruyarak millet ve memleketin gerçek saadet ve refahına çalışmak... Genellikle milleti uzun uzun emeller peşinde yorarak zarara sokmamak... Medeni dünyadan, medeni, insani ve karşılıklı dostluk beklemektir."[262]

Atatürk, Türk Ulus Devlet Projesi'ni, Kurtuluş Savaşı sırasında sınırları kanla çizilmiş Misak-ı Milli topraklarında tam bağımsız, egemen, çağdaş değerleri benimsemiş Türkiye Cumhuriyeti yurttaşlarının *"Yurtta barış dünyada barış"* ilkesi doğrultusunda birlikte üretip, birlikte bölüşüp, birlikte kalkınıp, mutlu bir şekilde birlikte yaşadıkları özgür ve bağımsız bir Türkiye yaratmak için geliştirmiştir. Bu proje sayesinde bir taraftan adı sanı tarihten silinmek üzere bir millet adeta yeniden küllerinden doğarken, diğer taraftan ırkçı, dinci ve ayrıştırıcı akımlara karşı aidiyet duygusunun ve birlikte yaşama dürtüsünün esas olduğu eşitlikçi, halkçı bir düzen kurulmuştur.

Atatürk "Türk Ulus Devlet Projesi"ni Tarih ve Dil Tezleri Projesi'yle desteklemiştir.

Türk Ulus Devlet Projesi'nden Büyük Ortadoğu Projesi'ne

1950'lerde başlayan karşı devrim sürecinde Atatürk'ün "Türk Ulus Devlet Projesi" ABD istekleri doğrultusunda yavaş yavaş aşındırılmaya başlanmıştır. Atatürk'ün sınırları belli, toprak genişletme meraklısı ve fetihçi olmayan; buna karşılık kendi öz kaynaklarıyla üreten, gelişen, farklı dinden ve farklı etnik kökenden insanların bir arada yaşadıkları "bağımsız" ve "çağ-

---

[262] Atatürk, **Nutuk**, 5. bas., hzl. Bilge Bahadır, İstanbul, 2002, s. 342-343.

daş" Türkiyesi, ABD'yi rahatsız etmiştir. Çünkü ABD bölgesel çıkarları için çok rahat bir şekilde kullanabileceği bir Türkiye'ye ihtiyaç duymuştur, ama bu Türkiye, yani Atatürk'ün Türkiyesi ABD'nin çok rahat kullanabileceği bir Türkiye değildir. Bunun için öncelikli olarak yapılması gereken Atatürk'ün "Türk Ulus Devlet Projesi"ni yok ederek Türkiye'yi yeniden kontrol edilebilir ve kullanılabilir bir ülke haline getirmektir. ABD bu amaçla önce Türk siyasi yapısını kontrol etmiş sonra da bu siyasi yapıyı kullanarak Atatürk'ün "Türk Ulus Devlet Modeli"ni yıkmaya çalışmıştır. 1950'den sonra iktidara gelen partilerin sürekli Atatürk'ün kurduğu Cumhuriyet'in, alt kimlikleri dışlayan faşizan bir yapıya sahip olduğunu ileri sürmeleri, geçiş dönemindeki tek parti iktidarını "canavar" gibi göstermeleri, Cumhuriyet'in millet anlayışının "dini" toplumsal hayattan tamamen dışladığını belirtmeleri ve sürekli *"Yurtta barış dünyada barış"* ilkesini eleştirerek Misak-ı Mili dışına taşan çok daha geniş sınırlardan, yeni fetihlerden ve son olarak da yeniden Osmanlılaşmaktan söz etmeleri boşuna değildir anlayacağınız!... Bütün bunlar Okyanus ötesi bir "yıkım planının" Türkiye'deki yansımalarıdır. Bunda başarılı da olunmuştur.

Dün Türkiye'nin ABD'nin jandarmalığına soyunması, ABD' nin çerçevesini belirlediği milli eğitim sistemi sayesinde "atalarının savaşçılığıyla motive olan" Türk gençlerinin Komünist Rusya'ya karşı ABD kalkanı olması, Türkiye'nin Kore'ye asker göndermesi, PKK terör örgütünün yaratılması ve bu örgütün Kürtlerin "gasp edilen hakları" için savaşan bir gerilla hareketi gibi topluma sunulması, dahası 30 yıl boyunca bu hareketin bitirilememesi; bugün ise Türklükten rahatsızlık duyulması, anayasadan "Türk" sözcüğünün çıkarılmasının konuşulması, Kürt özerkliğinden söz edilmesi, başkanlık sistemi ve federasyon tartışmalarının gündem oluşturması gibi gelişmeler, Atatürk'ün birleştirici, bütünleştirici Türk Ulus Devleti Projesi'nin yıkılarak yerine ABD'nin bölücü, parçalayıcı Büyük Ortadoğu Projesi'nin hayata geçirilmek istendiğinin sadece belli başlı işaretleridir.

PROJE 3

RUMELİ SAVUNMA HATTI PROJESİ

Bir askeri strateji dehası olan Atatürk, 1911'de Trablusgarp Savaşı'nda, 1914-1918 arasında I. Dünya Savaşı'nda ve 1919-1922 arasında da Kurtuluş Savaşı'nda askerlik sanatının en usta örneklerini vererek, hiçbir cephede yenilmeyen tek Türk komutanı olarak tarihe geçmiştir.

Atatürk'ün temel askeri stratejilerinden biri savunmadır. Atatürk, Trablusgarp'ta, Çanakkale'de ve Sakarya'da "savunma savaşları" yaparak zafere ulaşmıştır.

Atatürk'ün savaş stratejisine göre en iyi savunma "hücum"dur. Atatürk'ün askerlikle ilgili kitapları okunacak olursa, onun *"taarruz ruhu"* adı altında "hücuma dayanan savunma stratejilerinden" söz ettiği görülecektir.

Atatürk'ün örnek aldığı tarihsel kişiliklerin başında Plevne savunmasıyla tanınan Gazi Osman Paşa gelmektedir.

Sofya'da askeri ateşe olarak bulunduğu günlerden birinde Türk gençleriyle birlikte olduğu bir toplantıda bir gencin sorduğu: *"Siz Türk tarihinde kendinize bir rehber seçtiniz mi?"* sorusuna Atatürk şu yanıtı vermiştir:

"Ben Gazi Osman Paşa'yı kendime rehber olarak seçtim. Ömrüm boyunca onun yolunu takip edeceğim. Türk ruhu, Plevne'de yeniden kendini bulmuştur. Millet yolundaki mücadelemizde daima sembolümüz Plevne'de doğan milli ruh olacaktır. Felaket günlerinde Plevne Savaşı'nı ve Osman Paşa'yı düşüneceğiz. Sizin de kahramanlık sembolünüz Osman Paşa olsun."[263]

Atatürk, gerçekten de tüm askerlik hayatı boyunca "savunma ustası" Osman Paşa'nın yolundan gitmiş, Trablusgarp'ta,

---

[263] Enver Behnan Şapolyo, **Kemal Atatürk ve Milli Mücadele Tarihi**, İstanbul, 1958, s. 111.

Çanakkale'de, Suriye-Filistin'de ve Sakarya'da "hep savunma" yaparak düşmanı bozguna uğratmıştır.

Osmanlı, 1912'deki Balkan Savaşı'nda büyük bir bozgun yaşamıştır. Bulgarlar Edirne'yi işgal etmiş, düşman Çatalca'ya dayanmıştır. Bulgaristan'daki ve Yunanistan'daki Türkler acımasızca katledilmiş ve yüz binlerce Türk göçe zorlanmıştır. Halk ve ordu, aç ve perişan durumda büyük bir çöküntü yaşamıştır.

Balkan Savaşı başladığında Atatürk, Trablusgarp'ta İtalyanlarla vuruşmaktadır. Eğer Balkan Savaşı başladığında Atatürk cephede düşmanı karşılayabilseydi, orada da bir "savunma hattı" kurarak düşmanı durduracağına şüphe yoktur. Çünkü Atatürk'ün, Balkanlar'dan Türkiye'ye saldıran düşmanı durduracak bir "savunma planı" vardır. Eğer Atatürk'ün, "Rumeli Savunma Planı" adını verdiği bu plan uygulanabilmiş olsaydı, büyük bir ihtimalle Balkan Savaşı kaybedilmeyecek, yüz binlerce insanın hayatına mal olan o büyük bozgun yaşanmayacaktı.

Şevket Süreyya Aydemir, *"Tek Adam"* adlı kitabında Atatürk'ün Rumeli Savunma Planı'ndan şöyle söz etmiştir:

"(Atatürk'ün) Selanik'te o kadar şiddetle savunduğu 'ordunun yakın bir harbe hazırlanması gerektiği' görüşü layıkıyla itibar görmemişti. Hele harp içinde (Balkan Savaşı) stratejik başıboşluk! İşte bunu katiyen affetmiyordu. Halbuki o daha bir kurmay yüzbaşı iken, kendisince muhakkak olan bir Balkan Harbi için, şimdi bir 'büzülme stratejisi' diyebileceğimiz planlar tasarlamıştı. Gerçi resmi yetkisi dışında ve tamamen şahsi olmakla beraber yakınlarına, arkadaşlarına bunları hararetle anlatmaya çalışmıştı. Batı Rumeli'de ordu hem kuzeyden, hem güneyden merkez çekirdeği üzerine, Vardar-Selanik-Manastır hattı üzerine çekilecek, toplanacaktı. Bu büzülme kumanda birliğini, kuvvetlerin merkezleştirilmesini ve sonra en lüzumlu ve tehlikeli düşman kolları üzerine belki de ayrı ayrı saldırmayı sağlayacak, hele inisiyatifi tamamen elde bulunduracaktı. Özetle, ilk adımda toprak terkine dayanan cüretli fakat hareketli bir plan...

Doğu kısmında, yani Doğu Trakya'da ise önce gene Kırklareli-Edirne hattında kuvvetlerin toplanmasına ve sonra

Bulgaristan üstüne toplu bir taarruza dayanan aktif bir plan. Evet, bir aralık gerilenecek, toplanılacak, fakat seferberlik sükûnetle tamamlanarak Anadolu askeri Rumeli'ye geçecek, sonra saldırılacaktı. Özetle, inisiyatif elden kaçırılmayacaktı. İnsiyatif kimin elinde ise galip durumda olan odur..."[264]

Atatürk, Balkan Savaşı'yla ilgili anılarını *Vakit* gazetesi başyazarı Asım Us'a sofra söyleşilerinde anlatmış, o da bu anıları, *"Gördüklerim, Duyduklarım, Duygularım"* adıyla yayımlamıştır.

"Balkan faciası, Osmanlı Devleti için önüne geçilmez bir felaket miydi? Ya da Bulgarların, Sırpların, Yunanlıların Türkiye aleyhinde birleşerek saldırı hareketine girişmelerinden sonra panik biçiminde bir yenilgiden kurtulmak çaresi yok muydu?" sorusuna, Atatürk şu yanıtı vermiştir:

"Balkan Savaşı çıktığı zaman ben Trablusgarp'taydım. Eğer ben o sırada orada bulunmayıp da Rumeli'nin herhangi bir noktasında bulunsaydım, o Balkan felaketi olmazdı. Çünkü, Selanik Kolordusu'nda bulunurken küçük Balkan devletlerinin birleşerek ortak bir saldırı yapma olasılığını düşünüyorduk. Ben böyle bir olasılığa karşı uygulanacak ve izlenecek bir savunma planı üzerinde çalışmıştım. Bir gün bu savunma planıyla ilgili haritaları masamın üzerine yayarak çalışırken içeriye Talat Bey (Paşa) ile o zaman İttihat ve Terakki Cemiyeti Genel Sekreteri olan Hacı Adil Bey girdiler. Kolordu Komutanı'nı ziyarete gelmişler. Bu sırada beni de hatırlamışlar. Selamlaşmalardan sonra Talat Bey, söz olsun diye bana sordu:

'Kemal Bey çok dalmışsın, neyle uğraşıyorsun?' dedi. Önümüzdeki haritaları göstererek bunların 'Rumeli Savunma Planı" olduğunu söyledim.

'Bir gün küçük Balkan devletlerinin birleşerek ortak bir saldırı yapmaları olasılığına karşı askeri hazırlıklarımızdır.'

Talat Bey, 'Ben asker değilim, bu gibi askeri işlerden anlamam. Ama bu gösterdiğin savunma planlarını kim uygular?' diye sordu.

---

[264] Şevket Süreyya Aydemir, **Tek Adam**, C I, 29. bas., İstanbul, 2009, s. 170.

Ben elimle kendimi işaret ederek, 'Ben yaparım,' dedim. Talat Bey, bu konunun üzerinde daha çok konuşmadı, sustu. Aslında yalnız hatır ve gönül almak için benim yanıma uğramışlardı, veda ederek ayrıldılar. Sonradan öğrendim ki, benim Rumeli Savunma Planları hakkındaki sözlerim Talat Bey'in çok garibine gitmiş. Odadan çıktıktan sonra giderlerken, Hacı Adil Bey'e, 'Gördünüz mü bizim deliyi!' demiş."[265]

Erol Mütercimler'in yerinde tespitiyle: "*Talat ona, kendisinin göremediği geleceği gösteren ve 'Kriz öncesini yönetmeyi becerin, yoksa bu vatan toprakları elden çıkacak,' diyen bu genç subaya 'dahi' diyemediği için 'deli' diyebilmiş.*"[266]

Atatürk, "dahi"yi şöyle tanımlamıştır: "***Dahi odur ki, ileride herkesin takdir ve kabul edeceği şeyleri ilk ortaya koyduğu zaman herkes onlara delilik der!***"[267]

Eğer Talat Paşa, o günlerde "delilik" ile "dahilik" arasındaki farkı görebilseydi, bir "savaş dahisi" olan Atatürk'ün "Rumeli Savunma Planı"nı ciddiye alacak ve bu plan doğrultusunda oluşturulacak savunma hattı sayesinde belki de o büyük Balkan felaketi yaşanmayacaktı.

Talat Paşa

Mahmut Şevket Paşa

---

265 Asım Us, **Gördüklerim, Duyduklarım, Duygularım, Meşrutiyet ve Cumhuriyet Devirlerine Ait Hatıralar ve Tetkikler**, İstanbul, 1964, s. 168, 169.
266 Mütercimler, **age.**, s. 229.
267 Cemal Kutay, **Ardında Kalanlar**, İstanbul, 1988, s. 173.

Atatürk, Bulgarların Edirne önlerine kadar geldikleri o kritik günlerde Sadrazam ve Harbiye Nazırı Mahmut Şevket Paşa'ya Rumeli Savuma Planı'nı içeren bir rapor göndermiştir. Raporun altında Atatürk'ün arkadaşı Fethi Okyar'ın da imzası vardır.

Atatürk, *"Huzur-u Sami Nezaretpenahi'ye"* diye başlayan 18 Şubat 1913 tarihli raporunda devletin içinde bulunduğu askeri ve siyasi durumu ayrı ayrı analiz ederek yapılması gerekenleri sıralamıştır.

İşte o rapordan bazı bölümler:

"Bulgar ordusu büyük kısmı ile Çatalca karşısında ve tümeniyle Gelibolu Yarımadası kuzeyinde bulunmaktadır. Edirne'nin muhasarası eskisi gibi devam etmektedir. Adetçe üstünlüğün Bulgar ordusunda olduğuna Osmanlı Ordusu Genelkurmayınca kanaat vardır."

"Milletin ve kamuoyunun aldatılmaması ve kabinenin kendi iddiası için düşman ordusunun adet ve strateji üstünlüğünü kesin ve taarruzi bir hareketle telafiye karar verildiğine hükmetmek lazım gelir. Gerçekten bundan başka türlüsüne de karar verilemez. Edirne, Çatalca Ordusu'ndan 300 km uzakta ve Çatalca karşısındaki Bulgar milli kuvvetlerinden başka ayrıca bir muhasara ordusuyla Osmanlı Ordusundan ayrı bulunmaktadır. Bu itibarla Edirne'ye varmak için önce Çatalca'daki Bulgar milli kuvvetlerini hezimete uğratmak, sonra muhasarayı cebren kaldırmak, daha sonra dört aydan beri muhasaranın tahribatını gidermek için çok miktarda erzakı şehre çabucak yetiştirmek lazımdır. Bunun için harekât ve taarruz iktiza eder. Bu taarruz, ya doğrudan doğruya Çatalca'dan karadan ya da hem karadan hem de Bulgar kısm-i külisi gerilerini ihraç hareketiyle tehdit edecek surette denizden veyahut aynı zamanda Gelibolu Yarımadası'ndan yapılmalıdır."

"Taarruz hareketinin bir an dahi geciktirilmesi caiz değildir. Edirne günden güne kuvvetini yitirmekte ve düşmesi yaklaşmaktadır. Düştükten sonra muhasara altında olanlar düşmanın küllü kuvvetlerine bütün eslaha ve teçhizatıyla inzimam

edecek ve adet üstünlüğünün telafisi, azimkârane bir taarruzla da olsa müşkül olacaktır.

Onun için Gelibolu Limanı'nda bulunan kuvvetler acele Çatalca cihetine getirilmeli ve Gelibolu'da kalacak askere Çatalca ordusuyla beraber düşmana şiddetle taarruz emri verilmelidir. Aksi halde kabinenin, düşürülen kabinden hangi noktalarda ayrıldığı cihetler taayyün edemeyecek ve 10 Ocak 1328 Hükümet darbesini (Bab-ı Ali Baskını) yapanların takdir edilmesi ve övülmesinin anlamı anlaşılamayacak ve kim bilir daha neler olacaktır... Bahrisefit Boğazı Kuvayi Mürettebisi Erkânıharbiyesine memur Binbaşı Mustafa Kemal."[268]

30 yaşındaki Binbaşı Atatürk, Sadrazam ve Harbiye Nazırı Mahmut Şevket Paşa'ya her şeyi apaçık yazmıştır. Başta Orgeneral Mahmut Şevket Paşa olmak üzere savaşı yönetenleri beceriksizlik ve bilgisizlikle suçlayacak kadar da sert bir üslup kullanmıştır. O Mahmut Şevket Paşa ki Meşrutiyet Devrimi'nin başlarında Talat Paşa'yı azarlayacak kadar azametli, haşin, sert ve kibirli biridir. Osmanlı İmparatorluğu'nu adeta tek başına yönetmektedir.[269]

Sadi Borak'ın dediği gibi: *"Mustafa Kemal'in Mahmut Şevket Paşa'yı, eleştirinin de ötesinde böyle bir raporla uyarması ve uyandırması şaşırtıcıdır. Değil Osmanlı Ordusu içinde, acaba dünya orduları içinde böylesine bir eleştiri örneğine bilmem rastlanır mı?"*[270]

Şevket Süreyya Aydemir, *"Tek Adam"* adlı kitabında bu önemli rapor hakkında şu değerlendirmeyi yapmıştır:

"(Bu rapor) Bolayır Gelibolu Yarımadası cephesinde vazifeli bulunan Binbaşı Mustafa Kemal'le, Binbaşı Fethi Bey'in (Okyar) bu rütbede ordu mensuplarından beklenmeyen bir teşebbüsle, baş kumandanlığı ve Harbiye Nezareti'ni uyarmak için

---

268 Sadi Borak, **Atatürk'ün İstanbul'daki Çalışmaları**, (1899-16 Mayıs 1919), 2. bas., İstanbul, 1998, s. 61-64. Belgenin orijinali için bkz. Aydemir, **age.**, s. 164-167.
269 Borak, **age.**, s. 65.
270 **age.**, s. 65.

doğrudan doğruya bu makamlara gönderdikleri cüretli bir uyarı belgesidir. Bu belgede, Edirne düşmeden Edirne'nin kurtarılması için harekete geçilmesi istenmektedir. Bu da yapılmadığı takdirde, Babıali Baskını'nın lüzumsuzluğu, hatta bir suç olduğu noktalarına değinilmektedir. Buna rağmen bu baskını yapanların mükafatlandırılması cihetine gidilmesi tenkit edilmektedir. Hedef tabii Enver Bey'dir. (...) Ama netice şu olmuştur ki, hükümet böyle bir teşebbüse geçememiştir. Bulgar ordusunun Çatalca Bolayır cepheleri ve Edirne çevresinde bölünmüş olmasından gelen avantaj kaybedilmiştir. Halbuki o sıralarda (...) Balkanlar arasındaki münasebetler de bozuluyordu. Bulgar ordusu da moral çöküntüye doğru gidiyordu. Müşterek bir hareket, belki de Edirne'nin kurtarılmasına ve Osmanlı ordusunun Balkan harbinde bir muzafferiyet kaydına imkân verebilirdi."[271]

Enver Paşa

K. Binbaşı Mustafa Kemal

Maalesef Atatürk'ün, Fethi Bey'in de imzasını alarak yetkililere gönderdiği bu raporundaki teşhisleri, planları ve uyarıları dikkate alınmamış ve Edirne elden çıkmış; ancak Balkan devlet-

---

271 Aydemir, age., s. 162.

lerinin birbirine girmesiyle patlak veren II. Balkan Savaşı'ndan yararlanılarak geri alınabilmiştir.

Bolayır cephesindeki Kurmay Binbaşı Atatürk'ün, arkadaşı Kurmay Binbaşı Fethi Okyar'a da imzalattığı, cüretli çıkışlarla dolu bu rapor, Babıali Baskını'nı yapıp iktidarı tamamen ele geçirmiş olan İttihat ve Terakki'yi şaşırtmış olmalı ki, İttihatçılar bu genç kurmay binbaşıları doğrudan cezalandırma yoluna gitmemiştir. Buna karşın İttihatçı Talat Bey, Bolayır'a giderek bu iki genç binbaşıyla konuşmuş ve Fethi Okyar'ı İstanbul'a davet etmiştir. Fethi Okyar, İstanbul'da İttihat ve Terakki Genel Merkezi Genel Kâtipliği'nde görevlendirilmiştir. Kısa bir süre sonra Fethi Okyar Sofya Büyükelçiliği'ne Atatürk ise Sofya ateşemiliterliğine tayin edilmiştir.[272]

Bu bir sürgündür! Enver Paşa, İttihat ve Terakki'yi Balkan politikası ve Babıali Baskını nedeniyle çok ağır bir şekilde eleştirme cüretini gösteren ve Bolayır kuvvetlerinin başında Edirne'ye ilk giren Atatürk'ten ve yakın arkadaşı Fethi Okyar'dan en azından bir süreliğine de olsa kurtulmak için onları ülke dışına, Bulgaristan'a sürmüştür.

Ancak çok geçmeden bu sürgünden bir kahraman; Çanakkale kahramanı çıkacaktır...

---

[272] age., s. 162.

PROJE 4

ORDU İLE SİYASETİ AYIRMA PROJESİ

"Sadece ufku değil, ufkun ötesini de gören" Atatürk, Osmanlı'nın son dönemlerinde ordu ile siyasetin iç içe geçmiş olmasının gelecekte büyük sorunlara yol açacağını görerek en yakın arkadaşlarından devletin en üst kademesindeki yetkili kişilere kadar hemen herkesi uyarmış, bir an önce ordu ile siyasetin mutlaka birbirinden ayrılmasını istemiştir.

Kurtuluş Savaşı'ndan Önce

Bir dönem Atatürk'ün de içinde yer aldığı İttihat ve Terakki Cemiyeti, daha çok genç subaylardan oluşan bir siyasi kurumdur. Padişahın mutlak otoritesine, istibdat yönetimine başkaldıran, özgürlükçü ve bağımsızlıkçı bir siyaset takip eden İttihat ve Terakki Cemiyeti, gücünü askerlerden almaktadır. Özellikle cemiyetin kontrolünü elinde bulunduran asker üyeler, ordu ile siyasetin birbirinden ayrılmasına hiç de sıcak bakmamaktadırlar.

En önemli özelliklerinden biri "geleceği görmek" olan Atatürk'ün bir diğer önemli özelliği de "yalın gerçekçiliği"dir. Onun en imkânsız gibi görülen hayalleri bile aslında yalın bir gerçekliğe sahiptir. Bu nedenle, Meşrutiyet öncesinde o da birçok İttihatçı dava arkadaşı gibi ihtilal ateşiyle yanıp tutuşmasına karşın, asla boş hayallere kapılmamış, büyük bir soğukkanlılıkla ve cesaretle gerçekleri haykırmıştır. Atatürk'ün II. Meşrutiyet öncesinde haykırdığı o gerçeklerden biri de, ordu ile siyaset birbirinden ayrılmadığı halde askerler ve subaylar arasındaki siyasi kutuplaşmaların çok yakında büyük bir felakete yol açacağıdır.

Atatürk askerlik mesleğine başlar başlamaz, ordu-siyaset birlikteliğinin yarattığı sorunları fark ederek ordu ile siyasetin birbirinden ayrılması gerektiğini belirtmiştir.

Atatürk'ün çocukluk arkadaşlarından Ali Fuat Cebesoy, *"Sınıf Arkadaşım Atatürk"* adlı eserinde *"Orduyu Politikadan Kurtarmak Gerek"* başlığı altında, Atatürk'ün Meşrutiyet yıllarında ordu ile siyaseti birbirinden ayırmak konusunda düşüncelere sahip olduğunu şöyle anlatmıştır:

"Meşrutiyetin ilanı üzerine hürriyeti sağlamakta az veya çok çaba göstermiş olan subaylar, kendilerini birdenbire politika içine yuvarlanmış buldular. Üst veya ast arasında orduyu ayakta tutan geleneksel saygı ve disiplin de çok azalmıştı. Bir gün çok genç bir İttihatçı teğmenin, ömrünü savaş alanlarında geçirmiş bir tümen kumandanından söz ederken: 'Adam yüzüme dik dik baktı. Ama ben selam vermek bile istemedim,' dediğini, yakın bir arkadaşım anlattı. Ne İttihat ve Terakki Cemiyeti subaylara ne de subaylar cemiyete söz geçiremez oldular. Genel Merkez, inisiyatifi yitirdi. Çünkü daha önce de anlattığım gibi; ne bir programı ve ne de o programı uygulayacak bir önder vardı. Talat Paşa bir gün bize: 'Vallahi, ben de şaşırdım kaldım. Suyun durulmasını bekliyoruz,' demişti.

Olaylardan en çok üzülen Mustafa Kemal'di. Devrimden önce yaptığı uyarmaların hiçbir etki yaratmamış olduğunu görmüş, üzüntüsü büsbütün artmıştı.

Diyordu ki: *'Ordu mutlaka ve bir an önce politikadan çekilmelidir. Yoka bir güç olma özelliğini yitirecektir. Buysa ülke için bir yıkım olacaktır!'*

(...)

Bir akşam, Mustafa Kemal, Ali Fethi (Okyar), Nuri Conker, ben (Ali Fuat Cebesoy) ve diğer bazı arkadaşlar, Hürriyet Alanı'ndaki gazinolardan birinde oturmuş, yeni gelişen durumu konuşuyorduk. İçimizde çok genç ve ateşli subaylar da vardı.

Mustafa Kemal, askerlerin orduya dönmesini ve politika ile olan ilişkilerini hemen kesmesini inatla ileri sürüyor, İttihatçı liderleri eleştiriyordu... Mustafa Kemal, politikaya girmiş bir ordunun savaş yeteneğini yitireceğini örnekler vererek kanıtlıyor, Nuri ve ben zaman zaman söz alarak kendisini destekliyorduk.

Bir şey ilgimi çekti. Ali Fethi (Okyar) boyuna susuyor, söze karışmıyor, olumlu ya da olumsuz bir şey söylemiyordu.

Başka bir arkadaş şöyle bir soru sordu: 'Mustafa Kemal Bey, belki doğru söylüyorsunuz. Hürriyeti baltalamak isterlerse, ne yaparsınız?'

Mustafa Kemal, elini öfkeyle masaya vurdu.

'*Bak o zaman başka, cepheye gider gibi üzerlerine giderim.*'[273]

Atatürk, kısa bir süre sonra gerçekten de dediğini yapmış; hürriyeti baltalamak için İstanbul'da çıkan 31 Mart İsyanı'nı bastırmak için Hareket Ordusu'yla birlikte Selanik'ten İstanbul'a gelerek isyanı bastırmıştır.

Hareket Ordusu'yla birlikte 31 Mart İsyanı'nı bastırmak için İstanbul'a gelen Atatürk'ün o günlerde günlüğüne yazdığı şu satırlar, onun ordu ile siyasetin birbirinden ayrılmasına ne kadar büyük önem verdiğini göstermesi bakımından çok dikkat çekicidir:

"*... Hareket Ordusu, görevini sırf askeri yönden gerçekleştirecektir. Siyasi hususlar ve bu yolda İstanbul ile görüşmelerin yapılması şimdilik görevimiz dışındadır. Hiçbir rütbe sahibi, hiçbir kimse ile bu yolda müzakereye yetkili değildir.*"[274]

Ordu ve siyasetin birlikteliğinden rahatsız olan Atatürk, 22 Eylül 1909 tarihinde toplanan İttihat ve Terakki Cemiyeti'nin II. Büyük Kongresi'nde Trablusgarp delegesi olarak yaptığı konuşmada özetle şunları söylemiştir:

"*Ordu mensupları cemiyet içinde kaldıkça hem parti kuramayacağız hem de ordumuz olmayacaktır. Mensuplarının pek çoğu cemiyet üyesi olan III. Ordu, günün manasıyla modern bir ordu sayılamaz. Orduya dayanan cemiyet de millet bünyesinde kök salamamaktadır. Bunun için bir an evvel cemiyetin muhtaç olduğu zabitleri veyahut cemiyette kalmak isteyen ordu mensuplarını, istifa suretiyle ordudan çıkaralım. Bundan sonra*

---

273 Cebesoy, Sınıf Arkadaşım Atatürk, s. 159-161.
274 Atatürk'ün Not Defterleri, I, s. 37, 38; Atatürk'ün Bütün Eserleri, C I, İstanbul, 1998, s. 51.

zabitlerin ve ordu mensuplarının herhangi siyasi bir cemiyete girmelerine mani olmak için kanuni hükümler koyalım."[275]

Atatürk'ün, o günlerdeki düşünceleri, 5 maddede özetlenebilir:

1. Cemiyetin bir siyasi parti haline getirilmesi,
2. Ordunun politikaya karışmaması,
3. Cemiyetle Masonluk arasında bir ilgi kalmaması,
4. Cemiyetin içinde eşitlik olması,
5. Hükümet işleriyle din işlerinin birbirinden ayrılması.[276]

Şevket Süreyya Aydemir'in dediği gibi: *"Bunların, diğerlerini bir tarafa bıraksak bile, birinci ve ikinci maddeleri hakikaten temel meselelerdir. Derin ve sağduyuya dayanan bir öngörüş taşırlar. İttihat ve Terakki yalnız bu iki ilkeyi sağlayabilseydi, kaderi başka türlü olurdu. (...) Mesela Balkan Harbi'ndeki yüz kızartıcı hezimet, bu kadar hızlı ve perişanlıkla başa gelmeyebilirdi."*[277]

Atatürk, açıkça ordu ile siyasetin birbirinden ayrılmasını isteyen bu konuşmasından sonra İttihat ve Terakki Cemiyeti'nden ayrılmıştır.

Harbiye Mektebi'nin 317. sınıfı subaylarının yüzbaşılığa terfi etmeleri nedeniyle 16 Mayıs 1911'de Selanik'te İttihat Bahçesi'nde 180 kişilik bir ziyafet düzenlenmiştir. Ziyafete çeşitli askeri sınıflardaki kurmay subay adayları, İttihat ve Terakki Cemiyeti delegeleri, Selanik basınının önde gelen isimleri ve diğer bazı kimseler katılmıştır. O ziyafete katılanlardan biri de Atatürk'tür.

Selanik'te, Yunus Nadi Bey'in yönetiminde yayımlanan İttihat ve Terakki Cemiyeti'nin yayın organlarından *Rumeli* gazetesinin 18 Mayıs 1911 tarihli 442. sayısında ziyafette yapılan konuşmaların üçünün metni yayımlanmıştır. Konuşmalar, II. Ordu Teftiş Erkân-ı Harbiyesi Reisi Miralay Cemal Bey, Ömer

---

275 Aydemir, age., s. 134, 135.
276 age., s. 135.
277 age., s. 135.

Naci Bey ve Erkan-ı Harp Kolağası Mustafa Kemal (Atatürk) tarafından yapılmıştır.

Atatürk yaptığı konuşmada "orduyla-siyasetin birbirinden ayrılmasına" vurgu yapmıştır.

Yunus Nadi Bey, bu konuşmadan şöyle söz etmiştir: *"Erkân-ı Harp Kolağası Mustafa Kemal Bey'in konuşmasından, askerlerin günlük siyasete karışmalarına kesin olarak karşı olduğu açıkça anlaşılmaktadır. Ancak şu da fark edilebilmektedir ki, konu vatan ve siyasi rejim olduğunda iş değişecektir. Mustafa Kemal Bey'e göre ordu Meşrutiyet ve Osmanlılık gibi iki yüce gayeyi ruhunun ebedi bir aşkı sıfatıyla muhafazaya ant içmiştir. Osmanlı İmparatorluğu'nu yükselmekten men edecek zorlukları ezmek, engelleri yıkmak ordu için bir vazife ve dahası bir haktır. Vatan ve rejim tehlikeye düştüğü zaman ordu birlik içinde onu müdafaa edecektir. Bu bizim ordumuzun vicdanının tarifidir."*[278]

Yunus Nadi Bey'e göre, "sonbaharda İstanbul'da bazı subaylar siyasete karışma hatasına düşmüş olsun veya olmasın, bu türlü ahvale karşı 200 kadar en seçkin ve genç subayımızın katıldığı bu ziyafette Erkân-ı Harp Mustafa Kemal Bey'in alkışlanan nutku yenileşen Osmanlı ordusunun ruhuna tercüman olmuştur."

Yunus Nadi Bey, makalesini Atatürk'ün konuşmasından alıntılar yapıp "övücü" yorumlar yaparak bitirmiştir.[279]

1911'de Selanik'te atlı gezide Alay Komutanı Andertin, *"Arnavutluk ayaklanmasını bastıran Osmanlı ordusu onuruna içiyorum,"* diye kadeh kaldırdığında Atatürk'ün ağzından şu sözler dökülmüştür:

"Türk ordusu için içsavaşta başarıya ulaşmak bir zafer değildir. Bu olayın onuruna, ülkeyi seven bir adam olarak ve Türk subayı olarak kadehimi kaldıramam. Bundan ancak üzüntü duyabilirim. Arkadaşlar bana dikkat edin, sözlerime kulak ve-

---

278 **Rumeli gazetesi**, 18 Mayıs 1911, S. 442.
279 Ayrıntılar için bkz. Arda Odabaşı, *"Mustafa Kemal'in 1911 Yılında Yaptığı Bir Konuşma"*, **Bilim ve Ütopya Dergisi**, Eylül 2010, S. 195.

rin! *Osmanlı ordusu değil, Türk ordusu, bir gün gelecek Türk varlığını, Türk'ün bağımsızlığını kurtaracaktır. İşte asıl o zaman sevineceğiz, övüneceğiz. İşte o zaman Türk ordusu görevini yapmış olacaktır."*

Atatürk, 29 Temmuz 1912'de Trablusgarp'taki Ayn-ı Mansur Karargâhı'ndan Selanik'teki arkadaşı Binbaşı Behiç (Erkin)'e yazdığı bir mektupta, ordu ile siyasetin birbirinden ayrılması konusunda geç kalındığını şöyle ifade etmiştir:

"İhtiraslar, cehalet ve mantıksızlık yüzünden koca Osmanlı Devleti'ni mahvedeceğiz. Kuvvetli bir Osmanlı İmparatorluğu vücuda getirmeyi düşünürken, vaktinden evvel, esir, sefil ve rezil olacağız.

Hatanın kimlerde ve nerede olduğunu bilmiyorum. Lakin her ne olursa olsun memleket, çöküş yoluna terk edilmeyecektir.

Askerleri siyasetle uğraşmaktan men için kanun maddeleri yapmışlar. Ben iki sene evvel tesadüfen bulunduğum bir kongrede 'Askerleri bırakınız,' dediğim için mürteci oldum, idama mahkûm edildim. Zaman ve hadiseler her türlü hakikati ispat eder ve ortaya çıkarır; fakat bazen böyle helak eden bir darbe indirerek..."[280]

Atatürk çok haklıdır! Gerçekten de orduyu siyasetten ayırmak konusunda çok geç kalınmıştır. Siyasi kamplara bölünen, kutuplaşan bu ordu, yakın dönem Türk tarihinin en büyük bozgunu olan Balkan felaketine davetiye çıkartmıştır.

Tarih, bir kere daha Atatürk'ü haklı çıkarmıştır...

Eğer İttihat ve Terakki'nin "çılgın" ihtilalcileri, Atatürk'ün, 1900'lerin başından beri, her şeyi göze alarak bıkıp usanmadan dile getirdiği Ordu ile Siyaseti Ayırma Projesi'ni hayata geçirselerdi, belki de bu büyük felaket yaşanmayacaktı.

Atatürk, hiçbir zaman "Ordu ile Siyasetin Ayrılması Projesi"nden vazgeçmemiştir. Vatan ve hürriyet mücadelesi verirken aklının bir köşesinde hep bu proje vardır.

Atatürk, işgal İstanbul'unda, 1918 yılında *Minber* gazetesi-

---

[280] **Atatürk'ün Bütün Eserleri**, C I, s. 142.

ne verdiği demeçte (ki bu gazeteyi Fethi Okyar'la birlikte kendisi çıkartmaktadır) ordu-siyaset ilişkisine şöyle değinmiştir:

"*Ben siyasetle yalnız 1913-1914 askeri ateşeliklerin üzerimde bulunduğu bir yıl boyunca ilgilendim ve ilgilenme tarzım da sırf siyasi olmayıp askeri-siyasi bir ilgilenmeydi. Bu görev sürem hariç tutulursa bütün hayatım askerlik işleriyle uğraşmakla geçmiştir. Dolayısıyla, kendimde ordulardan, muharebelerden ve askeri kanılardan söz etmek için çok geniş yetki görüyorsam da siyasetten söz etmeyi bu işle ilgilenenlere bırakmayı uygun bulurum. Benim amaçladığım, 'manevi, bilimsel, teknik ve ahlaki bakımdan kuvvetli olmaktır'. Çünkü, bu saydığım özelliklerden yoksun bir milletin, bütün bireylerinin en son silahlarla donandığını farz etsek bile kuvvetli olduğunu kabul etmek doğru olamaz. Benim anlayışıma göre kuvvetli bir ordu denildiği zaman anlaşılması gereken anlam her bireyi, özellikle subayı, kumandanı, uygarlığın ve tekniğin icaplarını kavrayan, tavır ve hareketlerini ona göre uygulayan yüksek ahlakta bir topluluktur. Kuşku yok ki tek amacı, görevi, düşüncesi ve hazırlığı vatanın savunmasıyla sınırlı olan bu topluluk, ülkenin siyasetini yönetenlerin en sonunda varacakları kararla faaliyet haline geçer.*"

Görüldüğü gibi Atatürk, ordunun görevini "vatanın savunmasıyla sınırlı" tutmakta ve ordunun, ülkeyi yöneten siyasilerin verecekleri kararlara göre hareket etmesi gerektiğini belirtmektedir. Bu sözler Atatürk'ü, elindeki askeri güçle siyasete müdahale eden bir "darbeci" olarak göstermek isteyenlerin maskesini düşürmektedir.

Kurtuluş Savaşı Sırasında

Ordu ile siyasetin birbirinden ayrılması için çok çaba harcayan Atatürk'ün, Anadolu'nun ve Osmanlı başkentinin emperyalist güçlerce işgal edildiği bir ortamda, Kurtuluş Savaşı sırasında, yoktan var ettiği "düzenli orduyla" İstanbul Hükümeti'ne başkaldırması asla bir "çelişki" olarak görülmemelidir. Çünkü, işgal yıllarındaki İstanbul Hükümeti (Damat Ferit), Türkiye'nin bağımsızlığını tehdit eden işgalcilerle birlikte Türk milletine cephe almış "işbirlikçi" ve "vatan haini" bir hükümettir. Dolayısıyla bu hükümeti karşısına alan ordu "siyasete" değil, "ihanete" müdahale etmiştir. Atatürk'ün ifadesiyle, "*Tek amacı, görevi, düşüncesi ve hazırlığı vatanın savunmasıyla sınırlı olan*" ordu, Kurtuluş Savaşı sırasında işbirlikçi ve vatan haini İstanbul Hükümeti'ne müdahale ederek o tek amacını yerine getirmiştir.

Atatürk, işgal İstanbul'u için, "*İstanbul sokakları, İtilaf Devletleri'nin süngülü askerleriyle dolmuştu. Boğaziçi toplarını sağa sola çeviren düşman zırhlılarıyla lacivert sularını göstermeyecek kadar örtülüydü... Şaşılacak gerçektir, artık adi bir mezbele gibi ayak altında çiğnenen bir muhitte hâlâ bir saltanat, bir hükümet, bir varlık farz edenler vardı...*" demiştir. Atatürk, İstanbul Hükümeti'nin düşman tarafından kontrol edildiği günlerde ülkeyi bu "utanılacak durumdan" kurtarmak için Anadolu'ya geçmiştir. İşbirlikçiler, onun yolunu kesmek istemişler, onu görevden almışlar, askerlikten ayırmışlar, hakkında tutuklama kararları çıkarıp, idam fetvaları yayınlamışlar, madalyalarını ve nişanlarını elinden almışlar; ama O'nun "*Ya istiklal ya ölüm!*" parolasıyla "sivil olarak" yola devam etmesini engelleyememişlerdir.

Atatürk asker olarak yola çıkmış, "sine-i millete dönerek" sivil olarak yola devam edip Milli Hareket'i örgütlemiş, düzenli orduyu kurup bu ordunun "başkomutanı" olmuş ve asker olarak yolu tamamlamıştır.

Atatürk, bütün bu "kurtuluş yolculuğu" sırasında mecliste "siyasetin", cephede ise "askerliğin" kurallarıyla hareket etmiştir. Asla ordu ile siyaseti birbirine karıştırmamıştır.

Atatürk, "siyaseti ordunun kontrolüne alarak" değil, Türk milletinin tarihten gelen "ordu-millet bütünlüğünü" sağlayarak emperyalizmi dize getirmesini bilmiştir.

Atatürk, 1918 yılında İstanbul'da *Minber* gazetesine verdiği demeçte sarf ettiği, "*Ordu, ülkenin siyasetini yönetenlerin en sonunda varacakları kararla faaliyet haline geçer,*" cümlesinde olduğu gibi, 1922 yılında TBMM'nin kararıyla "başkomutanlığa" getirilmiştir.

Emrindeki orduyu savaşa hazırlayan Atatürk, cephe dönüşü TBMM'ye şu bilgileri vermiştir:

"Bir buçuk ay kadardır cephede meşgul olduğumu hepiniz biliyorsunuz. Düşmanın durumunu yakından inceledim. Ordularımızı baştan sona teftiş ettim. En büyük komutanlarımızdan erlerine varıncaya kadar tümünün yüce heyetinize karşı güven ve sevgilerini sarsılmaz bağlılığını saygılı selamlarıyla birlikte arz ederim. Ordumuzun hiçbir eri müstesna olmaksızın tümünün izlediğimiz kutsal davayı bilinçli olarak algıladığına inanabilirsiniz. Ordularımız, Türkiye'nin düşmanlarını anlamıştır, dostlarını da anlamıştır. Ne için savaştığını biliyor ve hangi sonuca ulaşıncaya kadar savaşması gerektiğini sükûnet içinde vicdanında duyarak biliyor. Zorluklar içinde kurmayı başardığımız ordular gerçi Viyana surlarına dayanan eski Osmanlı ordularından biri değildir. Ancak sahip olduğu yüce ve insancıl ülkü bakımından onlardan daha yukarı düzeyde erdemlilikte ve değerde bir çelik parçasıdır. TBMM Hükümeti'nin ordusu istilalar yapmak ya da saltanatlar yıkmak ya da kurmak için şunun (bunun) buyruğunda hırs aracı olmaktan uzaktır. İnsanca ve bağımsız yaşamaktan başka bir amacı olmayan ulusun aynı ülküyle duygulu ve yalnız onun buyruğuna bağlı öz evlatlarından oluşan saygın ve güçlü bir topluluktur."

Atatürk, dünyanın en zor zaferlerinden birini "önce meclis" diyerek kazanmıştır. Bu nedenle düzenli orduyu kurmadan önce halkın temsilcilerinden oluşan meclisi açmıştır. Meclis, düzenli orduyu kurmuştur. Yani siyasi irade askeri iradenin değil, askeri irade siyasi iradenin hizmetinde hareket etmiştir. Bu bakımdan Atatürk'ün önderliğindeki Türk Kurtuluş Savaşı sadece orduya dayanan "militarist" bir zafer değil, ordudan önce meclise/millete dayanan, orduyla milletin el ele vermesiyle kazanılan "ulusal" bir zaferdir.

23 Nisan 1920'de Ankara'da toplanan TBMM'de 390 milletvekili yer almıştır. Bu 390 milletvekili toplumun çok farklı ke-

simlerinden gelmiştir. Bu yönüyle I. TBMM, Türk tarihinin en demokratik meclisidir. I. TBMM'deki 390 milletvekilinin %28'i memurlardan ve öğretmenlerden, %15'i askerlerden, %13'ü hukukçulardan, %9'u serbest meslek sahiplerinden, %6'sı çiftçilerden oluşmuştur.[281] Görüldüğü gibi I. TBMM'nin sadece %15'i asker kökenlidir.

Kurtuluş Savaşı yıllarındaki ordu-siyaset ilişkisini anlamak için I. TBMM'nin çıkardığı kanunlara bakmak gerekir.

2 Mayıs 1920 tarihinde 3 sayılı "TBMM İcra Vekillerinin Seçilmesine Dair Kanun" ile Genelkurmay işlerini görmek üzere ayrı bir vekâlet (bakanlık) kurulmuştur.

Genelkurmay Vekâleti, doğrudan TBMM'ye karşı sorumlu tutulmuştur. Böylece TBMM'nin ordu üzerinde tam bir denetim kurması sağlanmıştır.

5 Eylül 1920 tarihinde 18 sayılı "Nisab-ı Müzakere Kanunu" kabul edilmiştir. Bu kanunun 4. maddesi ile kolordu düzeyinin altındaki askeri birimlerin siyasetle ilgilenmesi hukuken önlenmek istenmiştir.

13 Eylül 1920 tarihli Vekiller Heyeti Programı'nda "*Ordunun BMM'nin ordusu olduğu, emir ve komuta yetkisinin BMM' nin manevi şahsiyetinde olduğu ve komutaya ait işlerin Genelkurmay Bakanlığı tarafından yürütüleceği*" öngörülmüştür.

TBMM, 5 Eylül 1921'de kabul ettiği 144 sayılı "Başkomutanlık Kanunu" ile "belli bir süre" başkomutanlık yetkisini kullanmasına izin verilen Atatürk, "*Ordunun maddi ve manevi kuvvetini arttırmak, yönetim ve güdümünü güçlendirmek*" amacıyla kanun kuvvetinde kararlar alıp emirler verebilecektir. Kurtuluş Savaşı'nın en kritik aşamasında Atatürk'e verilen "başkomutanlık yetkisi" TBMM tarafından üç ay süreyle üç defa uzatılmıştır. 20 Temmuz 1922 tarihinde kabul edilen 245 sayılı kanunla da Atatürk'e verilen yetkilerden "yasama" ile ilgili olanı, TBMM tarafından geri alınmıştır. Başkomutanlığın süre sınırlaması ol-

---

281 Metin Öztürk, **Türkiye'de Asker ve İktidar**, Yeni Yüzyıl Kitaplığı, İstanbul, 1997, s. 27.

madan Atatürk'e bırakılması durumu, 1924 Anayasası'na kadar devam etmiştir.[282]

Metin Öztürk'ün ifade ettiği gibi, *"Başkomutanlık Kanunu ile askeri bir diktatörlüğün kurulmadığı söylenebilir. Çünkü BMM, bu yetkiyi bir kanunla ve olağanüstü koşulların gereği olarak geçici bir süre için vermiştir. Verilen yetkinin geri alınması her zaman mümkündü. Nitekim, 22 Temmuz 1922 tarih ve 245 sayılı kanunla BMM, Mustafa Kemal'e verdiği yasama yetkilerini sonradan geri almıştır..."*[283]

Kurtuluş Savaşı'ndan Sonra

1924 Anayasası'nın 40. maddesinde, başkomutanlığın TBMM'nin manevi varlığından ayrılamayacağı ve cumhurbaşkanı tarafından temsil olunacağı, başkomutanlık görevinin barışta genelkurmay başkanına, savaşta ise, Bakanlar Kurulu'nun önerisi üzerine cumhurbaşkanınca tayin edilecek birine verileceği öngörülmüştür.

Evet! Emperyalizme karşı verilen bir ölüm kalım savaşının ardından yarı bağımlı bir ümmet imparatorluğunu –çok radikal bir devrimle– çağdaş bir ulus devlete dönüştüren Atatürk zaman zaman ordudan yararlanmıştır. Çok radikal bazı devrimlerini ordunun desteğini arkasına alarak düşünceden uygulamaya geçirmiştir. Örneğin, Atatürk halifeliği kaldırmadan önce Harp Oyunları nedeniyle İzmir'de bulunan komutanlarla görüşmüş (15 Şubat 1924) ve onların desteğini almıştır. Ancak hilafet ve saltanat taraftarlarının yeni rejimi daha doğmadan boğmayı düşündükleri bir ortamda Atatürk'ün, Türkiye'yi "çağdaşlaştıracak" ve "demokratikleştirecek" devrimleri başarıyla gerçekleştirebilmek için ordudan yararlanması son derece normaldir. Ancak burada gözden kaçırılmaması gereken nokta, Atatürk'ün orduyu "zorbalık aracı" olarak değil, "zorbalığı ortadan kaldıran araç" olarak kullanmış olduğu gerçeğidir.

---

282 age., s. 28, 29.
283 age., s. 33.

"... Hilafet ve saltanat taraftarlarının yoğun olduğu ve kitlelerden büyük destek gördüğü bir ortamda azınlıkta kalan Mustafa Kemal'in yeni Türk devletini sağlam temeller üzerine oturtma yolundaki girişimlerinde orduya dayanması, her halde o dönemin askeri bir rejim veya diktatörlük olarak yorumlanmasına neden olmayacaktır."[284]

Atatürk, Ordu ile Siyaseti Ayırma Projesi'nin son adımını 1924 yılında atmıştır.

Aralık 1923'te çıkarılan bir yasayla milletvekili olmak isteyenlerin askerlik görevlerinden istifa etmeleri istenmiştir. Bu yasaya, hem milletvekili hem de ordu komutanı olmak isteyen Kazım Karabekir Paşa ile Ali Fuat Paşa tepki göstermişlerdir. Bunun üzerine Atatürk, 30 Ekim 1924 tarihinde, aynı zamanda milletvekili olan ordu ve kolordu komutanlarına birer telgraf göndererek, ya askeri görevlerini bırakarak milletvekilliğine devam etmelerini ya da milletvekilliğini bırakarak askerliğe devam etmelerini istemiştir. Atatürk'ün bu isteği karşısında komutanların bir kısmı milletvekilliğini tercih edip ordudaki görevlerinden ayrılırken, bir kısmı da milletvekilliğini bırakıp ordudaki görevlerine devam etmişlerdir.

Fevzi Paşa ve dört Kurtuluş Savaşı komutanı; İzzettin Çalışlar, Ali Hikmet Ayerdem, Şükrü Naili Gökberk ve Fahrettin Altay hiç tereddüt etmeden milletvekilliğinden istifa edip askerliği seçmiştir.

3. Ordu Komutanı Cevat Çobanlı Paşa ile 7. Kolordu Komutanı Cafer Tayyar Paşa ise ordudaki görevlerini bırakıp milletvekilliğini tercih etmişlerdir. Cevat Paşa Doğu Cephesi, Cafer Tayyar Paşa ise İngilizlerle savaşılması olası 7. kolordu komutanıdır. Kısa bir süre sonra Kazım Karabekir ve Ali Fuat Paşa da ordudaki görevlerini bırakıp Meclis'e gelmişlerdir. Çok tehlikeli bir dönemde bu dört komutanın askeri görevlerini bırakıp Meclis'e gelmeleri kamuoyunda iyi karşılanmamıştır. Bunun üze-

---
[284] age., s. 33.

rine Cevat Çobanlı, 25 Aralık'ta milletvekilliğinden istifa ederek yeniden orduya dönüp ölünceye kadar siyaset dışında kalmıştır.

Atatürk, *"Nutuk"*ta milletvekilliğini askerliğe tercih eden Kazım Karabekir ve Ali Fuat paşalar hakkında şu değerlendirmeyi yapmıştır: *"(İngiltere'ye karşı savaş ihtimalini göze aldık). İşte bahsettiğimiz kişiler bu zor anda, bir ecnebi devletin bize saldıracağı zamanda, kendilerinin de bize saldırarak hedeflerine kolaylıkla ulaşabileceklerini hayal ettiler. Savaşa hazır bulundurmaya mecbur oldukları ordularını başsız bırakıp bir zamanlar sevmediklerini ifade ettikleri politika sahasına koştular."*

Atatürk'ün çabaları sonucunda asker-milletvekili uygulaması sona ermiş, ordu ile siyaset fiili olarak birbirinden ayrılmıştır.

Atatürk, 3 Mart 1924'te "Erkân-ı Harbiye Umumiye Vekilliği"nin kaldırılmasıyla birlikte hukuken de ordu ile siyaseti birbirinden ayırmıştır.

Atatürk, ordu ile siyasetin birbirinden ayrılmasının, Cumhuriyet'in en temel ilkelerinden biri olduğunu şöyle ifade etmiştir:

"Kumandanlar, askerlik görevini ve gereklerini düşünürken ve tatbik ederken, siyasi tartışmaların etkisinde bulunmaktan kaçınmalıdırlar. Siyasi yönün gereklerini düşünen başka görevliler olduğunu unutmamalıdırlar. Memleketin genel hayatında orduyu siyasetten ayırmak ilkesi, Cumhuriyet'in daima sözünü ettiği bir esas noktadır."[285]

Atatürk'ün siyaset anlayışında "ordu" ve "din" kesin olarak siyasete karıştırılmamalıdır.

Şu sözler Atatürk'e aittir:

"Ülkelerin genel yaşamında ordunun siyasetten soyutlanması Cumhuriyet'in her zaman göz önünde tuttuğu bir temel ilkedir. Şimdiye kadar izlenen bu yolda Cumhuriyet orduları vatanın güvenilir ve güçlü bekçileri olarak saygın ve kuvvetli kalmışlardır.

---

285 age., s. 37.

Bunun gibi inançlısı olmakla mutluluk duyduğumuz İslam dinini de yüzyıllardan beridir alışılageldiği yönde bir siyasi araç olmaktan kurtarmak ve yüceltmek gerektiği gerçeğini gözlemliyoruz. Kutsal olan inançların ve vicdanın, karışık ve her türlü hırsların ve çıkarların sahnelendiği siyasetten ve siyasetin tüm organlarından bir an önce ve kesinlikle temizlenmesi, ulusun bu dünyada ve öbür dünyadaki mutluluğunun gereği olan bir zorunluluktur. İslam dininin ufku ancak böyle genişler."

Türkiye bugün, orduyu ve dini siyasete karıştırmanın sıkıntısını yaşamaktadır.

Cumhuriyet tarihinde Atatürk'ün ölümünden sonra yapılan "askeri darbeler" ve her geçen gün biraz daha yükselen "siyasal İslam" ve "terör" Türkiye'deki sorunların temel kaynağıdır.

Tüm hayatı boyunca –üstelik de bir ordu mensubu olmasına karşın– ordu ile siyaseti birbirinden ayırmak için mücadele eden Atatürk'ü "darbeci" diye adlandırmak ve dahası "Atatürk adına darbeler yapmak", her şeyden önce Atatürk'e yapılmış çok büyük bir saygısızlıktır.

Bugün sözüm ona askeri vesayete karşı sivilleşmeyi savunan sözde liberaller ve siyasal İslamcılar şunu alsa unutmasınlar ki, bu ülkede ordu ile siyaseti birbirinden ayırmak için en büyük mücadeleyi Atatürk vermiştir.

PROJE 5

SPOR VE BEDEN EĞİTİMİ PROJESİ

İlk İdman Şenliği, 12 Mayıs 1916 tarihinde Kadıköy'de "Papazın çayırı" olarak bilinen, o zamanki adıyla İttihatspor Sahası'nda, şimdiki adıyla Fenerbahçe Şükrü Saraçoğlu Stadı yakınlarında gerçekleştirilmiştir. Beden eğitimci Selim Sırrı Tarcan'ın Yüksek Öğretmen Okulu öğrencileriyle toplu olarak gerçekleştirdiği bu şenlik, Osmanlı ülkesinde sporun bir bayram nedeni olarak algılandığını göstermesi bakımından ilgi çekicidir.[286]

12 Mayıs 1916'da Kadıköy'de Papazın çayırında kutlanan "İdman Şenliği"ni anlamak için Osmanlı Genç Dernekleri'ni bilmek gerekir.

Osmanlı Genç Dernekleri

Osmanlı Güç (Genç-İzci) Dernekleri, 1914 yılında kurulmuştur. Genç/Güç Dernekleri'nin kuruluş nizamnamesinin 1. maddesi şöyledir:

"Genç evladı memleketi maddeten ve manen vatan müdafaasına hazırlamak ve ölünceye kadar kavi ve sağlam bir vatansever hasletini muhafaza etmesini temin maksadıyla berveci ati güç dernekleri teşkil olunur.

Evvela umum resmi mekteplerde, medreseler ve resmi, müesseselerde mecburi olarak genç dernekleri teşkil olunur. (...)"

Güç Dernekleri Nizamnamesi'nin 2. maddesine dayanılarak Harbiye Nezareti tarafından *"Güç Dernekleri Talimatı"* yayınlanmış ve Harbiye Nezareti'nde bir *"Osmanlı Güç Dernekleri Müfettişi Umumiliği"* kurulmuştur. [287]

---

286 Cem Atabeyoğlu, *"Tanzimat'tan Cumhuriyet'e Spor"*, **Tanzimat'tan Cumhuriyet'e Türkiye Ansiklopedisi**, C 6, s. 1478; Kurthan Fişek, **Türkiye Spor Tarihi**, İstanbul, 1985, s. 88.
287 Haluk San, **Türk Spor Tarihinde Atatürk**, 2. bas., İstanbul, 1999, s. 55, 56.

حربیه نظارتنه مربوط
عثمانلی كوچ درنكلری تعلیماتی

۱ — تعلیمات‌نامه ایله درت لاحقه‌دن عبارت‌در .
بر نمره‌لو لاحقه اسلحه ومهمات حقنده‌در .
ایكی نمره‌لو لاحقه اندخت وتعلیم میدانلری حقنده‌در .
اوچ نمره‌لو لاحقه درنكلر معنصری طرفندن قول
اردو منطقه‌سنده اجرا ادیله‌جك یورویش مناورلر حقنده در .
درت نمره‌لو لاحقه مكافات ، اعانات نقدیه ، تودیعات
حقنده‌در .

استانبول

مطبعه عسكریه — سلیمانیه

۱۳۳۰

"Harbiye Nezareti'ne Merbut (bağlı) Osmanlı Güç
Dernekleri Talimatı, 1330 (1914)"

"Osmanlı Güç Dernekleri ve buna bağlı bulunan izcilik dernekleri, askerliğe hazırlık mahiyetindedir. Resmi okullar müesseseler, medreseler için mecburi; özel okullar, ekalliyet (azınlık) okulları ve halk teşekkülleri için ihtiyaridir (seçmelidir)."[288]

Görüldüğü gibi, I. Dünya Savaşı'nın başında, 1914 yılında, İttihatçılar, gençleri bedenen ve ruhen "idmanlı" ve "formda" tutmak için "Osmanlı Güç (Genç) Dernekleri"ni kurmuşlardır ve işte bu "Genç Dernekleri", ilki 12 Mayıs 1916 olmak üzere "İdman Şenlikleri" düzenlemeye başlamıştır.

Osmanlı Genç Dernekleri öğrencilerinden bir görünüm.
Son zamanlarda Çanakkale Savaşları'nı istismar etmek isteyen
bazı din bezirganları, bu fotoğraflardaki çocukların Çanakkale'de
savaştırılan "çocuk askerler" olduğu yalanını söylemektedirler.

12 Mayıs 1916 tarihinden itibaren "İdman Şenlikleri" düzenlemeye başlayan bu Genç Dernekleri'nin 1916'daki genel müfettişi, ATATÜRK'tür.

---

[288] age., 56.

Genç Dernekleri öğrencileri yürürken

Atatürk'ün Spor ve Beden Eğitimi Raporu

O günlerde sona ermiş olan Çanakkale Savaşı'nın Anafartalar kahramanı Atatürk, Harbiye Nezareti tarafından, 1915 yılı Aralık ayı başında "Osmanlı Genç Dernekleri Müfettişi Umumiliği"ne atanmıştır. Bu atamanın temel nedeni, Atatürk'le yıldızı bir türlü barışmayan Enver Paşa'nın, Atatürk'ü etkisiz bir görevle "oyalamak" istemesidir. Ancak Atatürk, "Osmanlı Genç Dernekleri Müfettişi Umumiliği" görevini gayet ciddiye alarak çok önemli çalışmalar yapmıştır.

Atatürk'ün bu görevdeyken yaptığı en önemli çalışmalardan biri "spor ve benden eğitimi" konusunda bir rapor hazırlayıp dönemin hükümetine sunmasıdır.

İşte Atatürk'ün o raporu:

"*Harbiye Nezareti Osmanlı Genç Dernekleri Müfettişi Umumiliği*
No: 11
Makam-ı Celil-i Uzma'ya
Mahrem
(...)
Orduyu terhis ızdırabında bulunan yeni hükümet, 12 yaşından itibaren gençleri vatani ve milli bir gaye ve terbiye ile,

yaşları ile mütenasip, fenni ve yeknesak bir surette yetiştirmek mecburiyetindedir. Bu bakımdan milletin en aydınlarını teşkil eden subaylardan okullarda ve genellikle dernekler teşkilatında öğretmen ve rehber sıfatıyla tercihen faydalanılması lazımdır. Bu suretle subaylarımızın hükümete mali bir yük teşkil etmeyecekleri gibi, en yararlı bir vazife ile görevlendirilmiş olacaklardır. Genç Dernekleri Teşkilatı'nı verimli esaslara istinat ettirmek için Milli Savunma, Milli Eğitim ve Evkaf Bakanlıkları ile mahalli belediyeler ve teşkili düşünülen Cemaat-ı İslamiye'nin müşterek yardımları sağlanmalıdır. Genç Dernekleri Umumi Müfettişliği'ne bağlı olmak üzere bölgelere göre dernekler müfettişlikleri ihdas edilmelidir. Okullarımızda mesleki ve bedeni eğitim konusunda esaslı bir program ve faaliyet yoktur. Kulüplerde gençler, basit oyunlar ve fikirleri zehirleyen politika ile meşgul oluyor. Gençliğin gelişmesine yararlı başka bir cemiyet hemen yok gibidir. Bu gibi kulüp ve cemiyetlerde sağlığı koruma, iyi geçinme, fikri eğitim, anatomi ve fizyolojiye ait umumi derslerin konusu bile yer almıyor. (...) Son zamanlarda Milli Eğitim okullarında sınırlandırılan beden eğitimi ders saatleri arttırılmalı, Genç Dernekleri ile alakalı görev ve kuruluşlar devam ettirilmeli ve köylere kadar esaslı bir şekilde yayılmaları sağlanmalıdır. Spor kulüplerinin ıslahı ile müdavimlerine gençlik dernekleri teşkilatı ile de münasebet teşkil etmeleri kabul ettirilmelidir. Gerek okullarda, gerek spor kulüplerinde ve cemiyetlerde Genç Dernekleri kıyafetinin kabulü, sağlığı koruma, sosyal eğitim, fizyoloji ve anatomi derslerinin öğretimi ve umum için gece derslerinin ihdası temin edilmelidir. Cüz'i de olsa, bütçenin müsaadesi nispetinde ödenek sağlanmalıdır. Bütün Genç Dernekleri'nin teşkilatına girecek olan fakir çocuklara memleketin sanatı ile mütenasip iş bulup sanatkâr olarak yetiştirilmek sureti kişisel çalışmalarına dayanan geçimlerini sağlamaları öngörülmektedir. Terbiyevi ve İçtimai Genç Dernekleri Mecmuası'nın eskiden olduğu gibi yayımına devam edilmelidir. Vaktiyle astsubay okullarına 13-14 yaşındaki öğrencinin bile çantasız, silahlı talim ve terbiyeyi ifaya muktedir olduğunun tecrübe edilmesini istemiş idim. Bu talebim is'af edilmiştir. Binaenaleyh, kulüp ve okullarda nişan taliminin milli bir eğlence tarzından ihdası, milli bayramların ihyası ele alınmalıdır. İzci, keşşaf veya spor kulübü adı altında vücuda getirilecek bütün teşkilat, Genç Dernekleri meyanında addedilerek, dernekler genel müfettişliğine bağlı olmalıdır. (...)

Genç Dernekleri Umumi Müfettişi
Miralay Mustafa Kemal"[289]

Atatürk'ün "spor ve beden eğitimi" konusunda hükümete yaptığı öneriler, O'nun Osmanlı'da "sporun" ve "beden eğitiminin" yaygınlaştırılmasını istediğini ve gençlerin askeri, kültürel, sosyal ve toplumsal gelişimleri için spor ve beden eğitiminin çok önemli olduğunu düşündüğünü göstermektedir.

Atatürk'ün Osmanlı Hükümeti'ne verdiği bu raporun 11. maddesindeki *"milli bayramların ihyası ele alınmalıdır"* ifadesi çok dikkat çekicidir. Atatürk'ün bu önerisi dikkate alınarak 12 Mayıs 1916 tarihinden itibaren Osmanlı'da bir "milli bayram" havasında "İdman Şenlikleri" düzenlenmeye başlanmıştır.

Araştırmacı Ergun Hiçyılmaz, 11 Şubat 1977 tarihinde *Tercüman* gazetesinin spor sayfasında, Mustafa Kemal'in bu raporunu yayımlamış ve şu değerlendirmeyi yapmıştır:

"İzcilik (keşşaflık), bu biçim ve özle oluşurken Atatürk, Genç Dernekleri Müfettişi olarak spor ve gençlik kavramının tam içinde bulunuyordu. Miralay (Albay) rütbesindeki Atatürk, hem denetleyici hem de uygulama alanının içinde faal bir sporcu olarak çalışıyordu. Mustafa Kemal, bu çalışmalar sonunda elde ettiği bilgileri, bulduğu çareleri sıralıyordu. Mustafa Kemal, Genç Dernekleri yönetmeni olarak hazırladığı bu raporu Harbiye Nezareti'ne vermişti."[290]

Hükümet, Atatürk'ün bu raporunu dikkate almış ve 17 Nisan 1916 günü *"Genç Dernekleri Teşkili Hakkında Kanu-*

---

289 *"Atatürk Diyor ki"*, **İz Dergisi Özel Sayısı**, Türkiye İzciler Birliği Yayını, 15 Aralık 1973, S. 2; San, **age.**, s. 58-61.
290 **Tercüman gazetesi**, 11 Şubat 1977.

nu Muvakkat ve Talimatnamesi"ni yürürlüğe koymuştur.[291] Genç Dernekleri Talimatnamesi'nin 12. Maddesi'nde, "Umum Osmanlı Genç Dernekleri'nin yürüyüş halinde 'Dağ Başını Duman Almış' şarkısını terennüm edecekleri" belirtilmiştir. [292] Bu marş, İsveçli besteci Feliks Körling'e aittir. Yüksek Beden Eğitimi öğrenimi aldığı İsveç'ten yurda dönen Selim Sırrı Tarcan, bu marşı getirip güfte yapılması için Ali Ulvi Bey'e vermiştir. 1915 yılında güfte yapılan bu marş, ilk defa İstanbul Erkek Öğretmen Okulu'nda söylenmiştir. İlk söylenişinden itibaren çok beğenilen bu marş çok kısa bir zamanda yurdun dört bir yanına yayılmıştır.

İşte, daha sonra Kurtuluş Savaşı'nın ve Türk Devrimi'nin "*Gençlik Marşı*" biçiminde dillere düşecek olan bu "Dağ Başını Duman Almış *Marşı*," 12 Mayıs 1916 tarihinde, Kadıköy'de Papazın çayırında yapılan o ilk "İdman Şenliği"nde Selim Sırrı Tarcan tarafından şenliğe katılan öğrencilerce seslendirilmiştir.[293]

Selim Sırrı Tarcan

Atatürk'ün Genç Dernekleri başkanı iken hükümete verdiği rapor doğrultusunda Selim Sırrı Tarcan'ın hazırladığı "*Genç Dernekleri Kanunu Muvakkat Talimatnamesi*"nin 12. maddesinde yer alan "*Dağ Başını Duman Almış* Marşı"nı çok geçmeden Atatürk de öğrenmiştir.[294]

Atatürk, 19 Mayıs 1919'da Samsun'a çıkmış ve bir hafta kadar sonra da Samsun'dan Havza'ya geçmiştir. Atatürk 1919 Haziranı'nda Samsun'dan Havza'ya giderken, otomobilinin bozulması üzerine, otomobilinden inerek mahiyetindekilerle birlikte yürümeye başlamıştır. İşte bu yürüyüş sırasında bir ara du-

---

291 San, age., s. 62.
292 age., s. 73.
293 İbrahim Ural, **Bu da Bilmediklerimiz**, İstanbul, 2009, s. 79.
294 San, age., s. 74.

daklarından, bu *"Dağ Başını Duman Almış Marşı"* dökülmeye başlamıştır.

Atatürk'ün Kurtuluş Savaşı'na başlarken bizzat söylediği *"Dağ Başını Duman Almış Marşı"*, Kurtuluş Savaşı'ndan sonra Cumhuriyet'in en önemli sembol marşlarından biri olarak sıkça söylenmeye başlanmıştır.

20 Haziran 1938 tarihinde 19 Mayıs, Gençlik ve Spor Bayramı olarak kabul edilirken bu bayramın marşı olarak da *"Dağ Başını Duman Almış Marşı"* kabul edilmiştir.[295]

Atatürk'ün Spor ve Beden Eğitimi Politikası

Cumhuriyet'in ilk yıllarında spor ve beden eğitimi konusunda Osmanlı Devleti'nden aynen devralınan *Türkiye İdman Cemiyetleri İttifakı*, Türkiye Cumhuriyeti'nin sporu ulusal ölçekte örgütleyen ilk üst spor kurumu olma özelliğini taşımıştır. Kurum, 1923 yılında yürürlüğe giren bir kararnameyle, 'kamu yararına hizmet eden kurumlardan biri' olarak kabul edilmiştir. Bu karar, "devrimci kadronun" özellikle de Atatürk'ün sporu kamu hizmeti olarak gördüğünü kanıtlayan önemli bir belge niteliğindedir. Ancak şunu da belirtmek gerekir ki, Türkiye İdman Cemiyetleri İttifakı, "federatif" bir yapı içinde, özel kulüplerin kendi kendilerini yönetmesi ilkesiyle çalışmakta ve sporu kişilerin /kulüplerin malı olarak kabul etmektedir. Cumhuriyet yönetimi, sporun örgütlenmesini kulüplerin kendilerine bırakmıştır.[296] Yani "faşist" değil "özgürlükçü" ve "özerk" bir anlayış söz konusudur.

Osmanlı döneminde, Türkiye'de "spora" ve özellikle de "beden eğitimine" önem verilmesini isteyen ve bu doğrultuda hazırladığı Spor ve Beden Eğitimi Projesi'ni bir rapor olarak dönemin hükümetine sunan Atatürk, Cumhuriyet döneminde de spora ve beden eğitimine çok büyük bir önem vermiştir. **"Sağlam**

---

295 Meydan Larousse, C 5, s. 98; San, age., s. 74; Ural, age., s. 80.
296 Hilal Akgül, *"Cumhuriyet Dönemi Spor Adamlarından Burhan Felek"* Atatürk Araştırma Merkezi Dergisi, S. 49, C XVII, Mart, 2001.

kafa sağlam vücutta bulunur," diyerek sporu ve beden eğitimini özendiren Atatürk, genç Cumhuriyet'in okullarında "beden eğitimi" dersinin "zorunlu ders" olarak okutulmasını sağlamıştır. Bu nedenle Kasım 1938'de Fransa'da yayımlanan *L'Auto* dergisi Atatürk'ü, *"Dünyada ilk defa beden eğitimini zorunlu kılan devlet adamı"* olarak tanıtmıştır.

Türkiye Cumhuriyeti'ni gençlere emanet eden Atatürk, bu büyük emanete sahip çıkacak o genç nesillerin ruhen ve bedenen sağlam olmaları için onları beden eğitimine ve spora yöneltmiştir.

Atatürk'ün baş döndüren ve göz kamaştıran büyük devrimlerinin yanında onun beden eğitimi ve spor konusundaki çalışmaları maalesef göz ardı edilmiştir.

Genç Cumhuriyet spor ve beden eğitimi konusunda halkın ilgisini uyandırabilmek için, spor dernekleri kurmak, okullara özel dersler koymak, kültürel ve sportif içerikli filmlerin gösterimini sağlamak gibi adımlar atmıştır. Milli Müdafaa Vekâleti, gençlere yönelik olarak izci örgütleri kurmuştur. Bir taraftan beden eğitimine önem verilirken diğer taraftan spor dernekleri kurulmuştur. Futbol, jimnastik, atletizm, kürek, binicilik kulüplerini, kayak, turizm ve gezi kulüpleri izlemiş, böylece beden eğitimi konusunda ciddi bir bilinç oluşturulmuştur. Genç Cumhuriyet, bütün spor branşlarına büyük önem verirken, halk en büyük ilgiyi kayak sporuna göstermiştir. Türkiye'ye kayak sporunu tanıtan kişi usta kayakçı Albay Georges Bilgeri'dir. Kendisi iki kış boyunca orduda ilk kayakçı birliklerini yetiştirmiştir.[297]

Atatürk'ün beden eğitimi ve spor konusunda yaptıklarından bazıları (ayrı bir kitap olacak kadar kapsamlı olsa da) şunlardır:

1916: *Osmanlı Genç (Güç) Dernekleri Başmüfettişi* olmuştur. Hazırladığı raporda gençlerin köylerde de spor yapabilmesi için spor tesislerinin kurulmasını önermiştir.

1918: 3 Mayıs günü **Fenerbahçe Spor Kulübü**'nü ziyaret etmiştir. Bu ziyaretin temel amacı, bir yıl kadar sonra başlatacağı Kurtuluş Savaşı sırasında İstanbul'dan Anadolu'ya sevk edilecek

---

297 R. Von Kral, age., s. 72, 73.

silahların kulübün arkasındaki Kurbağalıdere'den kaçırılmasını planlamaktır. Kulüp yetkilileriyle görüşen ve kulüp defterine Fenerbahçe hakkındaki duygu ve düşüncelerini yazarak imzalayan Atatürk, silahların kaçırılacağı güzergâhı bizzat incelemek için kulüpten bir kayıkla ayrılmıştır.

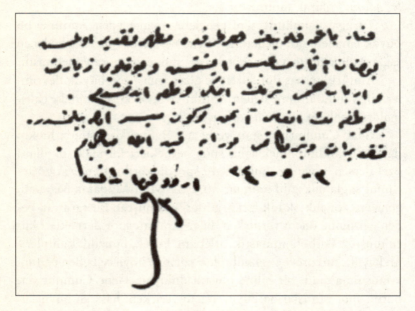

Atatürk'ün 3 Mayıs 1918 tarihindeki ziyaretinde FB şeref defterine yazdığı satırlar ve attığı imza[298]

1920: Ankara'da askeri bir spor kulübü olarak *Muhafız Gücü*'nü kurdurmuştur. *Muhafız Gücü*, döneminin en güçlü takımlarından biri haline gelmiştir. General İsmail Hakkı Tekçe, kuruluşundan itibaren 5 Eylül 1940 tarihine kadar, hiç aralıksız 20 yıl kulübün başkanlığını yapmıştır. Atatürk, *Muhafız Gücü*'yle yakından ilgilenmiş, hatta bazı maçlarını izlemiştir.

---

[298] *"Fenerbahçe Kulübü'nün her tarafta mahzar-ı takdir olmuş bulunan asar-ı mesaisini işitmiş ve bu kulübü ziyaret ve ebedi hamiyeti tebrik etmeyi vazife etmiştim. Bu vazifenin ifası ancak bugün müyesser olabilmiştir. Takdirat ve tebriklerimi buraya kayd ile mübahiyim. 3 Mayıs 1334 (1918) Ordu Komutanı Mustafa Kemal."*

1921: Türkiye'de faaliyet gösteren *Genç Erkekler Hıristiyan Birliği* ABD mandacısı bir spor kulübüydü. Atatürk bu kulübe karşı faaliyette bulunan *Türkiye İdman İttifakları Cemiyeti*'nin güçlenmesini sağlamıştır.

1922: Milli Hareket'in en kritik savaşı olan Büyük Taarruz'un başlayacağı tarihi ve saati Türk komutanlara bildirmek ve savaş planları üzerinde konuşmak için bir futbol turnuvası düzenletmiş ve 1. ve 2. ordu arasındaki final maçı için Akşehir'e gitmiştir. Bir taraftan maçı seyrederken diğer taraftan silah arkadaşlarıyla Büyük Taarruz'u konuşmuştur.

1923: Osmanlı Genç Dernekleri Başmüfettişi'yken önerdiği ancak tam anlamıyla hayata geçirilemeyen projelerini 1923'te çıkardığı "Köy Kanunu" ile hayata geçirmiştir. O dönemin ekonomik koşulları nedeniyle devletin köylere tesis yapmaya gücü yetmese de en azından köylerde güreşlerin yapılmasını zorunlu kılmıştır.

1924: Türkiye'ye uygulanan olimpiyat ambargosunu kaldırtmıştır. Türk sporcular daha önce olimpiyatlarda bireysel olarak yarışmalarına karşın Türkiye'yi temsil etmelerine izin verilmiyordu. Nitekim 1912 ve 1916 olimpiyatlarına Türk sporcular bireysel olarak katılabilmişti. 1920'de ise –Türklerin savaş suçlusu olduğu gerekçesiyle– Türk sporcuların bireysel başvurusu da reddedilmişti. Türkiye Cumhuriyeti kurulduktan sonra Atatürk'ün çabaları sonucunda Türkiye'nin ilk kez devlet statüsünde olimpiyatlara katılması kabul edilmiştir. Böylece Türk sporcular ilk kez 1924 Paris Olimpiyatları'nda Türkiye'yi temsil etmeye hak kazanmışlardır.

1925: At ve At Yarışı Islah Encümeni'ni kurdurmuş ve Ankara Hipodromu'nu inşa ettirmiştir.

1925: *Altay Kulübü*'nü ziyaret etmiştir. Daha sonraki yıllarda Altay'ın İngiliz Donanma Takımı'nı 1-0 yendiği maçı Fahrettin Paşa'yla birlikte izlemiş ve büyük sevinç duymuştur. Soyadı Kanunu çıktığında da Fahrettin Paşa'ya "Altay" soyadını vermiştir.

1926: *Karşıyaka Kulübü*'nü 1925 ve 1926 yılında iki kez ziyaret ederek kulüp defterine duygu ve düşüncelerini yazmıştır.

1926: *İstanbul'da Spor ve Jimnastik Muallim Mektebi*'ni açtırmıştır. Bu okulun başına İsveç'te eğitim görmüş Selim Sırrı Tarcan'ı getirmiştir. Selim Sırrı Tarcan iki kızının yardımıyla kadın ve erkeklerden ilk jimnastik öğretmenlerini yetiştirmiştir. Jimnastik eğitimi, ilk ve ortaöğretimde aşamalı olarak zorunlu kılınmıştır.

1926: 30 Eylül'de Çankaya'da *Türkiye İdman Cemiyetleri İttifakı* heyeti ile yaptığı bir toplantıda Türk sporunun geleceği hakkında çok önemli açıklamalar yapmıştır.

1926: Kadınların aktif olarak spor yapmalarına önayak olmuştur. Atatürk'ün isteği ve Ömer Basim Koşalay'ın çabalarıyla ilk kadın atletlerimiz koşmaya başlamıştır: Nermin Tahsin, Emine Abdullah, Mübeccel Hüsamettin, ilk Türk kadın atletlerimiz olarak tarihe geçmiştir. Şerefnur, Vecihe, Leyla, Melahat ve Karman hanımlar da ilk kadın kürekçilerimiz olarak tarihe geçmiştir. Teniste ise, Vecihe Taşçı, Mediha Bayar, Adriyel Satak ve Hidayet Karacan gibi kadın sporcularımız adlarını duyurmuştur. Dünyada kadınların ilk kez 1928 yılında olimpiyatlara katıldığı göz önünde bulundurulacak olursa Atatürk'ün Türk kadınlarını spora yönlendirme konusunda dünyayla yarışır konumda olduğu çok açık bir şekilde görülecektir.

1927: At yarışlarının en büyüğü olan Gazi Koşusu'nu başlatmıştır.

1928: Türk futbolunda ilk kez Gençler Ligi'ni kurmuştur. Ölümünden sonra bu lig kaldırılmıştır. Leblebi Mehmet, olimpiyatlarda futbol oynamış ilk Türk futbolcu olarak tarihe geçmiştir.

1929: Binbaşı İsmail Hakkı Bey'e bir bisiklet takımı kurdurmuştur. 24 kişilik bu bisiklet takımının başına Üsteğmen (Deli) Daniş Karabelen getirilmiştir. Atatürk, bisiklet takımının halka bisiklet sporunu tanıtmasını istemiş, bu amaçla da bisikletçilerin önce Türkiye'nin en doğusuna, Kars'a sonra da Türkiye'nin en batısına Edirne'ye bisikletleriyle gidip gelmelerini istemiştir.[299]

---

299 Özakman, **Cumhuriyet**, 2. Kitap s. 339, 344.

1930: Galatasaray Lisesi'ni ziyaretinde burada spor salonu olmadığını görünce, yakında cami olduğunu da dikkate alarak, mescidin yerine spor salonu yapılmasını istemiştir.

1931: ABD New York'tan hareket ederek Atlantik Okyanusu'nu geçip İstanbul Yeşilköy'e inip dünya rekoru kıran Amerikalı havacıları 1 Ağustos 1931'de Yalova'da kabul etmiştir. Atatürk'ün isteğiyle rekor denemesinin tüm masraflarını Türkiye karşılamıştır. Böylece Türkiye Cumhuriyeti'nin ilk sponsoru Atatürk olmuştur.

Atlantik'i aşıp İstanbul Yeşilköy'e inen iki Amerikalı pilotu ve ABD Ankara Büyükelçisi Grow'ı Yalova Büyük Otel'de kabul ederken. (1 Ağustos 1931)

1932: Çocuk Esirgeme Kurumu yararına Ankara'da düzenlenen güreş müsabakalarını seyretmiştir. Burada rastladığı Kurtdereli Mehmet Pehlivan'ın maddi sıkıntılar içinde olduğunu öğrenince 1000 TL'lik maddi destekte bulunmuştur. İş Bankası tarafından ödenen bu para Atatürk'ün emriyle kendi maaşından kesilmiştir.

1932: Fenerbahçe Spor Kulübü binası yanınca kendi cebinden Fenerbahçe'ye 500 TL bağış yapmıştır.

1932: Ankara'da Beden Eğitimi Yüksekokulu'nu kurmuştur.

1932: Çankaya adlı atıyla, Ankara'daki konkurhipik yarışlarına gayri resmi olarak katılmış ve parkuru engel devirmeden tamamlamıştır.

1933: Katıldığı Uluslararası Nice Kupası'nda ikinci olan binici Saim Polatkan'a "Çankaya" adlı atını iki yıllık iaşe bedeliyle birlikte hediye etmiştir.

1933: Su sporlarını teşvik etmek amacıyla **Fenerbahçe Sutopu Takımı**'nın bir maçını izlemiştir. Yalova Termal'deki gösteri maçına özellikle Fenerbahçe Sutopu Takımı'nın gelmesini talep etmiştir. Atatürk, **Fenerbahçe Spor Kulübü**'nün özellikle "**deniz ve su sporlarıyla**" ilgilenmesini istemiş, hatta bu konuda dönemin Fenerbahçeli yetkililerine direktif vermiştir. Bu nedenle de fırsat bulduğunda **Fenerbahçe Burnu**'na gitmiştir.

Atatürk Fenerbahçe Burnu'nda

1933: Ankara'da *Ateş Güneş Kulübü*'nü kurdurmuştur. 25 Ekim 1934'te eski yaveri ve arkadaşı ve Ateş Güneş Kulübü Başkanı Cevat Abbas Gürer'le yaptığı görüşme sonunda kulübün adındaki "Ateş" sözcüğünün atılarak kulübün adının sadece *"Güneş"* olmasını istemiştir. 1935-1936 sezonunda 1. lige yükselen Güneş Kulübü, 1937-1938 sezonunda futbolun yanı sıra atletizm ve kürekte de şampiyon olmuştur. Kulüp, Atatürk'ün ölümünden bir gün sonra 11 Kasım 1938'de kendi kendini feshetmiştir.

1935: Okullarda en az üç yıl süreyle haftada birkaç saat spor ve askerlik öncesi eğitim alınmasını zorunlu kılan bir kararname yayınlatmıştır.

1935: Anadolu ve Rumeli fenerleri arasındaki kürek yarışlarını düzenli olarak takip ederek kürek sporuna ilginin artmasını sağlamaya çalışmıştır.

1935: Türk havacılık sporuna çok büyük bir katkı sağlayacak olan Türk Kuşu'nu kurmuştur.

1935: Samsun'a çıkıp Kurtuluş Savaşı'nı başlattığı 19 Mayıs'ın her yıl Gençlik ve Spor Bayramı olarak kutlanmasını istemiştir (Atatürk'e bu öneriyi, dönemin BJK Başkanı Ahmet Fetgari'nin yaptığı iddia edilmektedir). 19 Mayıs, 1938'den sonra "Gençlik ve Spor Bayramı" olarak kutlanmıştır.

1935: Türkiye İdman İttifakları Cemiyeti'nin adını *Türk Spor Kurumu*'na çevirip bu kurumu da doğrudan CHP'ye bağlamıştır.

1935: Güreş sporuna büyük önem vermiş, buna paralel 4. Balkan Güreş Şampiyonası'nda Türk milli güreş takımı şampiyon olmuştur.

1936: Berlin Olimpiyatları'nda ilk altın madalyayı kazanan güreşçi Yaşar Erkan'a çektiği telgrafla şükran duygularını sunmuştur.

1936: Fenerbahçe Spor Kulübü'nün Kalamış koyuna bakan kısmına spor tesisi dışında hiçbir tesis yapılmamasını şart koşmuştur. Fenerbahçe ve Galatasaray'ın bugün o bölgede sahip oldukları spor tesisleri Atatürk'ün bu vasiyetinin bir sonucudur.

1938: 19 Mayıs gösterilerinde çok sevdiği genç sporcuları ilk ve son kez seyretmiştir.[300]

Atatürk'ün 1916 yılında hazırladığı Spor ve Beden Eğitimi Projesi, cumhuriyetin ilanından sonra yine bizzat Atatürk tarafından hayata geçirilmiştir. Sporun köylere kadar indirilmesini, bu amaçla Halkevlerinin halkı bilinçlendirmesini ve spor tesislerinin yapılmasını, ulusal ve uluslararası alanda başarılı sporcuların yetiştirilmesini; çok daha önemlisi, "sağlam kafa sağlam vücutta bulunur" ilkesi doğrultusunda tüm toplumun spora özendirilmesini amaçlayan Atatürk, her konuda olduğu gibi spor ve beden eğitimi konusunda da halka bizzat örnek olmak için çaba harcamıştır. Bu amaçla aralarında sutopu ve futbolun da olduğu değişik takım oyunlarını seyretmiş, havacılığı, güreşi, atletizmi, bisikleti ve yüzmeyi teşvik etmiş ve bu branşlarda kadın-erkek Türk sporcularının yetiştirilmesini istemiştir. Ayrıca 1930'lu yıllarda Florya yazlık köşkünde kaldığında 54 yaşında yüzme öğrenerek halkla birlikte sıkça denize girmiştir.[301]

Atatürk Florya'da gençlerle beraber denizde (5 Ağustos 1936)

---

300 Sinan Meydan, **Sarı Lacivert Kurtuluş**, **"Kurtuluş Savaşı'nda Fenerbahçe ve Atatürk"**, 2. bas., İstanbul, 2010, s. 229, 230, 241-244.
301 Özakman, **age.**, s. 537.

Savaş meydanlarında düşmanına saygı duyan savaş dehası Mustafa Kemal Atatürk, sporcuların da rakiplerine saygı duymalarını istemiştir. *"Ben sporcunun zeki, çevik ve aynı zamanda ahlaklısını severim,"* diyerek bugün bütün dünyada en çok tartışılan konulardan birine; "spor ahlakına" 80 yıl kadar önce dikkat çekmiştir.

PROJE 6

ANADOLU'NUN İŞGALİNİ ÖNLEME PROJESİ

(Kilis-İskenderun-Adana Savunma Planı)

Atatürk, I. Dünya Savaşı'nın sonrasında Kilis-İskenderun-Adana bölgelerinde oluşturulacak bir savunmayla İngiltere, Fransa ve İtalya gibi emperyalist güçlerin Anadolu'yu işgallerini önlemek amacıyla bir proje geliştirmiştir, fakat İstanbul Hükümeti'nin "korkaklığı" ve "teslimiyetçiliği" yüzünden görevden alındığı için bu projeyi tam anlamıyla düşünceden uygulamaya geçirememiştir.

Her şeyi en başından anlatalım:

Anadolu'yu Savunma Düşüncesi

I. Dünya Savaşı'nda Enver Paşa ve diğer İttihatçılar, Arap çöllerinde ve Turan ellerinde hayal peşinde koşmanın hesaplarını yaparken, Atatürk Anadolu'yu savunmanın hesaplarını yapmıştır.

I. Dünya Savaşı'nda Çanakkale Cephesi'nde İngilizleri ve Fransızları durduran, Doğu Cephesi'nde Muş ve Bitlis'i Ruslardan geri alan Atatürk, 17 Şubat 1917'de Hicaz Seferi Kuvvetler Komutanlığı'na atanmıştır. Bu ordunun görevi, Arap Yarımadası'nı; Mekke'yi, Kabe'yi savunmak ve Suriye'yi Medine'ye bağlayan demiryolunu elde tutmaktır. Fakat Atatürk'ün çok daha başka düşünceleri vardır: O, değil Hicaz'a asker sevk etmek, oradaki askerleri de alıp Anadolu ve çevresinde güçlü bir "savunma hattı" oluşturmak istemektedir. Atatürk, Halep'e giderek bu düşüncesini Enver Paşa ve Cemal Paşa'yla paylaşmış, ancak görüşleri dikkate alınmayınca görevinden istifa edip İstanbul'a dönmüştür.

Enver Paşa, Atatürk'ü bu sefer de Kafkasya içlerindeki 9. Ordu Komutanlığı'na atamak istemiş, ancak Atatürk, Anadolu dışındaki bu uzak görevi kabul etmeyince bu sefer de Suriye'deki 7. Ordu Komutanlığı'na atanmıştır.

Atatürk, Suriye Cephesi'nde 7. Ordu komutanıyken grup komutanı Alman General Falkenhayn'la görüş ayrılığına düşmüştür. Falkenhayn, önce İngilizleri Palestin'den söküp atmayı sonra da Bağdat'ı almayı planlamaktadır. Başkomutan Vekili Enver Paşa da Falkenhayn gibi düşünmektedir: Rauf Orbay'a, *"Biz genel durum bakımından Medine'nin sonuna kadar savunulmasını, Bağdat'ın da bir an önce geri alınmasını siyaseten gerekli görüyoruz,"* demiştir. Geleceği doğru okuma yeteneğine sahip olan Atatürk, General Falkenhayn'ın sadece Alman çıkarlarını düşündüğünü, İngiliz üstünlüğüne aldırış etmeden, Arapların iç yapılarını dikkate almadan emrindeki Türk ordularını ateşe atarak bir taarruz planı üzerinde çalıştığını fark etmiştir.[302]

Atatürk, Alman çıkarlarını koruyan ve Türk ordusuna zarar veren General Falkenhayn'la çalışmak istemediğini iki raporla üstlerine bildirmiştir.

Atatürk ilk raporunu, **20 Eylül 1917**'de Halep'ten, Dahiliye Nazırı Talat Paşa ve Başkomutan Vekili Enver Paşa'ya göndermiştir. Atatürk 2010 kelimelik, 7 büyük kitap sayfası tutan bu uzun raporunda cesaretle ve açık yüreklilikle şu çarpıcı değerlendirmeleri yapmıştır:

1. Halk ile yönetim arasındaki bağlar sarsılmıştır. Ülke genel bir anarşiye doğru sürüklenmektedir.
2. Mülki idare tam bir aciz içindedir. Zabıta kuvvetleri zayıf ve yetersizdir. Memurlar, rüşvet almakta, yolsuzluk ve vurgunculuk yapmaktadır.
3. Yargı işlememektedir.
4. Ekonomi çökmektedir.
5. Saltanat çürümektedir. Bir gün hep birden çökmesi ihtimali vardır.
6. Almanların, I. Dünya Savaşı'nı kazanması imkânsızdır.
7. Ordumuz, sefil ve perişan durumdadır.
8. Alman General Falkenhayn Alman çıkarlarını korumaktadır.

---

302 Meydan, **Cumhuriyet Tarihi Yalanları**, 1. Kitap, s. 39, 40.

Atatürk, sorunları bu şekilde sıraladıktan sonra çözüm yollarını da şöyle sıralamıştır:

1. Hükümeti güçlendirmek,
2. Beslenmeyi sağlamak,
3. Yolsuzlukları en aza indirmek,
4. Ülkeyi sağlam bir hareket üssü haline getirmek,
5. Askeri politikamızı bir savunma politikası haline getirmek.

Atatürk, askerlik tarihinde bir benzerine daha rastlanmayan bu ünlü raporunu şu çarpıcı cümlelerle bitirmiştir: *"Askeri politikamız bir savunma politikası olmalı. Elimizde bulunan kuvvetleri ve bir tek eri sonuna kadar saklamalıyız. Memleket dışında da bir tek Türk askeri kalmamalıdır. İşte benim düşüncelerim bundan ibarettir. Bulunduğunuz mevki sebebiyle bunları tasvir etmekle vicdanım üzerindeki yükü atmış olduğuma inanıyorum."*

İşte Atatürk'ün 1917 yılındaki düşüncesi: *"Memleket (Anadolu) dışında bir tek Türk askeri kalmamalıdır,"* şeklindedir. Atatürk'ün, *"Memleket dışında bir tek Türk askeri kalmamalıdır,"* dediği o günlerde Enver Paşa, Kafkaslar'da, Dağıstan'da ve Hicaz'da bulunan orduların zafer haberlerini beklemekte, bu da yetmezmiş gibi Hindistan'a bir sefer yapmayı planlamaktadır.

Birinci raporundan herhangi bir sonuç alamayan Atatürk, 24 Eylül 1917'de, yine Halep'ten Enver ve Cemal paşalara ikinci bir rapor daha göndermiştir. Bu raporunda özellikle General Falkenhayn'ı çok ağır bir dille eleştirerek görevden alınmasını istemiş, aksi halde istifa edeceğini belirtmiştir.

Atatürk'ün, Enver Paşa gibi rakiplerinin onu bir kaşık suda boğmak istedikleri bir ortamda "idamı göze alarak" böyle raporlar hazırlaması, her şeyden önce onun katıksız vatanseverliğinin bir göstergesidir.

Atatürk, ülkenin yanlış politikalar nedeniyle her geçen gün biraz daha batağa sürüklendiği bir ortamda, sorumluluk sahibi bir asker ve duyarlı bir yurttaş olarak her şeyi göze alıp devleti yönetenleri uyarmayı kendisine bir görev saymıştır.

Atatürk'ün bu tarihi raporları adeta görmezlikten gelinmiştir. Hükümet ve Başkomutanlık, ne bir disiplin soruşturması açmış ne de görüşlerini dikkate almıştır. Bunun üzerine o da, *"Kendi kendimi görevden aldım,"* diyerek istifa etmiştir.

Yıldırım Orduları Komutanı Falkenhayn, bu durumu disiplin aşımı olarak değerlendirerek Atatürk'ün derhal cezalandırılmasını istemişse de Enver Paşa, böyle bir kararın Atatürk'ün kamuoyundaki şöhretini daha da arttıracağını düşünerek onu Diyarbakır'daki 2. Ordu Komutanlığı'na atamıştır. Ancak Atatürk, görüşleri dikkate alınmadıkça ve raporlarında belirttiği sorunlar çözümlenmedikçe "hiçbir makamda memlekete hizmet etmeyeceğini" belirterek bu görevden de istifa edip İstanbul'a dönmüştür. Bu sırada Şehzade Vahdettin'le birlikte Almanya seyahatine çıkmıştır.

Atatürk bir süre sonra yeniden Suriye-Filistin'deki 7. Ordu Komutanlığı'na atanmıştır. Bu sırada Yıldırım Orduları Komutanlığı'na Liman Von Sanders getirilmiştir.[303]

Suriye Geri Çekilişi ve Türk Süngülerinin Çizdiği Sınır

İngilizler yoğun hazırlıklardan sonra 19 Eylül 1918'de Filistin'deki Türk cephesine saldırmıştır. Bu cephe, Liman Von Sanders komutasındaki Yıldırım Orduları'nca tutulmaktadır.

Yıldırım Orduları şu birliklerden oluşmaktadır:

Mesinli Cemal Paşa komutasındaki 4. Ordu, Cevat Paşa komutasındaki 8. Ordu, Mustafa Kemal Paşa (Atatürk) komutasındaki 7. Ordu (Atatürk'ün kolordu komutanlarından biri İsmet Paşa, diğeri Ali Fuat Paşa'dır). Bu üç ordu, Yafa'nın 20 km kuzeyi ile Lut Gölü arasındaki 100 km'lik cepheyi savunmaktadır.

4. ve 8. ordular, İngiliz saldırısının daha başlarında dağıldıklarından tüm yük Atatürk'ün kontrolündeki 7. Ordu'nun omuzlarına binmiştir.

---

[303] age., s. 40-42.

Atatürk komutayı devraldığında 7. Ordu Nablus'un güneyi ile Şeria Nehri arasında konuşlanmıştır.

Liman Von Sanders, devasa İngiliz ordusu karşısında ne yapacağını şaşırmış bir durumda, geriye doğru kaçarak canını zor kurtarmıştır. Geride kalan orduları toparlamak isteyen Atatürk, bir süre Von Sanders'le irtibat kuramamıştır. Süratle orduları derleyip toparlayan Atatürk, kimseye sormadan inisiyatif kullanarak, Türk ordusunu Suriye'nin kuzey sınırına yakın Halep'e çekmeye başlamıştır. Liman Von Sanders, bu itaatsizliğin nedenini sorunca Atatürk, *"Suriye'nin bir Arap şehri olduğunu, önemli olanın Türk olan Anadolu'yu savunmak olduğunu,"* belirtmiştir. Bu sırada Yıldırım Orduları Komutanlığı genel karargâhı Adana'ya çekilmiştir.

25 Ekim 1917'de Halep'in güneyinde kanlı çarpışmalar başlamıştır. Bu sırada bazı Arap aşiretleri de Halep'e girerek Türklere karşı sokak muharebelerine başlamıştır. Atatürk adeta tek başına hem İngilizlerle hem de onların kışkırttığı asi Arap aşiretleriyle savaşarak ordusunu geri çekmeyi başarmıştır.[304]

Atatürk, Halep'in kuzeyinde Hatay'ı da içine alan bir savunma cephesi kurmuştur. İngilizler, bu savunma hattına taarruz etmişler, fakat Atatürk, Katma Muharebesi'ni kazanarak Arap asilerce desteklenmiş İngiliz ordusunu bozguna uğratmayı başarmıştır. Böylece 26 Ekim 1918'de I. Dünya Savaşı'nın son savaşı kazanılmıştır.[305]

Orgeneral Fahrettin Altay Paşa, Atatürk'ün I. Dünya Savaşı'ndaki bu son büyük başarısını şöyle anlatmıştır:

"Filistin Muharebeleri'nde ordumuz bozuldu. Ordu kumandanı Liman Von Sanders Paşa kaçtı. Ve zorlukla kendini esaretten kurtardı. Bunun üzerine üç ordu kumandanı Cevat, Mersinli Cemal ve Mustafa Kemal paşalar enkazı Dera'da topladılar. Fa-

---

304 Atatürk, bu sokak çatışmalarının ayrıntılarını 1926 yılında Falih Rıfkı Atay'a anlatmıştır. Falih Rıfkı Atay, **Atatürk'ün Bana Anlattıkları**, İstanbul, 1998, s. 67-69.
305 Şevket Süreyya Aydemir, **Tek Adam**, C I, 29. bas., İstanbul, 2009, s. 288.

kat daha kıdemli oldukları halde Cevat ve Cemal paşalar ordu kumandanlığını Mustafa Kemal'e bıraktılar. Kendileri çekilip gittiler. *Mustafa Kemal ise en buhranlı, en nazik bir zamanda bu döküntülerden ibaret ordunun kumandanlığını alma cesaretini gösterdikten başka olabildiği kadar düzenlediği bir ordu ile Halep civarındaki istila ordusunu durdurmaya da muvaffak oldu ki, bu gerçekten hayrete şayan bir olaydır."*[306]

Atatürk bu Katma zaferinden sonra, *"Bir hat tespit ettim ve sınırladım. Kuvvetlerime emir ettim ki; düşman bu hattın ilerisinden geçmeyecek,"* demiştir. Nitekim geçmemiştir de. Bu zafer ile Toros Geçitleri düşmana tamamen kapatılmıştır. Atatürk, geri çekiliş sırasında Suriye'deki şimendifer hatları ve yolları iyice tahrip etmiş olduğundan İngilizlerin ileri birliklerini hızla takviye imkânı da kalmamıştır. İngiliz birlikleri sadece sahilden ilerleyebilirdi. Türk cephesi, Halep'in 5 km kuzeyindedir. Bundan sonra Atatürk'ün 7. Ordu'su birçok saldırıya uğramış ama bunların hepsini geri püskürtmeyi başarmıştır.[307]

Bu zaferin anlamını *"Türk süngülerinin çizdiği sınır"* sözüyle ifade etmiştir.[308]

1918'de Atatürk'ün savunduğu o hat, ileride Misak-ı Milli' nin güney sınırı olacaktır. Bu gerçeği anılarında Atatürk şöyle ifade etmiştir:

"Gerek Erzurum Kongresi'nde gerek Sivas Kongresi'nde Türkiye'nin milli sınırlarını tespit için ben Türk süngülerinin işaret ettiği bu hattı esas kabul ettim.

Zavallı Wilson anlamadı ki, süngü, kuvvet, şeref ve haysiyetin müdafaa edemediği hatlar başka hiçbir prensiple müdafaa edilemez."[309]

Atatürk'ün, I. Dünya Savaşı'nın sonlarındaki bu Suriye geri-

---

[306] Feridun Kandemir, *"Atatürk'ün Askerliği"*, **Atatürk, XV. Ölüm Yılı Hatırası**, İstanbul, 1953, s. 6, 7.
[307] Süleyman Hatipoğlu, **Filistin Cephesi'nden Adana'ya Mustafa Kemal Paşa**, İstanbul, 2009, s. 47, 107.
[308] Sina Akşin, **Kısa Türkiye Tarihi**, İstanbul, 2007, s. 113.
[309] Atay, age., s. 70.

ye çekilme hareketi ve Halep direnişi, Anadolu direnişinin, Kurtuluş Savaşı'nın ilk işaretidir.

O, daha Anadolu işgal edilmeden, Anadolu'yu savunmanın hesaplarını yapmıştır.[310]

Kilis'teki Hazırlıklar

Atatürk'ün 7. Ordu'su, Katma zaferiyle İngiliz ve Arap kuvvetlerini durdurmuştur. Ancak bir süre sonra bazı asi Arap çetelerinin ve arkalarındaki İngiliz birliklerinin Müslimiye'den Antep yönüne doğru ilerledikleri bilgisi alınmıştır. Bunun üzerine 7. Ordu Komutanı Atatürk, bölgede gerekli olan teşkilatı kurmuş ve Antep'teki komutanlığa gerekli emirleri vermiştir. Ayrıca Kilis'e, 43. Tümen'den küçük bir müfreze göndererek Kilis'te kurulacak olan direniş teşkilatının temelini atmıştır. 28 Ekim'de düşmanın bazı keşif teşebbüsleri ateşle geri püskürtülmüştür. 7. Ordu, İskenderun ve kıyılarla birlikte Reyhanlı, Kırıkhan, Belen, Der el Cemal, Tel el Rıfat ve doğuya uzanarak genel hattını korumuştur. İki gün sonra da Antakya ve çevresini sınırın içine almıştır. Ordu karargâhı 30 Ekim'de Reco'ya taşınmıştır.[311]

7. Ordu Komutanı Atatürk, Katma'daki karargâha gelir gelmez erzak durumuyla ilgilenmiş, depolardaki erzakları denetlemiş, stokların iyi durumda olduğunu görmüştür. Atatürk buradaki erzak ve malzemenin önemli bir kısmını direniş için güvendiği yerlerden biri olan Kilis'e nakletmiştir. Katma'da gerekli tedbirleri aldıktan sonra da Kilis'e gitmeye karar vermiştir.[312] 28 Ekim 1918'de yaverleriyle birlikte Katma'dan Kilis'e hareket etmiştir. Atatürk Kilis'e giderken Kilis girişinde nöbet tutan ve devriye gezen Cemaat-i İslamiye Örgütü'ne mensup gençlerle karşılaşmış ve onların bu vatanseverliklerinden memnun kalmıştır. Atatürk, Kilis'te Mevlevi Tekkesi'nde misafir edilmiştir. Burada halkın ile-

---

310 Sinan Meydan, **Atatürk'ün Gizli Kurtuluş Planları**, "Parola Nuh", İstanbul, 2009, s. 46.
311 Hatiopğlu, **age.**, s. 49.
312 **age.**, s. 50, 51.

ri gelenleriyle yaptığı toplantıda: *"Savaşın henüz bitmediğini, asıl bundan sonra Kurtuluş Savaşı'nın başlayacağını ve ona göre hazırlanmaları gerektiğini,"* söylemiştir.[313]

Atatürk, 28-29 Ekim 1918 gecesinin bir bölümünü Kilis'te geçirmiştir. Burada bir taraftan ileri gelenlere direniş düşüncesini aşılamaya çalışırken, diğer taraftan sürdürülen savunmanın geleceğini ve erzak durumunu güvenlik altına almak istemiştir. Atatürk, ordunun arkasını şehrin kuzeyindeki dağlara yaslayıp savunma hattını oluşturmaktan söz ettiğinde, şehrin ileri gelenleri şehrin savaş alanı dışında tutulmasını istemişlerdir.[314]

Atatürk, Kilis'te gereken milli teşkilatın temelini oluşturduktan, Antep'teki komutanlığa bu konuda gerekli emirleri verdikten sonra halka duyurulmak üzere bir bildiri yayınlayarak Kilis'ten ayrılmıştır. Atatürk bildirisinde; *"Kilislilerin uyanıklığından memnun kaldım. Gençlerimizi silahlandırmakla gösterdiğiniz yurtseverliği taktir ettim. Bu davranışınızı sürdürünüz,"* demiştir.[315]

Atatürk, Kilis'te halka "direniş" düşüncesini aşılamaya çalışmış ve direniş için gerekecek silahları kendisinin ayarlayacağını belirtmiştir. Örneğin, Katma İstasyonu'nda karşılaştığı Ali Cenani Bey'e, *"Siz direnişe geçin silahları ben ayarlayacağım!"* demiştir.

Ali Cenani Bey, Antep'in düşman tarafından yağma edildiğini, Türk ordusunun Adana'ya çekilmesiyle halkın büsbütün düşman elinde kalacağını, bu nedenle Antep'teki ailesini daha güvenli bir yere götürmeyi düşündüğünü söylemiştir. Bunun üzerine Atatürk, *"Şehrinizde hiç mi adam kalmadı?"* diye sormuş ve *"kendinizi savunmanın bir çaresine bakın!"* diye de eklemiştir. Ali Cenani Bey hayretle, *"İyi ama, nasıl neyle?"* diye sorunca, Atatürk, Cenani Bey'in gözlerinin içine bakarak, *"Teşki-*

---

313 Kemal Çelik, **Milli Mücadele'de Adana ve Havalisi (1918-1922)**, Ankara, 1999, s. 36; Hatipoğlu, **age.**, s. 52.
314 Hatipoğlu, **age.**, s. 53.
315 **age.**, s. 53.

lat yapın, kendinizi savunun, ben istediğiniz silahı veririm!" demiştir.[316]

Atatürk'ün isteğiyle ve yönlendirmesiyle harekete geçerek Atatürk'ün dağıttığı silahlara sarılan yurtseverler, Fransızlar Güney Anadolu'yu işgal ettiklerinde hemen direnişe geçmişlerdir.

Mondros'a Tepki

Osmanlı İmparatorluğu, 30 Ekim 1918 tarihinde Mondros Ateşkes Antlaşması'nı imzalayarak I. Dünya Savaşı'ndan çekilmiştir. Mondros Ateşkes Antlaşması'nın çok ağır maddeleri vardır. Örneğin 7. maddede, *"İtilaf Devletleri, güvenliklerini tehdit eden bir durumda istedikleri herhangi bir stratejik bölgeyi işgal edebileceklerdir,* 24. maddede ise, *"Doğu'daki altı ilde karışıklık çıkarsa oralar işgal edilecektir..."* denilmiştir. Ayrıca, Osmanlı'nın bütün orduları dağıtılacak, bütün ağır silahlarına el konulacak, bütün yeraltı ve yerüstü zenginlik kaynakları, telgraf hatları, demiryolları, tersaneleri ve tünelleri İtilaf Devletleri'nin kontrolüne bırakılacaktır. Gerektiğinde İstanbul da işgal edilebilecektir.

Atatürk, Mondros Ateşkes Antlaşması'nın imzalandığını, Sadrazam ve Genelkurmay Başkanı Ahmet İzzet Paşa'nın 31 Ekim 1918 tarihli telgrafıyla öğrenmiş, antlaşmanın metnini ise 3 Kasım 1918'de görmüştür.

Atatürk, 25 maddelik bu antlaşmayı incelediğinde şunları düşünmüştür:

"Bu antlaşmayı baştan sona incelediğimde bende meydana gelen kanaat şu idi: Devlet-i Aliye-i Osmaniye bu antlaşma ile kendini kayıtsız şartsız düşmanlara teslim etmeye razı olmuştur. Yalnız razı olmamış, düşmanların memleketi işgali için ona yardım da vaat etmiştir. Bu beni çok hazin düşüncelere sevk etti."[317]

---

316 Yusuf Hikmet Bayur, **Atatürk, Hayatı ve Eseri**, Ankara, 1991, s. 188; Lord Kinross, **Atatürk**, "Bir Milletin Yeniden Doğuşu", çev. Necdet Sender, 12. bas., İstanbul, 1994, age., s. 165; Meydan, **age.**, s. 68.
317 Atay, **age.**, s. 79.

Mondros Ateşkes Antlaşması imzalandıktan sonra Osmanlı Hükümeti, komutanlara bu antlaşma konusundaki görüşlerini sormuştur. *"Bu mütareke reddedilsin,"* diyen tek komutan Atatürk'tür.[318]

Atatürk antlaşmayı inceledikten hemen sonra, 3 Kasım 1918'de komutası altındaki 2. ve 7. kolordulara gönderdiği bir emirle, *"Suriye sınırının Osmanlı Devleti'nin Suriye vilayetinin kuzey sınırı olduğunu, Türklerin çoğunlukta olduğu bölgelerin esas hat olarak kabul edilmesi gerektiğini, mütareke şartlarının yeterince açık olmadığını, dolayısıyla yapılacak işgallere karşı uyanık olunmasını, Toros tünellerini işgal edecek İtilaf kuvvetlerinin yanına Türk kuvvetlerinin yerleştirilmeye çalışılmasını,"* istemiştir.[319]

Atatürk, ayrıca komutasındaki birliklere gönderdiği emirlerde Mondros'un açık olmayan hükümleri nedeniyle dikkatli olunmasını istemiştir.

Adana'daki Hazırlıklar

Atatürk Mondros Mütarekesi'nin imzalanmasından bir gün sonra, 31 Ekim 1918'de Adana'ya gelerek Liman Von Sanders'ten Yıldırım Orduları Komutanlığı'nı devralmıştır. Devir teslim töreni sırasında bir ara Von Sanders, *"Bizim için her şey bitti!"* deyince Atatürk, *"Savaş müttefikler için bitmiş olabilir, fakat bizi ilgilendiren savaş, istiklal savaşımız şimdi başlıyor!"* demiştir. Atatürk'ün 31 Ekim 1918'de Alman generalin gözlerinin içine bakarak söylediği bu sözler, kafasındaki direniş düşüncesinin en önemli kanıtıdır.

Yıldırım Orduları Grup Komutanlığı'nı devralan Atatürk, karargâhını Şakirpaşa'da Hacı Seyit Ağa'nın bağ evinde kurmuş, şehir içinde de Muradiye Oteli'nde bir menzil kumandanlığı oluşturmuştur.[320]

---

318 Sadi Irmak, **Atatürk**, "Bir Çağın Açılışı", İstanbul, 1984, s. 385. Meydan, **age.**, s. 53.
319 Tevfik Bıyıklıoğlu, **Atatürk Anadolu'da, (1919-1921)**, Ankara, 1959, s. 65.
320 Hatipoğlu, **age.**, s. 69.

Yıldırım Orduları Komutanı Mustafa Kemal Paşa

Atatürk, Yıldırım Orduları Grup Komutanlığı görevine gelir gelmez eldeki dağınık birlikleri derleyip toparlamaya başlamıştır. Her şeye rağmen kararlıdır! İngilizleri Halep önlerine mıhlamıştır ve onların daha içerilere girmesine asla izin vermeyecektir!

Atatürk anılarında, bu konudaki kararlılığını, *"Elim altında bulunan iki ordunun arzu ettiğim tarzda güçlendirilmesi halinde bütün felaketlere rağmen Türk sesini işittirebileceğim kanaatindeydim. Bu yolda işe başladım,"* diyerek ifade etmiştir.[321]

Mondros Ateşkes Antlaşması'nın bütün ağırlığına, eldeki kuvvetlerin bütün perişanlığına rağmen Atatürk, büyük bir inançla, *"Türk sesini işittirmeyi"* düşünebilmiştir.

Atatürk, bir taraftan emrindeki kuvvetleri derleyip toparlamaya çalışırken diğer taraftan da düşmanın Anadolu'ya ayak basmaması için gereken önlemleri almıştır. Atatürk'e kulak verelim:

"Nitekim mütarekeden hemen sonra Halep ve Katma arasında ordumuzun süngüleriyle çizmiş olduğu hattı geçmek isteyen İngilizlere karşı derhal süngü ile karşı koymakta tereddüt

---

321 Atay, **age.**, s. 78.

göstermedim. Nitekim İskenderun Körfezi'ne yaklaşmak isteyen düşman donanmasına ateş emri verdim."[322]

Atatürk dışında Mondros Ateşkes Antlaşması'na açıkça tepki gösteren iki komutan daha vardır. Bunlardan biri Irak Cephesi komutanlarından Ali İhsan (Sabis) Paşa, diğeri de Kafkas Cephesi Komutanı Yakup Şevki Paşa'dır.[323]

Atatürk, bütün gücüyle Türk mevzileriyle İngiliz mevzileri arasındaki boşluğu doldurmaya çalışmıştır. Bu doğrultuda 31 Ekim'de Reyhaniye'nin, 3 Kasım'da da Antakya'nın işgal edilmesi emrini vermiştir. Aynı gün bölgedeki askeri ve sivil yöneticilere Suriye'nin boşaltılmasını öngören bir önerge göndermiş ve Halep nüfusunun dörtte üçünün Arapça konuşan Türklerden oluştuğunu belirtmiştir.[324]

Atatürk, Adana'da Yıldırım Orduları Komutanı olduğu kısa sürede bir taraftan elindeki kuvvetleri organize etmiş, diğer taraftan da yetkilileri uyarmaya ve uyandırmaya çalışmıştır. Atatürk, Adana'da kaldığı yaklaşık 10 gün içinde Kurtuluş Savaşı'nın ön hazırlıklarına başlamıştır.

İlk Direniş Yuvaları

Atatürk, önce 7. Ordu, daha sonra da Yıldırım Orduları Komutanı'yken emrindeki komutanlara, Anadolu'nun muhtemel işgaline karşı halkı gizlice örgütleme emri vermiştir.

Atatürk, öteden beri tanıyıp güvendiği yakın cephe arkadaşlarıyla görüşmeler yapmış, daha o günlerde bir "kurtuluş ekibi" oluşturmaya çalışmıştır.

---

322 **Atatürk'ün Bütün Eserleri,** C 15, İstanbul, 1998, s. 62.
323 İngilizler kısa bir süre sonra her iki komutanı da tutuklayarak Malta'ya sürgün etmişlerdir. Kafkas Cephesi Komutanı **Yakup Şevki Paşa,** Mondros Ateşkes Antlaşması uyarınca bölgenin boşaltılması ve silahların teslim edilmesi emrini ağırdan almıştır. Bu nedenle Azerbaycan ve Dağıstan'da bulunan Türk kuvvetleri Ocak 1919 sonunda Batum'a gelmiştir. Yakup Şevki Paşa, Mondros Ateşkes Antlaşması gereği İtilaf Devletleri'ne teslim edilmesi gereken silahların bir kısmını da bölgeyi korumak için kurulan **Kafkas İslam Şuraları**'na dağıtmıştır. İngilizler, hasta ve gözlerinden rahatsız olan Yakup Şevki Paşa'yı İstanbul'a çağırtmış ve tutuklayıp Malta'ya sürgün etmiştir.
324 Stefanos Yerasimos, **Milliyetler ve Sınırlar,** İstanbul, 1994, s. 181.

Atatürk'ün komutasındaki 7. Ordu'ya bağlı 3. Kolordu'nun komutanı Miralay İsmet (İnönü) Bey, 20. Kolordu'nun komutanı ise Ali Fuat (Cebesoy) Paşa'dır.

Atatürk daha önce Doğu Cephesi'nde 16. Kolordu Komutanı olarak görev yaptığı sırada da Kazım Karabekir Paşa'yla birlikte çalışmıştır.

İleride Kurtuluş Savaşı için bir araya gelecek olan bu dört paşadan üçü, Suriye-Filistin Cephesi'nde 7. Ordu için de bir araya gelmiştir.

Atatürk, "Anadolu direnişi" düşüncesini ilk olarak Adana'da Ali Fuat ve İsmet paşalarla paylaşmıştır.

Adana Mülakatı

7. Ordu Komutanlığı'na vekâlet eden Ali Fuat Paşa, İngiliz heyetiyle yaptığı görüşmelerde İngilizlerin mütareke hükümlerine uymayacaklarını anlamış, İngiliz isteklerini reddetmiş ve mayın tarama bahanesiyle İskenderun Limanı'na giren iki İngiliz savaş gemisini İskenderun Körfezi'nden uzaklaştırmıştır. Ali Fuat Paşa bu olup bitenleri Atatürk'e iletir iletmez Atatürk, *"Yarın Adana'ya teşrif ediniz. Sizinle mühim şeyler konuşacağım,"* diyerek Ali Fuat Paşa'yı Adana'ya çağırıp 4 Kasım 1918'de onunla bir görüşme yapmıştır. "Adana mülakatı" diye bilinen bu görüşmede Atatürk, Ali Fuat Paşa'ya birkaç gündür Ahmet İzzet Paşa'yla yaptığı yazışmalardan söz etmiş, Mondros'un bozulmasından korkan hükümetin tereddüt içinde olduğunu belirtmiş, ancak Ahmet İzzet Paşa Hükümeti yerine kurulacak bir hükümetin bu kadar bir varlık bile gösteremeyeceğini anlatmıştır. Daha sonra da bu zor günlerde Anadolu'yu savunabilmek için birlikte hareket etmeyi ve ilk aşamada da İç ve Güney Anadolu'da "direniş yuvaları" oluşturmayı teklif etmiştir.

Ali Fuat Cebesoy, *"Milli Mücadele Hatıraları"* adlı anılarında bu görüşmeyi ayrıntılı olarak anlatmıştır. Şimdi Ali Fuat Paşa'ya kulak verelim:

"Vardığımız müşterek kanaat şu idi: İngilizler ve onu takiben diğer İtilaf Devletleri mütareke filan dinlemeyecekler, emri-

vakilerle memleketimizi işgal edecekler. Türk ordusunun hudut boylarındaki kısımlarını esir almaya kalkışacaklar veyahut bunları memleket içine sokulmak zorunda bırakılarak terhisini sağlayacaklardı. Vatanımızı her türlü müdafaa ve mukavemet vasıta ve imkânlarından mahrum bıraktıktan sonra arzularını zorla ve baskı ile kabul ettireceklerdi. Musul'un işgali ve İskenderun hadisesi ve nihayet İngiliz mütareke heyetinin yersiz talepleri bunun açık birer delili idi. Padişah kendi tahtını düşünecekti.

Mustafa Kemal Paşa:

'Artık milletin bundan sonra kendi haklarını kendisinin araması ve müdafaa etmesi, bizlerin de mümkün olduğu kadar yolu göstermemiz ve bütün ordu ile beraber yardım etmemiz lazımdır,' dedi ve sonra aynı fikirde olup olmadığımı sordu.

'Aramızda tam bir mutabakat var Paşam,' cevabını verdim. Evet, artık millet kendi hakkını kendisi arayacaktı. Pek memnun oldular. En mühim vazifenin şimdi bana düştüğünü, çünkü bugünlerde İngilizlerin bir baskısı neticesi olarak Yıldırım Ordular Grubu ile muhtemelen 7. Ordu karargâhının lağvedileceğini (kaldırılacağını), bu takdirde benim 20. Kolordu'nun başında kalacağımı ve bu sayede ilk müdafaa tedbirlerimi alabileceğimi hatırlattı. İlk mukavemet (direniş) merkezini Kilikya'da kuracaktık. Aramızda hiçbir anlaşmazlık yoktu."[325]

Görüldüğü gibi Atatürk, güvenip inandığı çocukluk ve cephe arkadaşı Ali Fuat Paşa'yı çağırıp ona açıkça "işgallere karşı direnişten" söz etmiş ve Kurtuluş Savaşı'nın ilk somut adımını Adana'da atmıştır.

Atatürk, Ali Fuat Paşa'nın da aynı fikirde olduğunu görünce, *"Artık milletin bundan sonra kendi haklarını kendisinin araması ve müdafaa etmesi, bizlerin de mümkün olduğu kadar yolu göstermemiz ve bütün ordu ile beraber yardım etmemiz lazımdır,"* demiştir. Atatürk'ün bu sözleri, onun "kurtuluş" için bir halk hareketi başlatmayı planladığını göstermektedir. Atatürk daha 4 Kasım 1918'de, *"Milletin kendi haklarını kendisi-*

---

[325] Ali Fuat Cebesoy, **Milli Mücadele Hatırları**, İstanbul, 2000, s. 44, 45.

nin araması ve müdafaa etmesinden," söz etmektedir ki, bunun iki anlamı vardır: Birincisi, işgallere karşı halkı harekete geçirmek, yani Kuvayı Milliye'yi başlatmak... İkincisi de saltanatı yıkarak yerine ulusal egemenliğe dayalı bir düzen kurmak...

Şevket Süreyya Aydemir, Atatürk'ün bu sözlerini değerlendirirken, *"Bence bu sözler yeni bir yolculuktan haber verir,"* demiş ve şöyle devam etmiştir:

"Hâlbuki Mütareke'nin henüz beşinci günüdür. Mütareke metnini eline alalı henüz iki gün olmuştur. O gün karargâhına iki İngiliz heyeti gelmiştir. Demek ki devlet artık yenilmiştir. Ama o gene de hem milletten hem ordudan bahseder. Fakat millet nerede? Ordu nerede? Millet çökmüştür, açtır, perişandır. Yaralı da değil ölüm halindedir. Hele harbin, savaşın artık sözünü bile işitmek istemez. Milleti teşkil eden şehirlerde, kasabalarda, köylerde yaşayan Türklerin, adını sanını bile duymadıkları cephelere yıllardan beri yolladıkları çocuklarından geriye zaten ne döndü ki? Geriye ne dönecek ki? Hiç! Ama bir adam var. Bu adam Mustafa Kemal'dir."[326]

Atatürk'ün Ali Fuat Paşa'ya, **"20. Kolordu'nun başında kalacağını bu sayede ilk savunma tedbirlerini alabileceğini,"** söylemesi de çok anlamlıdır. Çünkü Atatürk, 20. Kolordu'nun dağıtılmayacağını tahmin etmiş ve haklı çıkmıştır. Gerçekten de kısa bir süre sonra, Yıldırım Orduları ve 7. Ordu dağıtılmış ama 20. Kolordu'ya dokunulmamıştır ve bu ordu Kurtuluş Savaşı yıllarında çok önemli bir işlev görmüştür.

Ali Fuat Cebesoy

Ali Fuat Paşa, Atatürk'le ortaklaşa verdikleri kararı hemen uygulamaya başlamış, böylece Kurtuluş Savaşı'nın "ilk direniş yuvaları" Adana'da kurulmuştur.

---

326 Aydemir, age., s. 306, 307.

Atatürk'ün direktifleri doğrultusunda o günlerde Kilikya bölgesinde "direniş için" ne gibi çalışmalar yapıldığını yine Ali Fuat Paşa anılarında şöyle anlatmıştır:

"Adana bölgesinde ilk iş olarak ordunun subay ve erat kadrosu jandarmaya kaydırıldı. Bunların, silah, araç ve gereçleri de tamamlandı. Bunun önemli nedeni şudur: Ateşkes Antlaşması'na göre jandarma örgütü bulunduğu bölgede kalabilirdi. Fakat ordu kısımları görevlerinden alınıp terhis ediliyor ve evlerine, köylerine gönderiliyordu. Bir işgal emri karşısında Adana bölgesinin önemli yerlerinde direniş yuvaları hazırlandı."[327]

Özetlersek:

- Ordunun terhisini engellemek için subay ve erler jandarma yapılmıştır.
- Ordunun silah ve araç gereçleri tamamlanmıştır.
- Adana bölgesinde direniş yuvaları hazırlanmıştır.

Halka Silah Dağıtılması

Atatürk güvendiği subaylara, *"Çete savaşları için hazırlanın,"* emrini vermiştir.[328] *"Düşmanın Anadolu topraklarına sokulmasını önlemek için çeteler kurmak gerekecekti. Mustafa Kemal geleceği göz önünde tutarak İç Anadolu'da direniş merkezleri olabilecek Antep ve Maraş gibi yerlere silah dağıttı. Bunlar gereğinde kullanılmak üzere gizlice depo edilecekti."*[329]

Antep ve civarındaki halka gizlice silah dağıtan ve halkı örgütlemeye başlayan Atatürk, bu yöndeki çalışmalarıyla *"Milli Mücadele'nin şerefli birer sayfası olan Maraş ve Antep savunmalarının daha o tarihte temelini atmış oluyordu."*[330] Gerçekten de Atatürk'ün gizlice İç ve Güney Anadolu'ya dağıttığı bu silahlar, özellikle Güney Cephesi'ndeki çatışmalarda çok işe yaramıştır.

---

327 Cebesoy, **age.**, s. 46.
328 Kinross, **Atatürk**, s. 165, 166.
329 **age.**, s. 166.
330 *"Atatürk"*, İA, s. 730.

Adana'daki Direniş Toplantıları

Atatürk, sadece askerlere değil sivillere de direniş düşüncesini aşılamaya çalışmıştır. Atatürk Adana'ya geldiği günden beri halkla çok yakın ilişkiler kurmuş ve ufuktaki tehlike konusunda halkı uyarmaya ve uyandırmaya çalışmıştır. Bu çerçevede Adanalı aydınlarla ve Adana çevresinden, Adana sancaklarından gelen temsilcilerle görüş alışverişinde bulunmuştur. Atatürk'ün Adana'da "Anadolu direnişi" konusunda görüş alışverişinde bulunduğu bazı aydınlar şunlardır: Ramazanoğlu Suphi Paşa, Ramazanoğlu Kadri, Nalbantzade Ahmet Efendi, İbrahim Rasıh, Ramazanoğlu Hoca Mücteba, Bağdadizade Kadri Efendi, Gergerli Ali Efendi, Mısırlızade Avukat Ahmet Efendi, Dıblanzade Fuat.[331]

Bu görüşmelerde, doğrudan düşman tarafından yapılacak saldırılara karşı şehrin nasıl savunulacağı konuşulmuştur. Görüşmeler sonrasında Atatürk'ün isteği doğrultusunda Toroslar'ın Gülek Boğazı bölümüne ve Misis'e istihkâmlar yaptırılmıştır.[332]

Atatürk Adana'da kaldığı on gün içinde akıl almaz bir tempoda çalışarak gizli-açık çok sayıda toplantı yapmıştır.

Atatürk, Adana'da 5 Kasım 1918 tarihinde Muradiye Oteli'nin büyük salonunda Adanalılar tarafından verilen bir akşam yemeğinde yaptığı konuşmada: *"Bu memleketin kurtulacağını, henüz ümitlerin sönmediğini, bunun için mücadele edeceğini, Türk milletinin ve ordusunun kendi vatanını ve istiklalini koruyabileceğini,"* açıklamıştır.[333]

Adanalı aydınlarla ve ileri gelenlerle yaptığı toplantılar dışında, bir kısım halkla "Tırpanilerin evi" olarak bilinen Kırmızı Konak'ta görüşmeler yapmıştır.[334]

---

331 Süleyman Hatipoğlu, **Türk-Fransız Mücadelesi**, "Orta Toros Geçitleri 1915-1921", Ankara, 2001, s. 33.
332 age., s. 33.
333 Necmettin Esin, *"Birinci Cihan Savaşı'nda Osmanlı İmparatorluğu'nun Son Yıllarında Atatürk'ün Görüşleri"*, **Cumhuriyetin Ellinci Yılına Armağan**, Ankara, 1973, s. 26.
334 A. Gani Girici, Derlediğimiz Hatıraları, (20 Ağustos 1986), Adana, 1986; Abidin Arslan, Atatürk ve Adana, 1984, s. 2 (16.5.1984 tarihinde Adana Müze

Atatürk bir hafta boyunca yaptığı görüşmeler sonrasında "direniş" düşüncesini benimseyen kişileri 8 Kasım 1918'de Şakir Paşa'daki Aliye Hanım'ın (Yerdelen) evinde toplantıya çağırmıştır.[335] Atatürk'ün yöre eşrafıyla yaptığı bu toplantı Kurtuluş Savaşı'nın ilk somut adımlarından biridir. Süleyman Hatipoğlu'nun dediği gibi, *"Mustafa Kemal Milli Mücadele'yi fikren bu binada kararlaştırmıştır."*[336]

Aliye Hanım'ın evinde yapılan bu toplantıya katılanlar şunlardır: Fırka Komutanı Nihat (Anılmış) Paşa (daha sonra 2. Ordu Komutanı), Ceyhan Askeri Fırka Komutanı Remzi Bey, Levazım Fırka Reisi Avni (Doğan), Askeri İmalathaneler Müdürü Ahmet Remzi, Nalbantzade Ahmet, Ramazanoğlu Kadri, İsmail Safa (Özler), Mücavirzade Mustafa Efendi, Merkez Komutanı Hulusi (Akdağ) ve diğer bazı kişiler...

Atatürk, bu kişilerle Adana'nın ve ülkenin içinde bulunduğu son durumu görüşmüş ve 10 Kasım'da Adana'dan ayrılacağını belirterek, düşman gelince ne yapacaklarını sormuştur.

Ülkenin durumunu iyi görmediğini, İtilaf Devletleri'yle yapılan mütareke hükümlerine bu devletlerin uymayacaklarını, daha ağır şartlar altında ülkeyi ezeceklerini, bu nedenle büyük felakete maruz kalan yerlerden birisinin de Adana olacağını ve Adana'nın büyük sıkıntılar çekeceğini söylemiştir.[337] Olacakları olanca açıklığıyla Adanalılara önceden söyleyen Atatürk, bu felaketten kurtulmak için yapılması gerekenleri de şöyle sıralamıştır:

"Şimdiden işgal kuvvetlerine karşı koymak ve hazırlıkta bulunmak için bir teşkilat kurun, uygun yerlere siperler kazın, gereken silah ve malzemeyi ben temin edeceğim..."[338]

Müdürlüğü'ne sunulmak üzere hazırlanmış rapor). Adana'da Eski İstasyon semtindeki bu bina (Kırmızı Konak) şimdi İstiklal İlköğretim Okulu olarak görev yapmaktadır. Bu bina bir ara Adana İşgal Komutanı General Dufiex tarafından askeri karargâh olarak da kullanılmıştır (Hatipoğlu, **age.**, s. 33, dipnot 176).

335 Hatipoğlu, **age.**, s. 33.
336 **age.**, s. 159, resim 5.
337 **age.**, s. 33.
338 Damar Arıkoğlu, **Hatıralarım**, İstanbul, 1961, s. 71, 72; Arslan, **age.**, s. 2; Hatipoğlu, **age.**, s. 33.

Görüldüğü gibi Atatürk Samsun'a çıkmadan çok önce, 8 Kasım 1918'de **Anadolu direnişini** Adana'da örgütlemeye başlamıştır. *"Bu toplantı esnasında Mustafa Kemal'in kafasında vatanın nasıl kurtarılacağına dair bir strateji oluşmuş ve bu stratejiyi halkla konuşarak daha da geliştirmiştir."*[339]
Bu toplantıda Ahmet Remzi Bey, *"Paşa! Biz bu topraklarda doğduk. Bu topraklarda ölmesini de biliriz. Nihat Paşa'ya emir ver, bize silah bıraksın,"* demiş, Mücavirzade Mustafa Efendi ise, *"Paşam, öldürmeden ölmeyeceğiz,"* demiştir.[340]
Atatürk'ün Anadolu direnişinin gerekliliğinden söz ettiği, düşman işgaline karşı yapılacakları sıraladığı o toplantıya katılan varlıklı kişiler de bütün maddi ve manevi güçlerini fedaya hazır olduklarını belirterek sonuna kadar direneceklerini söylemişlerdir. Bunun üzerine elinde gümüş kırbacı ve ayağında portakal rengi çizmeleriyle Atatürk, salonda iki sıra halinde dizilmiş oturan grubun arasında, düşünceli ama kararlı bir yüz ifadesiyle gidip gelirken şunları söylemiştir:
"Evet, evet... Bu topraklarda düşman çizmesi gezemeyecek ve bu millet esir olmayacak!"[341]
Toplantıya katılanların umutsuz olmamaları ve düşmanla mücadele etmeye kakarlı görünmeleri Atatürk'ü çok sevindirmiştir.[342] Ancak, o gün o toplantıdaki kararlılık ve cesaret sonraki günlerde pek fazla etkisini göstermemiştir. Bu durumu Abdülgani Girici şöyle açıklamıştır:
" Ne var ki, o zamanki zihniyeti ve harbin meydana getirdiği dört yıllık ıstırap memleketi bitkin bir hale getirdiğinden kimsede bu sözü dinleyecek hal kalmamıştı. Canından bezmiş bu topluluğu harekete geçirmek kolay olmayacaktı. Mustafa Kemal'in tavsiyesine rağmen pek hareket gözükmedi..."[343]

---

339 Hatipoğlu, **age.**, s. 33.
340 **age.**, s. 33.
341 Arslan, **age.**, s. 2.
342 Girici, **Derlediğimiz Hatıraları**, Adana, 1986; Arıkoğlu, **age.**, s. 72. Hatipoğlu, **age.**, s. 34.
343 Arıkoğlu, **age.**, s. 72.

Ancak yokluk, yoksulluk ve psikolojik nedenlerden dolayı ilk zamanlarda sessiz kalan bölge halkı, özellikle Fransız işgallerinden sonra, Atatürk'ün tavsiyeleri doğrultusunda, yine Atatürk'ün dağıttığı silahlarla direnişe geçerek düşmanı etkisiz hale getirmeyi başarmıştır.

Görüldüğü gibi Atatürk, Kurtuluş Savaşı'nı İstanbul Şişli'deki o meşhur evden önce, Adana'daki Kırmızı Konak'ta ve Aliye Hanım'ın Evi'nde planlamış ve örgütlemeye başlamıştır.

(Soldaki fotoğraf) **Adana Kırmızı Konak:** *Tırpanilerin evi olarak da bilinen bu konakta Atatürk yöre eşrafıyla bir toplantı yapmıştır.*[344]
(Sağdaki fotoğraf) **Adana Şakirpaşa'da Aliye Hanım'ın Evi:** *Atatürk bu evde 8 Kasım 1918'de yöre eşrafıyla bir toplantı yaparak Milli Mücadele'yi fikren bu binada kararlaştırmıştır.*[345]

İlk Silahlı Direniş: İskenderun Saldırısı

Anlaşma gereği İskenderun Körfezi ve çevresindeki mayınlar 1918 Kasım ayı başından itibaren İngiliz-Fransız mayın tarama gemilerince temizlenmeye başlanmıştır. Ancak birkaç gün içinde İtilaf Devletleri'nin asıl niyetinin çok stratejik bir konumdaki İskenderun'u işgal etmek olduğu anlaşılmıştır.

---

344 Hatipoğlu, age., s. 158, resim 4.
345 age., s. 159, resim 5.

İtilaf Devletleri 4 Kasım 1918'den itibaren İskenderun'u işgal etmekten söz etmeye başlamışlardır. Ancak Atatürk, emrindeki 7. Ordu, 3. Kolordu ve 41. Tümen Komutanlığı'na 5. Kasım 1918'de çektiği telgrafta İskenderun Körfezi'nden çıkarma yapmaya kalkışacak İngiliz kuvvetlerine ateşle karşılık verilmesini istemiştir.[346]

Atatürk'ün bu emri üzerine 41. Tümen topçu birlikleri İskenderun Körfezi'ne bakan sırtlarda, körfeze girecek düşman donanma ve çıkarma araçlarına ateş edecek biçimde mevzilenmişlerdir. Ayrıca 3. Kolordu topçusuyla da güçlendirilmişlerdir.

Atatürk, 6 Kasım 1918'de Başkomutanlık Erkân-ı Harbiye Başkanlığı'na çektiği telgrafta çıkarma teşebbüsü karşısında, ateşle karşılık vereceğini hem İngiliz kumandanlığına hem de Sadrazam ve Başkumandan Erkân-ı Harbiye Reisi Ahmet İzzet Paşa'ya bildirmiştir.

Atatürk'ün bu kararlı tutumu karşısında İngilizler Osmanlı Hükümeti'ni sıkıştırmaya başlamışlardır.

Bazı kaynaklara göre, örneğin 7. Ordu Harekât Şubesi'nde görev yapan subaylara göre İngiliz ve Fransız donanma ve çıkarma birlikleri körfeze girdiklerinde 41. Tümen uyarı ateşi yapmıştır. Bazı kaynaklara göre ise örneğin bir gün sonra, 7 Kasım 1918'de Atatürk tarafından Ahmet İzzet Paşa'ya gönderilen cevabi telgrafta İngilizler bir çıkarmaya yeltenmediklerinden ateş edilmesine gerek kalmamıştır.[347]

Ancak belgeler dikkatle incelendiğinde 6 Kasım 1918'de İskenderun Körfezi'ne girmeye çalışan İngiliz-Fransız çıkarma birliklerine Türk topçusu tarafından ateşle karşılık verildiği anlaşılmaktadır.

"7. Ordu Karargâhı'nın hareket şubesinde o zaman genç bir subay (yüzbaşı) olarak görev yapmış olan Muzaffer Ergüder'in Samet Kuşçu'ya anlattıklarına ve not ettirdiklerine göre uyarı niteliğindeki topçu ateşi yapılmıştır. 6 Kasım 1918 günü İskende-

---

346 Mustafa Onar, **Atatürk'ün Kurtuluş Savaşı Yazışmaları,** C I, Ankara, 1995, s. 18-19.
347 age., s. 23.

run Körfezi'ndeki bu ateş ve direniş sonucunda düşman donanması körfezden uzaklaştırılmıştır. Mustafa Kemal Paşa, kişisel dostlukları bulunan, saygı ve sevgi duyduğu Ahmet İzzet Paşa'yı daha fazla kırmamak, gücendirmemek için ve amaca da vardığı için cevabi telgrafında, *'Ateş edilmesine hacet kalmamış ve buna göre birlik komutanlarına yeniden emir verilmiştir,'* diyerek konuyu kapatmak istemişti."[348]

Enver Behnan Şapolyo, bu olayı "ilk kurşun sesi" olarak adlandırmıştır. Samet Kuşçu'nun anlattıklarına bakılacak olursa Kurtuluş Savaşı'nın ilk silahlı direnişi 6 Kasım 1918'deki İskenderun Körfezi saldırısıdır.

"Kurtuluş Savaşımızın eşsiz mimarı, eşsiz komutan Mustafa Kemal Paşa'nın emri ile gerçekleşen bu kutsal direniş ilk olandır. O tarihte zaten anayurdun hiçbir köşesine henüz düşman ayağı değmemiş ve işgal başlamamıştır. Milli direniş ve karşı koyma düşünce ve kararı, hiçbir bölgede meydana gelmiş değildir. Milli direnme ve karşı koyma, herkesten ve her yerden önce Mustafa Kemal Paşa'nın kafasında, yüreğinde ve ruhunda kıvılcım alıp alevlenmiştir."[349]

Daha sonra da 19 Aralık 1918'de Dörtyol Karakese köyünde İtilaf Devletleri'ne karşı ilk silahlı halk direnişi gerçekleşmiştir.

* * *

Atatürk, ilk kurtuluş planlarını Adana'da yapmış, ilk direniş hazırlıklarını Adana'da başlatmıştır.

"Zaten Mustafa Kemal o tarihlerde bu amaca uygun bir şekilde emrindeki Yıldırım Orduları Grubu ile Musul Cephesi'ndeki 6. Ordu kıtaları içinde bu ordunun komutanı ile haberleşerek imkân ölçüsünde gereken tedbirleri aldırmıştır. Bu ordulara bağ-

---

348 Hatipoğlu, **Filistin Cephesinden Adana'ya Mustafa Kemal Paşa**, s. 80.
349 Samet Kuşçu, "*Kurtuluş Savaşı'nın İlham Kıvılcımı Hatay Toprağında Kutsal Direniş*", **Güneyde Kültür**, S. 10 (Aralık 1989) Hatay, 1989, s. 6-9'dan nakleden Hatipoğlu, age., s. 83.

lı kuvvetleri, Toroslar'ın üst tarafına, İç Anadolu'nun muhtelif yerlerine ihtiyaca göre dağıtmak ve yerleştirmek, fazla silah ve yedek cephanelerle lüzumlu harp malzemesini güvenilir yerlere taşıtmak için planlar hazırlamaya ve ilgili komutanlara emirler ve direktifler vermeye başlamıştır. Elindeki kuvvetleri, geçirdikleri bütün badirelere rağmen gerçek bir ordu haline getirmek, düzenlemek ve takviye etmek, gerekince bu kuvvetlerle Türk'ün hak ve istiklalini korumak istemiştir."[350]

İşte bütün bu hazırlıklar nedeniyledir ki, Prof. Dr. Stanford Shaw, *"Osmanlı İmparatorluğu ve Modern Türkiye"* adlı kitabında *"İşgalin ilk günlerinde Mustafa Kemal Kilikya'dayken direniş başlatmıştı,"* diyerek Türk Kurtuluş Savaşı'nın Kasım 1918'de Adana'da Atatürk tarafından başlatıldığını ileri sürmüştür.

Stanford Shaw'u, Atatürk'ün yaveri Cevat Abbas Gürer de doğrulamıştır. Cevat Abbas, anılarında Atatürk'ün kafasında "Anadolu'da bir direniş başlatma düşüncesinin" Halep'te (1917) ortaya çıktığını, Adana'da ve İstanbul'da biçimlendiğini belirtmiştir:

"Atatürk'ün Türk milletinin istiklali için beslediği düşünceler çok eski idi. Hatta Harp Akademisi'nin sıralarında başlamıştır. Fakat onun Türkiye'yi yeni varlığı ile istiklaline kavuşturması için fiili mücadeleye girişmesi önce Halep'te başlamış, Adana'da, İstanbul'da devam etmiş, Samsun'da, Amasya'da tatbikata başlamış, Lozan Konferansı'nda hakikat sahasına ulaşmıştır."[351]

Bu belge ve bilgilerden sonra Kurtuluş Savaşı'nın Samsun'dan önce Adana'da başladığını ileri sürmek abartılı bir değerlendirme olmasa gerekir.

Nitekim Atatürk bu gerçeği 15 Mart 1923'teki Adana seyahatinde Türk Ocağı'nda şöyle dile getirmiştir:

"... Acı günlere ait olmakla beraber bu memlekete ait kıymetli bir hatırayı yâd etmek isterim. Efendiler bende bu va-

---

350 *"Atatürk"*, İA, C I, s. 730.
351 Turgut Gürer, **Atatürk'ün Yaveri Cevat Abbas Gürer**, *"Cepheden Meclise Büyük Önder ile 24 Yıl"*, İstanbul, 2006, s. 97, 98.

kayiin ilk hissi teşebbüsü bu memlekette, bu güzel Adana'da vücut bulmuştur. Suriye felaketini takip eden Yıldırım Orduları Grubu Komutanlığı ile buraya gelmiştim. O zaman memleket ve milletin nasıl bir atiye sürüklenmekte olduğunu görmüştüm ve buna mümanaat için derhal teşebbüsatta bulunmuştum. Fakat o zaman için bu teşebbüsümü müsmir kılmak mümkün olmadı. (...) Bana milletin halası yolunda ilk teşebbüs hissinin bu mukaddes topraklardan gelmiş olması hasebiyle, hemşerisi olmakla mübahi olduğum bu toprakları tebcil ederim."[352]

Bu durumda, *"Kurtuluş Savaşı'nı Atatürk'ten önce ben başlattım,"* diyen Kazım Karabekir Paşa'nın iddialarının da çok gerçekdışı olduğu anlaşılmaktadır.

Direniş Raporları: "İngilizlere Silahla Karşı Koymak"

Atatürk, Adana'dan Sadrazam Ahmet İzzet Paşa'ya gönderdiği raporlarda (telgraflarda) ülkenin içine düşürüldüğü durumu anlatmış ve kafasındaki silahlı direniş düşüncesinden söz etmiştir.

Bu raporlar, bir vatanseverin gerektiğinde kişisel çıkarlarını, rütbesini, makamını kısaca her şeyini bir kenara iterek doğru bildiği yolda sonuna kadar mücadele etmesi gerektiğini göstermektedir.

Atatürk'ün, Sadrazam İzzet Paşa ile yazışmalarına tanık olan Cevat Abbas (Gürer) bu konuda şu değerlendirmeyi yapmıştır:

"Atatürk'ün, Kilikya'yı ve Kilikya sınırlarını dahi bilmeyecek kadar gaflet göstermiş olan Sadrazamla Adana'dan makine başında saatlerce süren haberleşmesine şahit olmuştum.

Atatürk... Sadrazam Mareşal İzzet'i, devletin bulunduğu durum hakkında aydınlatmaktan kendisini alamıyordu. Fakat her defasında aldığı cevaplar pek sudan ve aldatıcı idi."[353]

Atatürk, her türlü çabasına rağmen Osmanlı yöneticilerini bir türlü gaflet uykusundan uyandıramamıştır.

---

352 **Atatürk'ün Söylev ve Demeçleri**, C II, s. 117, 118.
353 Gürer, age., s. 96, 97.

Atatürk, bir kere daha haklı çıkmıştır: Mondros'un mürekkebi daha kurumadan ilk işgaller başlamıştır ama artık çok geçtir...

Atatürk'ün 1-8 Kasım 1918 tarihleri arasında Adana'dan Sadrazam Ahmet İzzet Paşa'ya gönderdiği raporlar Anadolu direnişine yönelik kayda geçirilmiş ilk ve tek resmi belgelerdir. Bu raporlarda Atatürk, açıkça İngilizlere karşı silahla karşı koymaktan söz etmiştir. Atatürk'ün bu raporlarından yükselen "isyan ateşi" Kurtuluş Savaşı'nın ilk kıvılcımıdır.

Ahmet İzzet Paşa

İşte o raporlardan bazı bölümler:

1. Mütareke şartlarının ikinci maddesinin harfiyen uygulanması doğal ise de bu münasebetle karaya asker çıkarmaya dair mütarekede bir kayıt bulunmadığından müsaade edilmemiş ve görüşme memurları dönüp geldikleri gemiye gitmişlerdir.
2. İskenderun'da İngilizlerin karaya çıkmasının gerekirse ateşle önlenmesini emrettiğim arz olunur.
3. Çok ciddi ve samimi olarak arz ederim ki, mütareke şartları arasında yanlış anlamaları giderecek tedbirleri almadan orduları terhis edecek ve İngilizlerin her dediğine boyun eğecek olursak, İngilizlerin ihtiraslarının önüne geçmeye imkân kalmayacaktır.
4. İskenderun'a her ne sebep ve bahane ile asker çıkarmaya teşebbüs edecek İngilizlerin ateşle engellenmesini... emrettim.
5. İngilizlerin aldatıcı muamele, teklif ve hareketlerini İngilizlerden fazla haklı ve nazik gösterecek ve buna karşılık gönül alıcı emirleri uygulamaya yaradılışım elverişli değildir.
6. Bugün Payas-Kilis hattına kadar olan toprakları isteyen İngilizlerin, yarın Toros'a kadar olan Kilikya mıntıkasını ve daha

sonra Konya-İzmir hattının işgali lüzumu teklifinin birbirini kovalayacağı ve sonunda ordumuzun kendileri tarafından sevk ve dairesi ve hatta Osmanlı Bakanlar Kurulu'nun Britanya Hükümeti tarafından seçilmesi lüzumu gibi tekliflerin karşısında da kalmak uzak bir ihtimal değildir.

7. Ben ne durumda bulunursam bulunayım, doğru olduğuna inandığım ve gerekenlere duyurulmasını yurt selameti icabı kabul eylediğim kanaatlerimi bildirmekten nefsimi alıkoymaya muktedir değilim.[354]

Özetlemek gerekirse bakın ne diyor Atatürk:

- İngilizlerin karaya asker çıkarmalarına izin vermedim.
- İngilizler İskenderun'a çıkarsa ateşle karşılanmalarını emrettim.
- Orduları terhis edersek ve İngilizlerin her dediğine boyun eğersek onların ihtiraslarının önüne geçemeyiz.
- İngilizlere nazik davranmaya yaradılışım elverişli değildir.
- İngilizlerin isteklerine karşı çıkmazsak, ordumuzun yönetilmesini ve hatta Osmanlı Bakanlar Kurulu'nun seçilmesini bile İngilizlere bırakmak zorunda kalırız.
- Hangi şartta olursam olayım, yurt selameti için doğru bildiklerimi söylemekten nefsimi alıkoymam.

Mondros'un hemen ertesinde açıkça düşmanla silahlı mücadeleden söz eden ve bu düşüncesini yetkililere gönderdiği raporlarla belgeleyen tek adam Atatürk'tür. Şevket Süreyya Aydemir'in dediği gibi:

"*Yeni devlete çıkan yolun ilk ve en dumanlı işaretleri, sanıyorum ki Mustafa Kemal'in 1 Kasım 1918 ile 7 Kasım 1918 arasında Adana'da geçen 7 günlük Yıldırım Ordular Grubu Kumandanlığı zamanındaki buhran günlerinden başlar.*"[355]

Bütün bu gerçekleri tarih ayan beyan kaydetmiş olmasına

---

354 Bu raporlar **Harp Tarihi Vesikaları Dergisi**'nde yayımlanmıştır. Ayrıntılar için bkz. Meydan, **Atatürk'ün Gizli Kurtuluş Planları**, s. 54-67.
355 Aydemir, **age.**, s. 306.

karşın, öteden beri Atatürk'e saldıranlar, *"Kurtuluş Savaşı'nı Atatürk başlatmamıştır! Atatürk Kurtuluş Savaşı'na sonradan katılmıştır!"* ve hatta *"Atatürk İngilizlerin ajanıdır!"* demek için, Atatürk'ün 1-8 Kasım 1918'de Adana'dan Osmanlı Sadrazamı ve Harbiye Nazırı Ahmet İzzet Paşa'ya gönderdiği bu raporları görmezden gelmişlerdir.[356]

Müsaade Edin Vatanıma Hizmet Edeyim

Atatürk'ün uyarılarına kulak tıkayan Sadrazam Ahmet İzzet Paşa, 8 Kasım 1918'de istifa etmiştir. 9 Kasım 1918'de İngiliz ve Fransız kuvvetleri İskenderun'u işgal edip şehre törenle bayrak çekmişlerdir.

10 Kasım 1918'de Yıldırım Orduları Grubu kaldırılarak Atatürk İstanbul'a çağrılmıştır. Atatürk, bu çağrıyı yapan Ahmet İzzet Paşa'ya, son bir umutla şöyle seslenmiştir:

"Orduları dağıtalım, fakat unvanı koruyalım... Müsaade edin, en ufak bir müfreze halinde dahi olsa, bu unvanla ben onun kumandanlığıyla yetinir ve vatanıma hizmet ederim."[357] Atatürk'ün bu isteğine Sadrazam Ahmet İzzet Paşa'nın yanıtı sert olmuştur: *"Siz mağlup devletimize karşı bütün galip devletleri tekrar tahrik ve devletimizin temellerini tahrip mi etmek istiyorsunuz?"*[358] Zavallı İzzet Paşa, ortada bir devletin kalmadığını görememiştir.

Burada ister istemez insanın aklına, Sadrazam Ahmet İzzet Paşa ve diğer Osmanlı yöneticileri Atatürk'ün raporlarını dikkate alsalardı ve Yıldırım Orduları Grubu'nu dağıtmayarak Atatürk'e hareket serbestliği tanısalardı acaba İngilizler ve Fransızlar Anadolu'ya ayak basabilir miydi? diye sormak geliyor. Bence, eğer Osmanlı yöneticileri biraz cesur olabilseler, biraz düşmanlarını tanısalar ve biraz da Çanakkale kahramanına gü-

---

356 Meydan, **Cumhuriyet Tarihi Yalanları**, 1. Kitap, s. 52, 53.
357 Gürer, **age.**, s. 185.
358 **age.**, s. 185.

venselerdi, Atatürk Anadolu'nun işgaline engel olabilirdi. Ama onlar Atatürk'ün aksine İngilizlerin merhametine, İngilizlerin centilmenliğine sığındılar!

Bir askeri strateji dehası olan ve bunu daha önce Çanakkale'de, Muş ve Bitlis'te ve Suriye geri çekilişinde gösteren Atatürk, I. Dünya Savaşı'nın hemen sonrasında, Kasım 1918'de Kilis, İskenderun ve Adana'da yaptığı çalışmalarla Anadolu'nun işgalini önlemeye kararlı olduğunu göstermiştir. Dahası 6 Kasım 1918'de İngiliz-Fransız çıkarma birliklerinin İskenderun'u işgal etmelerini önleyerek gerçekten Anadolu'nun işgalinin engellenebileceğini kanıtlamıştır.

Atatürk Kilis, İskenderun, Antep ve Adana'da aldığı önlemlerle ve yaptığı hazırlıklarla gerçekten de Anadolu'nun işgalini önleyebilirdi. Çünkü İtilaf Devletleri; İngiltere, Fransa ve İtalya savaş yorgunuydu ve aralarında çıkar çatışmaları vardı. Düşmanlarını çok iyi tanıyan Yıldırım Orduları Komutanı Atatürk "Anadolu'nun İşgalini Önleme Projesi" çerçevesinde aldığı önlemlerle işgallere izin vermezdi. İngiltere ve Fransa Anadolu'ya çıkamayınca, Yunanların İzmir'i işgal edecek ne cesaretleri ne de uluslararası destekleri kalırdı.

Ama olmadı.

Osmanlı Hükümeti, Atatürk'ün cesaretini ve kararlılığını değil, İngilizlerin ve Fransızların baskısını, blöfünü dikkate alarak Atatürk'ün görevine son verip onu İstanbul'a çağırmıştır.

Atatürk, 10 Kasım 1918'de Adana'dan bir trenle İstanbul'a hareket etmiştir.

11 Kasım 1918'de Tevfik Paşa Hükümeti kurulmuştur.

13 Kasım 1918'de İstanbul İtilaf Devletleri'nce fiilen işgal edilmiştir. Aynı gün öğlen saatlerinde Atatürk de İstanbul'a gelmiştir.[359]

---

[359] Atatürk, direniş çalışmalarını İstanbul'da sürdürmüştür. Bu çalışmaların ayrıntıları için bkz. Sinan Meydan, **Atatürk'ün Gizli Kurtuluş Planları**, "Parola Nuh", İstanbul, 2009.

Yarım Kalan Hesap

Atatürk, Adana'daki direniş çalışmalarının yarım kalmasına çok üzülmüş, özellikle İskenderun'un ve Hatay'ın işgal edilmesini hayatı boyunca hiç unutamamıştır. Çünkü gerçekten de 1918'de Adana ve İskenderun civarındaki savunma hattıyla ve direniş planlarıyla düşmanı durdurabileceğine inanmıştı. Ancak hükümet buna izin vermemişti. İşte o günden beri Adana, İskenderun ve Hatay Atatürk'ün içinde bir uhde olarak kalmıştır. Özellikle Hatay'ın bir türlü düşman işgalinden kurtarılamaması Atatürk'ü derinden yaralamıştır. Nitekim 1937 yılında Hatay meselesinin gündemde olduğu günlerde Hasan Rıza Soyak'a, 1918'de yarım kalan işini tamamlamaktan, bölgeye giderek Hatay için mücadele etmekten söz etmiştir:

"Mondros Mütarekesi imzalandığı zaman İngilizler İskenderun'a asker çıkarmaya kalkıştılar. Oysa orası Mütareke sınırı dışındaydı. Askerlerime ateşle karşılık vermelerini emretmiştim. İskenderun ve Antakya havalisi Türk elidir. Bu sınırı korumak istiyordum. Ama İstanbul Hükümeti beni geri çekti. Hatay İngiliz ve Fransızlar tarafından işgal edildi. Ondan sonra da geri almayı başaramadık. Bu nedenle Hatay'a şahsi davam olarak bakıyorum. Sözünü ettiğim bir durumda tutacağım yolu çoktan kararlaştırmış bulunuyorum.

Cumhurbaşkanlığından, milletvekilliğinden istifa edeceğim, serbest bir Türk vatandaşı olarak, bu işte çalışan arkadaşlarla birlikte Hatay topraklarına geçeceğim. Bildiğin gibi bunun emin yolları var. Oradaki mücahitlerle ve anavatandan bize katılacak kuvvetlerle sorunu yerinde ve içten halledeceğim. İsterse Türkiye hükümeti, beni ve arkadaşlarımı asi ilan eder, hakkımda soruşturma da açar. Ben Fransızların Suriye ve Lübnan'a kolayca bağımsızlık vereceklerini sanmıyorum. Biz hareketimizi oralara da yayarak Suriye ve Lübnan'ın gerçek bağımsızlıklarını da sağlayabiliriz. Ama göreceksin dava yakında istediğimiz gibi çözülecektir."[360]

---

360 Hasan Rıza Soyak, **Atatürk'ten Hatıralar**, C 2, İstanbul, 1973, s. 606-608.

ANADOLU'YA GİZLİ GEÇİŞ PLANI

Atatürk, 13 Kasım 1918'den 16 Mayıs 1919'a kadar işgal İstanbul'unda kalarak "gizli kurtuluş planları" yapmıştır.[361] Atatürk'ün işgal İstanbul'undaki gizli kurtuluş planlarından en ilginç olanı, birkaç arkadaşıyla birlikte Gebze-Kocaeli yolundan gizlice Anadolu'ya geçerek Kurtuluş Savaşı'nı başlatmak biçimindedir. Atatürk, resmi yollarla Anadolu'ya geçme fırsatı yakalayınca uzun bir süredir üzerinde çalıştığı bu gizli geçiş planından vazgeçmiştir.

İşte o planın öyküsü:

Atatürk, özellikle 1919 Ocak ayının ortalarından itibaren İstanbul'dan Anadolu'ya geçmeyi düşünmekte ama bunun ne şekilde, nasıl ve hangi yolla yapılacağını bilmemektedir. Aklına gelen ilk yol, gözünü budaktan esirgemeyen bazı eski İttihatçılarla temas kurup, onların korumaları altında gizli bir şekilde İstanbul'dan Anadolu'ya geçmektir. Atatürk, İstanbul'da aylarca bu gizli geçiş planı üzerinde çalışmıştır.

Atatürk, bu planını sonradan, *"Uygun bir zaman ve fırsatta İstanbul'dan kaybolmak, basit bir tertiple Anadolu içlerine girmek, bir müddet isimsiz çalıştıktan sonra, bütün Türk milletine felaketi haber vermek,"* olarak açıklamıştır.

Atatürk, bu "basit tertip" işini önce güvendiği bir arkadaşıyla paylaşmıştır. Atatürk'ün İstanbul Şişli'deki evinde düzenlediği gizli toplantıların katılımcılarından olan bu kişi, Harbiye Bakanlığı Müsteşarı İsmet (İnönü) Paşa'dır.

Atatürk, İsmet İnönü Görüşmesi

Atatürk, Anadolu'ya geçiş düşüncesini ilk olarak İsmet Paşa'ya açmıştır. 15 Ocak 1919'da, İsmet Paşa'yı Şişli'deki evine çağırmış ve ona, *"Hiçbir sıfat ve yetki sahibi olmaksızın Anadolu'ya geçmek ve orada milleti uyandırmak, kurtuluş ça-*

---

361 Bkz. Sinan Meydan, **Atatürk'ün Gizli Kurtuluş Planları, "Parola Nuh"**, İstanbul, 2009.

releri aramak için en uygun bölge ve beni o bölgeye götürecek en kolay yol hangisi olabilir?" diye sormuştur.[362]

Olayın ayrıntılarını Atatürk'ün anılarından takip edelim:

"Bir gün İsmet Bey'i davet ettim. Şişli'deki evimde beni yalnız bulan İsmet Bey, 'Gene ne var?' dedi. Soru sorarken gözlerinin içi, yüksek zekâsı ve güven veren neşesi ile gülüyordu. 'Ne haber?' dedim. 'Tahmin edeceğin gibi'... 'Şuradan bana bir Türkiye haritası bulup masaya açar mısın, üzerinde konuşacağım.' İsmet Bey haritayı bulup açtı. Fazla olarak daima cebinde taşıdığı pergeli de çıkardı. Latife ettim: 'Henüz pergellik bir şey yok. Biraz pergelsiz görüşelim...' 'Ne yapacaksınız?' diye sordu. Bu münasebetle söyleyeyim ki benim en iyi anlaştığım dostlarımdan biri İsmet

İsmet Paşa

olmuştur. Onun için bu görüşmenin boşuna olmadığını anlamıştı. 'Mesela,' dedim. 'Hiçbir sıfat ve yetki sahibi olmaksızın Anadolu'ya geçmek ve orada milleti uyandırarak kurtulma çarelerini aramak için en müsait mıntıka ve beni o mıntıkaya götürecek en kolay yol hangisi olabilir?' Yüzüme baktı. Tekrar neşeli ve ümitli güldü: 'Karar verdin mi?' dedi. 'Şimdilik bundan bahsetmeyelim, bana memleketi, milleti ve orduyu anlayıp bilen, vaziyeti yakından gören, tehlikeden şüphesi olmayan bir arkadaş gibi cevap ver!' İsmet Bey, masanın kenarındaki sandalyeye ilişti ve derin derin düşünmeye başladı. O sırada ben salonun içinde dolaşıyordum. Bana sesleninceye kadar gezindim. Birdenbire ayağa kalktı, gülerek: 'Yollar çok, mıntıkalar çok!' dedi. Bazı ziyaretçilerin geldiklerini haber verdiler. Haritayı kapamaya vakit kalmadan içeriye giren bu tanıdıklarla

---

362 Utkan Kocatürk, **Kaynakçalı Atatürk Günlüğü**, Ankara, 1999, s. 122.

başka konulara daldık. Bir hayli müddet sonra İsmet Bey'le yalnız kaldık.
'Ne yapacağını bana ne vakit söyleyeceksin?' 'Zamanında!'"[363]

Atatürk, 1919 yılı Ocak ayının ortalarında İsmet Paşa'ya Anadolu'ya geçmekten söz etmesine karşın, kafasındaki planın ayrıntılarını zamanından önce "sırdaşım" dediği İsmet Paşa'ya bile açıklamamıştır.

Atatürk'ün Anadolu'ya gizli geçiş planını anılarında İsmet Paşa da doğrulamıştır. Şimdi de İsmet Paşa'ya kulak verelim:

"Atatürk, İstanbul'da herkesi uyandırmak, memleketin kurtuluşu için resmi kudret sahiplerinin, güçlü memleket evlatlarının bir hükümet halinde memleket çabasına girmelerini sağlamak için bütün tecrübeleri denedikten, bütün imkânlarını sarf ettikten sonra nihai kararını şu şekilde tespit etti: 'Bir an önce vazife alarak Anadolu'ya gitmek. Artık bundan sonra Anadolu'ya gitmenin imkân ve çarelerini araştırmaya başlamıştı. İyice hatırlarım, bir gün, 'Anadolu'ya nasıl çıkabiliriz, nerden çıkabiliriz, yol nedir?' Beraber bunları konuşuyorduk. Bir harita başında konuşuyorduk. Bana soruyordu: 'Nasıl gideriz?' Ben kendisine şu cevabı verdim: 'Canım her taraftan gideriz. Yol da çoktur, tedbir de çoktur. Mesele, çalışmak için istikameti (yönü) tayin etmektir."[364]

Ali Fuat Cebesoy'un Yazdıkları

Atatürk'ün Anadolu'ya gizli geçiş planının izlerine Ali Fuat Cebesoy'un *"Milli Mücadele Hatıraları"*nın satır aralarında da rastlanmaktadır. Cebesoy anılarında, Atatürk'ün resmi bir görevle Anadolu'ya geçmeyi düşündüğünü ancak bunu başaramazsa *"özel bir şekilde"* Anadolu'ya geçmeyi planladığını belirtmiştir:

"Var kuvvetimizle Anadolu'da çalışmaya devam etmekte, Mustafa Kemal Paşa ile bir defa daha anlaşmıştık. Kumandanı

---

363 Atay, **Atatürk'ün Bana Anlattıkları**, s. 109.
364 İsmet İnönü, **Hatıralar**, 2. bas., Bilgi Yayınevi, Ankara, 2006, s. 167, 168.

bulunduğum 20. Kolordu Karargâhı'nın Ankara'ya nakli ile burasının bir direniş merkezi yapılmasını kararlaştırdık. Paşa'nın geniş yetkili bir görev ile Anadolu'ya geçmesine her taraftan çalışacaktık. Bu nedenle daha bir müddet İstanbul'da kalacaktı. Anadolu'da ona ihtiyaç duyulduğu zaman bir görev almamış bile olsa özel şekilde Anadolu'ya geçecek, Milli Mücadele'deki şerefli yerini alacaktı."[365]

Cebesoy'un anılarında *"özel şekilde Anadolu'ya geçmek"* olarak ifade ettiği şey, öyle anlaşılıyor ki aslında Atatürk'ün *"Anadolu'ya gizli geçiş planıdır"*. Cebesoy, Atatürk'ün Anadolu'ya gizlice geçmesi halinde kendisinin yanına gelerek işe oradan başlayacağını ifade etmiştir.

"Akşam yemeğinden sonra saatlerce konuştuk. Kemal Paşa eğer bir vazifeyle kendisini tayin ettiremezse Anadolu'ya en itimat ettiği bir kumandanın yanına gideceğini ve ilk defa işe oradan başlayacağını söylüyordu. 'Paşam, ben ve kolordum daima emrindedir,' dedim.

Mavi gözlerinin nasıl bir ışıkla parladığını tarif edemem. Yerinden kalkıp hararetle elimi sıkmıştı. 'Beraber çalışacağız Fuat,' demişti."[366]

Gebze-Kocaeli Üzerinden Anadolu'ya Gizli Geçiş Planı

Atatürk, resmi bir görevle, Samsun yolu üzerinden Anadolu'ya geçme olanağı bulamasaydı, Gebze-Kocaeli yolu üzerinden Anadolu'ya gizlice geçecekti. Atatürk'ün yaveri Cevat Abbas Gürer'in gün ışığına çıkardığı belgeler ve bilgiler Atatürk'ün Anadolu'ya geçmek için "yedek" bir planı olduğunu kanıtlamaktadır.[367]

Sonradan iptal edilen Gebze-Kocaeli üzerinden Anadolu'ya gizli geçiş planı uygulansaydı Kurtuluş Savaşı'nın ilk adımı Samsun'da değil Kocaeli'nde atılmış olacaktı.

---

365 Cebesoy, **Milli Mücadele Hatıraları**, s. 57.
366 age., s. 57.
367 Gürer, age., s. 220.

Cevat Abbas Gürer Atatürk'le beraber

Atatürk'ün Yenibahçeli Şükrü Bey'e Verdiği Görev

Atatürk'ün bu yöndeki ilk işareti, Fethi Bey aracılığıyla Kasım 1918'de Pera Palas'ta kendisini ziyaret eden Yenibahçeli Şükrü Bey'e söylediği, *"Gözünüz Gebze-Kocaeli yolunda olsun. Orayı sıkıca kontrol altında tutmayı düşününüz,"* sözleridir.[368]

Maltepe Atış Okulu Müdürü olan Yenibahçeli Şükrü Bey, aynı zamanda Karakol Cemiyeti'nin *"Menzil Teşkilatı"*nın komutanıdır. Piyade Yüzbaşı Dayı Mesut ve Doktor Fahri (Can) de yardımcılarıdır.[369]

O gün Atatürk'ün bu işareti üzerine hemen harekete geçen Yenibahçeli Şükrü Bey, Maltepe Atış Mektebi'nde emrindeki subaylara, *"Gebze yolundan kuş uçmayacak!"* diye emir vermiştir.[370]

---

[368] Taylan Sorgun, **Bekirağa Bölüğü, Mütareke Dönemi**, 3. bas., İstanbul, 2003, s. 141.
[369] Fethi Tevetoğlu, *"Karakol Cemiyeti"* maddesi, **Türk Ansiklopedisi**, C XXI, Ankara, 1970, s. 294.
[370] Sorgun, **age.**, s. 213.

Yenibahçeli Şükrü, Gebze-Kocaeli yolunu tutmuştur, ama Atatürk'ün neden böyle bir şey istediğini anlayamamıştır: *"Bu Mustafa Kemal Paşa da, şu yolu neden tutunuz demiştir acaba, ne yapacak ki bu yol lazımdır. Bir iş vardır da biz mi akıl edemeyiz?"* diye düşünürken Atatürk'ten bir haber almıştır. Atatürk, Yenibahçeli'nin, kimseye görünmeden gizlice Fansaların evine gelmesini istemiştir. Yenibahçeli haberi alır almaz Atatürk'le görüşmek için Fansaların evine gitmiştir.

Atatürk, Yenibahçeli'ye, **"Nedir Gebze-Kocaeli civarındaki vaziyetimiz Şükrü Bey?"** diye sorunca Yenibahaçli'den şu yanıtı almıştır:

"Bizimkiler oraları tutmuşlardır. Ufak tefek yaramazlıklar oluyorsa da kıymeti yoktur. Rum çeteler bir şeyler yapmaktaysalar da yol elimizdedir. Kuş uçsa haberimiz olacaktır, haberimiz olmadan kuş uçmayacaktır. Arkadaşlarımıza söylenmiştir. Yanımızda bildiğimiz Dr. Fahri Bey de vardır. Kendisinin tayini Gebze'ye yapılmıştır. Silahlarımız tamamdır, teslim edilmemiştir, yenidir. Hücum taburundan elimizde tuttuklarımızdır. İstenirse, bir iki depodan yenilerini temin etmek mümkündür."

Bu sırada Atatürk, ayağa kalkıp yaverinden bir harita istemiş, getirilen haritayı ortadaki masanın üzerine açarak elini haritanın üzerinde gezdirmeye başlamıştır. Bir taraftan eliyle, Gebze-Kocaeli taraflarından Anadolu üzerine doğru bir yay çizerken, diğer taraftan Yenibahçeli'nin gözlerinin içine bakarak şunları söylemiştir:

"Bakınız bu yollar bizim için mühim bir vaziyet alacaktır. Buradan yapılacak işler ehemmiyetlidir. Bu yollardan istenilmeyenler hiçbir suretle geçemeyecektir. Geçsin dediklerimiz geçemez, geçmesin dediklerimiz geçerse bozuşuruz! Fakat zaten siz bu işleri iyi bilirsiniz..."[371]

---

[371] age., s. 216.

Atatürk'ün bu "kararlı" ve "imalı" sözleri üzerine heyecanlanan Yenibahçeli, *"Paşam, geçsin dedikleriniz geçecektir, geçmesin dedikleriniz dünya başımıza gelse oradan geçemez. Mahcup olmayız Paşam!"* demiştir.

Atatürk, Yenibahçeli'ye son olarak şunları söylemiştir: *"Şükrü Bey, bilir misiniz bir düstur vardır: İfşası idamı muciptir (açıklanması idam gerektirir). İşte bu şimdilik öyle bir meseledir. Sadece yanınızda bulunan teşriki mesai ettiğiniz doktor bilecektir."*[372]

Konuşma bittiğinde Yenibahçeli topuklarını birbirine vurarak hazır ola geçmiş ve başında asker şapkası varmış gibi elini kaşının üstüne götürmüştür. Yenibahçeli'nin heyecanını fark eden Atatürk hafifçe gülerek konuğunu uğurlamıştır.[373]

Atatürk, Anadolu'ya tayin emrinin çıkmasından sonra da Gebze-Kocaeli yoluyla ilgilenmeye devam etmiştir. Mayıs ayının başlarında Teşkilat-ı Mahsusacılara, Gebze-Kocaeli yolunun tam olarak güvene alınıp alınamadığını sormuştur. Atatürk'ün sorusuna Yenibahçeli şöyle yanıt vermiştir: *"Emirleri olmadan kuş uçmaz, emirleri olunca da yol açıktır."*[374]

Yenibahçeli gerçekten de dediğini yapmış, Gebze-Kocali yolundan kuş uçurtmamıştır. Atatürk, resmi bir görevle Anadolu'ya geçme fırsatını yakalayınca bu yolu kullanmaktan vazgeçmiş, ancak Kurtuluş Savaşı sırasında İsmet Paşa, Adnan Bey, Halide Edip Hanım gibi pek çok asker, sivil Yenibahçeli'nin koruması altındaki bu yoldan Anadolu'ya geçerek Milli Hareket'e katılmıştır.

Atatürk'ün Samsun'a sağ salim çıktığını öğrenen Yenibahçeli, emrindeki adamlara şunları söylemiştir:

"Şimdi, Mustafa Kemal Paşa Samsun'a varmıştır. Daha gitmeden çok evvel zaman bize demiştir ve emretmiştir ki, Gebze

---

372 age., s. 216.
373 Taylan Sorgun bu olayı ve olay sırasındaki konuşmaları Dr. Fahri'den bizzat dinlediğini ve araştırmaları, notları ve elindeki hatıraların bu olayı doğruladığını belirtmiştir. Sorgun, age., s. 312, dipnot 115.
374 Sorgun, age., s. 269.

yolu sıkıca tutulmalıdır, geç denilen geçmelidir, geçme denilen geçmemelidir. Mustafa Kemal Paşa'ya mahcup olundu mu, yanmak, yok olmak lazımdır. Lakin, daha bu yine bizim aramızdaki sözlerdir. Bu dediklerim iyi bilinmeli ve de ona göre düşünülmelidir. Geç denilen geçemedi mi, geçme denilen geçti mi vazifeyi yapmayan bitti demektir. Neye göre bitti demektir, İttihatçılığa göre bitti demektir."[375]

Adamlar dağıldıktan sonra Dayı Maksut ve Dr. Fahri ile baş başa kalan Yenibahçeli, Atatürk'ü ancak şimdi anladığını şöyle ifade etmiştir: *"Yahu! Şimdi yavaş yavaş anlarım Mustafa Kemal Paşa daha ilk vaziyette bize Pera Palas'ta 'Sen Gebze yolunu tutmaya bak,' demiştir de aklıma bunların hiçbiri gelmemiştir. Şimdi anlarım ki hesaplamıştır bu işleri. Lakin ne zaman? Ona da benim İttihatçı aklım ermez!"*[376]

Atatürk: "O Yol Çok İşe Yaramıştır."

Ankara'da bir Çankaya gecesinde Atatürk, İsmet Paşa ve Fahrettin Altay Paşa sohbet ederken, İsmet Paşa'nın Gebze-Kocaeli yolundan çileli bir yolculuk sonunda Ankara'ya gelişi söz konusu olunca, Atatürk, İstanbul'dayken Yenibahçeli'yle yaptığı görüşmelerden ve Gebze-Kocaeli yolunun tutulması konusundan şöyle söz etmiştir:

"O yolu Yenibahçeli tuttu. Pera Palas'taki ilk konuşmamızda, Gebze-Kocaeli yolunu tutun dediğimde meseleyi anlayamamıştı. Fakat artık zaman yaklaşırken bir gece kalmakta olduğum Fansaların evine çağırttım. Harita üzerinde kendisine yolun ehemmiyetinden (öneminden) bahsettim. O yolu Yenibahçeli çok iyi tuttu. İşte İsmet Paşa dahil birçokları o yoldan Anadolu'ya, Ankara'ya geldiler. Fakat, o gece Yenibahçeli'ye harita üzerinde de bazı şeyler söylerken bir istikamet çizdim, fakat arkasından da, 'İfşası idamı muciptir,' dedim. Yenibahçeli, İttihat ve Terakki'den tanıdıklarımızdandı. Onun bu işleri

---

[375] age., s. 287.
[376] age., s. 287.

iyi bildiğini bilirsiniz. O yol çok işe yaramıştır. Fakat ben ona bunları söylerken Yenibahçeli de meselenin Ankara'ya uzanacağını anlayamamıştır."[377]

Gebze-Kocaeli yolunun çok işe yaradığını Rauf Orbay da anılarında doğrulamıştır: *"Ben buradan Anadolu'ya mütemadiyen kıymetli insanlar kaçırdım. Doktor Adnan Adıvar, Halide Edip Hanım gibi birçoklarını... Veniköy tarafındaki bir dergâhtan, Maltepe'de Endaht Mektebi Kumandanı olan Yenibahçeli Şükrü Bey vasıtasıyla Kartal yolu ile kafile kafile kaçırmıştık..."*[378]

Atatürk'ün Yahya Kaptan'a Verdiği Görev

Atatürk, bir gün yaveri Cevat Abbas Bey'i çağırarak, Kocaeli-Taşköprü üzerinden veya İzmit Körfezi'nden Anadolu'ya, 20. Kolordu sınırlarına kadar ulaşacak bir yol belirlemesini ve bu yolu güvenceye almasını istemiştir.[379]

Atatürk'ün amacı en kısa yolla Anadolu'ya geçip, Ali Fuat Paşa'nın kontrolündeki 20. Kolordu sınırları içine girmek ve direniş hareketini başlatmaktır. Nitekim Atatürk önce Adana'da daha sonra da İstanbul'da Ali Fuat Paşa'yla yaptığı görüşmelerde hep Ankara civarındaki 20. Kolordu'ya vurgu yapmıştır.

Cevat Abbas, Atatürk'ün verdiği emir doğrultusunda Yahya Kaptan ve arkadaşlarıyla görüşüp anlaşmıştır. Cevat Abbas, bu konudaki çalışmalarını şöyle anlatmıştır:

"Gebze, İzmit ve Değirmendere istikametlerini etüt ettim. İcabında ikimize canlarıyla, başlarıyla katılacak yerli ve muhacirlerden ve fedakâr vatanseverlerden küçük küçük silahlı kuvvetler bulabilmiş ve kumandanımın yanına dönmüştüm. Atatürk, arz ettiğim vaziyet ve faaliyeti çıkar yol bulmuş ve bu küçük teşkilatımızın tamamıyla emniyet edilir bir hâle gelmesini ve ormanların yapraklanmasını beklemeyi faydalı görmüşler ve bu teşekkülümüzle ilişkimizin kuvvetle sürdürülmesini emir bu-

---

377 age., s. 312, dipnot 115.
378 Rauf Orbay, **Cehennem Değirmeni**, "Siyasi Hatıralarım", 2. bas., İstanbul, 2004, s. 338.
379 Gürer, **age.** s. 210.

yurmuşlardır... Yahya Kaptan'la beş arkadaşı ilk müfrezemizi teşkil edecekti."[380]

Cevat Abbas, Atatürk'ün Gebze-Kocaeli yolunu kontrol etmek için "müfrezeler" oluşturmak istemesinin nedenini, *"Türk köylerini kasıp kavuran Rum çetelerinin ve İstanbul hükümetlerinin takip ettireceği silahlı kuvvetlerin ilk saldırısında, kıyıma uğramamak,"* olarak açıklamıştır.[381]

Yahya Kaptan, Atatürk'ün emri doğrultusunda Gebze-Kocaeli yolunun güvenliğini sağlamak için hemen çalışmalara başlamıştır:

"Yahya Kaptan ve arkadaşlarının görevi Kocaeli Yarımadası'nda güvenliği sağlamak, Türk köylerine tecavüzlerde bulunan Ermeni ve Rum çetelerinin cinayet ve soygunlarına engel olmaktı. Ayrıca, Yahya Kaptan'ın bilmediği çok önemli bir görevi daha vardı: Mustafa Kemal Paşa'nın Anadolu'da güvenli bir bölgeye ulaşıncaya kadar ki seyahati sırasında gereken güvenliğini sağlama ve koruma görevi için düşünülen Kuvayı Milliye Müfrezesi, Yahya Kaptan'ın milis kuvvetleri idi... Yahya Kaptan, kendisine verilen emir gereği, her an göreve hazır durumdaydı ve Mustafa Kemal Paşa'nın emrini bekliyordu."[382]

Yahya Kaptan

Atatürk *"Nutuk"*ta Yahya Kaptan Müfrezesi'nin kuruluş amacını ve Yahya Kaptan'ın kahramanlığını şöyle anlatmıştır:

---

380 age., s. 210, 211.
381 age., s. 211.
382 Yahya Kaptan'ın çalışmaları hakkında bkz. Atilla Oral, *"Kurtuluş Yolu ve Ulusal Kahraman Yahya Kaptan"*, **Bütün Dünya**, 1 Ekim 2006, s. 20-26.

"Efendiler, bizim bilhassa İstanbul'a yakın olan İzmit mıntıkasında uygulanmasını düşündüğümüz tedbir, orada silahlı, milli müfrezeler oluşturmak ve o bölgede güvenilir kumandan ve zabitlerimizin bu milli müfrezelere yardım ve desteği ile hain çeteleri takip ederek zararlarını ve varlıklarını ortadan kaldırmaktı. İşte bu amaçla kurdurduğumuz milli müfrezelerin en önemlisi ve en kuvvetlisi, bu Yahya Kaptan adıyla tanınan bir fedakâr vatanseverin müfrezesi idi."

Planın Detayları

Atatürk'ün Anadolu'ya gizli geçiş planının güzergâhı, Gebze-Kocaeli yoludur. Atatürk öncelikle bu yolun güvenliğini sağlamak için gözünü budaktan esirgemeyen Yenibahçeli Şükrü Bey ve Yahya Kaptan gibi vatanseverleri görevlendirmiştir. Yolun güvenliği sağlandıktan sonra önce kendisi, daha sonra da asker-sivil vatanseverler bu yoldan Anadolu'ya geçecekti.

Cevat Abbas, Atatürk'ün Anadolu'ya gizli geçiş planının ayrıntılarını şöyle anlatmıştır:

"Atatürk'le kendime, cephanesiyle birlikte birer mavzer filintasıyla iki el bombası hazırlamıştım. Tasavvur ettiğim yollar güzergâhının haritalarını tamamlamıştık. Ansızın bir gün Atatürk'ün bizzat tespit ettiği Gebze civarından Tavşancıl'a inen yolu takip ederek Yahya ve arkadaşlarıyla buluştuktan ve onları da beraberimize aldıktan sonra Yarımca civarından Değirmendere'ye geçecektik. Değirmendere bölgesinde Dünya Savaşı içerisinde eşkıyalıkları ile Türk köylerini zarara sokan bahçıvanlıktan yetişmiş ve eşkıyalıktan vazgeçirdiğim üç beş kişilik çeteyi de müfrezemize ekleyecek ve İznik-Yenişehir bölgesinden geçerek 20. Kolordu Kıtaatı'ndan birine ulaşmak kararımız planlanmıştı."[383]

Cevat Abbas, planın uygulanması için gereken önlemlerin tamamlanmasını ve ormanların yapraklanmasını beklediklerini belirtmiştir.[384]

---

383 Gürer, age., s. 211; Cevat Abbas Gürer, **Yeni Sabah**, 21 Mayıs 1941, S. 1, s. 5.
384 age., s. 211.

Anadolu'ya gizli geçiş planının tüm hazırlıklarının tamamlandığı o günlerde hiç beklenmedik bir gelişme yaşanmış, İstanbul Hükümeti ve Padişah Vahdettin, İngilizlerin bir notası gereği, Karadeniz Bölgesi'ndeki karışıklığı önlemek amacıyla Atatürk'ü "ordu müfettişi" göreviyle Anadolu'ya göndermeye karar vermiştir. Bu resmi görev, Samsun yoluyla Anadolu'ya geçme olanağı sağladığı için, aylar önceden gizlice hazırlanan "Gebze-Kocaeli yoluyla Anadolu'ya gizli geçiş planına" artık gerek kalmamıştır.

Planın Düşündürdükleri

Atatürk, İstanbul'da aylarca, "Gebze-Kocaeli yolundan Anadolu'ya gizli geçiş" planı üzerinde çalışmıştır. *"Her hareketini bir plan ve program doğrultusunda yapan Atatürk'ün elbette ki Anadolu'ya geçmek için yedek bir planı vardı. Ve bu plan son anda iptal edilen ve Cevat Abbas Bey'in açıklamış olduğu 'Kocaeli üzerinden' gizli geçiş planıydı."*[385]

Atatürk'ün İstanbul'a gelir gelmez Yenibahçeli Şükrü Bey ile temas kurarak Gebze-Kocaeli yolunun güvenliğinin sağlanmasını istemesi ve yaveri Cevat Abbas aracılığıyla Yahya Kaptan'a Kocaeli'de ilk milli müfrezelerden birini kurdurması, bu planın hazırlıklarındandır. Eğer bu plan uygulansaydı, Kurtuluş Savaşı'nın başlaması ve Anadolu'daki yayılması çok daha başka bir biçimde olacak ve tarih çok daha başka bir biçimde yazılacaktı.

Atatürk'ün Anadolu'ya gizli geçiş planının düşündürdüklerini şöyle özetlemek mümkündür:

1. Atatürk, İstanbul'a geldikten hemen sonra bir şekilde Anadolu'ya geçmeyi düşünmüştür.
2. Atatürk'ün Anadolu'ya geçiş kararı son anda verilmiş bir karar değil, inceden inceye düşünülmüş, planlanmış bir karardır.

---

[385] Oral, age., s. 20.

3. *"Atatürk Anadolu'ya geçmeyi düşünmüyordu! Onu ben ikna ettim! Anadolu'ya geçiş düşüncesi bana aittir!"* diyen Kazım Karabekir'in bu ve benzeri iddiaları çürümektedir.
4. Atatürk, Anadolu'ya geçmek için Padişah'ın vereceği göreve muhtaç değildir; kendi plan ve programıyla da Anadolu'ya geçebilecek durumdadır.
5. Atatürk'ün Kuvayı Milliye'nin oluşumundaki rolü inkâr edilemez.
6. Anadolu direnişinin başlamasında ve güçlenmesinde Atatürk'ün "ince hesapları" ve "teşkilatçılık yeteneğinin" büyük bir etkisi vardır.[386]

* * *

Anadolu'ya gizli geçiş için Gebze-Kocaeli yolunu emniyete alan Atatürk, İstanbul'dan Anadolu'ya silah sevkıyatı için de İnebolu yoluna önem vermiştir. İstanbul'daki Karakol Cemiyeti, Mim Mim Grubu gibi Mustafa Kemal'e bağlı "gizli örgütler" düşman cephaneliklerinden çaldıkları silah ve cephaneyi önce Üsküdar'daki Özbekler Tekkesi'ne getirmişler, sonra buradan kayıklarla Karadeniz yoluyla İnebolu üzerinden Anadolu içlerine nakletmişlerdir.[387]

Gizli İmza

Peki ama Atatürk neden *"Nutuk"* adlı dev eserinde Kurtuluş Savaşı'nı Kasım 1918'de Adana'da değil de Mayıs 1919'da Samsun'da başlattığını ifade etmiştir? Atatürk, *"Nutuk"*ta neden Kasım 1918'de Adana'da başlattığı ve Mayıs 1919'a kadar İstanbul'da devam ettirdiği kurtuluş hazırlıklarından söz etmemiştir? *"Nutuk"*a neden ***"1919 yılı Mayısı'nın 19. günü Samsun'a çıktım,"*** cümlesiyle başlamıştır?

---

386 Meydan, **age.**, s. 356, 357.
387 **age.**, s. 357.

Kanımca Atatürk, Türk Kurtuluş Savaşı'nın özellikle genç kuşakların beynine kazınması için bir mihenk taşı, bir milat, bir sembol tarih ve olay belirleyerek *"Nutuk"*u öyle başlatmak istemiştir. Bu nedenle *"Nutuk"*a, *"**1919 yılı Mayısı'nın 19. günü Samsun'a çıktım,**"* cümlesiyle başlamıştır.

Prof. Dr. Yaşar Nuri Öztürk, Atatürk'ün *"Nutuk"*a bu cümleyle başlamasının çok daha derin ve Kuran'da gizli dinsel bir anlamı olduğunu ileri sürmüştür. Kuran'da 19 rakamının bir tür "imza" olduğunu ifade eden Öztürk, benzer bir imzanın *"Nutuk"*ta da olduğunu belirtmiştir. Şu sözler Yaşar Nuri Öztürk'e aittir:

*"**Nutkun ilk cümlesini bilir misiniz? Bir denizdir, bir devrimdir...** Bazıları, 'Nutuk Atatürk'ün günlüğünden ibarettir,' der. Utan be bunu diyen... (...) Nasıl bir heyetler halinde çalışma ile yazmış uzmanlar ile... Yazmış, vermiş... Sonra 500 sayfalık metin çıkmış. Okuyor. İlk cümle: '**19 Mayıs 1919 günü Samsun'a çıktım!**' Böyle bir giriş olur mu? **Nutuk'ta da 19 rakamı bir imzadır. Tarih diyalektiği Atatürk'e 19 rakamını imza olarak vermiştir.** Bunu görmezden gelenler Atatürk'ü dinin dışına çıkartmak istediler..."* [388]

Akl-ı Kemal'i anlamak hiç de kolay değil doğrusu...

---

[388] *"Saba Tümer İle Bugün"* Programı, **Show Tv**, 9 Aralık 2011.

PROJE 7

ÖRNEK ÇİFTLİKLER (YEŞİL CENNET) PROJESİ

> *"Bu yurt çocuklarımız ve torunlarımız için cennet yapılmaya değer bir yurttur."*
>
> Atatürk-1923

16. yüzyılda F. Bacon, *"Doğaya egemen olmak için doğayı tanımak gerekir,"* demiştir. İnsan ancak doğayı tanıyarak doğadaki güçleri kendi yararına kullanabilirdi. Nitekim uygarlık, doğabilim ile tekniğin el ele vermesiyle gelişebilmiştir.[389]

Ancak Bacon'la başlayan doğaya egemen olma tutkusu Sanayi Devrimi'yle doğayı sömürme tutkusuna dönüşmüştür. Başlangıçta yararlanmak için doğaya egemen olan insan, zamanla doğayı tüketmiştir. İnsanlığın son 100 yıldaki yıkıcı savaşları ve kontrolsüz sanayileşme en çok da doğaya zarar vermiştir. İnsanlığın bütün ilerlemesine karşın Hobbes'in haklı olarak dediği gibi, *"İnsan henüz insan olamamıştır"*. Yüzyılın başında, *"İnsan olmak zordur,"* diyen M. Scheler'in de ne kadar haklı olduğu bugün çok daha iyi anlaşılmaktadır. Uygarlığı, kültürü, bilimi, tekniği, sanatı, felsefeyi ve bunca ilerlemeyi gerçekleştiren insan, bütün bu başarılarına rağmen sürekli doğayı katlettiği için tam anlamıyla "insan olmayı" başaramamıştır. İnsanlığın temel yanılgılarından biri kültürü-uygarlığı, doğaya karşı bir şey gibi görmesidir. İnsanın genelde kültüre önem verirken doğaya önem vermemesi dünyanın dengesinin bozulmasına neden olmuştur.[390] Bozulan denge aslında en çok yine insana zarar vermiştir.

İşte Atatürk doğaya ve kültüre aynı derecede önem vererek, bir anlamda "insanı insan yapmak" için kolları sıvamıştır.

---

[389] Akarsu, **age.**, s. 276.
[390] **age.**, s. 277.

Onun "Örnek Çiftlikler (Yeşil Cennet) Projesi", doğayı tanıma noktasından doğayı sömürme ve katletme noktasına gelen tüm insanlığa ders olacak türden bir projedir.

Atatürk'ün orman çiftliği kurması, ağaca ve ormana büyük bir önem vermesi, bıkıp usanmadan Türkiye'yi ağaçlandırmaya çalışması karşısında, *"1930'larda Türkiye'de ağaç ve orman mı yoktu, buna ne gerek vardı?"* diye soranlar olabilir. Her şeyden önce bu sorunun yanıtını verelim:

Cumhuriyet'in ilk yıllarında ormanlar Türkiye'nin %12,02'sini oluşturmaktadır ve oldukça bakımsız durumdadır. Genç Cumhuriyet, öncelikle ormanlık alanların miktarını arttırmak için ağaçlandırma çalışmalarına önem vermiştir. Bu amaçla ilk aşamada yılda en az 250.000 hektarlık bir alanın ağaçlandırılması öngörülmüştür. Ülkenin birçok yerinde fidanlıklar kurulmuştur. Buralarda yetiştirilen fidanlar ağaçlandırma çalışmalarında kullanılmıştır. Genç Cumhuriyet, ormanların bakımı ve ağaçlandırma çalışmaları için Saksonya-Taharandt Yüksek Okulu'ndan Profesör R. Bernhard ile çoğunluğu Alman ve Avusturyalı olan yabancı orman mühendislerini görevlendirmiştir.[391]

Cumhuriyet döneminde Türkiye'deki ormanların ne durumda olduğunu anlamak için Şevket Süreyya Aydemir'in *"İkinci Adam"* adlı kitabında anlattığı bir olayı paylaşmak istiyorum sizlerle.

"Bir gün Büyük Millet Meclisi Bütçe Encümeni'nde bir orman davasının tartışılmasına şahit olmuştum. Anlaşıldığına göre bir yerdeki bir orman üzerinde bazı encümen üyeleri bir süredir vekili sıkıştırmaktaydılar. Fakat o gün vekil güler yüz ve ferah bir babacanlıkla şöyle bir açıklamada bulundu:

'Arkadaşlar, böyle bir orman davası artık kalmamıştır. Çünkü nice zamandır peşine düştüğümüz bu orman için son defa yine oraya giden müfettişlerimiz orada artık böyle bir orman bulamadılar. Çünkü köylüler, ormanı kesip bitirmişler, yerini de sürüp tarla etmişler, geçip gitmişlerdir.'

---

391 R. Von Kral, **age.**, s. 90, 91.

Hülasa yorgan gitmiş, kavga bitmişti."[392]

Ziraat Vekili Muhlis Erkmen, 28 Ocak 1937'de TBMM'deki bir konuşmasında ormanlarımızın durumu hakkında şunları söylemiştir:

"*Ormanlar inanılmayacak ve şaşılacak bir şekilde süratle tahrip edilmektedir. Aldığımız raporlarda tavsif edilen, hatta iyi bir orman diye tavsif edilen bazı ormanlar bugün yoktur. Ve bir mütehassıs bana demiştir ki: 'Ben bundan evvel gelen bazı mütehassısların tavsif ettikleri ormanları aradım, bulamadım. Korkarım ki, benden sonra gelen mütehassıslar da benim görüp raporuma koyduğum ormanları bulamayacaklardır..."*[393]

Görüldüğü gibi 1930'ların Türkiyesi'nde ormanlar her geçen gün biraz daha azalmaktadır. Türkiye'de ilk orman okulu 1857'de kurulmuş ve ilk Orman Nizamnamesi 1877'de hazırlanmış olmasına karşın maalesef ormanlara gereken önem gösterilmemiştir.[394]

"*Gerçek şuydu ki, Osmanlı Devleti'nden kopan ülkelerde ormanlar tahribattan korunduğu, ürediği ve genişlediği halde, öz Türk yurdunda orman hızla ortadan siliniyordu. Yurt, bozkırlaşıyor, çoraklaşıyordu.*"[395]

1937 yılında İsmet İnönü "*orman meselesi*" başlığı altında şu konuların çözüme kavuşturulması gerektiğini belirtmiştir: a) Mülkiyet meselesinin halli, b) İyi muhafaza teşkilatı, c) Ormanların yalnız devlet eliyle işletilmesi (ormanların devletleştirilmesi).[396]

İnönü bu konuda, eğer ülkede ağaç kesmek serbest bırakılırsa, bir iki yıl içinde orman kalmayacağına inandığını söylemiştir. Ormanları devlete mal etmeyi, devlet eliyle işletmeyi, iyi korumayı tek çıkar yol olarak gördüğünü belirtmiştir.[397]

1937 yılında 3444 *sayılı Ormancılık İşletmeleri ve Orman-*

---

392 Şevket Süreyya Aydemir, **İkinci Adam**, C 2, 7. bas., İstanbul, 2000, s. 320.
393 age., s. 320.
394 age., s. 320.
395 age., s. 321.
396 age., s. 324.
397 age., s. 324.

ların Kamulaştırılması Kanun Tasarısı kabul edilmiştir. Kanun müzakereleri sırasında ziraat vekilinin belirttiğine göre Türkiye'de ormanların durumu şöyledir:

"*8-8,5 milyon hektar ormanımız vardı. Bunun 2 milyon hektarı koruydu. 4 milyon hektarı baltalık, 2,5 milyon hektarı da çalılıktı. Bunların toplamına ve memleketin yüzölçümüne göre ormanlar %10 yer kaplıyordu. Halbuki bir memlekette normal orman nispeti en az %20 olmalıydı. Kaldı ki bizim 8-8,5 milyon yeşil yüz örtüsünün hepsi orman sayılmazdı...*"[398]

Türkiye'de ormanların korunması için neler yapılması gerektiğinin tartışıldığı o günlerde, 31 Ocak 1937 tarihinde, Şevket Süreyya Aydemir, o dönemin çok okunan gazetesi *Tan*'da, "*Ormansızlaşan Türkiye'den Yeşil Türkiye'ye*" adlı bir yazı yazmıştır.[399] Bu yazı, Atatürk'ün "Yeşil Cennet Projesi"ni anlamak için mutlaka okunmalıdır.

Doğa Dostu

Atatürk gerçek anlamda bir doğa dostudur. Onun doğa dostluğu, adeta doğuştan gelen genetik bir aşka dayalıdır. Toroslarda at koşturup hayvan otlatan Yörük/Türkmen bir kökenden gelen Atatürk'ün genlerinde vardır bitki, ağaç ve orman sevgisi... Atatürk'ün doğup büyüdüğü Selanik ve civarı –Osmanlı'nın en gelişmiş bölgelerinden biri olmasına karşın– doğal yapısını da korumuş bir bölgedir: Atatürk asırlık ağaçlarla, çok farklı tonlardaki yeşille, rengârenk çiçeklerle bezenmiş, gelenekselle modernin çok uyumlu bir biçimde iç içe geçtiği bu kentte büyümüş bir Yörük/Türkmen çocuğu olarak doğayı çok erken yaşlarda tanımıştır.

Atatürk'ün doğa sevgisi, babası öldükten sonra annesi ve kardeşiyle beraber Selanik'in otuz kilometre yakınlarındaki dayısı Hüseyin Ağa'nın çiftliğine yerleşmeleriyle daha da artmıştır. Burada, çiftlik işleriyle uğraşan küçük Atatürk ağacı, yeşili, top-

---

[398] age., s. 329.
[399] age., s. 326, dipnot 1.

rağı, hayvanı; kısacası doğayı çok yakından tanımıştır. Onun bitki ve hayvan sevgisinin derin kökleri bu çiftlik hayatında gizlidir. Çok küçük yaşlarda çiftlik hayatını tanıyan, ağacın ve hayvanın önemini fark eden Atatürk, gelecekte çiftlikler kurmuş, ağaçlar dikmiş ve hayvanlar beslemiştir.

Atatürk'ün çocukluk arkadaşlarından Ali Fuat Cebesoy, anılarında Atatürk'ün doğa sevgisini şöyle anlatmıştır:

"Harp Akademisi'nin üçüncü sınıfına geçtiğimiz zaman Mustafa Kemal, Selanik'e sılaya gitmeden önce bizde misafir kaldı. O günlerin birinde Satılmış Çavuş'u da alarak Alemdağı'na uzandık. Arkadaşım samimi bir doğa âşığı idi. Ormanlık yerlerden çok hoşlanırdı. Öğleye doğru pınar başında mola verdik... Uzaklarda bir kasır vardı ve manzarası harikulade güzeldi. Adeta Mustafa Kemal'i büyüledi... Oradan ayrılırken Mustafa Kemal: 'Fuat' dedi, 'insan yaşlandıktan sonra şehirlerin gürültülü hayatından uzaklaşmalı, böyle sakin ve ağaçlık bir yere çekilmelidir. Bak, şu karşıdaki köşk insanın ruhuna nasıl bir ferahlık veriyor."[400]

Afet İnan, Atatürk'ün Cumhurbaşkanlığı Köşkü için Çankaya'yı seçmesinin nedeninin bu bölgenin "ağaçlık" olmasından kaynaklandığını belirtmiştir: *"Atatürk'ün Çankaya'yı seçmesinde etken, birkaç büyük karakavak ve söğüt ağaçlarının bulunması idi. Onların rüzgârlı günlerdeki hışırtısından daima zevk duyardı."* Atatürk, Latife Hanım'a da, ***"Ben buraya bu çevredeki gür yapraklı birkaç güzel ağaç yüzünden taşındım,"*** demiştir.[401]

"Bu vatan, çocuklarımız ve torunlarımız için cennet yapılmaya değer," diyen Atatürk'ün en büyük özlemlerinden biri tüm ülkeyi ağaçlandırarak yeşil bir cennete dönüştürmekti.

Nitekim bir gün, İstanbul'un eski vali ve belediye başkanlarından Muhittin Üstündağ ve Afet İnan'la birlikte boğazda bir motor gezisinde, Salacak önlerinden geçerken; ***"Bu güzel yerle-***

---

[400] Cebesoy, **Sınıf Arkadaşım Atatürk**, s. 57-69.
[401] Özakman, **Cumhuriyet**, 2. Kitap, s. 57.

ri ağaçlarla bir kat daha güzelleştirmek için İstanbul Belediye Başkanı olmak istiyorum," demiştir.

Atatürk, İstanbul'da büyük ağaçları gördükçe şöyle demiştir: *"Bunlar da güzel amma, biz yapraklarının ve dallarının her yıl nasıl büyüdüğünü gördüğümüz ağaçları daha çok seviyoruz."*[402]

Atatürk'ün ağaç sevgisini gözler önüne seren çok sayıdaki örnek olaydan birkaçıyla devam edelim.

Nuri Ulusu'ya kulak verelim:

"Çankaya Köşkü'ne girerken büyükçe bir ağacın bir dalı iyice büyümüş ve yol üzerine uzanmıştı, dolayısıyla bu dal yoldan geçen otomobillerin geçişlerine bayağı engel oluyordu. Bu sebeple de bu dalın kesilmesi gerekiyordu.

Bahçıvanların bir gün bu dalı kesmeye karar verdiklerini öğrendim. Bunu sakın Atatürk'ten habersiz yapmamalarını, aksi takdirde Atatürk'ün ağır hışmına uğrayabileceklerini kendilerine tembihleyip, ferdası sabahta ilk iş olarak bu hususu kendilerine izah ederek anlattım.

Sözüm biter bitmez, birdenbire sinirlenerek, 'Yahu bunlar benim ağaç sevgimi hâlâ öğrenemediler mi? İyi ki haberin olmuş da önlemişsin, eğer kesselerdi benden iyi bir zılgıt yerlerdi. Söyle onlara Nuri, o dal katiyen kesilmeyecek, o noktaya isabet eden yeri alçaltsınlar, geçişi böyle temin etsinler. Tamam mı?' diyerek beni yollamıştı. Hemen bahçıvan başına ve diğer yetkililere derhal gerekli talimatı verdim. Birkaç gün içinde de yolda gerekli düzenleme yapıldı ve ağacın o dalı kesilmekten kurtuldu."[403]

Nuri Ulusu anlatmaya devam ediyor:

"Yine bir gün çiftliğe, Akköprü denilen yere gidiyorduk. Yanımızda Afet İnan da vardı. O bölgeye Atatürk'ün talimatıyla özellikle hep yemiş ağaçları dikildiği için buraya Yemişlik adı

---

402 Afet İnan, **Atatürk Hakkında Hatıralar ve Belgeler**, 5. bas., İstanbul, 2007, s. 236.
403 Mustafa Kemal Ulusu, **Atatürk'ün Yanı Başında**, "Çankaya Köşkü Kütüphanecisi Nuri Ulusu'nun Hatıraları", İstanbul, 2008, s. 121.

verilmişti. Ben şoförün yanındaydım. Arkamdan şoföre 'yavaşla' dedi, yavaşladık. Ağır ağır giderken onun arkadan dikkatle etrafı tetkike başladığını gördük. Bir müddet baktıktan sonra şoföre, '**Geri dön!**' dedi, döndük. Yine yavaş yavaş aynı yoldan giderken o yine dikkatlice etrafı süzüyordu. Bir müddet sonra tekrar, '**Geri dön, yola devam,**' dedi. Hepimiz ne oluyor diye şaşırmıştık ki, bize doğru döndü ve sertçe, '**Burada bir iğde ağacı vardı, ne oldu? Ne yaptılar bu ağaca?**' diye sordu. Hepimiz, bu sefer iyice şaşırdık. Benim bu hususta dikkatimi çok iyi bildiğinden özellikle bana tekrar sordu. '**Nuri ne oldu bu iğde ağacına?**' Çok şaşkındım, ama hemen toparlanarak cevabımı veriverdim: 'Paşam, ben bu yemişlikler dikilirken yoktum, o sebepten bilemiyorum, bilen varsa sorup öğrenip size malumat veririm,' deyince, '**Vah, vah, gitmiş bizim iğde ağacı, gerisi boş laf!...**' diye cevapladı ve şoföre, '**Süürr!**' emri verdi."[404] Afet İnan da bu olayı benzer şekilde anlatmıştır.

Atatürk, Mersin'de Yakup Ersoy'un Çiftliğinde (19 Kasım 1937)

Atatürk; 1937'de Mersin'e yaptığı seyahat sırasında Celal Bayar, İçişleri Bakanı Şükrü Kaya, Sabiha Gökçen ve diğer bazı kişilerle birlikte Yakup Ersoy'un portakal bahçesine gitmiştir.

---

404 age., s. 121.

Orada narenciye hakkında konuşmalar yapılırken, Sabiha Gökçen soymuş olduğu bir portakalı Atatürk'e ikram etmiştir. Atatürk bu ikramı kabul etmeyerek dallardan sarkan portakallara bakıp şöyle demiştir. *"Bana bir çakı verin, ben kendi elimle bir ağaçtan portakal keseceğim, kendi elimle soyacağım ve yiyeceğim, bunu da ilk defa yapmış olacağım."* O sırada orada bulunan Mithat Toroğlu'nun uzattığı çakıyı alan Atatürk, daldan kopardığı bir portakalı kendi elleriyle soyarak yemiştir.[405]

Atatürk'e göre: *"Ağaç, çiçek ve yeşillik medeniyet demektir."* Atatürk, *"Yeşil görmeyen gözler renk zevkinden mahrumdur. Burasını öyle ağaçlandırınız ki kör insan bile yeşillikler arasında olduğunu fark etsin,"* demiştir.

Afet İnan'ın anlattığına göre Atatürk, ağaca, ormana, yeşile olan sevgisini, sık sık Faruk Nafiz'in şu dizeleriyle dile getirmiştir:
"Yeşil hem de: Ben bu rengi taşırım can köşemde
Yeşilde ne arar da bulamaz insanoğlu?
Yeşil bu... Varlık dolu, gök dolu, umman dolu,
Bir ucu gözlerinde, bir ucu engindedir.
Meyve veren ağaçlar rengindedir bahar, deniz, kır, orman,
Bana Tanrım gözükür, yeşil dediğim zaman."[406]

Atatürk'ün ağaç sevgisi –hiç abartısız– "yüce" bir sevgidir. Öyle ki, *"Çabuk bana yeni bir din bulun. Ağaç dini... Bir din ki, ibadeti ağaç dikmek olsun!"* dedirtecek kadar "yüce" bir sevgidir!...[407]

Son günlerinde, hasta yatağında Sabiha Gökçen'e ağaç ve doğa sevgisinden şöyle söz etmiştir: *"İçimdeki duyguları anlatabilmekte güçlük çekiyorum. Bu yeşil tutkusunu bu ağaç sevgisini... İnsanlar öldükleri zaman böyle ormanlıklar içine gömülmeliler. Hiç olmazsa orada ağaçların serinliği ve koruyuculuğu altında rahat ederler..."*[408]

---

405 Nazmi Kal, **Atatürk'le Yaşadıklarını Anlattılar**, Ankara, 2001, s. 32
406 Turani, **Mustafa Kemal Atatürk**, s. 659.
407 Falih Rıfkı Atay, **Çankaya**, İstanbul, 2009, s. 604.
408 Gökçen, **age.**, s. 408.

Atatürk, *"Ağaçsız orman ve ağaçsız toprak vatan değildir. Eğer vatan denen şey kupkuru dallardan, taşlardan, ekilmemiş alanlardan, çıplak ovalardan, kentlerden, köylerden oluşmuş olsaydı onun zindandan hiçbir farkı olmazdı..."* diyerek Türkiye ağaçsız ve ormansız kalıp zindan olmasın diye, insanları ağaç dikmeye, ormanları korumaya teşvik etmiştir.

Atatürk, ormanların korunması; dengeli ve teknik bir şekilde işletilmesi gerektiğini belirtmiştir:

"Orman servetlerimizin korunması lüzumuna ayrıca işaret etmek isterim. Ancak burada mühim olan koruma esaslarını memleketin tüm ağaç ihtiyacını devamlı olarak karşılaması icap eden ormanlarımızı dengeli ve teknik bir suretle işleterek istifade etmek esasıyla makbul bir şekilde teyid etmek mecburiyeti vardır."[409]

1937 yılında anayasada yapılan bir değişiklikle (74. madde) ormanlar devletleştirilmiştir.[410]

Atatürk Orman Çiftliği

"Ağaçsız orman ve ağaçsız toprak vatan değildir..." diyen Atatürk, Türkiye'nin tamamının ağaçlandırılarak adeta **yeşil bir cennete** dönüştürülmesini istemiştir. Bu amaçla ağaçlarla bezenmiş yeşillikler içinde modern tarım ve hayvancılık yapılan örnek çiftlikler kurmaya karar vermiştir. Öncelikle Türkiye Cumhuriyeti'ne başkent olarak seçilen bozkır Ankara'nın, genç Cumhuriyet'e yakışır bir şekilde ağaçlandırılarak yeşillendirilmesini istemiştir. Bu nedenle ilk örnek çiftliği Ankara'da kurmuştur. Prof. Dr. Şerafettin Turan bu gerçeği şöyle ifade etmiştir:

---

[409] Hayrettin Karaca, *"Atatürk'te Ağaç Sevgisi"*, **Atatürk Araştırma Merkezi Dergisi**, S. 41, C XIV, Temmuz 1998.
[410] "Madde 7: Teşkilat-ı Esasiye Kanunu'nun 74. maddesi aşağıda yazılı şekilde değiştirilmiştir: Çiftçiyi toprak sahibi yapmak ve **ormanları devlet tarafından idare etmek için** istimlak olunacak arazi ve ormanların istimlak bedelleri ve bu bedellerin tediyesi sureti mahsus kanunlarla tayin olunur." *"Teşkilat-ı Esasiye Kanunu'nun Bazı Maddelerinin Değiştirilmesine Dair Kanun"*, **Resmi Gazete**, 13 Şubat 1937, S. 3533.

"*Doğa ve yeşile olan aşkı nedeniyle Orta Anadolu bozkırında yer alan başkent Ankara'yı yeşertmeyi amaçlamış ve kurmakta olduğu çiftliğin aynı zamanda bir ormana dönüşmesini istemişti. Bu nedenle ona Gazi Orman Çiftliği denmişti.*"[411]

O günlerde ağaçsız, yeşilsiz kara kuru bir kent olan Ankara'nın bu haliyle başkent olmasının mümkün olmadığını düşünenlerin sayısı hayli fazladır. Falih Rıfkı Atay "*Çankaya*" adlı kitabında o günlerin Ankara'sını şöyle gözlemlemiştir:

"*Ankara başkent olabilir mi olamaz mı? İklimi buna elverişli midir? İleride birkaç yüz bin nüfusu idare edecek su bulunabilecek midir? Bu çıplak toprak bir gün yeşerebilecek midir?... Aydın bir generalimiz, 'Ankara'nın merkeziliği geçici bir şeydir. Sıfırın üstünde medeniyet olmaz. Onun için buraya çok masraf etmemeliyiz,' diyordu.*

Bir başkası, 'Bir müddet kalırız. Yerleşmeye uğraşırız...'"[412]

"*Ankara'da göz su arar, yeşillik arar. (Atatürk) bozkırın bu parçasına biraz yeşillik verebilmek için neler çekecekti. Bayan Afet'in bir hatırasında vardır: Atatürk, çiftliğin yemiş bahçesi yapılan bir kısmında eski iğde ağacını aramış, söküp atıldığını görünce bir yavrusu ölmüş gibi içlenmişti. (Atatürk) bu vatan savaşını ateş içinde nasıl candan gönülden takip ederse, Ankara'nın yeşillenmesini de öyle gözlüyordu.*"[413]

Atatürk çok kararlıdır: O, Ankara'nın ağaçlandırılarak Türkiye Cumhuriyeti'ne yakışır bir "yeşil cennet" haline getirilebileceğine inanmıştır bir kere... Bu inancı doğrultusunda, "***Burada bir çiftlik kuracağım. Bu çiftlikte hayvanlar yetiştireceğim. Bir küçük ormanın kenarında tarım endüstrimize ait bacalar tütecek,***"[414] diyerek Ankara'da bir orman çiftliği kurmuştur.

Atatürk, 1925 yılı ilkbaharında Türkiye'nin tanınmış ziraatçılarından bir grup oluşturmuş ve onlara Ankara'da büyük bir çiftlik kurmak istediğini açıklamıştır. Atatürk ziraatçı heyetin-

---

411 Turan, age., s. 659.
412 Atay, age., s. 484.
413 age., s. 603.
414 "*Atatürk'ün AOÇ Hakkında Söylediği Sözler*", www.aoc.gov.tr/

den öncelikle kurmayı düşündüğü çiftlik için arazi bulmalarını istemiştir.

O heyetteki bir ziraatçi, bu konudaki ilk çalışmaları ve Atatürk'ün yönlendirici katkılarını şöyle anlatmıştır:

"Çiftlik yeri için uzun boylu dolaşmaya ve Ankara'nın çevresinde başka başka tabiat hususiyetleri aramaya lüzum görmemiştik. Sebep basitti: Kıraç bir bozkırın ortasında bir ortaçağ şehri... Ağaç yok su yok, hiçbir şey yok... Ankara'nın çevresinde çiftlik olacak bir yer ararken en az bugünkü çiftçilik yeri üzerinde durmuştuk. Burası tabiatın cömert davranmadığı, bakımsız, hastalıklı, sarı ve insanı bakarken bedbin eder bir halde idi. İçinden şimendifer geçen arazinin bataklık yerlerinde şehrin hayatını zehirleyen, etrafta yaşayanları kendisi gibi renksiz ve hastalıklı yapan sazlıklar, birer sıtma kaynağı halinde idi. Biraz kıraç yerlerinde kartallar ve akbabalar, o zaman dört kerpiç duvardan başka bir şey olmayan mezbahanın etrafında yuvalar yapmışlardı. Burada medeniyetin ve insanın eseri olarak yalnız bir demiryolu ince bir şerit halinde uzanıyordu... Tetkiklerimiz bittiği zaman neticeyi Büyük Şef'e arz ettik. Atatürk, elleriyle bugünkü çiftliğin olduğu yeri işaret etti: 'Burayı gezdiniz mi?' Buranın bir çiftlik kurmak için bulunması lazım olan vasıflarından hiçbirini taşımadığı; bir bataklık, çorak, fakir olduğu hakkındaki ortak kanaatimizi söyledik. Atatürk'ün bize cevabı şudur: 'İşte istediğiniz yer böyle olmalıdır. Ankara'nın kenarında hem batak, hem çorak, hem de fena bir yer. Bunu ıslah etmezsek kim gelip ıslah edecektir."[415]

Belli ki imkânsızı başarmaya alışmış adam yine bir imkânsızın peşine düşmüştür. Atatürk, fırsat buldukça Ankara'daki direksiyon binasında genç tarım mühendisi Tahsin Coşkan'la birlikte çiftlik arazisinin planı üzerinde çalışmıştır. Zaman zaman bu çalışmalara başka uzmanlar da katılmıştır. Atatürk, kendisine yeşil, sulak arazileri önerenlere, *"Ben zor olanı yapayım. Siz arkamdan kolay olanları nasıl olsa yaparsınız,"* demiştir.[416]

---

415 İzzet Öztoprak, **Atatürk'ün Orman Çiftliği'nin Tarihi**, Ankara, 2006, s. 31, 32.
416 Özakman, **age.**, s. 150.

Atatürk'ün amacı çok amaçlı bir örnek çiftlik kurmaktır. Bu nedenle, *"Çiftlik, modern, bilimsel, bize uygun tarım için iyi bir örnek olmalı... Köylü gençler burada bir süre çalışarak köylerine doğru tarımı götürmeliler. Tarım aletlerini kullanmayı, onarmayı öğrenmeliler,"* demiştir. Atatürk'ün çiftlikle ilgili çok başka hayalleri vardır. Her zaman olduğu gibi yine halkını düşünmüştür: *"Halk için büyük, çok güzel bir bahçe yapalım... Gelip eğlensinler, çocuklar oynasın. Büyük bir de havuz olsun. Dileyen yüzsün, dileyen sandala binsin. Uygun yer bulunabilirse bir havuz daha yapalım. Ankara suya, yüzmeye alışsın. Su uygarlıktır. Benim için de tepeciklerden birinin üzerinde bir ev yeri ayırın..."*[417]

Atatürk, çiftliğin yerinin tespitinden, çiftlikte yer alacak yapılara, dikilecek ağaçlara kadar her şeyle, bir tarım mühendisi gibi çiftlik planı üzerinde ilgilenmiş, bu da yetmemiş, başından sonuna kadar çiftlik inşasında bulunarak bir tür gözlemcilik yapmıştır.

Atatürk, çiftliğin kurulacağı 20.000 dönümlük bataklık ve sazlık araziyi bizzat satın almıştır. Çiftliğin temeli 5 Mayıs 1925 tarihinde, bir Hıdırellez günü atılmıştır.[418]

Çiftlik inşasının başladığı Yassıdere denilen yerde Atatürk ve arkadaşları için de üç çadır kurulmuştur. Atatürk, Rasuhi Bey, İsmail Hakkı Bey, Nuri Conker, Salih Bozok, Kılıç Ali çadırların önündeki hasır koltuklara oturarak çiftliğin temel atma törenine ve sonraki çalışmalara tanıklık etmişlerdir. [419]

Çiftliğe her yıl en az 50.000 ağaç dikilmesi planlanmıştır.[420]

Atatürk çiftlik inşaatı çalışmalarını çok yakından takip etmiş, sık sık çiftliğe gelerek çalışmaları denetlemiştir. Bir gün traktör kullanmak istemiştir. Tahsin Bey, güneşten korunması için traktör üzerine bir tente yaptırmıştır. Atatürk bu tenteli traktörle çiftliğin bir kısım toprağını sürmüştür.[421]

---

417 Ayrıntılar için bkz. İzzet Öztoprak, **Atatürk Orman Çiftliği'nin Tarihi**, Ankara, 2006.
418 Turan, **Mustafa Kemal Atatürk**, s. 559.
419 Özakman, **age.**, s. 151.
420 Öztoprak, **age.**, s. 63.
421 Atay, **age.**, s. 433.

Atatürk Orman Çiftliği'nde traktör kullanırken

Atatürk 5 Mayıs 1925'ten 21 Eylül 1925 tarihine kadar her gün birkaç saatini çiftlikte geçirmiştir. Kimi kez köşke arka yoldan traktörle gelmiştir.[422]

Atatürk, 6 Kasım 1925 tarihinde birkaç dostuyla birlikte çalışmaların durumunu yakından görmek için yine çiftliğe gitmiştir. Anayollar yapılmış, bazı tarlalar, sebze bahçeleri, bağlar ekilmiş, dört bir yana binlerce fidan dikilmiştir. Artezyen kuyularından fışkıran sular kanallardan akarak büyük dereye karışmaktadır. Atatürk rahatlamıştır. Çiftliğin iki-üç yıl içinde tamamlanacağına kanaat getirmiştir. Tepe üzerinden yollar, ağaçlar, binalar, tarlalar, çimenler görünmektedir. Bu manzarayı seyreden Atatürk, Nuri Conker'e dönerek, "*Sevgili Nuri, bu çorak toprakta ısırgan otu bile bitmez dediğini hatırlıyor musun?*" diye sormuştur. Nuri Conker, "*Hayır efendim, hatırlamıyorum!*" diye cevap verince Salih Bozok, Nuri Conker'e, "*Yine yenildik!*" demiştir.[423]

1927 baharında çiftliğe üçüncü defa çeşitli türlerde 50.000 ağaç daha dikilmiştir. Sebzeler yetişmiş, yoğurt ve peynir üre-

---
422 Özakman, **age.**, s. 193.
423 **age.**, s. 208, 209, 340.

timi başlamıştır. Buğdaylar baş vermiş, tarlalar yeşermiştir. Bir tepecik üzerine Atatürk'ün istediği iki katlı evin ve yakınındaki büyük havuzun yapımı bitim aşamasına gelmiştir. Bu yapılar Marmara Köşkü ve Marmara Havuzu diye adlandırılacaktır.[424]

Afet İnan, Atatürk'ün Gazi Orman Çiftliği'ni kurmak için verdiği mücadeleyi şöyle anlatmıştır:

"1919 yılında Atatürk Ankara'yı pek az ağaçlı bulmuştu. O, eski adı Orman Çiftliği olan yerde, orman yetiştirmeyi kendisine ideal edinmişti. O'nun için her ağaç yeni, kıymetli birer varlıktı. Bunların yetiştiğini, büyüdüğünü görmek, bir idealin tahakkuk edişindeki zevki kendisine veriyordu. Gazi Orman Çiftliği, insanların irade ve çalışmalarıyla, tabiatı güzelleştirme ve verimli kılma kuvvetinin bir örneğidir."

Falih Rıfkı Atay'ın gözlemleri de şöyledir: *"Atatürk çiftlik dağlarının ormanlaşması için bizzat uğraştı. Hemen her ağaçta hakkı vardır. Nerede birkaç söğüt görse, pikniğe giderdi. Söğütözü pek sevdiği köşelerden biri olmuştur."*[425]

Atatürk'ün, "Orman Çiftliği" çalışmalarına tanık olanların anlattıkları, Atatürk'ün ağaç, orman ve yeşil bir çevreye ne kadar büyük önem verdiğini göstermektedir.

Nuri Ulusu'yu dinleyelim:

"Atatürk (Orman Çiftliği'ne) iki çadır yaptırmış, birinde kendi, diğerindeyse işin başında olan mühendisler bulunuyormuş. Ama çoğu zaman çadırda değil, o yakıcı kızgın güneş altında, akşamlara kadar çalışmaları takip ediyormuş.

O zamanın en iyi ziraat mühendisleri bir ara ümitsizliğe kapılıp burada pek bir şey olmayacağını çekine çekine söylemelerine karşın, Atatürk ayağını yere sertçe vurarak, 'Bu toprak mı? Dikeceğimiz de fidan mı? Serpeceğimiz de tohum değil mi?' diyor ve ilave ediyor, 'niye olmasın efendim, niye olmasın! Mutlaka ve mutlaka yetiştireceğiz,' diyor ve bu fikrine bilahare çiftlik muhasebecisi ve Ziraat Okulu mezunu olan Osman Bey de iştirak ediyor ve işe devam ediliyor.

---

424 age., s. 267.
425 Atay, age., s. 604.

Tarhlar, yollar planlanıyor, ağaç dikilecek dağlar, tepeler ve düzlüklerde çukurlar açılıyor. Başta akasya olmak üzere her türlü ağaçlar dikiliyor. Her gün muntazaman, arabalarla çaydan bidonlar içinde sular taşınıyor ve her gün bir ağacın dibine dökülüyormuş ve bu her gün aynen tekrarlanıyor. Atatürk de çadırından kontrolünü muntazaman bizzat yapıyormuş.

İlkbaharla birlikte yüzde doksan muvaffakiyet görülüyor, ağaçlar büyüyor.

Atatürk pür neşe, adeta yerinde duramıyor; eserleri yeşerip yaprak açtıkça adeta bir çocuk gibi seviniyormuş.

İlk mahsul vaziyeti biraz zayıf oluyormuş, ama o hiç ümitsizliğe kapılmıyor, '**Seneye barajlar, kanallar yapar, daha iyi verim alırız,**' diyormuş. Nitekim dediğini de yapmış. Kendisine burada ayrıca küçük bir köşk, idare binası, müstahdemine ve memurlara ev ve lokaller, tamirhane, ahırlar vs. binalar yapılıyormuş.

İkinci yıl eser tam manasıyla meydana çıkmış ve bu sefer mahsul verimli olmuş. Halk mesire mahalli olarak pazar günleri trenlerle akın akın üç sene evvel çorak olan bu sahada, artık o güzelim ağaçların altında, gölgesinde oturarak, yemeklerini yer, eğlenirlerdi. Atatürk bunları gördükçe adeta bir çocuk gibi sevinir, neşelenirdi.

Bir gün, "Hadi çiftliğe gidiliyor,' dendi. Hazırlandık, yallah arabalarla yola çıktık.

Mutfak görevlilerince derhal bir açık hava büfesi hazırlandı. Büfede tamamen çiftlik mamullerinden kaşar, beyaz peynir, süt, yoğurt, ayran, yumurta vs. misafirlere, halka ikram edildi.

Halkının arasında, onlarla beraber bu lezzetli çiftlik mamullerini yiyen Atatürk'ün sevinci hudutsuzdu. Onu böyle neşeli gören halkla bizler, misafirler de fevkalade mutlu oluyor ve neşeleniyorduk. O günü, onun keyfini hiç unutmam. (...)

Çiftlikten tek sorumlu Hasan Rıza Soyak Bey'di. Atatürk'ün deniz sevgisini düşünerek, onun da onayıyla Hasan Rıza Soyak Bey, biraz ilerde Karadeniz diye bir havuz yaptırıp hizmete sokmuşlardı. Ayrıca Atatürk, Orman Çiftliği'nin istasyondan yukarı doğru çıkan yolun tam karşısına isabet eden yerde ufak bir köşk

yaptırmıştı. *Bazı akşamlar bu Kuleli Köşk'e gelir, çiftlik işleriyle uğraşan müdür ile görüşür, bir kahve içer, hatta ve hatta bazen çok keyiflenir, akşam sofrasını burada kurdururdu. (...)*
Söğütözü'ndeki küçücük kulübe de çok hoşuna giderdi. Bazen gider söğütler altında bağdaş kurmak suretiyle oturur, sigarasını zevkle tellendirir, kahvesini de yine aynı zevkle içerdi."

*"Atatürk Orman Çiftliği içinde bir zamanlar, Ankara'nın beyaz, kaşar peynirleriyle, yoğurt, süt, ayran ve yumurta ihtiyacını karşılamak üzere satış mağazaları açılmıştı. Hatta bir de halkın sıcak yaz günlerinde bira içme zevkini karşılamak üzere bir **bira fabrikası** ve **bira parkı** yapılmasını emir buyurdular.*

Kısa zamanda inşaatı tamamlanan fabrikayı gezdiler, pek beğendiler. (...)

Kurak, çorak, ağaç yetişmez denen o yerlerde devasa ağaçların, nadide çiçeklerin yetiştiği muazzam bir çiftlik yarattı. Halkının hizmetine sundu. O hep yapılmazları yapan değil miydi zaten.

Nitekim, kimsenin ot bitmez dediği yerlerde kurulan Atatürk Orman Çiftliği'yle başlayan yeşillendirme ve modernleştirme çalışmalarıyla Ankara'nın ne hale geldiğini görüyor ve de ilerde ne hale geleceğini de hep beraber tahmin edebiliyoruz."[426]

Atatürk Orman Çiftliği; çorak, verimsiz, bozkır denilerek adeta kaderine terk edilen bir Anadolu kentini, inanç, istek, sevgi ve çalışmayla bir "yeşil cennet" haline getirmenin pekâlâ mümkün olabileceğini herkese göstermiştir. Bu değişim, Grigoriy Petrov'un, "*Bataklıklar Ülkesi*" kitabında anlattığı bataklık, verimsiz Finlandiya'nın yine Petrov'un "*Beyaz Zambaklar Ülkesinde*" kitabında anlattığı verimli kalkınmış bir beyaz zambaklar ülkesine dönüşmesi gibi göz kamaştıran bir değişimdir. Finlandiya bataklıklar ülkesinden beyaz zambaklar ülkesine, Ankara ise bozkır kentinden yeşil bir cennete dönüşmüştür.

Atatürk'ün asıl amacı, Ankara örneğinden yola çıkılarak bütün Türkiye'nin modern tarım ve hayvancılık yapılan işlevsel bir yeşil cennete dönüştürülmesidir.

---

[426] Ulusu, **Atatürk'ün Yanı Başında**, s. 118-120.

Atatürk Orman Çiftliği, Türkiye'nin ve dünyanın başarıya ulaşmış en çevreci projelerinden biridir.

Atatürk, Orman Çiftliği'nde incelemeler yaparken

Dünyanın İlk Biyoyakıtı

Atatürk Orman Çiftliği'nin dünya çapında çevreci bir proje olmasının tek nedeni, proje kapsamında yeşili en az, en kurak bölgelerin insan eliyle çok başarılı bir şekilde yeşillendirilmesi değildir; bu durumun bilinmeyen nedeni günümüzün dünyasında önemi her geçen gün biraz daha artan çevreci **biyoyakıt**ın, 76 yıl önce ilk kez Atatürk'ün talimatıyla Atatürk Orman Çiftliği'nde üretilerek kullanılmış olmasıdır.

Devlet Planlama Teşkilatı uzmanlarından Emrah Hatunoğlu'nun hazırladığı *"Biyoyakıt Teknolojilerinin Tarım Sektörüne Etkileri"* adlı tez, çağın yakıtı olarak tanınan biyoenerji türevlerinin Türkiye'deki geçmişine ilişkin ilginç bir detayı gün yüzüne çıkarmıştır.

Gelişmiş ülkelerde bile geçmişi 20-30 yılı ancak bulan biyoyakıtlarla ilgili, Türkiye'nin 1930'lu yıllarda raporlar hazırlayıp üretime geçtiği arşiv belgeleriyle kanıtlanmıştır.

Belgelere göre, dünyadaki biyoyakıt teknolojisinin ilk örneği, Tarım ve Köyişleri Bakanlığı'na bağlı Atatürk Orman Çiftliği bünyesinde geliştirilmiştir.

1934'ten itibaren bugünkü adıyla "biyodizel" üretiminin çiftlikte kullanıldığı kaydedilen tezde, *"Atatürk'ün de talimatıyla dönemin milletvekilleri ve ilgili kurumların yetkililerinin 1934 yılında imzaladığı belge, Türkiye'de biyoyakıta ilişkin ilk resmi belge olması açısından önemlidir. Belge, çiftlikte 'Bitkisel Yağların Tarım Traktörlerinde Kullanımı' isimli çalışmanın devletçe başlatıldığını gösteriyor. Çalışma ile, çiftlikte tarımsal üretimde faaliyet gösteren traktörlerde bitkisel yağların yakıt olarak kullanımı sağlanmıştır. Böylece, o zamanki adı bitkisel yağ da olsa, 'biyodizelin' araç motorlarında kullanımı gerçekleştirilmiştir,"* denilmiştir.[427]

Atatürk Orman Çiftliği'nin ilk dönemlerinden bazı fotoğraflar

Ankara'da Atatürk Orman Çiftliği'nde, 1930'ların dünyasında henüz gelişmiş Avrupa ülkelerinin bile akıl edemediği çevreci ve alternatif yakıt biyodizel üretimini gerçekleştirip araç mo-

---

[427] *"Atatürk Bir İlki Daha Başarmış"*, www.NTVMSNBC.com, 11 Ekim 2010.

torlarında kullanımını sağlaması, Atatürk'ün dehası konusunda "sözün bittiği yer" olsa gerek...

Aslında Atatürk Orman Çiftliği, Atatürk'ün büyük bir başarıyla düşünceden uygulamaya geçirdiği "çılgın" projelerden biridir.

Doğa ve Üretim İç İçe

Atatürk Orman Çiftliği'nin; 582 dönümü meyvelik, 700 dönümü fidanlık, 148.000 dönümü tarımsal arazi, 1450 dönümü ormanlık, 400 dönümü Amerika asma fidanlığı, 100 dönümü de park ve bahçe olarak ayrılmıştır.[428]

Çiftliğe dikilen güller Hollanda'dan ve Almanya'dan getirilmiştir. Çiftlikte bir tavuk çiftliği ve bir hayvanat bahçesi kurulmuştur.[429]

Çiftlikte 8 fabrika (imalathane) kurulmuştur. Bu fabrikalar şunlardır:

- Süt Fabrikası: Günde 15.000 litre süt ve 1000 kilo tereyağı işleyebilmektedir.
- Bira Fabrikası: Yılda 7000 hektolitre bira üretebilmektedir.
- Malt Fabrikası: Bira üretiminde kullanılacak maltı üretmektedir.
- Buz Fabrikası: Günde 4 ton buz üretebilmektedir.
- Soda-Gazoz Fabrikası: Günde 3000 şişe soda ve gazoz üretebilmektedir.
- Şarap İmalathanesi: Yılda 80.000 litre şarap üretebilmektedir.
- Deri Fabrikası: Yılda 14.000 çeşitli deri işleyebilmektedir.
- Ziraat Aletleri ve Demir Fabrikası: Her türlü ziraat aletini ve demir aksamı üretebilmektedir.[430]

Avusturya'nın ilk Türkiye Büyükelçisi, R. Von Kral, 1935'te yazdığı *"Kemal Atatürk'ün Ülkesi"* adlı kitabında Atatürk Or-

---

428 Turan, age., s. 559.
429 age., s. 559.
430 age., s. 559.

man Çiftliği ile ilgili gözlemlerini şöyle anlatmıştır: *"Burada tahıl ürünleri, sebzeler, çiçekler ve tüm meyveler üretilmekte, ağaçlandırma ve fidanlıkların bakımı yapılmakta, yabancı türlerden yararlanılarak hayvancılık yapılmaktadır. Çiftlikte bir tarım işletmesi için gerekli tüm yapılara ek olarak, kırsal kesimin de yararlandığı bir makine onarım atölyesi, gelişmiş bir bira fabrikası, bir kimya laboratuvarı, modern bir kümes bulunmakta, arıcılık, süt, peynir ve buz üretimi yapılmaktadır. Ankara halkının gözde gezinti yerleri arasında olan bu çiftlik, bahçe, havuz gibi zenginlikleriyle bir zamanların çorak toprağında gerçekleştirilmiş bir uygarlık başyapıtıdır.*

Ormanlık alanda yapılanlar, bugüne değin çıplak kalan Türk topraklarının büyük bir bölümünün düzenli ve sürekli bir çabayla yeniden ağaçlandırılabileceğini göstermiştir. Çiftliğin üstün nitelikli ürünleri pazarlarda alıcı bulmaktadır."[431]

Benoit Mechin'in *"Kurt ve Pars"* adlı kitabında belirttiği gibi: *"Bu örnek çiftliği, Onun isteği üzerine bir çalışma ve eğitim merkezi haline getirildi ki bütün Doğu'da bir benzeri yoktu. Bu tarım enstitüsü bütün İç Asya'ya pek büyük faydalar temin etti. Buradan Anadolu köylülerine, hayvan cinslerini iyileştirmeye yarayan damızlıklar ve 'Başkumandan buğdayı' dedikleri tohumluklar verildi.*

Nihayet, Ziraat Bankası'nın arttırdığı kredilerle köylü yeni biçim tarım aletleri satın alabildi ve bu sayede vaktiyle Rum ve Ermeni sermayedarların elinde soyula soyula düştüğü elim sefaletten kurtulmaya başladı."[432]

Örnek Çiftliklerin Amacı

Türkiye'yi, ileri tarım ve hayvancılık tekniklerinin uygulandığı yeşil bir cennete dönüştürmek için kolları sıvayan Atatürk, Ankara'daki Atatürk Orman Çiftliği'nden sonra, Silifke

---

431 R. Von Kral, **age.**, s. 91, 92.
432 Benoit Mechin, **Kurt ve Pars**, çev. Ahmet Çuhadar, 2. bas., İstanbul, 2001, s. 252.

yakınlarında Tekir ve Şövalye, Tarsus'ta Piloğlu çiftliklerini, Dörtyol'da Karabasamak Çiftliği ile büyük bir portakal bahçesini ve Yalova'da Baltacı ve Millet çiftliklerini parça parça satın alarak işe koyulmuştur.[433] Tapu kayıtlarına göre 1938'de bu çiftliklerin toplam büyüklükleri 154.729 dönümü bulmuştu.[434] Atatürk bu çiftlikleri, kişisel servet yapmak, zengin olmak için değil, Türkiye'de modern tarım ve hayvancılık yapılan, doğaya önem verilen "örnek çiftlikler" kurarak halka yol göstermek için satın almıştır. Ölmeden önce de hepsini yine milletine devretmiştir.

Atatürk, başta Ankara'daki Atatürk Orman Çiftliği olmak üzere bütün örnek çiftliklerini farklı türde binlerce ağaçla ağaçlandırmıştır.

Ayrıca Cumhuriyet'in tarımcıları, Atatürk'ün talimatıyla Tarsus'ta narenciye fidanlığı, Bursa ve Erzincan'da dut fidanlığı, Bilecik, Kırklareli, Manisa, Tekirdağ ve Ankara'da asma fidanlığı, Kayseri'de yonca temizleme kurumu kurmuşlardır. Fidan ve tohumlar köylüye parasız dağıtılmıştır.[435]

Atatürk, Ankara Orman Çiftliği'nde olduğu gibi diğer örnek çiftliklerinde de çok sayıda fabrika (imalathane) kurdurmuştur. Buralarda da süt, yoğurt, peynir, tereyağı üretilmiştir.

Çiftliklerde ağıl, sundurma, ambar ve fırın olarak yaptırılan binaların toplam sayısı 51'i bulmuştur.[436] Atatürk, bütün bu yatırımlarıyla aynı zamanda özel girişimciliği de özendirmek istemiştir. Bu durum onun Devletçilik anlayışının "özel teşebbüsü" dışlamadığını göstermesi bakımından çok önemlidir.

R. Von Kral, Atatürk'ün Örnek Çiftlikler Projesi'nden şöyle söz etmiştir: *"Biri Atatürk Orman Çiftliği yakınlarında, öteki Mersin'in güneybatısına düşen Silifke'de deniz kenarında iki örnek tarım-orman işletmesi kurulmuştur. İşletmelerin amacı, geçmiş ve güncel uygulamalar arasındaki farkı Anadolu köylü-*

---

433 Hasan Rıza Soyak, **Atatürk'ten Hatıralar**, İstanbul, 2004, s. 649.
434 Turan, **Mustafa Kemal Atatürk**, s. 558.
435 Metin Aydoğan, **Türkiye Üzerine Notlar**, 1923-2005, 14. bas., İzmir, 2005, s. 66.
436 Turan, age., s. 560.

süne göstermek, toprağın eşenmesi aşamasından en ileri tarım uygulamalarına değin tüm işlemlerde teknoloji ve bilimin önemini kanıtlamaktır. Böylece köylü alıştığı geleneksel yöntemleri geliştirmeyi öğrenecektir. Sulama sorunu ise pompa istasyonlarının kurulması, akarsuların düzenlenmesi ve bir kanal sisteminin oluşturulmasıyla çözülmüştür."[437]

Atatürk, kurmuş olduğu çiftlikleri 13 yıl bizzat işlettikten sonra 11 Haziran 1937 tarihinde yazmış olduğu vasiyet mektubu ile hazineye devretmiştir. Dönemin Başbakanı İsmet İnönü tarafından Maliye Bakanlığı'na havale edilen o tarihi mektup şöyledir:

"Başvekâlete,

Malum olduğu üzere ziraat ve iktisat sahasında fenni ve ameli tecrübeler yapmak maksadı ile muhtelif zamanlarda memleketin muhtelif mıntıkalarında müteaddit çiftlikler tesis etmiştim.

On üç sene devam eden çetin çalışmaları esnasında faaliyetlerinin, bulundukları iklimin yetiştirdiği her çeşit mahsulattan başka, her nevi ziraat sanatlarına da teşmil eden bu müesseseleri, ilk senelerden başlayan bütün kazançlarını inkişaflarına sarf ederek büyük küçük müteaddit fabrika ve imalathaneler tesis etmişler, bütün ziraat, makine ve aletlerini yerinde ve faydalı şekilde kullanarak bunların hepsini tamir ve mühim bir kısmını yeniden imal edecek tesisat vücuda getirmişler, yerli ve yabancı birçok hayvan ırkları üzerinde çift ve mahsul bakımından yaptıkları tetkikler neticesinde bunların muhite en elverişli ve verimli olanlarını tespit etmişler, kooperatif teşkili suretiyle veya aynı mahiyette başka suretlerle civar köylerle beraber, faydalı şekilde çalışmalar, bir taraftan da iç ve dış piyasalarla daimi ve sıkı temasta bulunmak suretiyle faaliyetlerini ve istihsallerini bunların isteklerine uydurmuşlar ve bugün her bakımdan verimli, olgun ve çok kıymetli birer varlık haline gelmişlerdir. Çiftliklerin yerine göre araziyi ıslah ve tanzim etmek,

---

[437] R. Von Kral, **age.**, s. 91.

muhitlerini güzelleştirmek, halka gezecek, eğlenecek ve dinlenecek sıhhi yerler, hilyesiz ve nefis gıda maddeleri temin eylemek, bazı yerlerde ihtikârla fiili ve muvaffakiyetli mücadelede bulunmak gibi hizmetleri de zikre şayandır.

Bünyelerinin metanetini ve muvaffakiyetlerinin temelini teşkil eden geniş çalışma ve ticari esaslar dahilinde idare edildikleri ve memleketin mıntıkalarında da müessilleri tesis edildiği takdirde, tecrübelerini müspet iş sahasından alan bu müesseselerin ziraat usullerini düzeltme, istihsalatı artırma ve köyleri kalkındırma yolunda devletçe alınan ve alınacak olan tedbirlerin hüsnü intihap ve inkişafına çok müsait birer amil ve mesnet olacaklarına kani bulunuyorum ve bu kanaatle tasarrufum altındaki bu çiftlikleri, bütün tesisat, hayvanat ve demirbaşları ile beraber hazineye hediye ediyorum. Çiftliklerin arazisi ile tesisat ve demirbaşını mücbel gösteren bir liste ilişiktir.

Müktazi kanun muamelesinin yapılmasını dilerim.

11.06.1937
Mustafa Kemal Atatürk"

Atatürk'ün çiftliklerini hazineye bağışladığı bu vasiyet mektubu, Atatürk'ün "Örnek Çiftlikler (Yeşil Cennet) Projesi"nin amaçlarını gözler önüne sermesi bakımından çok dikkat çekicidir. Mektup, dikkatle okunduğunda Atatürk'ün tüm Türkiye'yi ağaçlandırmayı, yeşillendirmeyi, tarımsal ve hayvansal üretimi arttırmayı amaçladığı görülecektir.

Atatürk'ün "Örnek Çiftlikler" konulu vasiyet mektubunu özetlemek gerekirse:

- Atatürk, tarım ve hayvancılık alanında bilimsel ve uygulamalı denemeler yapmak için değişik zamanlarda ülkenin değişik yerlerinde çiftlikler kurmuştur.
- Bu çiftliklerdeki çalışmalar 13 sene sürmüştür.
- Bu çiftliklerde, iklime göre her çeşit ürün yetiştirilmiş, küçük büyük fabrikalar kurulmuş, makineli tarım yapılmış, bu makinelerin bir kısmı bu çiftliklerde kurulan tesislerde

imal edilmiş, yerli ve yabancı birçok hayvan ırkı üzerinde incelemeler yapılmış, civar köylerle işbirliği içinde faydalı çalışmalar gerçekleştirilmiştir.

- Çiftliklerin kuruldukları bölgelerdeki araziler ıslah edilmiş, düzenlenmiş ve o bölgeler güzelleştirilmiştir.
- Çiftlikler halka gezecek, eğlenecek ve dinlenecek temiz yerler, sağlıklı ve nefis gıda maddeleri sağlamıştır.
- Atatürk, bu çiftliklerin daha da geliştirildiği takdirde ziraat teknikleri, düzeltme, üretimi artırma ve köyleri kalkındırma yolunda çok işe yarayacaklarını belirtmiştir.

"Ot bitmez" denilen bozkır Ankara'da kurduğu Orman Çiftliği'nde bin bir çeşit ağacın yetişebildiğini kanıtlayan Atatürk, yetişmiş ağaçları da gözü gibi koruyarak topluma örnek olmak istemiştir. Hiç dile getirilmemesine karşın Atatürk, gerçek anlamda bir ağaçsever ve doğa dostudur.

Yalova Örnek Çiftlikleri ve Termal Kaplıcaları

Atatürk'ün yakın ilgisi ve sevgisiyle "yeşil cennet" haline getirilen yerlerden biri de Yalova'dır.

Atatürk örnek çiftliklerinden bazılarını da Yalova'da kurmuştur. Yalova'nın doğusundaki Millet Çiftliği (günümüzde Atatürk Bahçe kültürleri Merkez Araştırma Enstitüsü) ile Yalova'nın batısındaki **Baltacı Çiftliği'ni** (günümüzde Atatürk Tarım İşletmesi Müdürlüğü) satın almış ve bu çiftliklerin modern tarım ve hayvancılık yapılan birer yeşil cennete dönüştürülmesini istemiştir. Bu çiftlikleri de sık sık ziyaret ederek çalışmaları yakından takip etmiştir.

Üvezpınar ve Gökçedere arasında, dar bir boğazda bulunan Yalova Termal, milattan önceki dönemlerden beri varlığını sürdürmüş, Roma, Doğu Roma (Bizans) ve Osmanlı dönemlerinde de önemini korumuştur.

I. Dünya Savaşı sırasında tahrip olan Termal, Cumhuriyet dönemiyle birlikte tekrar kullanılmaya başlanmıştır.

Termal'i ziyaret eden Atatürk, Termal'deki doğal güzelliklere ve şifalı sulara hayran kalmıştır. Bırakılmış, unutulmuş ve bir köşeye terk edilmiş bu saklı cenneti dünyaca ünlü bir sağlık merkezi yapmak için hemen kolları sıvamıştır. Bu amaçla 1930'ların sonunda zamanının önemli bir kısmını Termal'de geçirmeye başlamıştır.

Yalova Termal'deki kaplıcalar modern bir şekilde imar edilirken Atatürk, Yalova merkezi ile Baltacı Çiftliği arasına, Termal İşletmesi'ne bağlı, güzel bir gazino ile bir plaj (günümüzde Donanma Tesisleri'ni) yaptırmıştır.

Yine Atatürk'ün isteğiyle dünyanın değişik ülkelerinden, (Amerika orijinli Boylu Mazı, Sekoya, Japon Akçaağaç, Pavlonya, Porsuk Ağacı, Arizona Servisi, Mavi Atlas Sediri, Kırkkese Ağacı gibi) nadide tür bitkiler ve ağaçlar getirilerek Türkiye'nin ilk Canlı Ağaç Müzesi burada kurulmuştur.[438]

Muhsin Zekai Bayer, Atatürk'ün Yalova'yı ağaçlandırma çabalarını şöyle anlatmıştır:

*"Yalova kaplıcalarının **yeşil cennet diyarı** ve çam ormanları, Atamızın çabaları ile meydana gelmiştir... İlk iş olarak o zamanın ünlü bahçıvanlarından **Pandeli Efendi**'yi Boğaz içindeki çiçek bahçesinden alarak işin başına geçirtmiştir. Onun yakın ilgileriyledir ki, bugün '**Çam Burnu**' adı verilen ormanlık alan yaratılmıştır."*

Bir doğa âşığı olan Atatürk, ağaçlar kadar çiçekleri de çok sevmiştir. Bir gün Sabiha Gökçen'e: **"Sabiha kızım, ben hayattayken çiçeklerimle kendim meşgul oluyorum. Onlara bakıyorum. Biz bakmazsak dilleri var mı bizden su isteyecek, gübre isteyecek, ışıklı bir yer ya da gölgelik isteyecek."**[439]

Bir keresinde de bir dal badem baharını vazo içinde gördüğünde Afet İnan'a şöyle yakınmıştır: ***"Bahar gelmiş ne güzel, fakat bu güzel çiçekler meyve vermeden solacak sade bizim birkaç günlük göz zevkimizi tatmin edebilecek, ne yazık!"***

---

438 *"Atatürk'ün Yalova'da Yaptıkları"*, http://www.yalovakulturturizm.gov.tr/belge/1-63444/ataturkun-yalovaya-yaptiklari.html, Erişim tarihi, 25 Ekim 2011.
439 Sabiha Gökçen, **Atatürk'ün İzinde Bir Ömür Böyle Geçti**, İstanbul, 1982, s. 57.

Atatürk, Avusturya Karlsbad günlerine ait anılarında zaman zaman çiçek aldığından söz etmiştir. *"7 Temmuz Salı... Sabah saat 7'den saat 8'e kadar dünkü gibi iki kaynaktan su içtikten sonra evde kahvaltı ettim. Saat 10'da Kaiserbaaad'a gittim. Çamur banyosu yaptım. Çiçekçi bir kadına rastladım. Birkaç buket kırmızı ve beyaz karanfil ve adını bilemediğim başka bir çiçek aldım. Ama sonra bunlar için vazo gerekli olduğunu düşündüm. Tam yanı başımda bir mağazaya girdim. Büyük, küçük dört vazo aldım. Eve geldim, çiçekleri vazolara Şevki ile birlikte yerleştirdim. Vazoları salona, büroya dağıttım..."*

Atatürk'ün en çok sevdiği çiçek karanfildir.

Atatürk, öncelikle Yalova-Termal kaplıcalarını çevreyle uyum içinde, ağaçlarla ve çiçeklerle bezenmiş çağdaş bir termal tesis haline getirip, halka açmak istemiştir.

Atatürk'ün Yalova Termal kaplıcalarının başına getirdiği Rum bahçıvan Pandelli, Atatürk'ün Yalova Termal'in yeşillendirilmesindeki katkısından şöyle söz etmiştir:

"Ben geldiğimde buraları domuz yatağı idi. Atatürk sık sık gelir, sigara paketinin arkasına bahçenin planlarını kendi eliyle çizer, hangi ağacın nereye geleceğini işaret ederek gösterirdi.

Atatürk, çiçeğe çok meraklıydı. Kışın bile gelir, ormanı dolaşırdı. Buranın tabiat güzelliğine âşıktı. Bütün çiçekleri severdi. Hatta kır çiçeklerini toplar ve yakasına her gün papatya takardı... Bugün Atatürk çiçeği diye bilinen bir çiçek vardır. Hani ecnebilerin ponsetya dedikleri. Yılbaşında kırmızı kırmızı açan çiçek. İşte onu da Atatürk çok severdi. Ben de burada bu çiçekten bol bol yetiştirdim ve adını Atatürk çiçeği koydum. Bu hareket onun çok hoşuna gitti."[440]

O günlerde Yalova Termal'de olup bitenleri gözlemleyen Tevfik Çavuş da bahçıvan Pandelli'yi doğrulamaktadır:

"Kıbrıslı bahçıvan başı Rum Pandelli'yi getirip bütün kaplıcaların etrafını çamlar ve çiçeklerle birkaç sene içinde görülmeğe değer bir hale getirmişti.

---

440 Ahmet Akyol, **Atatürk'ün Kenti Yalova**, Yalova, 2003, s. 33, 34; Mütercimler, age., s. 1109.

Bilahare derece ile saksılar içinde çeşitli çiçekler, camekân içinde limon, portakal fidanları yetiştirmiştir."[441]

"Atatürk" çiçeği'nin adını, çiçeği bulan Wanderbit Üniversitesi profesörlerinden doktor Kirk Landin'in koyduğunu ve bu çiçeğin tüm dünyada bu isimle üretilip satıldığını, BİLİYOR MUYDUNUZ!!!

Atatürk, 1930 yılında yaklaşık 13 km'lik Yalova-Termal karayoluna, yaklaşık 2250 fidan diktirmiştir. Bu fidanlı yola Çınarlı Hıyaban adı verilmiştir.

"Doğa harikası olan Termal Kaplıcalarını Yalova'ya bağlayan Termal-Yalova Çınarlı Yol (Çınarlı Hıyaban) Atatürk döneminden günümüze kadar yol boyunca var olan çınar ağaçlarının oluşturduğu yeşil tünel görüntüsü ile Yalova'nın en güzel yol güzergâhıdır. Dolmabahçe Sarayı önündeki çınarlı yoldan vapurla ayrılarak deniz yolculuğu sonrası, aynı yolun Yalova'daki devamı olarak Ulu Önder Atatürk zamanında, iskeleden başlayıp, Gazipaşa Caddesi'ni takiben kaplıca kapısında son bulan yolun uzunluğu 12,350 metre, genişliği 10 metredir."[442]

Yalova'yı "yeşil cennet" haline getirmek için çok çaba harcayan Atatürk, eserini de gözü gibi korumuştur. Tıpkı Ankara Atatürk Orman Çiftliği'nde olduğu gibi Yalova'da da tek bir ağacın, hatta tek bir ağaç dalının bile zarar görmesine izin vermemiştir.

---

441 Tevfik Çavuş, **Atatürk'ün Yalova Kaplıcalarında Geçirdiği Günler ve Madeni Suyun Faydaları**, s. 12.
442 *"Çınarlı Yol (Hıyaban)"*, http://www.yalovakulturturizm.gov.tr/belge/1-63450/cinarli-yol-hiyaban.html, Erişim tarihi, 25 Ekim 2011.

Yürüyen Köşk

Çankaya'daki eski köşkün önüne dikilmiş akasya ağaçlarını bahçıvanın biraz fazlaca budamasından bile derin bir üzüntüye kapılan Atatürk, bırakın tek bir ağacın kesilmesini, tek bir dalın bile kesilmesine karşıdır.

Yalova'yı çok seven ve sıkça Yalova'ya gelip Yalova Termal'de kalan Atatürk, 1929 yılında Yalova'da deniz kenarında tesadüfen rastladığı bir çınar ağacını çok beğenmiş, onu dakikalarca seyrettikten sonra hemen yanında küçük bir köşk yapılmasını istemiştir. 21 Ağustos 1929'da yapımına başlanan köşk 12 Eylül 1929'da tamamlanmıştır.

Atatürk, 1930 yılı Haziran ayında bir gün köşke geldiğinde, orada çalışanlar, yandaki ulu çınar ağacının dallarından birinin köşkün çatısına vurarak çatı ve duvara zarar verdiğini söyleyerek çınarın köşke doğru uzanan o dalını kesmek için izin istemişlerdir.

Bu isteği sert bir dille reddeden Atatürk, çınar ağacının dalının kesilmesi yerine köşkün tramvay rayları üzerinde kaydırılarak çınar ağacından biraz uzaklaştırılmasını emretmiştir.

Önce köşkün çevresi dikkatle kazılarak temel seviyesine inilmiş, daha sonra İstanbul'dan getirilen tramvay rayları binanın temeline yerleştirilmiş, çok milimetrik çalışmalar sonunda köşk, altına sokulan rayların üstüne oturtulmuştur.

Atatürk, bütün bu çalışmaları bizzat takip etmiştir. Köşk, 8 Ağustos 1930 Cuma günü öğleden sonra saat 15.00 civarında yürütülmeye başlanmıştır. Köşkün yürütülmesini, Atatürk ve kız kardeşi Makbule Hanım, kalabalık bir gazeteci topluluğuyla birlikte izlemiştir.

Bina 3 günde doğuya doğru ancak 5 metre kaydırılmış ve çınar ağacının dalı kesilmekten kurtarılmıştır. [443]

---

443 Akyol, age., s. 93, 183-185.

Atatürk, köşkün kaydırılma çalışmalarını izlerken

Köşkün altına ray döşeme çalışmaları

Atatürk ve mahiyetindekiler köşkün yürütülme çalışmalarını izlerken

O küçük binayı böyle uzun ve yorucu çalışmalarla kaydırmak yerine yıkıp yerine yenisini yapmak da mümkündü pekâlâ!... Ama Atatürk'ün her zaman olduğu gibi yine milletine bir mesajı vardı; o milletine, "Değil bir ağaç, tek bir dal bile korunmalıdır," demek istemişti.[444]

Yalova Çiftliği Araplara Satılıyor

Atatürk'ün 1929 yılında, yanı başındaki ulu çınar ağacının bir dalı zarar görmesin diye altına ray döşetip birkaç metre kaydırdığı Yalova'daki Yürüyen Köşk'ün öyküsü zaman içinde neredeyse unutulmuştur. Bırakın yürüyen köşkün ibret dolu öyküsünü, bu köşkün Atatürk'ün anısını taşıdığı ve Atatürk'ün vasiyeti gereği hazineye devredilerek milletin hizmetine sunulduğu da unutulmuş, unutturulmuştur.

Ve bir gün gelmiş, bu tarihi köşkün de içinde bulunduğu

---

444 Mütercimler, **age.**, s. 1112.

Yalova Çiftliği önce AKP'li Yalova Belediyesi'ne devredilmiş, daha sonra da Yalova Belediyesi tarafından Araplara satılmak istenmiştir.

2005 yılında AKP'li Belediye Başkanı Barbaros Binicioğlu'nun Başbakan Recep Tayyip Erdoğan'la görüşmesinin ardından, Atatürk'ün kendi parasıyla kurup, ölmeden önce hazineye bağışladığı Yalova Çiftliği, turistik tesis yapılması için Araplara verilmiştir. Tesisleri, Dubai İslam Bankası ile Çalık Holding'in birlikte kurmasına karar verilmiştir.

Yüksek Planlama Kurulu kararıyla gerçekleştirilen operasyon sonucunda arazide kurulacak turistik tesisler için 2005 yılında Dubai İslam Bankası ile ön protokol imzalanmıştır. İslam Bankası ile Çalık Holding'in kuracakları tesisler için atılan bu ilk imzada AKP'li Devlet Bakanı Ali Babacan da bulunmuştur.[445]

Hürriyet gazetesi, 13 Temmuz 2005.

---

445 *"Çiftliği Araplarda"* **Hürriyet gazetesi,** 13 Temmuz 2005, s. 22.

Atatürk'ün, *"vatanın tek bir dalı bile çok kıymetlidir"* anlayışının sembolik ifadesi olan Yürüyen Köşk'ün de içinde olduğu Yalova Çiftliği, AKP'nin *"babalar gibi satarım"* anlayışıyla yandaşlara ve yabancılara haraç mezat satılmaktadır.

Atatürk'ün hazineye devredip Türk milletinin hizmetine bıraktığı Yalova Çiftliği'nin, Atatürk'ün vasiyeti hiçe sayılarak Araplara satılmak istenmesi, Cumhuriyet'in geldiği noktayı göstermesi bakımından çok düşündürücüdür!

O Çınar Ağacı Kurumak Üzere

Atatürk'ün bir dalının bile zarar görmesini istemediği o tarihi çınar ağacı, bugün bakımsızlıktan neredeyse kurumak üzerdir.

2009 yılında Yalova İl Koordinasyon Kurulu toplantılarından birinde söz alan Yalova Atatürk Bahçe Kültürleri Araştırma Enstitüsü Müdürü Dr. Emin Ergun, ağacın bakıma ihtiyacı olduğunu belirterek, *"Bu ağaç, anıt ağaç statüsünde, bu çınar ağacı için bildiğim kadarıyla son olarak 1995'te Bursa'dan uzman getirilmişti. Ancak o zamandan bugüne kadar herhangi bir tedavi ve bakım yapıldığını hatırlamıyorum. Şu andaki durumu da hiç iyi görünmüyor,"* demiştir.

Aynı toplantıda Bursa Orman Bölge Müdürü Ali Girgin de çınar ağacının bulunduğu konum itibariyle köklerinin tuzlu suya maruz kalma ihtimalinin olduğunu belirtmiştir. Girgin, kurumları bünyesinde uzman personel bulunduğunu ve ağaçla ilgilenebileceklerini kaydetmiştir.

Yalova Valisi Mehmet Ersoy da, *"O ağaç Ata'mızın bize en büyük armağanlarından biri, bir an önce belediyemiz ve ilgili kurumlar konunun üzerine eğilsin,"* talimatını vermiştir.[446]

Cumhuriyet'in kurucusu Atatürk'ün çevre bilinciyle, Cumhuriyet'i dönüştürenlerin çevre bilinci arasındaki farka varın siz karar verin!...

---

446 **Hürriyet gazetesi**, 17 Haziran, 2009.

Hürriyet gazetesi, 17 Haziran, 2009.

Atatürk'ün Son Arzusu

Atatürk'ün son arzusu, yeşillik bir ortamda ağaçlar arasında yaşamak ve orada ölmektir:

Atatürk son günlerinde, *"Son arzum yeşillik ve ağaçtır. Fakat yaz ve kış yeşil olan ağaçlar arasında olmaktır. Son arzum, vasiyetim gerek ziraat ve gerek memleketin servet ve sıhhat-i umumiyesi nokta-yı nazarından ehemmiyet-i muhakkak olan ormanlarımızı da asrî tedavi ile üst seviyede bulundurmak, temsil etmek ve azamî ifade ile temin etmek esas düsturlarımızdan biridir,"* demiştir.

Atatürk, hastalığının iyice ağırlaştığı son günlerinde Savarona yatında bir aya yakın konuğu olan çocukluk arkadaşı Ali Fuat Cebesoy'a, *"Fuat Paşa! İyileşir iyileşmez yine Alemdağ'a gidelim. Yine kuru köftemizi, haşlanmış yumurtalarımızı, sigara böreklerimizi yanımıza alalım. Acaba hâlâ o asırlık ağacın dalları gölge veriyor mu? O ufak pınarın suları hâlâ buz gibi soğuk mu? Yoksa zaman onu da kurutmuş mu?"* demiştir.[447]

Atatürk, ağaçlar içindeki Alemdağ'da Sultan Köşkü'nde bir süre dinlenebilirse iyileşeceğini düşünmüştür.[448]

Birkaç gün sonra Ali Fuat Cebesoy'a yine bu isteğinden söz etmiştir: *"Hatırıma ne geldi biliyor musunuz? Savarona'da da söylemiştim. Alemdağ'daki köşk. Doktorlara da söyledim. Kabul ettiler. Ankara'ya dönmeden önce orada bir süre kalmak istiyorum. Şimdi hazırlık yapılıyor."*[449]

Atatürk o son günlerinde Sabiha Gökçen'e, çevrenin yeşil olup olmadığını sormuş ve son günlerini ağaçlarla dolu yeşillikler içinde geçirmek istediğini belirtmiştir:

Atatürk: *"Nasıl etraf öyle güzel, öyle yeşil mi?"*

Gökçen: *"Evet Paşam! Yeşiller sizin sevdiğiniz gibi... Ancak ağustos sıcağı biraz sarartıyor etrafı. Biraz değil iyiden iyiye sarartıyor..."*

Atatürk: *"Doğanın bu mevsimde suya hasreti vardır. Gökten gelmeyen suyu insan eli götürmeli. Ağaçları, bitkileri, çiçekleri susuz bırakmamalı. Ah bir kere daha ormanlara gidebilseydim. Şöyle yerimden sağlıklı kalkıp kimsenin yardımını istemeden yürüyerek o saf ağaç denizinin yeşilliklerinde alabildiğim kadar dolaşabilseydim. Aslında ne kadar küçük, ne kadar kolay bir istek değil mi Gökçen? Ama gel gör ki bazen o çok basit, çok küçük istekleri bile yerine getirmekten yoksun kalabiliyor insan. Bu insan, gününde ordulara, uluslara, devletlere hükmeden bir insan bile olsa... Sana çok büyük bir özlemimden bahsetmek istiyorum Gökçen."*

---

447 Cebesoy, Sınıf Arkadaşım Atatürk, s. 70.
448 age., s. 73.
449 age., s. 72, 73.

Gökçen: *"Buyun Paşam! Sizin özlemlerinizi dinlemek çok hoşuma gidiyor, ama umutsuzluk dolu olmasın ne olur özleminiz?"*
Atatürk: *"Umutsuz olmak için bir neden yok! Sadece bu yatağı ve hastalığı sevmiyorum hepsi o kadar... Evet, bir özlem duyuyorum içimde, büyük bir özlem. Sevdiğim vatanımın bir köşesinde, şöyle ağaçlardan etrafın, hatta ve hatta gökyüzünün bile görülmediği bir köşesinde planını kendimin çizeceği küçük mütevazi bir ev olsun istiyorum. Gideyim oraya, çiçeklerle uğraşayım, kuşlarla uğraşayım, ağaçlarla haşır neşir olayım. Tıpkı mutlu, sade yurttaşlarım gibi yaşayıp gideyim öylece. Acaba bu mümkün olabilecek mi? Sanmıyorum! Gençliğimden beri düşlediğim şeydi bu. Rahmetli anneme de böyle söylerdim: 'Küçük ağaçlar arasında bir ev yapacağım size, orda birlikte mutlu yaşayıp gideceğiz.' Onun da hoşuna giderdi bu sözlerim. Sevinçle parlardı gözleri. İçimdeki duyguları anlatabilmekte güçlük çekiyorum. Bu yeşil tutkusunu bu ağaç sevgisini... İnsanlar öldükleri zaman böyle ormanlıklar içine gömülmeliler. Hiç olmazsa orada ağaçların serinliği ve koruyuculuğu altında rahat ederler. Bizim eski mezarlarımızdaki serviler bu yönden bir anlam ifade etmiyor mu?"*[450]

O günlerde oturma odasının karşısındaki duvarda dönemin Moskova Büyükelçisi Zekai Apaydın'ın Rusya'dan gönderdiği "*4 Mevsim*" adlı bir tablo asılıdır. Tabloda kır çiçekleriyle bezeli yemyeşil bir yamaç alabildiğince uzanıyor, bu yamacı çiçek açmış meyve ağaçları süslüyor, arka planda ise nefis bir göl ve heybetli karlı dağlar manzarayı tamamlıyordu. Atatürk, o ateşli sıkıntılı koma gecelerinin sabahında gözlerini açtığında bu tabloyla karşılaşıyor, bu tabloya bakınca memleketin dört köşesini görebildiğini söylüyordu. Her şeyi bir kenara bırakıp ulu ağaçlarla dolu engin bir ormanın sonsuzluğunda huzur bulma hayaliyle yanıp tutuşuyordu. Bir gün o tabloya bakarak Afet İnan'a şöyle demiştir: *"Gidelim Afet... Bir orman kenarına gidelim. Her şeyi bırakalım. Şöyle basit bir ev, ocaklı bir oda... Evet...*

---

[450] Gökçen, age., s. 407, 408.

Evet... Hemen çekip gidelim ormanlara... Hele ben bir iyi olayım da..."[451]

Bu onun gerçekleşmeyen son arzusuydu!... O, bu dünyada yeşil cennetine kavuşamadan ölmüştür; ama bizlere yeşil bir Türkiye bırakmak için çok çaba harcamıştır. *"Ağaçsız toprak vatan değildir,"* diyerek kolları sıvayan Atatürk, başta Ankara Orman Çiftliği olmak üzere Türkiye'nin değişik bölgelerinde satın aldığı çiftliklerde Örnek Çiftlikler (Yeşil Cennet) Projesi'ni hayata geçirmiştir. Ama bizler ne onun Örnek Çiftlikler Projesi'nden ne de ağaç ve orman sevgisinden haberdarız... Hatta bazılarımız, onun halkına modern tarım ve hayvancılık yöntemlerini bizzat göstermek ve yeşil bir çevre bırakmak için satın aldığı ve ölmeden önce de halkına bağışladığı bu örnek çiftlikleri, onun servet, mal-mülk hırsına bağlamaktayız!... Ne diyelim! Allah akıl, fikir, vicdan versin!...

Atatürk Orman Çiftliği Yok Edilmek Üzere

Atatürk'ün Örnek Çiftlikler (Yeşil Cennet) Projesi'nin ilk uygulaması olan Atatürk Orman Çiftliği, Atatürk'ün kişisel malvarlığı içinde olduğundan 1937 yılında Atatürk tarafından şartlı olarak hazineye bağışlanmıştır. Bağışla ilgili resmi belgeye göre; Atatürk Orman Çiftliği üzerindeki bütün zirai işletmeler, donanımları ile birlikte bir zirai üretim birimi olarak korunması ve işlerliğinin devamı şartı ile hazineye devredilmiştir. Bağış senedinde ayrıca, çiftlikte arazi ıslahı ve düzenlenmesi yapılması, çevrenin güzelleştirilmesi, halka gezecek-eğlenecek ve dinlenecek sağlıklı yerler sağlanması, halka nefis ve katıksız gıda maddeleri üretilmesi ve temini amacı açıkça belirtilerek bunların gerçekleştirilmesi yükümlülüğü konulmuştur. Atatürk'ün kişisel mülkünü bağışladığı hazine, Atatürk Orman Çiftliği'nin mülkiyetini yukarıdaki yükümlülükleri ile birlikte devralmıştır.

Atatürk'ün milletin hizmetine sunduğu Atatürk Orman Çiftliği, zaman içinde Atatürk'ün vasiyeti çiğnenerek işletilme-

---

451 Can Dündar, **Sarı Zeybek**, "Atatürk'ün Son 300 Günü", İstanbul, 1994, s. 127.

ye başlanmıştır. İhmaller, suiistimaller ve yanlış politikalar yüzünden Atatürk Orman Çiftliği gittikçe küçülmüştür. 2008 yıl sonu itibariyle çeşitli sebeplerle çiftlik arazilerinde meydana gelen kayıp, 22.078 dekara ulaşmış bulunmaktadır. Bu miktar Atatürk'ün vasiyetiyle hazineye hediye etmiş olduğu toplam arazinin %42'sine eşit bulunmaktadır.[452]

2006 yılında çıkarılan 5524 sayılı yasa ile Atatürk Orman Çiftliği'nin imara açılması kanunlaşmış ve bu konuda Ankara Büyükşehir Belediyesi'ne geniş yetkiler verilmiştir. Var olmayan gerçekdışı gerekçelere dayanılarak çıkarılan bu yasanın amacı, Atatürk Orman Çiftliği'nin malvarlığının belediyenin kontrolüne bırakılmasıdır. Bu yasa ile AKP'li Ankara Büyükşehir Belediyesi'nin kontrolüne bırakılan Atatürk Orman Çiftliği, bilinmeyen bir sona sürüklenerek yok olacaktır. 5524 sayılı kanuna dayanılarak Atatürk Orman Çiftliği için yapılan imar planlarının, Ziraat Mühendisleri Odası, Mimarlar Odası ve Ankara Barosu tarafından anayasaya ve yasalara aykırılığı nedeniyle iptali istemiyle dava açılmıştır.

Atatürk Orman Çiftliği'nin mülkiyeti Atatürk'ün bağışlama iradesi ile sınırlı olarak hazineye geçmiştir. 5524 sayılı yasa ile getirilen düzenlemeler ile Atatürk'ün anayasa ve medeni hukuktan doğan hakları çiğnenmektedir ve bu kanun, anayasanın mülkiyet hakkını koruyan kurallarına aykırıdır. 5524 sayılı kanun, anayasanın kamulaştırma için koyduğu kurallara aykırıdır. 5524 sayılı kanun, anayasanın kültür ve tabiat varlıklarının korunması ile ilgili kurallarına aykırıdır. 5524 sayılı kanun, anayasanın toprak varlığımızın korunması ile ilgili kurallarına aykırıdır.[453] 5524 sayılı kanun, Atatürk'ün kişisel haklarına ve Cumhuriyet'in ruhuna aykırıdır. 5524 sayılı kanun Atatürk'ün Örnek Çiftlikler (Yeşil Cennet) Projesi'ne vurulmuş bir darbedir.

---

452 Atatürk'ün ölümünden sonra Atatürk Orman Çiftliği'nin geçirdiği hukuksal süreçleri öğrenmek için bkz. Necdet Topçuoğlu, *"Atatürk Orman Çiftliği Anılarda Kalmasın"*, www.Yenidenergenekon.com, 29 Haziran, 2009.
453 Güven Dinçer, *"Atatürk Orman Çiftliği ve Anayasal Koruma"*, **Cumhuriyet gazetesi**, 18 Mayıs 2007.

Bugün *Atatürk'ün Gizli Vasiyeti* peşinde koşanların, önce Atatürk'ün elimizdeki "açık vasiyetinin" hukuka aykırı olarak çiğnenmesine ses çıkarmaları gerekir. Atatürk'ün bir "vasiyet mektubuyla" hazineye devrederek Türk milletinin hizmetine sunulmasını istediği çiftlikleri, bugün bu vasiyete aykırı olarak yandaşlara ve yabancılara haraç mezat peşkeş çekilmektedir. Bu durum, hukuka, insan haklarına ve kamu vicdanına aykırıdır. Bu durum, Mustafa Kemal Atatürk'e yapılmış büyük bir saygısızlıktır.

1. cildin sonu

AKL-I KEMAL'in 2. cildinde yer alan "Atatürk'ün Akıllı Projeleri" şunlardır:

1. İDEAL CUMHURİYET KÖYÜ PROJESİ

2. HALKEVLERİ PROJESİ

3. GÜNEYDOĞU ANADOLU (GAP) PROJESİ

4. DEMOKRASİ PROJESİ

Kaynakça

Adıvar, Halide Edip, **Türk'ün Ateşle İmtihanı**, İstanbul, 1962.
Afet, **Vatandaş İçin Medeni Bilgiler**, Devlet Matbaası, İstanbul, 1931.
Akarsu Bedia, **Atatürk Devrimi ve Temelleri**, 3. bas., İstanbul, 2003.
Akgül, Hilal, *"Cumhuriyet Dönemi Spor Adamlarından Burhan Felek"*, Atatürk Araştırma Merkezi Dergisi, S. 49, C XVII, Mart, 2001.
Akşin, Sina, **Kısa Türkiye Tarihi**, İstanbul, 2007.
Akyol, Ahmet, **Atatürk'ün Kenti Yalova**, Yalova, 2003.
Arar, İsmail, **Atatürk'ün İzmit Basın Toplantısı**, Eylül 1997.
Arıkoğlu, Damar, **Hatıralarım**, İstanbul, 1961.
Armastrong, H. C. **Bozkurt**, çev. Gül Çağalı Güven, 5. bas., İstanbul, 1997.
Arslan, Abidin, **Atatürk ve Adana**, Adana, 1984.
Atabeyoğlu, Cem, *"Tanzimat'tan Cumhuriyet'e Spor"*, **Tanzimat'tan Cumhuriyet'e Türkiye Ansiklopedisi**, C 6, s. 1478.
"Atatürk Bir İlki Daha Başarmış", **www.NTVMSNBC.com**, 11 Ekim 2010.
"Atatürk Diyor ki", **İz Dergisi Özel Sayısı**, Türkiye İzciler Birliği Yayını, 15 Aralık 1973, s. 261.
Atatürk ve Türk Dili, Belgeler, C I, Ankara, 1992.
Atatürk, Mustafa Kemal, **Medeni Bilgiler**, 2. bas., Toplumsal Dönüşüm Yayınları, İstanbul, 2010 (Afet İnan'dan günümüz Türkçesine çeviren Neriman Aydın).
Atatürk, Mustafa Kemal, **Nutuk**, hzl. Bilge Bahadır, 5. bas, Kum Saati Yayınları, İstanbul, 2002.
"Atatürk'ün AOÇ Hakkında Söylediği Sözler", **www.aoc.gov.tr/**
Atatürk'ün Bütün Eserleri, Kaynak Yayınları, 30 cilt, İstanbul, 1998-2011.
Atatürk'ün Okuduğu Kitaplar, Anıtkabir Derneği Yayınları, 24 cilt, Ankara, 2001.

Atatürk'ün Söylev ve Demeçleri, C I, II, Ankara, 1997.

"Atatürk'ün Yalova'da Yaptıkları", http://www.yalovakulturturizm. gov.tr/belge/1-63444/ataturkun-yalovaya-yaptiklari.html, Erişim tarihi, 25 Ekim 2011.

"Atatürk", İslam Ansiklopedisi (İA), C I, s. 730.

Atay, Falih Rıfkı, **Atatürk'ün Bana Anlattıkları**, İstanbul, 1998.

Atay, Falih Rıfkı, **Çankaya**, Pozitif Yayınları, İstanbul, 2009.

Avcıoğlu, Doğan, *"Kemalizm'i İyi Anlamak Gerek,"* **Devrim**, S. 4, 11 Kasım 1969.

Avcıoğlu, Doğan, **Milli Kurtuluş Tarihi**, C I, İstanbul, 1998.

Avcıoğlu, Doğan, **Yön ve Devrim Yazıları**, İstanbul, 2006.

Aydemir, Şevket Süreyya, **İkinci Adam**, C 2, 7. bas., İstanbul, 2000.

Aydemir, Şevket Süreyya, **Tek Adam**, C I, 29. bas., İstanbul, 2009.

Aydoğan Metin, **Atatürk ve Türk Devrimi**, "Ülkeye Adanmış Bir Yaşam, 2, 10. bas., İzmir, 2008.

Aydoğan, Metin, **Türkiye Üzerine Notlar, 1923-2005**, 14 bas., İzmir, 2005.

Batıbey, Kemal Şevket, **Bati Trakya Türk Devleti**, İstanbul. 1978.

Bayur, Yusuf Hikmet, **Atatürk, Hayatı ve Eseri**, Ankara, 1991.

"Belge no: 14, Garbi Trakya Umum Milli Kuvvetler Kumandanlığı, Adet: 4". http://www.batitrakya.org. Erişim tarihi, 29 Aralık 2011.

Bıyıklıoğlu, Tevfik, **Atatürk Anadolu'da**, (1919-1921), Ankara, 1959.

Borak, Sadi, **Atatürk, Gençlik ve Hürriyet**, İstanbul, 1998.

Borak, Sadi, **Atatürk'ün İstanbul'daki Çalışmaları, (1899-16 Mayıs 1919)**, 2. bas., İstanbul, 1998.

Borak, Sadi, **Atatürk'ün Resmi Yayınlara Girmemiş Söylev, Demeç, Yazışma ve Söyleşileri**, 2. bas., İstanbul, 1997.

Bozdağ, İsmet, *"Atatürk'ün Fikir Kaynakları"*, **Halkevleri Dergisi**, Yıl 9, S. 99, Ocak 1975, s. 13-14.

Bozkurt, Mahmut Esat, **Atatürk İhtilali**, 3. bas., İstanbul, 1995.

Cebesoy, Ali Fuat, **Milli Mücadele Hatıraları**, İstanbul, 2000.

Cebesoy, Ali Fuat, **Sınıf Arkadaşım Atatürk**, İnkılâp Kitabevi, İstanbul, ty.

Cihan, Süleyman Sefer, **Balkan Savaşı ve 1913 Batı Trakya Türk Cumhuriyeti**, İstanbul, 2002.

Cumhuriyet Halk Partisi Programı, Ankara, 1935.

Çelik, Kemal, **Milli Mücadele'de Adana ve Havalisi (1918-1922)**, Ankara, 1999.

"Çınarlı Yol (Hıyaban)", http://www.yalovakulturturizm.gov.tr/belge/1-63450/cinarli-yol-hiyaban.html, Erişim tarihi, 25 Ekim 2011.

"Çiftliği Araplarda" **Hürriyet gazetesi**, 13 Temmuz 2005, s. 22.

Daver, Bülent, *"Uluslararası II. Atatürk Sempozyumu"*, Ankara, 1991, **Atatürk Araştırma Merkezi Sempozyum Bildirileri**, C II, Ankara, 1996, s. 65.

Dinçer, Güven, *"Atatürk Orman Çiftliği ve Anayasal Koruma"*, **Cumhuriyet gazetesi**, 18 Mayıs 2007.

Doğru, Necati, *"Çılgın Proje"*, **Sözcü gazetesi**, 18 Nisan 2011.

Dündar, Can, **Sarı Zeybek**, **"Atatürk'ün Son 300 Günü"**, İstanbul, 1994.

Egeli, Münir Hayri, **Atatürk'ten Bilinmeyen Hatıralar**, İstanbul, 1954.

Emre, Ahmed Cevat, **Muhit Mecmuası**, Sene: 4, No: 48, 1932, s. 2

Erim, Nihat, *"Atatürk'ün En Büyük İnkılabı: Aklın Diktatörlüğü"*, **Cumhuriyet gazetesi**, 7 Kasım 1963.

Esin, Necmettin, *"Birinci Cihan Savaşı'nda Osmanlı İmparatorluğu'nun Son Yıllarında Atatürk'ün Görüşleri"*, **Cumhuriyetin Ellinci Yılına Armağan**, Ankara, 1973, s. 26.

Fişek, Kurthan, **Türkiye Spor Tarihi**, İstanbul, 1985.

Gentizon, Paul, **Mustafa Kemal ve Uyanan Doğu**, çev. Fethi Ülkü, 3. bas., Ankara, 1995.

Giresunlu, Gökçe, **Mustafa Kemal'in İnancı**, İstanbul, 2011.

Girici, A. Gani, **Derlediğimiz Hatıraları**, (20 Ağustos 1986), Adana, 1986.

Gologlu, Mahmut, **Devrimler ve Tepkileri**, *"Türkiye Cumhuriyeti Tarihi, 1924-1930"*, İstanbul, 2007.

Gökalp, Ziya, *"Türklerle Kürtler"*, **Küçük Mecmua**, S. 1, 5 Haziran 1922, s. 11.

Gökçen, Sabiha, **Atatürk'ün İzinde Bir Ömür Böyle Geçti**, hzl. Oktay Verel, İstanbul, 1982.

Gökdemir, Ender, *"Milli Mücadele'de Evliye-i Selase"*, **Atatürk Araştırma Merkezi Dergisi**, Sayı 19, C VII, Kasım 1990.

Gözler, H. Fethi, **Atatürk İnkılâpları, Türk İnkılâbı**, İstanbul, 1985.

Grigoriy Petrov, **Beyaz Zambaklar Ülkesinde**, çev. Süphane Mirzayeva, İstanbul, 2007.

Gündağ, Nevzat, **1913 Garbi Trakya Hükûmet-i Müstakîlesi**, Ankara, 1987.

Gündüz, Asım, **Hatıralarım**, drl. İhsan Ilgar, İstanbul, 1953.

Gürer, Cevat Abbas, **Yeni Sabah gazetesi,** 21 Mayıs 1941, S. 1, s. 5.

Gürer, Turgut, **Atatürk'ün Yaveri Cevat Abbas Gürer,** *"Cepheden Meclise Büyük Önder ile 24 Yıl",* İstanbul, 2006, s. 97, 98.

Hatipoğlu, Süleyman, **Filistin Cephesi'nden Adana'ya Mustafa Kemal Paşa,** İstanbul, 2009.

Hatipoğlu, Süleyman, **Türk- Fransız Mücadelesi, "Orta Toros Geçitleri 1915-1921",** Ankara, 2001.

Hürriyet gazetesi, 17 Haziran, 2009.

Irmak, Sadi, **Atatürk,** *"Bir Çağın Açılışı",* İstanbul, 1984.

İkinci Dönem Tutanak Dergisi, C 8/1, s. 910.

İlhan, Attilâ, **Hangi Atatürk,** 8. bas., İstanbul, 2010.

İnan, A. Afet, **Mustafa Kemal Atatürk'ün Karlsbad Hatıraları,** Ankara, 1983.

İnan, A. Afet, **Atatürk Hakkında Hatıralar ve Belgeler,** 5. bas., İstanbul, 2007.

İnan, Ali Mithat, **Atatürk'ün Not Defterleri,** Ankara, 1998.

İnan, Arı, **Düşünceleriyle Atatürk,** Ankara, 1991.

İnan, Arı, **Gazi Mustafa Kemal Atatürk'ün Eskişehir-İzmit Konuşmaları, 1923,** İstanbul, 1993.

İnönü, İsmet, **Hatıralar,** 2. bas., Ankara, 2006.

İstatistik Göstergeler 1923-1992, Devlet İstatistik Enstitüsü (DİE), Ankara, 1994.

Kal, Nazmi, **Atatürk'le Yaşadıklarını Anlattılar,** Ankara, 2001.

Kandemir, Feridun, *"Atatürk'ün Askerliği",* **Atatürk,** XV. Ölüm Yılı Hatırası, İstanbul, 1953.

Kansu, Mazhar Müfit, **Erzurum'dan Ölümüne Kadar Atatürk'le Beraber,** C I, 4. bas., Ankara, 1997.

Karaca, Hayrettin, *"Atatürk'te Ağaç Sevgisi",* **Atatürk Araştırma Merkezi Dergisi,** S. 41, C XIV, Temmuz 1998.

Karlıklı, Yücel, **Türk Devriminin Temel Belgeleri,** İstanbul, 2010.

Kızılkaya, Fuat, *"Atatürk'te Cumhuriyet Fikri",* **Cumhuriyet gazetesi,** 25 Temmuz 1948, s. 4.

Kili, Suna, **Atatürk Devrimi,** 5. bas., Ankara, 1995.

Kinross, Lord, **Atatürk, "Bir Milletin Yeniden Doğuşu",** çev. Necdet Sender, 12. bas., İstanbul, 1994.

Kocatürk, Utkan, **Atatürk'ün Fikir ve Düşünceleri,** Ankara, 1997, 1999.

Kocatürk, Utkan, **Kaynakçalı Atatürk Günlüğü,** Ankara, 1999.

Komisyon, **Türkiye Cumhuriyeti Tarihi**, C II, 7. bas., Ankara, 2010.

Konan, Belkıs, "*Türk Kadınının Siyasi Hakları Kazanma Süreci*" AUHFD, 60 (1), 2011, s. 157-174.

Kongar, Emre, **Tarihimizle Yüzleşmek**, 4. bas., İstanbul 2006.

Köklügiller, Ahmet, **Atatürk'ün İlkeleri ve Düşünceleri**, İstanbul, 2005.

Kökütürk, Yalın İstenç, **Atatürk'ü Anlamak**, İstanbul, 1999.

Kral, August R. Von, **Kemal Atatürk'ün Ülkesi**, "Modern Türkiye'nin Gelişimi", çev. S. Eriş Ülger, İstanbul, 2010.

Kuşçu, Samet, "*Kurtuluş Savaşı'nın İlham Kıvılcımı Hatay Toprağında Kutsal Direniş*", **Güneyde Kültür**, S. 10 (Aralık 1989) Hatay, 1989, s. 6-9.

Kutay, Cemal, **Ardında Kalanlar**, İstanbul, 1988.

Mechin, Benoit, **Kurt ve Pars**, çev. Kemal Çuhadar 2. bas., İstanbul, 2001.

Meydan Larousse, C 5, s. 98.

Meydan, Sinan, **Atatürk İle Allah Arasında**, "Bir Ömrün Öteki Hikâyesi", 3. bas., İstanbul, 2009.

Meydan, Sinan, **Atatürk ve Kayıp Kıta Mu**, 13. bas., İstanbul 2001.

Meydan, Sinan, **Atatürk ve Türklerin Saklı Tarihi**, "**Türk Tarih Tezi'nden Türk İslam Sentezine**", 2. bas., İstanbul 2011.

Meydan, Sinan, **Atatürk'ün Gizli Kurtuluş Planları**, "Parola Nuh", İstanbul, 2009.

Meydan, Sinan, **Cumhuriyet Tarihi Yalanları**, 2. Kitap, İstanbul, 2011.

Meydan, Sinan, **Cumhuriyet Tarihi Yalanları**, 1. Kitap, İstanbul, 2011.

Meydan, Sinan, "**Atatürk'ü Doğru Anlamak İçin**" Nutuk'un Deşifresi, İstanbul, 2006.

Meydan, Sinan, **Sarı Lacivert Kurtuluş**, "Kurtuluş Savaşı'nda Fenerbahçe ve Atatürk", 2. bas., İstanbul, 2010.

Mütercimler, Erol, **Fikrimizin Rehberi**, İstanbul, 2008

Odabaşı, Arda, "*Mustafa Kemal'in 1911 Yılında Yaptığı Bir Konuşma*", **Bilim ve Ütopya Dergisi**, Eylül 2010, S. 195.

Onar, Mustafa, **Atatürk'ün Kurtuluş Savaşı Yazışmaları**, C I, Ankara, 1995.

Oral, Atilla, "*Kurtuluş Yolu ve Ulusal Kahraman Yahya Kaptan*", **Bütün Dünya dergisi**, 1 Ekim 2006, s. 20-26.

Orbay, Rauf, **Cehennem Değirmeni**, "Siyasi Hatıralarım", 2. bas., İstanbul, 2004.

Ozan, Aziz, *"Atatürk Demokrat İdi. O Asla Diktatör Değildi"*, **Tan gazetesi**, 10 Sonteşrin 1942, s. 4.

Ozankaya, Özer, **Cumhuriyet Çınarı**, Ankara, 1994.

Özakman, Tugut, **Vahdettin, Mustafa Kemal ve Milli Mücadele**, 6. bas., Ankara, 2007.

Özakman, Turgut, **Cumhuriyet**, 2. Kitap, 22. bas., Ankara, 2010.

Özalp, Kazım,*"Atatürk ve Cumhuriyet"*, **Milliyet gazetesi**, 29 Ekim 1963, s. 5

Özata, Metin, **Mustafa Kemal Atatürk, Bilim ve Üniversite**, İstanbul, 2005.

Özel, Sabahattin, **Büyük Milletin Evladı ve Hizmetkârı Atatürk ve Atatürkçülük**, İstanbul, 2006.

Öztoprak, İzzet, **Atatürk'ün Orman Çiftliği'nin Tarihi**, Ankara, 2006.

Öztuna, Yılmaz, **Türkiye Tarihi**, C II, İstanbul, 1964.

Öztürk, Cemil, **Atatürk Devri Öğretmen Yetiştirme Politikası**, Ankara, 1996.

Öztürk, Metin, **Türkiye'de Asker ve İktidar**, Yeni Yüzyıl Kitaplığı, İstanbul, 1997.

Özverim, Melda, **Mustafa Kemal ve Corinne Lütfü, "Bir Dostluğun Öyküsü"**, 2. bas., İstanbul, 1998.

Peker, Recep, **İnkılâb Dersleri**, TC Maarif ve Derleme Müdürlüğü, 1935.

Perinçek, Doğu, **Kemalist Devrim-3, Altı Ok**, İstanbul, 1999.

Resmi Gazete, 3 Teşrinisani, 1928, S. 1030.

Roger, Neelle, **Cumhuriyet gazetesi**, 9 Aralık 1938.

Rumeli gazetesi, 18 Mayıs 1911, S. 442.

"Saba Tümer İle Bugün" Programı, **Show Tv**, 9 Aralık 2011.

San, Haluk, **Türk Spor Tarihinde Atatürk**, 2. bas., İstanbul, 1999.

Sarıhan, Zeki, **1921 Maarif Kongresi**, Ankara, 2009.

Sorgun, Taylan, **Bekirağa Bölüğü, Mütareke Dönemi**, 3. bas., İstanbul, 2003.

Soyak, Hasan Rıza, **Atatürk'ten Hatıralar**, C 2, İstanbul, 1973, İstanbul, 2004.

Şapolyo, Enver Behnan, **Kemal Atatürk ve Milli Mücadele Tarihi**, İstanbul, 1958.

Tarih IV, "Kemalist Devrimin Tarih Dersleri", 3. bas., İstanbul, 2001.

Tekinalp, **Kemalizm**, İstanbul, 1998. İlk baskı: 1936.

Tercüman gazetesi, 11 Şubat 1977.

"*Teşkilat-ı Esasiye Kanunu'nun Bazı Maddelerinin Değiştirilmesine Dair Kanun*", **Resmi Gazete**, 13 Şubat 1937, S. 3533.

Tevetoğlu, Fethi, "*Karakol Cemiyeti*" maddesi, **Türk Ansiklopedisi**, C XXI, Ankara, 1970, s. 294.

Tevfik Çavuş, **Atatürk'ün Yalova Kaplıcalarında Geçirdiği Günler ve Madeni Suyun Faydaları**. ty.

Tezer, Şükrü, **Atatürk'ün Hatıra Defteri**, Ankara, 1972.

Topçuoğlu, Necdet, "*Atatürk Orman Çiftliği Anılarda Kalmasın*", www.Yenidenergenekon.com, 29 Haziran, 2009.

Topdemir, Ramazan, **Atatürk'ün Doğu ve Güneydoğu Politikası ve Gap**, İstanbul, 2009.

Turan, Şerafettin, **Atatürk'ün Düşünce Yapısını Etkileyen Olaylar, Düşünürler, Kitaplar**, Ankara, 1989.

Turan, Şerafettin, **Mustafa Kemal Atatürk, Kendine Özgü Bir Yaşam ve Kişilik**, 2. bas., Ankara, 2008.

Türkdoğan, Orhan, **Türk Toplumunun Kültürel Dinamikleri**, İstanbul, 2007.

Ulusu, Mustafa Kemal, **Atatürk'ün Yanı Başında**, "Çankaya Köşkü Kütüphanecisi Nuri Ulusu'nun Hatıraları", İstanbul, 2008.

Ural, İbrahim, **Bu da Bilmediklerimiz**, İstanbul, 2009.

Us, Asım, **Gördüklerim, Duyduklarım, Duygularım, Meşrutiyet ve Cumhuriyet Devirlerine Ait Hatıralar ve Tetkikler**, İstanbul, 1964.

Yaltırak, Cenk, "*Kemalizm Ne Zaman ve Kimler Tarafından Yazıldı? Atatürkçülük Kimler Tarafından İcat Edildi? Kemalizm Düşmanlığının Çeşitleri*", **Aydınlanma 1923**, Yıl 8, S. 51, 2008 kış, s. 10.

Yel, Selma, "*Azerbaycan Cumhuriyeti Devleti'nin Kuruluşunda Türkiye'nin Yardımları İlhak Amacına mı Yönelikti?*" Ankara Üniversitesi Türk İnkılâp Tarihi Enstitüsü Atatürk Yolu Dergisi, S. 24, Kasım 1999-2003, s. 564, 565.

Yeni Gün dergisi, 5 Eylül 1934, s. 78.

Yerasimos, Stefanos, **Milliyetler ve Sınırlar**, İstanbul, 1994.

Yüceer, Nâsır, **Birinci Dünya Savaşı'nda Osmanlı Ordusu'nun Azerbaycan ve Dağıstan Harekâtı, Azerbaycan ve Dağıstan'ın Bağımsızlığını Kazanması 1918**, Ankara, 1996.

İLK KEZ YAYIMLANAN FOTOĞRAFLARLA CUMHURİYET*

---

* Atatürk 1936 yılında Türkçe, İngilizce, Fransızca ve Almanca *"Fotoğraflarla Türkiye"* adlı bir albüm hazırlatmıştır. Bu albümde genç Cumhuriyet'in eserleri Türk ve dünya kamuoyuna sunulmuştur. Albümün önsözünde *"1923'ten beri varolan Kemalist Türk Cumhuriyeti ve bunun 13 yıl içinde ortaya koyduğu maddi ve manevi gerçeklerdir. Bu albümün görevi yeni Türkiye'nin fotoğrafik belgelerini ortaya koymaktır."* denilmiştir. Şimdi göreceğiniz fotoğraflar bu albümden alınmıştır.

Çelikpalas (Bursa)

L'Hôtel des thermes Çelikpalas à Bursa
Hotel of the new Iron Thermal Baths at Bursa
Hotel des neuen Eisenthermalbades in Bursa

Yalova'da otel

Un hôtel des thermes à eau sulfurée à Yalova
An Hotel near the Sulphur-Thermal Baths at Yalova
Ein Hotel im Schwefelthermalbad Yalova

Çelikpalastan bakış (Bursa)

Vue de Çelikpalas sur Bursa
View from the new Thermal Baths at Bursa
Blick vom neuen Thermalbad in Bursa

Yalova kaplıcaları

Thermes à eau sulfurée à Yalova
Sulphur Thermal Baths at Yalova
Schwefelthermalbad Yalova

Stadyum Tribünleri
Tribunes du Stade
Tribunes of the Stadium
Tribüne des Stadions

Cümhuriyet kızları *(Idman Şenlikleri)*

Jeunes filles turques sous la République
Turkish Girls under the Republic
Türkische Mädchen der Republik

Sporcu gençlik *(İdman Şenlikleri)*

Jeunesse sportive
Sportive Youth
Sportliche Jugend

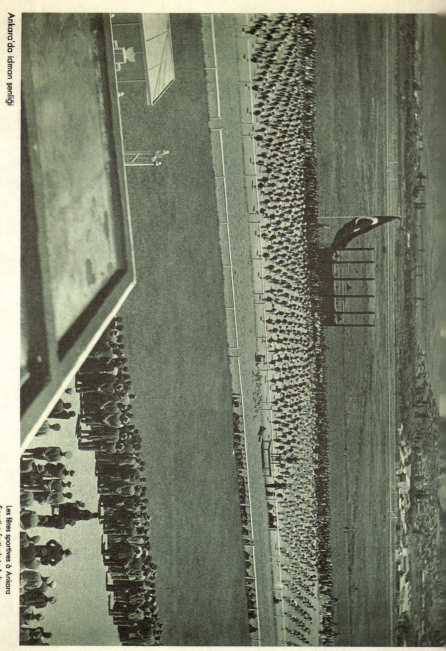

Ankara'da idman şenliği

Les fêtes sportives à Ankara
Sportive festivals in Ankara
Sportfeste werben für gesunde Körperkultur